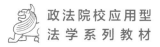 政法院校应用型法学系列教材

经济法学

（第三版）

倪振峰 ◎ 主编

复旦大学出版社

本书编写人员

主　编　倪振峰
副主编　陈颖健　肖卫兵

撰稿人（以撰写章节先后为序）
　　　　倪振峰（第一章）
　　　　剧宇宏（第二章）
　　　　杨彤丹（第三章）
　　　　肖卫兵（第四章）
　　　　卢　玮（第五章）
　　　　丁茂中（第六章、第七章）
　　　　俞　敏（第八章）
　　　　孙　放（第九章）
　　　　赵园园（第十章）
　　　　陈颖健（第十一章）

目　　录

第一章　经济法原理 … 1
第一节　经济法的产生和发展 … 2
一、经济法的产生 … 2
二、主要资本主义国家经济法的产生和发展 … 3
三、社会主义国家经济法的产生与发展 … 4
第二节　经济法的定义和调整对象 … 5
一、经济法的定义 … 5
二、经济法的调整对象 … 9
第三节　经济法的地位 … 10
一、经济法的地位 … 10
二、经济法与相邻法律部门的关系 … 11
第四节　经济法律关系 … 12
一、经济法律关系的概念 … 12
二、经济法律关系的构成 … 13
三、经济法律关系的发生、变更和终止 … 15
附：相关理论探讨 … 16
思考题 … 17
实务应用 … 17

第二章　产品质量法律制度 … 22
第一节　产品质量法概述 … 22
一、产品与产品质量 … 22
二、产品质量法的概念 … 24
三、产品质量法的适用范围和立法原则 … 24
第二节　产品质量监督 … 26
一、产品质量监督的概念和体制 … 26
二、产品质量监督制度 … 26
第三节　生产者、销售者的产品质量责任和义务 … 30
一、生产者的产品质量责任和义务 … 30
二、销售者的产品质量责任和义务 … 31

第四节　产品责任 …………………………………………………………… 32
　　　一、产品责任概述 ………………………………………………………… 32
　　　二、产品责任的归责原则 ………………………………………………… 33
　　　三、产品责任的构成要件 ………………………………………………… 34
　　　四、产品责任的主体 ……………………………………………………… 35
　　　五、产品责任的诉讼时效 ………………………………………………… 35
　　　六、产品责任的损害赔偿 ………………………………………………… 36
　　第五节　违反产品质量法的法律责任 ……………………………………… 36
　　　一、违反产品质量法的合同责任 ………………………………………… 36
　　　二、违反产品质量法的行政责任和刑事责任 …………………………… 37
　附：相关理论探讨 ……………………………………………………………… 39
　思考题 …………………………………………………………………………… 40
　实务应用 ………………………………………………………………………… 40
　法考真题 ………………………………………………………………………… 43

第三章　消费者权益保护法律制度 ……………………………………………… 47
　第一节　消费者权益保护法概述 …………………………………………… 47
　　　一、消费和消费者 ………………………………………………………… 47
　　　二、经营者 ………………………………………………………………… 48
　　　三、消费者权益保护法的基本原则 ……………………………………… 49
　　　四、我国保护消费者权益的立法状况 …………………………………… 49
　第二节　消费者的权利 ……………………………………………………… 50
　　　一、消费者的权利 ………………………………………………………… 50
　　　二、消费者权益的保护 …………………………………………………… 52
　第三节　经营者的义务 ……………………………………………………… 53
　　　一、依法定或约定履行的义务 …………………………………………… 54
　　　二、听取意见和接受监督的义务 ………………………………………… 54
　　　三、保障人身、财产安全的义务 ………………………………………… 54
　　　四、缺陷信息报告、告知和召回义务 …………………………………… 54
　　　五、提供真实信息的义务 ………………………………………………… 55
　　　六、出具相应的凭证和单据的义务 ……………………………………… 55
　　　七、质量担保义务 ………………………………………………………… 55
　　　八、"三包"的义务 ………………………………………………………… 55
　　　九、无理由退货义务 ……………………………………………………… 56
　　　十、限制使用格式条款的义务 …………………………………………… 56
　　　十一、不得侵犯消费者的人身权的义务 ………………………………… 57
　　　十二、采用网络等方式提供商品或服务的信息告知义务 ……………… 57

十三、保护消费者个人信息的义务 …………………………………………… 57
　第四节　消费争议解决机制 ………………………………………………………… 58
　　一、争议解决途径 ……………………………………………………………… 58
　　二、几种特殊主体的责任分配 ………………………………………………… 58
　　三、行政投诉的处理 …………………………………………………………… 59
　　四、公益诉讼 …………………………………………………………………… 59
　第五节　违反消费者权益保护法的法律责任 ……………………………………… 60
　　一、经营者违反消费者权益保护法的民事责任 ……………………………… 60
　　二、经营者违反消费者权益保护法的行政责任 ……………………………… 61
　　三、经营者和国家机关工作人员违反消费者权益保护法的刑事责任 ……… 62
　附：相关理论探讨 …………………………………………………………………… 62
　思考题 ………………………………………………………………………………… 66
　实务应用 ……………………………………………………………………………… 66
　法考真题 ……………………………………………………………………………… 69

第四章　价格法律制度 ………………………………………………………………… 71
　第一节　价格法概述 ………………………………………………………………… 71
　　一、价格与价格立法 …………………………………………………………… 71
　　二、《价格法》的立法宗旨、适用范围、基本原则和管理机构 ……………… 72
　第二节　基本价格制度和价格形式 ………………………………………………… 72
　　一、基本价格制度 ……………………………………………………………… 72
　　二、价格形式 …………………………………………………………………… 73
　第三节　定价主体的价格行为 ……………………………………………………… 73
　　一、经营者的价格行为 ………………………………………………………… 73
　　二、政府的定价行为 …………………………………………………………… 76
　第四节　价格总水平调控 …………………………………………………………… 77
　　一、价格总水平调控的含义 …………………………………………………… 77
　　二、价格总水平调控目标的确定和实现 ……………………………………… 78
　　三、价格保护措施、干预措施、紧急措施 …………………………………… 78
　　四、价格监督制度 ……………………………………………………………… 78
　第五节　价格监督检查和法律责任 ………………………………………………… 79
　　一、价格监督检查 ……………………………………………………………… 79
　　二、违反《价格法》的法律责任 ……………………………………………… 80
　附：相关理论探讨 …………………………………………………………………… 81
　思考题 ………………………………………………………………………………… 81
　实务应用 ……………………………………………………………………………… 82

第五章 广告法律制度 ... 84
第一节 广告法概述 ... 84
一、广告的概念 ... 84
二、广告的特征 ... 85
三、广告法的概念及其立法 ... 85
四、广告管理体制 ... 86
第二节 广告内容准则 ... 86
一、广告的一般准则 ... 86
二、特殊商品广告的特殊准则 ... 87
第三节 广告行为规范 ... 90
一、广告活动的概念与特征 ... 90
二、广告活动的一般规定 ... 91
三、广告主从事广告活动的规定 ... 91
四、广告经营者、广告发布者从事广告活动的规定 ... 91
五、广告代言人从事代言行为的规定 ... 92
六、设置户外广告的规定 ... 93
七、网络广告的规定 ... 93
八、未成年人保护规定及其他 ... 93
第四节 监督管理 ... 93
一、广告审查的概念 ... 93
二、广告审查的形式 ... 94
三、监督管理部门职责 ... 94
四、社会监督行为 ... 94
第五节 法律责任 ... 95
一、广告主体违反《广告法》应当承担的法律责任 ... 95
二、广告专门机关及其工作人员的法律责任 ... 98
附：相关理论探讨 ... 99
思考题 ... 100
实务应用 ... 100
法考真题 ... 102

第六章 反不正当竞争法律制度 ... 105
第一节 反不正当竞争法概述 ... 105
一、反不正当竞争法的概念和特征 ... 105
二、我国《反不正当竞争法》的立法目的 ... 106
三、我国反不正当竞争法的基本原则 ... 107
第二节 不正当竞争行为概述 ... 108

一、不正当竞争行为的概念、特征和构成 …………………………………… 108
　　二、不正当竞争行为的列举规定 ………………………………………… 110
第三节　监督检查和法律责任 ………………………………………………… 112
　　一、监督检查 ……………………………………………………………… 112
　　二、法律责任 ……………………………………………………………… 113
　　三、诉讼程序 ……………………………………………………………… 116
附：相关理论探讨 ……………………………………………………………… 116
思考题 …………………………………………………………………………… 116
实务应用 ………………………………………………………………………… 117
法考真题 ………………………………………………………………………… 120

第七章　反垄断法律制度 …………………………………………………… 124
第一节　反垄断法概述 ………………………………………………………… 124
　　一、反垄断法的概念 ……………………………………………………… 124
　　二、反垄断法的规制对象 ………………………………………………… 125
　　三、反垄断法的适用范围 ………………………………………………… 126
　　四、反垄断法的立法宗旨 ………………………………………………… 129
第二节　法律规制的垄断行为 ………………………………………………… 130
　　一、限制竞争协议行为 …………………………………………………… 130
　　二、滥用市场支配地位行为 ……………………………………………… 132
　　三、经营者集中行为 ……………………………………………………… 133
　　四、行政性垄断行为 ……………………………………………………… 135
第三节　反垄断法的执行机制 ………………………………………………… 137
　　一、反垄断法的执法机关 ………………………………………………… 137
　　二、对涉嫌垄断行为的调查 ……………………………………………… 138
　　三、涉嫌垄断行为的企业权利救济机制 ………………………………… 139
附：相关理论探讨 ……………………………………………………………… 140
思考题 …………………………………………………………………………… 141
实务应用 ………………………………………………………………………… 141
法考真题 ………………………………………………………………………… 147

第八章　财政法律制度 ……………………………………………………… 151
第一节　财政与财政法概述 …………………………………………………… 151
　　一、财政的一般原理 ……………………………………………………… 151
　　二、财政法的概念和调整对象 …………………………………………… 153
　　三、财政法的体系 ………………………………………………………… 153
第二节　预算法律制度 ………………………………………………………… 154

  一、预算和预算法概述 …………………………………………… 154
  二、预算体系 ……………………………………………………… 155
  三、预算管理职权 ………………………………………………… 157
  四、预算收支的范围 ……………………………………………… 159
  五、预算的编制、审批、执行和调整 …………………………… 161
  六、决算制度 ……………………………………………………… 165
  七、预算决算监督 ………………………………………………… 167
  八、违反《预算法》的法律责任 ………………………………… 168
 第三节 转移支付法律制度 …………………………………………… 168
  一、转移支付与转移支付法的概念 ……………………………… 168
  二、财政转移支付制度的基本框架 ……………………………… 169
  三、我国财政转移支付制度的现状与问题 ……………………… 170
 第四节 政府采购法律制度 …………………………………………… 172
  一、政府采购与政府采购法概述 ………………………………… 172
  二、政府采购法的基本原则和管理机构 ………………………… 174
  三、政府采购当事人 ……………………………………………… 174
  四、政府采购的方式 ……………………………………………… 176
  五、政府采购的程序 ……………………………………………… 177
  六、政府采购合同 ………………………………………………… 178
  七、质疑与投诉 …………………………………………………… 179
  八、监督检查 ……………………………………………………… 180
附：相关理论探讨 …………………………………………………………… 181
思考题 ………………………………………………………………………… 182
实务应用 ……………………………………………………………………… 182
法考真题 ……………………………………………………………………… 185

第九章 税收法律制度 …………………………………………………… 187
 第一节 税法概述 ……………………………………………………… 188
  一、税收概述 ……………………………………………………… 188
  二、税法的概念和构成要素 ……………………………………… 190
  三、税法的基本原则 ……………………………………………… 192
 第二节 我国现行的主要税种 ………………………………………… 192
  一、流转税 ………………………………………………………… 193
  二、所得税 ………………………………………………………… 202
  三、财产税 ………………………………………………………… 210
  四、资源税 ………………………………………………………… 213
  五、行为税 ………………………………………………………… 214

第三节 税收征收管理制度 215
  一、税收管理体制 215
  二、税收征收管理法律制度 216
 附：相关理论探讨 228
 思考题 229
 实务应用 229
 法考真题 231

第十章 金融法律制度 234
第一节 金融法律制度概述 235
  一、金融、金融市场与金融法 235
  二、金融监管 236
第二节 中央银行法律制度 238
  一、中央银行概述 238
  二、中央银行的宏观调控与货币政策 242
  三、货币发行和管理制度 243
  四、外汇管理法律制度 244
第三节 商业银行法律制度 248
  一、商业银行法概述 248
  二、存款和贷款法律制度 251
第四节 银行监管法律制度 253
  一、银行监管概述 253
  二、我国银行业监管机构的职责和措施 253
  三、对商业银行的审慎监管 255
 附：相关理论探讨 256
 思考题 257
 实务应用 258
 法考真题 260

第十一章 证券法律制度 262
第一节 证券法概述 262
  一、证券的概念和种类 262
  二、证券市场 263
  三、证券监督管理机构 265
  四、证券法的概念及我国证券法律法规体系 266
  五、证券法的基本原则 267
第二节 证券发行法律制度 267

一、证券发行的概念 …………………………………………………… 267
　　二、证券公开发行的注册制 …………………………………………… 268
　　三、证券公开发行的条件 ……………………………………………… 268
　　四、证券发行的保荐和承销 …………………………………………… 269
　第三节　证券交易法律制度 ……………………………………………… 269
　　一、证券交易的一般规定 ……………………………………………… 269
　　二、证券上市 …………………………………………………………… 270
　　三、禁止的交易行为 …………………………………………………… 271
　第四节　信息披露制度 …………………………………………………… 273
　　一、强制性信息披露制度的重要意义 ………………………………… 273
　　二、证券发行和上市时的信息公开 …………………………………… 273
　　三、持续信息披露 ……………………………………………………… 273
　　四、信息披露的标准 …………………………………………………… 274
　　五、信息披露的方式 …………………………………………………… 274
　　六、信息公开的监督 …………………………………………………… 275
　　七、信息披露不实的民事责任 ………………………………………… 275
　　八、信息披露不实的行政责任 ………………………………………… 275
　附：相关理论探讨 ………………………………………………………… 276
　思考题 ……………………………………………………………………… 277
　实务应用 …………………………………………………………………… 278
　法考真题 …………………………………………………………………… 280

参考文献 ………………………………………………………………… 282

第三版后记 ……………………………………………………………… 286

第一章
经济法原理

 本章概要

现代意义上的经济法是商品经济发展到一定历史阶段亦即市场经济阶段的产物,而独立法律部门意义上的经济法是第一次世界大战以后才产生的。对于经济法概念的认识应该把握以下内容:经济法是在市场经济体制条件下国家调控经济的法律;经济法是矫正市场失灵、与民商法一起调整市场经济的法律;经济法是调整一定范围经济关系的法律;经济法是经济法律规范的总称。因此,经济法是在市场经济体制条件下,调整国家为了矫正市场失灵而管理和调控经济活动过程中所发生的各种经济关系,具体包括市场监管关系和宏观调控关系。经济法将特定的经济关系作为自己的调整对象,所以经济法是一个独立的法律部门。经济法与行政法、民商法等相邻法律部门既有联系又有区别。经济法律关系同其他法律关系一样,都由三个基本要素构成,即主体、内容和客体。经济法律关系的发生、变更或终止,都依赖于一定经济法事实的出现。

 学习目标

通过本章学习,了解经济法产生的历史背景及社会原因;把握经济法概念的科学内涵及经济法的地位、调整对象;掌握经济法的基本原因——经济法是弥补市场失灵和防止政府失败的法律;熟练使用经济法律关系基本原理分析现实生活中的经济法律关系。

第一节　经济法的产生和发展

一、经济法的产生

如果把经济法作为调整经济关系的法律规范来理解,那么我们可以说,经济法从法一产生就出现了(例如民法)。因为经济关系作为人与人之间的物质利益关系,是一切社会关系的基础。维护一定的经济关系、经济利益、经济秩序是法的首要任务;如果把经济法作为国家干预经济的法律来理解,也可以说经济法是古已有之的。西方社会在自由资本主义时期一度出现"夜警国家说",主张不管事的政府是最好的政府,这一观点的提出也可以反衬出西方国家在历史上和当时都是不愿意仅仅当"夜警"的。我国可能因为亚细亚生产方式的原因,自古代以来就一直将干预经济作为己任。虽然法从一开始就包含调整经济关系的法律规范,从古代开始就有国家干预经济的法律,但是从学术的意义上来讲,这些都不是现代意义上的经济法。

"经济法"这个概念,最早是法国空想共产主义者摩莱里在1755年出版的《自然法典》中提出来的。在该书第四篇,作者面对资本主义上升时期社会矛盾的急剧加深,拟制了"合乎自然意图的法制蓝本"。其第二部分的标题为"分配法或经济法",共12条。从内容上看,所谓"分配法或经济法"是作者设想的未来理想的公有制社会用以"调整自然产品或人工产品的分配"的法律规定。经济法并非是以现实生活为基础的科学概念,而只是一种唯理论的对未来的主观构想。1842年,法国空想共产主义者德萨米出版的《公有法典》中,第三章的标题也是"分配法和经济法"。其含义与摩莱里的大致相同,德萨米在分配问题上接受了摩莱里的思想,但德萨米的经济法概念包括的内容比摩莱里的更广,涉及的经济法律制度更多。不过,这些表述虽具有"经济法"之名,却不是现代意义上的"经济法",与经济法学所研究的"经济法"的内涵不一样。

现代意义上的经济法,通说认为产生于19世纪末20世纪初,是商品经济发展到一定历史阶段亦即市场经济阶段的产物。马克思关于商品经济的基本原理认为,商品生产产生的条件有两个:一是社会分工;二是不同的所有者。社会分工的存在,使得人们在不同的生产部门从事具体劳动,生产出不同的产品。为了生计,人们彼此需要取得他人的产品,但由于是不同的所有者,因而必须采取商品交换的形式。随着商品经济的不断发展,社会分工越来越细,各部门之间的联系越来越紧密,依赖性愈强。在商品经济条件下,维持、调节这个比例关系的,首先是市场,即所谓"看不见的手"。市场竞争使得生产资料和劳动力不断地从一个企业流向另一个企业,一个生产部门流向另一个部门,却无需政府的干预。内生在这一社会状况中的,是为市场交易提供基本规则的民法。民法在这一阶段得到了充分的发展。其间的一些基本原则,如"私有财产神圣不可侵犯""私法自治""契约自由"等原则得到充分的肯定和弘扬。

然而,市场调节机制并非万能,有其局限性。市场运行中,时常可能出现市场缺陷或市场失灵。市场失灵,通常意味着市场无法有效率地分配商品和劳务。市场失灵主要体现在以下几方面:

(1) 垄断的出现。私有制和自由主义不受控制的发展,并逐渐出现生产集中,进而使某些商品生产者能够控制价格,控制生产,垄断市场。随着商品经济的发展,特别是商品经济朝着它的高级阶段即市场经济阶段的发展,这种集中、控制和垄断的经济现象越来越严重,出现了个体生产与社会生产失衡、社会生产与社会需求失衡、社会生产与国民经济发展失衡的局面。

(2) 公共物品的供应不足。经济学对公共物品(public good)的定义是非排他性和非竞争性的商品。公共图书馆、博物馆、公园等社会福利设施即是典型的公共物品。公共物品多具有投资时间长、风险大,盈利水平低甚至无利可图的特性,这与追求利润最大化的市场投资者的理念相悖。在完全由市场配置资源的情况下,私人厂商投资公共物品会缺乏足够的激励机制,而完全由政府生产和提供公共物品则几乎是一件不太可能的事情。

(3) 信息不对称。信息不对称是指在一项交易中,买方和卖方拥有不同信息的情形。在理想状态的完全竞争市场,市场上的每一个买者和卖者都掌握着与自己的经济决策有关的一切信息。双方根据这些信息,能够作出自己的最优经济决策,从而获得最大的经济效益。然而,在实际市场中,不对称现象非常普遍,实力雄厚的经营者较之单个消费者对产品的了解常常处于更为有利的地位。

(4) 外部性。指个体经济单位的行为对社会或者其他个人部门造成了影响(如环境污染)却没有承担相应的义务或获得回报,亦称外部成本。根据定义,外部性包括正外部性和负外部性。

日益成熟的市场经济越来越暴露出它的这些固有缺陷,而其中的任何一项都足以置市场经济于死地。人们逐渐认识到,虽然市场能够在微观上以"看不见的手"来配置资源,但单靠市场的作用显然是不够的。为了维持和推动市场秩序,就有必要借助国家的功能,通过国家的权能,利用价值规律来管理、调控经济生活。在市场经济的基础上,以"看得见的手"来配置资源、维护经济稳定、实现社会公平。不过,国家经济调节职能是新生事物,国家及其政府并不熟悉,容易出现违背经济规律而行事的情况,严重影响社会经济的发展。而且,政府作为调节者,掌握着极大的行政权力资源,必须对其进行约束和限制,以保证该项权力的有效运行。现代意义上的经济法正是在这种背景下产生的。

二、主要资本主义国家经济法的产生和发展

一般认为,经济法产生于19世纪末20世纪初的德国。作为新兴资本主义国家,德国在19世纪70年代出现了生产和资本的迅速集中,卡特尔组织在1873年的经济危机中得到广泛发展,政府也一直鼓励和支持卡特尔的发展。1910年德国制定了扶持卡特尔的《钾矿业法》,抵制新企业进入钾矿业,这被认为是最初的经济法。随后,德国又相继颁布了一系列经济法,如1915年颁布的《关于限制契约最高价格的公告》、1916年颁布的《确保战时国民粮食措施令》、1918年发布的《战时经济复兴令》、1919年颁布的《煤炭经济法》《钾盐经济法》等。这些法规突破了自由经济时期的自由放任原则,而成为政府通过立法来管制经济的代表。1922—1924年,德国出版了以经济法为题的系列学术专著和教科书,如鲁姆夫的《经济法概论》、赫德曼的《经济法基础》等。在希特勒统治时期,德国先后颁布了不少有关政府管制经济的法律,如1933年制定的《强制卡特尔法》和1934年颁布的《经济有机结构条例》等。不过这一时期的经济法律方面的立法更多体现了行政法或是

军事法性质。"二战"结束后,德国经济逐步进入正轨。1957年通过的《反限制竞争法》,经过之后的多次修改,迄今仍在德国的经济法体系中占有重要的地位。

在第一次世界大战后,德国的经济法理论很快传入日本。至第二次世界大战结束前,由于日本当时的经济体制与德国的近似,日本的经济法研究受德国法学者的影响也很大。这一时期的日本,为了应对战争期间的农业危机与保持社会稳定制定了相应的法律法规,如卡特尔促进法,以及战时经济统制法。1947年颁布后经多次修改的《禁止私人垄断及确保公正交易的法律》是日本经济法发展的重要代表之一。除此之外,日本还相继颁布了一系列的经济法法律法规,如1949年颁布的《中小企业等协同组合法》、1952年颁布的《企业合理化促进法》、1968年颁布的《消费者保护基本法》等。

尽管英美法系国家无公法与私法划分传统,并不通行大陆法意义下所谓的"民法""经济法"概念及学说,但在经济法立法方面,却有大量的成文法。经济法体系中的重要组成部分——反垄断法,则最早由美国制定。美国1890年颁布的《谢尔曼法》及1914年颁布的《克莱顿法》和《联邦贸易委员会法》表明了以国家干预来纠正国内盛行的托拉斯等垄断行为。此后,通过判例法的不断完善,美国的反垄断法已经非常成熟与完善。

三、社会主义国家经济法的产生与发展

(一) 东欧国家经济法的产生与发展

苏联从20世纪20年代起就开始使用经济法这个概念,并且制定了一系列属于经济法性质的法规,如1927年的《国家工业托拉斯条例》、1956年的《社会主义国营生产企业条例》、1973年的《关于进一步完善工业管理的若干措施》等。1969年有部分苏联学者起草了一部《经济法典》,但一直未能提交立法机关审议。在苏联经济解体之后,俄罗斯1991年首次颁布了《商品市场竞争及限制垄断行为法》,此外为了保障向市场经济和私有化过渡,还颁布了一系列具有经济法性质的法律法规。

由于苏联在东欧的强大地位,东欧其他国家的经济法状况与苏联的大同小异。特别值得一提的是,捷克斯洛伐克共和国国民议会于1964年6月4日制定并颁布的《捷克斯洛伐克社会主义共和国经济法典》是世界经济法制史上的创举,也是迄今为止唯一的一部经济法典。该法典总则明确地规定了经济法的调整对象,即在国民经济管理和社会主义组织的经济活动中发生的下列关系:国民经济的计划领导和社会主义公有财产的管理,经济活动的组织,社会主义组织的地位及其经济活动,社会主义组织间的协作及违反规定义务时应负的财产上的责任,社会主义组织间的支持和信贷关系。

(二) 中国经济法的产生与发展

我国经济法概念的出现,最早是在1933年上海大东书局出版的《法律大辞典》中的一个"经济法"条目,它是摘抄德国法学中对于"经济法"的解释。但我国经济法真正的产生与发展却是在新中国成立之后。我国经济法的产生与发展可以以1978年中国共产党的十一届三中全会为分界线。在此之前,虽然我国也颁布了如《对外贸易管理暂行条例》《国民经济计划编制暂行办法》等具有某些经济法性质的法律法规,但可以说基本上没有经济法。在此之后,全党、全国的工作重点开始转移到以经济建设为中心的现代化建设上,国家便大力加强经济立法和不断完善经济司法。经济法作为一个有特定内涵的部门法也得到建立和发展。

我国目前并没有一部以"经济法"命名的法律,但四十多年来,经济法立法的数量剧增,覆盖企业管理、财政、金融、价格、税收、市场公平竞争等多个领域。在法律层级上,则形成了一个多层次、相互关联的经济法规群,包括法律、行政法规、地方性法规等多个层次在内。更加值得注意的是具有显著中国特色的各种特区、实验区、开发区等的区域性经济法律。

第二节 经济法的定义和调整对象

一、经济法的定义

较之具有深厚历史传统的民法、刑法等法律部门,我国乃至国外对于经济法这一概念的内涵和外延还没有完全统一的认识。在经济法学发展的这四十多年的短暂历史里,我国出现过一些有代表性和重大影响的经济法学说。

(一)经济法发展初期的各种学说

从1978年党的十一届三中全会开始,到1986年《民法通则》的颁布,至1992年我国实行社会主义市场经济体制,这一时期是中国经济法研究得以开始并迅速发展的一个阶段。在这一阶段,学界对于何为经济法的争论尤为激烈,出现了观点各异的各种经济法学说,代表性的主要有以下几种。

(1)大经济法学说。该说认为经济法是"调整国民经济管理和各种经济组织在经济活动中的经济关系的法律规范的总称"。[①] 这一观点将所有的经济关系都归属于经济法的调整对象之列,民法在此框架下被缩减为只调整个人人身关系的法。这一学说对经济法调整对象的界定过宽,与改革开放后民法对经济关系调整的作用越来越大的现实相悖,缺乏系统的理论支持而逐渐消失。

(2)纵横经济法学说。该学说源出苏联,在中国则得到进一步的阐释和推进。这一学说主张,经济法是既调整一定范围的纵向经济关系(经济管理关系),也调整一定性质的横向经济关系的法律规范的总称。[②] 该学说打破了大经济法学说关于经济法调整一切经济关系的观点,将经济关系区分为纵向和横向两种,并指出经济法调整的经济关系是"计划组织因素与财产因素密切结合的那种经济关系。这种关系是在领导和实现经济活动的过程中形成的"。[③] 该学说在20世纪80年代初期影响较大。纵横经济法学是典型的高度集权的计划体制的产物,其意图将横向经济关系统一到纵向经济关系之中并最终消解于纵向经济关系之中,这与市场经济横向关系日益独立的现实不符。1986年《民法通则》的颁布,也意味着在立法上直接否定了这一学说。

(3)密切联系经济法学说。该说认为经济法是调整经济管理关系以及与经济管理关系密切联系的经济协作关系的法律规范的总称。[④] 密切联系说是对纵横经济法学说的进一步发展,它放弃了纵横说主张的经济法"调整社会组织之间在经济活动活动中所发生社

[①] 施竟成:《对经济法命题的一点认识》,载《湖北财经学院学院》1982年第1期。
[②] 陶和谦:《经济法学》,群众出版社1983年版,第6—8页。
[③] В.В.拉普捷夫:《经济法学的发展问题》,司马念嫒译,载《国外法学》1981年第3期。
[④] 陶和谦:《经济法学》,群众出版社1986年版,第41页。

会关系——横向经济关系"的主张,而改为只调整与经济管理关系(纵向经济关系)密切联系的那一部分,即经济协作关系。该学说在《民法通则》颁布后取代纵横说占主导地位。不过,与经济管理关系密切联系的经济协作关系仍然是一种横向关系,这里的调整对象仍然与民法的调整对象有重合之处。

(4) 学科经济法学说。该说认为经济法是"研究经济法规运用各个基本手段和原则对经济关系进行综合调整的规律"的法律学科。[①] 在法的体系中并不存在"经济法"部门,但存在着运用民法、行政法、刑法、程序法等基本部门法的手段来调整经济关系的经济法规,传统法学对经济的法律调整缺乏综合研究,因此将经济法学作为一门学科是必要的。这一学说中的一个基本困境是:学说、流派、观点与学科的界限混淆不清。

(5) 经济行政法学说。"经济行政法的调整对象,就是在国民经济行政管理中所发生的各种关系,即国家经济行政机关在对国民经济实行计划、组织、管理、监督、调节和干预中所形成的各种联系。"[②]该说认为经济法就是"经济行政法",是行政法的一个分支,不构成一个法律部门。这种学说将经济法的国家干预等同于行政干预,以行政权力的控制、运用作为核心,否定了经济法与行政法之间的根本性差异。

在这些学说之中,既存在着肯定甚至是积极为经济法"扩大地盘"的观点,最典型的如"大经济法学说",也存在着否定经济法独立存在的观点,如学科经济法学说和经济行政法学说。不管是肯定还是否定,这些研究成果都为后来的经济法学研究打下了基础。

(二) 经济法学说的再发展

1992 年,邓小平同志南方谈话确立了我国市场经济的发展方向,也为经济法的发展创造了机遇,经济法理论研究得到迅猛发展,这期间的代表学说至今都有重大影响。

(1) 经济协调关系说。该学说认为经济法是调整在国家协调本国经济运行过程中发生的经济关系的法律规范的总称。该学说原来认为经济法调整市场监管关系、宏观调控关系、企业组织管理关系、社会保障关系和涉外经济关系,后反复修改,认为企业组织管理关系、社会保障关系和涉外经济关系不宜与市场监管关系、宏观调控关系并列作为经济法的研究对象。[③]

(2) 需要干预经济关系说。该学说认为经济法是国家为了克服市场失灵而制定的调整需要由国家干预的具有全局性和社会公共性的经济关系的法律规范的总称,简单来说,即经济法是调整需要由国家干预的经济关系的法律规范的总称。[④] 国家需要干预的经济关系具体包括市场主体调控关系、市场秩序调控关系、宏观经济调控关系和经济监管关系。

(3) 国家调节说。该学说认为经济法是有关国家调节经济的法律规范,其内容主要可分为国家对市场规制关系、国家投资经营关系和宏观引导调控关系。[⑤]

(4) 经济管理与市场运行说。该学说认为经济法是国家为了保证社会主义市场经济的协调发展而制定的,有关调整经济管理关系和市场运行关系的法律规范的统一体系,[⑥]具体包括国家经济管理关系、市场运行关系、组织内部经济关系和涉外经济关系。

---

① 《中国经济法诸论》编写组:《中国经济法诸论》,1987 年,第 238 页。
② 梁慧星:《试论经济行政法》,载梁慧星主编:《中国民法经济法诸问题》,中国法制出版社 1999 年版。
③ 杨紫烜、徐杰:《经济法学》(第六版),北京大学出版社 2012 年版,第 16—18 页。
④ 李昌麒:《经济法学》,法律出版社 2007 年版,第 57 页,第 109—110 页。
⑤ 漆多俊:《经济法学》(第二版),高等教育出版社 2000 年版,第 36、88 页。
⑥ 刘文华主编:《新编经济法学》,高等教育出版社 1993 年版,第 35 页。

(5) 社会公共性说。经济法是调整发生在政府、政府经济管理机关与经济组织、公民之间的、以社会公共性为根本特征的经济管理关系的法律规范的总和,①包括市场管理关系、宏观经济管理关系和对外经济管理关系。

(三) 经济法定义的总结

通过上面各种学说的介绍可以看出,如何给经济法这个概念下定义,目前的理论界存在较大的争议,尚无定论。国外法学家,主要是德国、日本和苏联的法学家,多数认为经济法是经济秩序法、经济干预法、经济管制法,或者干脆认为经济法就是反垄断法。

综观经济法概念的各种观点,不难发现,人们对于经济法的概念已经形成了两点共识:一是经济法是国家调控(干预)经济的法律;二是经济法是调整一定范围经济关系的法律。在此共识的基础上,我们认为,在表述或理解经济法的概念时还应注意以下四点。

1. 经济法是在市场经济体制条件下国家调控经济的法律

市场经济体制下的国家调控有别于自然经济和简单商品经济条件下国家对经济生活的干预(或者管理,甚至调控),也有别于计划经济体制下国家对经济的计划调控和行政管理。因此,认为经济法古代就有,我国计划经济时期就有的观点,不管是从名的角度还是实的角度,都是站不住脚的。下面试对计划经济和市场经济条件下的国家调控作一一分析。首先,市场经济体制下的国家经济调控,是在承认市场对资源配置的基础性作用的前提下实施的,企业的经营自主权和消费者的消费自由权得到法律的确认与保护;而计划经济体制下的国家经济调控和管理,只承认国家计划对资源的配置作用,企业没有经营自主权,消费者的消费自由也受到极大的限制。其次,市场经济体制下国家对经济的调控表现为宏观性和间接性,对市场的管理旨在维护市场运行秩序;而计划经济体制下国家对经济的调控表现为全面性和直接性,对经济的管理旨在维护计划制定与实施秩序。再次,市场经济体制下的国家经济调控,是为了实现和维护社会整体利益;而计划经济体制下的国家经济调控和管理,所要实现和维护的利益直接表现为国家利益。最后,市场经济体制下国家的经济调控和市场管理,是按照法律规定的权限和程序依法实施的;而计划经济体制下国家的经济调控与管理,是通过行政命令的发布与执行实现的。

显然,市场经济体制条件下国家经济调控的性质,决定了经济法具有以下特点:(1) 经济法的调整对象,是因国家对经济的管理和调控而产生的各种社会经济关系;(2) 经济法追求的利益目标,是表现为资源的优化配置、市场的有序运行、经济的持续发展和社会的公平正义等社会公共利益;(3) 经济法须通过国家的积极行为实现;(4) 经济法所调整的社会关系中,至少有一方为政府、政府经济管理部门或者经授权实施市场管理职能者,因而经济法属于公法。

2. 经济法是矫正市场失灵、与民商法一起调整市场经济的法律

市场失灵和国家调控是经济法存在的经济基础和政治基础。说经济法是与民商法一起调整市场经济的法律,并不表示民商法重要、经济法不重要,或者经济法可有可无,而是界定民商法和经济法的适用范围。凡是能够由市场配置资源、发挥作用的空间,就应该由市场、民商法发挥作用。凡是市场不能、民商法不能发挥作用的时间和空间,经济法就应

---

① 王保树主编:《经济法原理》,社会科学文献出版社1999年版,第18页。

该发挥作用。实际上,现实经济生活中纯粹发挥市场和民商法作用的场合倒是例外,而由民商法和经济法共同调整某一类社会关系、共同规范某一项经济活动倒是常规。在市场经济国家,民商法往往只是起基础性作用的法律,而体现国家管理和干预的经济法倒是起主导性作用的法律。总之,市场经济加国家调控是世界各国公认的原理,我们讲民商法的时候不能忘记关于国家调控的经济法,讲经济法的时候不能忘记民商法是市场经济的基础性法律,只有将两者很好地结合起来,才能保证市场经济的健康发展。

经济法的定义应该突出国家管理和调控经济这一本质特点。市场经济是法制经济。发展社会主义市场经济必须有法律来引导、规范、保障和约束,即在市场经济运行过程中,有些活动靠"看不见的手"自发调节,有些活动如国民经济活动中涉及的经济总量平衡、经济结构调整等问题需要靠"看得见的手"即国家的干预来解决。这种国家调控上升为法律就是经济法。

3. 经济法是调整一定范围经济关系的法律

经济法调整经济关系,但并不是调整所有的经济关系。经济关系是一个十分复杂的范畴,从经济活动的内容上可以划分为生产关系、分配关系、交换关系和消费关系;从参与经济活动主体的地位上可以划分为平等主体之间发生的横向经济关系和非平等主体之间发生的纵向经济关系等。经济法只调整其中的一部分经济关系即一定范围的经济关系。这个"一定范围"在现实的国家经济生活中不会有完全相同的边界。一个国家总是既有市场成分又有国家调控,纯粹的市场经济是根本不存在的,但是各国市场成分和国家调控的排列组合是不同的。市场成分多些,国家调控就少些。反之亦然。同一国家在不同的历史时期市场成分和国家调控也会有不同的排列组合。对于不同国家来说,由于生产力的发展程度和历史传统等的不同,这个"一定范围"更是具有不同的特点。但是无论"范围"如何不同,凡是"国家调控"的经济关系总是经济法的调整对象。而国家调控存在的基础则是市场失灵。如果市场经济不产生市场失灵,国家调控和经济法也就没有存在的必要。但是,在当前的历史条件下,不管是国内还是国外,我们都丝毫看不到国家调控消亡的迹象,相反倒是国家调控越来越占据主导地位。

市场经济与国家调控不是相互对立的而是相互依存、相得益彰的。实践证明,特别是在落后国家、后发展中国家发展市场经济,尤其必须加强和健全政府的调控作用。这些国家的市场经济本质上是一种政府主导型的市场经济。发展市场经济的焦点和难点不在市场经济本身而在政府,有什么样的政府就有什么样的市场经济。在许多国家,如果政府不想搞市场经济,那儿也许根本就不会有市场经济。在这些国家,与其说经济法是弥补民商法不足的法律,倒不如说民商法是弥补经济法不足的法律。我国市场经济的发展就是由政府启动、政府推进、政府改革、政府主导的。如果没有政府主导,就不会有我们今天的市场经济。同样,要继续推进我国市场经济的顺利发展也必须加强和完善政府主导、政府调控。这也正如布坎南关于中国经济应该怎样发展时所说的那样"政府应该把重心放在框架结构上","建立一个总则"。没有政府的主导、干预,就不可能有市场经济。①

---

① 参见经济学消息报社编:《诺贝尔经济学奖得主专访录——评说中国经济与经济发展》,中国计划出版社 1995 年版,第 114 页。

4. 经济法是经济法律规范的总称

经济法的形式是由经济法的内容所决定的。由于经济法所调整的经济关系在种类上复杂多样，因此，它不可能由一个或者几个法律规范组成，而是由许许多多不同形式的法律、法规以及规范性文件所表述的经济法律规范构成的。经济法是经济法律规范的总称。经济法并不等于经济法律规范，经济法作为一个部门法，指的是经济法律规范的总和，而经济法律规范只是组成经济法的个体。

综上所述，我们可以给经济法下这样一个定义：经济法，是在市场经济体制条件下，调整国家为了矫正市场失灵而管理和调控经济活动所发生的经济关系的法律规范的总称。

二、经济法的调整对象

经济法的调整对象是国家为了矫正市场失灵而管理和调控经济活动过程中所发生的各种经济关系。具体包括下列几种关系。

（一）市场监管关系

市场监管也可称为市场规制关系。市场监管关系既包括国家对市场主体进入和退出的管理和调控，也包括市场主体存续期间国家对市场秩序的维护。市场监管关系应该由经济法调整，这已经在经济法学界基本取得共识，只是在提法以及市场监管具体范围的认识上还有些不同。

市场主体是指在市场上从事直接或间接交易活动的组织和个人，包括公司、企业、合伙组织、个体工商户、承包经营户以及政府、社会团体和中介机构等。其中公司、企业是最为重要的主体。公司、企业、合伙组织、个体工商户对外以直接的生产者、经营者身份从事市场交易活动，对内又以管理者的身份进行内部管理活动；政府以管理者、宏观调控者的身份或者直接以商品采购者或供应者的身份参加市场活动；中介组织则以服务提供者的身份通过沟通其他市场主体之间联系的方式参加市场活动。

在市场经济条件下，市场主体的法律地位、组织形式、权利能力和行为能力等内容一般由民商法作基础性的规定，但是仅有这些基础性的规定是远远不够的，还必须有体现国家调控的经济法。首先，在市场经济中，市场主体是经济人，他们都追求主体的私人利益，谋求私人利益的最大化。在市场中的每一个人，都各自按照自己的知识、遇到的机会和具有的能力去追求自认为最大化的私人利益，且不论为了追求私人利益最大化而铤而走险的违法犯罪行为，即就资源配置而言，由于资源配置的决定是由成千上万不同的市场主体作出的，因而不可避免地会造成重复生产和无效率。而且经济人一般也不愿从事无利可图的事业（如公益事业），或者不可能从事远远超出其能力的事业（如我国的西部开发、南水北调等），因而必须有国家调控（如产业法、市场准入制度等）、国家投入（创办国有企业、国家投资等）。其次，市场主体不是一个个封闭的、单一的经济活动主体，它要与其他市场主体相互依存、相互竞争、相互发展。在各个主体活动（自由竞争）的基础上形成社会经济发展的合力。因此，千百万市场主体的有意识活动最后汇成的也许是谁也没有预料到的结果（如经济危机）。国家要调控和管理经济，就必须调控和管理市场主体。国家为了全局性的、整体性的利益，为了整个社会经济的协调发展，就必须对市场主体的组织及其活动进行必要的管理和调控，包括市场准入、市场组织如行业协会的管理、市场退出中涉的国家调控制度等方面。

市场经济除了需要外部的支持条件如稳定的社会秩序和社会环境等以外,市场秩序的稳定也是至关重要的。市场秩序是各种具体经济活动有序进行的实然状态。市场秩序包括经营秩序、交易秩序、竞争秩序、管理秩序等。社会主义市场经济在本质上应是有秩序的经济。但是,由于市场经济条件下市场主体的独立性和市场活动的趋利性,市场秩序不可能自发形成。市场秩序作为一种实然状态的形成,离不开国家的管理。民商法、刑法等都有维护市场秩序的功能。经济法则以国家提供强制性规定并保证其实施的综合性形式来维护市场秩序。反不正当竞争法律制度、反垄断法、产品质量法律制度、消费者权益保护法律制度、价格法律制度和广告法律制度就形成市场秩序维护法的主要内容。但是这并不等于说,除了上述法律制度外,其他经济法律制度就不具有维护市场秩序的功能。实际上,在聚焦市场秩序的时候,所有的经济法律制度(甚至所有的法律制度如宪法、刑法、民法、行政法等)都有维护市场秩序的功能。

(二) 宏观调控关系

宏观调控关系是国家为了保持、实现宏观经济稳定而在管理和调控经济活动中所发生的社会经济关系。

市场失灵极端的表现形式之一是几年一次的经济危机。这一弊端不克服,足以葬送市场经济本身。如果说市场经济国家现在呈现出经济周期延长、经济危机缓和的局面,那么很大程度上正是国家调控经济的结果,而不是市场经济本身的发展使然。

整体经济稳定是宏观经济调控的总目标。就国内而言,经济稳定包括充分就业、物价稳定、减缓经济周期以及经济增长。就国际而言,经济稳定还包括汇率稳定和国际收支平衡等。特别是其中的经济周期是保持整体经济稳定最难以克服的困难。经济表现为繁荣和衰退的相互交替似乎是不可避免的现象。国家宏观经济调控的目标不是消灭这种周期性波动,而是要努力熨平周期性波动的波幅,使波动的程度减少。在经济繁荣时,国家应进行调控不使繁荣成为过热。在经济衰退时,国家应设法尽快结束衰退,促进经济增长。对于短期的经济稳定而言,充分就业和物价稳定当然是最重要的因素,亦即短期中决定经济状况的是总需求和总供给。因此,国家经济调控的工具就应该是需求调控和供给调控。在总供给既定的条件下,且为了实现充分就业,经济状况就取决于总需求,问题就归结为对于需求的调控。经济衰退时,就要采取刺激需求的扩张性政策;经济繁荣时,就要采取抑制需求的紧缩性政策。需求调控的工具主要是财政政策和货币政策。表现在法律领域就是财政法、金融法。而其中相关的税法、银行法、审计法、会计法等也都是重要工具。

第三节 经济法的地位

一、经济法的地位

经济法的地位问题就是经济法在整个法的体系中是不是一个独立的法的部门,以及其重要性如何的问题。法的体系是由多层次的法律部门组成的有机联系的统一整体。经济法在法的体系中具有一定的地位,是法的体系的组成部分。

恩格斯在论学科部门的划分时说:"每一门学科都是分析某一个别运动形式或一系列互相关联和互相转化的运动形式。"[①]这就是说,判断某一门学科是否独立存在,就是看其是否分析、研究了某一种社会关系。判断某一法的部门是否存在,就是看该法的部门是否调整了某一特定的社会关系。通过上一节的分析,我们可以看出,经济法是以特定的经济关系作为自己的调整对象的,因此,经济法是一个独立的法律部门。

二、经济法与相邻法律部门的关系

(一) 经济法与行政法的关系

经济法与行政法的联系主要表现在:(1) 都体现了国家对社会生活的管理和干预;(2) 都在不同程度上运用行政方法调整社会关系;(3) 都以宪法、法律、法规、规章等规范性文件为渊源;(4) 都具有维护国家利益和社会公共利益的作用。

经济法与行政法的区别是:(1) 主体不同。行政法主体的一方是国家行政机关,另一方则是下属的行政机关、企业事业单位或其他社会组织和公民个人(行政相对人);经济法的主体一方是国家权力机关、行政机关及其他社会组织(如消费者协会),而另一方则是社会组织和企业内部组织。(2) 调整对象不同。行政法的调整对象是行政管理关系,它所体现的是一种权力从属关系,而经济法调整的是一种非权力从属性的经济关系。(3) 调整的方式不同。行政法多是采用直接调整的方式,即直接设定国家行政机关的权力义务以控制政府的权力;经济法则更多的是采用间接调整方式,并不直接规定当事人的权利义务,多采用中间工具引导和促进市场的发展。例如,宏观调控法中,国家的指导性计划和产业政策一般不直接对市场主体产生必须执行的义务,而是主要利用经济杠杆来引导市场主体遵循计划和政策的要求从事生产经营活动。[②]

(二) 经济法与民商法的关系

民商法是民法与商法的合称,民法是调整平等主体之间的财产关系和人身关系的法律规范的总称,商法是调整平等主体之间的商事关系的法律规范的总称。民法与商法并不是两个并立的法律部门,两者是一般法与特别法的关系,民法是一般法,而商法是民法的特别法。

民商法是规范市场经济运行的最为基本的法律,在市场经济法律体系中,民商法处于基础地位。(1) 民商法律规范是市场经济规则的法律体现。在市场经济体制条件下,市场主体的经济活动必须遵守市场经济规则。民商法律规范就是市场经济规则的法律体现。(2) 民商法是规范市场经济运行的基本法律规范。在市场经济运行中所产生的经济关系,都属于民商法的调整对象。(3) 民商法充分体现了市场经济的精神。民法观念与市场观念之间具有内在的一致性,民事主体平等、合同自由、诚实信用等民商法的基本精神或原则,充分体现了市场经济的市场主体平等、交易自由、重诺守信等精神。(4) 民商法构成市场经济法律体系的基础。市场经济法律体系主要由民商法、经济法(有人认为应该由民商法、经济法和包括劳动法和社会保障法在内的社会法)构成,其中民商法直接规

[①] 《马克思恩格斯全集》第 20 卷,人民出版社 1971 年版,第 593 页。
[②] 王全兴:《经济法基础理论专题研究》,中国检察出版社 2002 年版,第 139 页。

范市场主体的交易活动,其法律规范反映市场经济的内在要求和发展需要,是市场经济法律体系的基础性法律制度。

经济法是在市场经济体制条件下,调整因国家管理和调控经济而产生的各种社会关系的法律规范的总称。在市场经济体制条件下,国家对经济的宏观调控和对市场的管理,是确保市场经济机制得以有效有序运行的必要条件。经济法直接反映国家对于经济活动的管理和调控要求,因而经济法是市场经济法律体系中的主导性法律制度,特别是在政府主导型市场经济国家中更是如此。

在社会主义市场经济条件下,民商法和经济法都是社会主义市场经济法律体系不可或缺的组成部分。民商法和经济法各自从不同角度,运用不同的调整机制,实现各自的宗旨,从而构成市场机制的法制基础。肯定一方,否定另一方,或者主观臆断指望以一方吸收另一方等,都缺乏理论和实践的依据,都不利于社会主义市场经济的健康发展。我国是政府主导型的社会主义市场经济国家,经济法处于主导地位是不言而喻的。由于我们国家市场经济体制建设起步较晚,民商法的发展相对受到制约,不但立法执法滞后,而且社会的民商法观念如财产权神圣不可侵犯、契约自由等也需要培育。民商法方面的基础缺失,社会缺少能够与政府抗衡的"市民社会"力量,往往容易导致国家(政府)干预的过度,经济法演变为行政的法。应该看到,市场经济没有国家的管理和调控不行,但是,没有市场经济的市场主体、产权、竞争等基础条件、没有民商法等市场经济的基础性法律,也不会有市场经济。

经济法与民商法的区别是:(1)性质不同。民商法属于私法范畴,是调整处于平等地位的市场主体之间在市场活动中所产生的社会关系的法律规范的总称,是规范市场主体的组织与行为、保障市场主体独立与意思自治的重要法律。经济法独立于民商法和行政法,是在市场经济体制条件下,调整因国家调控经济和管理市场而产生的各种社会关系的法律规范的总称,是维护公平竞争秩序、实现有效宏观调控的重要法律。(2)主体不同。民商法主体仅限于属于平等主体的法人和公民,而经济法的主体除法人、公民以外,还包括国家的权力机关、行政机关、企业事业单位、社会团体以及企业内部组织和农户等。(3)调整对象不同。民商法是调整平等主体之间的人身关系和财产关系的,而经济法则是调整国家调控经济和管理市场过程中所产生的经济关系。(4)调整方法不同。民商法是采用民事方法调整经济关系的,而经济法则是运用奖励与惩罚相结合的综合性的方法调整经济关系的。(5)责任方式不同。民商法对违法行为采取民事责任方式,即补偿性的财产责任方式,惩罚性的非财产责任方式只起辅助作用,而经济法对违法行为,则采取民事(经济)、行政和刑事相结合的责任方式,相比较而言,制裁性明显。

第四节 经济法律关系

一、经济法律关系的概念

经济法律关系是法律关系的一种,是指根据经济法法律规范的规定和调整而形成的人们之间的权利义务关系。它具有如下几个特点。

1. 经济法律关系是一种思想意志关系

这种意志包括国家的意志和行为人的意志。这是因为经济法同其他法律一样，首先要反映国家的意志，而每一个具体经济关系的行为人又都有自己的意志。行为人的意志必须以国家的意志为依据，国家的意志只有通过行为人的意志才能形成具体的经济法律关系。因此，经济法律关系是一种思想意志关系，属于上层建筑范畴。

2. 经济法律关系是受经济法律规范调整的社会经济关系

社会经济关系是客观存在的物质利益关系，属于经济基础范畴，它不会自动变为经济法律关系，只有经过经济法律规范的调整，才会上升为经济法律关系。经济法律规范是经济法律关系存废的必要前提，经济法律关系则是经济法律规范调整特定经济关系的结果。

3. 经济法律关系是具有经济内容的权利义务关系

权利义务关系是经济法律关系的核心，没有权利义务的法律关系是不存在的。经济法律关系的权利义务具有经济内容，是发生在生产经营过程中具有一定物质利益内容的权利义务关系。

二、经济法律关系的构成

经济法律关系同其他法律关系一样，由三个基本要素构成，即主体、内容和客体。这三个要素缺一不可，其中任何一个要素内容的发生、变更，都会引起经济法律关系的相应变化。

（一）经济法律关系的主体

经济法律关系的主体亦称经济法主体，是指以自己的名义参加经济法律关系，享受经济权利，承担经济义务的当事人。

经济法主体必须具备一定的主体资格，这种主体资格一般由法律、法规加以规定或认可。比如，依照宪法和法律由国家各级权力机关批准成立，依照法律和法规由国家各级行政机关批准成立，依照法律、法规或章程由经济组织自身批准成立，依照法律、法规由主体自己向国家有关机关申请登记并经核准登记成立，由法律、法规直接赋予一定身份而成立等。

经济法的主体包括：

（1）国家机关。国家机关是经济法律关系的重要主体，包括国家权力机关、国家行政机关和国家司法机关。其中国家行政机关，特别是担负着经济管理职能的综合职能机关和经济管理机关，在经济法律关系中居于十分突出的地位。

（2）经济组织。经济组织是指拥有独立资产，以营利为目的，自主经营、自负盈亏、独立核算，具有一定组织机构，从事生产、流通和服务性活动的经济实体。经济组织主要包括各类公司、企业和其他经济组织，可以是法人，也可以是非法人组织。

（3）事业单位。它是指由国家财政拨款或其他单位拨款，不以营利为目的的文化、教育、卫生等组织。它们通常以法人资格参加经济法律关系。

（4）社会团体。它是指由人民群众或组织自愿组织的社会组织，包括群众团体、公益组织、文化团体、学术团体等。它们也可以法人资格参与经济法律关系。

（5）经济组织内部机构。它主要指企业内部的生产经营部门、分支机构。其中除某些经依法批准、具有营业执照的分支机构可以参与企业外部经济法律关系外，其他内部机构只能参与企业内部的经济法律关系。

(6) 个体工商户和农村承包经营户。个体工商户是指公民个人不雇佣或少量雇佣他人,以营利为目的,从事生产经营的个体经济。农村承包经营户指农村集体经济组织的成员,在法律允许的范围内,按照承包合同的规定从事商品经营的经济形式。他们以"户"的名义参与经济法律关系,户内成员一般承担连带无限责任。

(7) 公民。它是指具有我国国籍,依法享有经济权利、承担经济义务的公民,包括税收法律关系中的纳税人、企业法律关系中的职工、市场法律关系中的消费者等。

(二) 经济法律关系的内容

经济法律关系的内容是指经济权利和经济义务,也就是经济法律关系主体享有的经济权利和承担的经济义务。经济权利和经济义务是经济法律关系的核心。经济权利和经济义务是一致的,但不一定完全平等。在不同的经济法律关系中,主体的权利、义务各不相同。

1. 经济权利

经济权利是指经济法律关系主体依法具有的自己为一定行为或不为一定行为和要求他人为一定行为或不为一定行为的资格。

经济权利包括:

(1) 经济职权。它指国家机关在调控经济关系时依法行使国家赋予的权力。经济职权具有命令与服从的性质,有关国家机关对自己享有的经济职权不得随意放弃、转让。

(2) 财产所有权。它指财产所有人对其财产享有的占有、使用、收益和处置的权利。财产所有权是商品交换的基础。

(3) 国有资产管理权。它指国家授权的专门机构对全民所有制单位的国有资产进行统一管理的权利。它体现了国家经营权与所有权的分离,目的是使国有资产保值、增值。

(4) 经营管理权。它指国有企业对国家授予其经营管理的财产享有占有、使用和依法处置的权利。它体现了财产所有权与经营管理权的分离,是法人财产权的最基本的内容。非国有企业则享有完全自主经营的权利。

(5) 承包经营权。它指公民、集体为完成一定任务对集体或国家所有的土地、森林、山岭、草原、荒地、滩涂、水面以及企业等财产享有占有、使用和收益的权利。它包括国家与全民所有制企业之间发生的承包经营关系和社会经济组织与它的内部成员或生产经营单位之间发生的承包经营关系。

(6) 经济请求权。它指任何法律关系主体可以请求他人为一定行为或不为一定行为的权利。这是一种救济性的权利,通常是在经济法律关系主体的合法权益受到侵害时,要求侵害人停止侵害或要求国家机关依法保护的权利。

2. 经济义务

经济义务是指经济法律关系主体依法为满足权利主体的要求必须为一定行为或不为一定行为的责任。经济义务包括:

(1) 对国家的义务,如遵守国家法律和政策、正确行使经济权利、完成指令性计划、服从国家调控、依法纳税等。

(2) 对社会的义务,如不侵犯他人合法权益、履行经济合同、保证产品质量和服务质量、保护环境等。

(3) 对内部的义务,如履行内部承包合同、在提高经济效益的基础上增加职工收入等。

(三) 经济法律关系的客体

经济法律关系的客体是指经济法律关系主体的经济权利和经济义务所共同指向的对象,是经济权利和经济义务的载体和目标。没有客体,具体的经济权利和经济义务就不能落实。不同经济法律关系的经济权利和经济义务所要达到的具体要求不同,因而客体的范围和内容也有很大差别。

经济法律关系的客体种类有:

(1) 有形财物。它指具有一定的实体形态及一定的价值与使用价值,经济法律关系主体能够在事实上和法律上加以支配,可以进入经济法律关系运动过程的财物。有形财物按不同标准,可划分为生产资料和生活资料,固定资产和流动资产,种类物和特定物,可分物和不可分物,流通物、限制流通物和不流通物,主物和从物,税金、费用和利润,货币和有价证券等。

(2) 无形财物。它指人们脑力劳动所创造的非物质财富,也叫智力成果。它一般不具有直接的物化形态,但却是可以创造物质财富的知识成果。

无形财物的种类很多,如商标、专利、专有技术、合理化建议、技术改进方案、经济信息、生产经营标记等。

(3) 经济行为。它指经济法律关系主体为达到一定经济目的所进行的活动。经济行为可分为:实现一定经济任务和指标的行为,完成一定工作的行为,履行一定劳务的行为等。

三、经济法律关系的发生、变更和终止

经济法律关系的发生是指由于一定客观情况的出现而在经济法律关系主体之间形成一定的权利和义务。经济法律关系的变更是指已经发生的经济法律关系要素的变化(主体、内容、客体)。经济法律关系的终止是指经济法律关系主体之间的权利义务归于终结。无论是经济法律关系的发生、变更或终止,都是由于一定的经济法律事实的出现所引起的。

(一) 经济法律事实的含义

经济法律事实是指引起经济法律关系发生、变更或终止的客观情况。任何客观存在都是一种客观事实,但并不是任何客观事实都能引起经济法律关系的后果,只有那些能够引起经济法律关系后果的客观事实才是经济法律事实。

(二) 经济法律事实的分类

经济法律事实按其与经济法律关系主体意志联系与否,可分为事件与行为两大类。

(1) 事件,指客观上存在和发生的,与经济法律关系主体的主观意志与自觉行为无关的,但能引起经济法律关系发生、变更和终止的客观现象,如不可抗力、偶发事故等。

(2) 行为,指由一定的组织或个人在其主观意志支配下自觉实施的,能够引起经济法律关系发生、变更和终止的活动,包括公司、企业和其他经济组织的经济法律行为,国家机关的行政行为、执法行为、司法行为,仲裁机构的仲裁行为等。

经济法律行为按其性质可分为合法行为与违法行为。

(1) 经济合法行为,指符合法律规定的行为,通常是指行为者要有合法的主体资格,意思表示要真实,内容要求合法,有必要的形式和手续。

（2）经济违法行为，指经济法律关系主体违反法律、法规的行为，如国家机关的不当罚款行为、违法征税行为等。

附：相关理论探讨

一、关于经济法作为独立法律部门的问题

有学者并不同意经济法是一个独立的法律部门，其理由主要是认为经济法没有独立的调整对象，经济法学者所谓经济法的调整对象要么是行政法的调整对象，要么是民商法的调整对象。因此，经济法要么就属于民商法，要么就是行政经济法。但是法学界大部分学者还是承认经济法是一个独立的法律部门，认为经济法有自己独特的调整对象。这一争论短期内不会结束。与这一问题相关的是经济法的调整对象问题。

经济法之所以能作为现代法律体系中的重要的法律部门，其主要因素就是因为其所调整的特定的社会经济关系的特殊性。这种关系的特殊性在于其影响整个社会经济的运行，必须通过国家权力的介入进行调整。但是在实践中，由于种种原因，使一些本不需要国家权力介入的经济关系也受到国家权力干预。哪一种经济关系需要国家权力介入，哪一种又不需要，实在是很难确定。

二、经济法与民商法及行政法的区别问题

经济法与民商法及行政法的区别问题与西方社会将法律划分为公法、私法不无关系。有数种主要的公私法学说，如利益说、主体说、性质说等，但实质上，不管依哪一学说的标准，就最终囊括的法律规范而言，其范围大致是相同的。一般而言，保护公益者为公法，保护私益者为私法。但是公共利益与私人利益本质上不是相互对立的，而是一体的。随着社会技术，包括自然科学技术和社会科学技术的发展、利益区分技术的提高，私人利益和公共利益的划分范围将发生变化，人们视野中的私人利益的范围似乎会越来越大，而公共利益的范围会越来越小。但是，这只是人们的错觉，事实上，随着人类社会发展中人们联系的不断加强，原本可以被简单看作私人利益的东西，却越来越多地变成一定范围内群体不可分割或者难以分割的共同利益——公共利益。个人隐私属于私人利益，但是对于社会公众个人隐私的保护就主要是公共利益。因此，随着社会的发展，公共利益的内容也在不断地形成、壮大。

这种公共利益和私人利益既分化又融合的发展进程，表现在立法趋势上，就是现代法的"公法私法化"和"私法公法化"两种趋势。经济法的形成和发展，正是这些趋势不断加强的结果和反映。

由于公共利益和私人利益的分化，为公共利益的公法调整和私人利益的私法调整提供了泾渭分明的界限，但是，公共利益和私人利益的融合，又模糊了公法调整和私法调整的边界。所以，经济法与民商法及行政法的区别，只具有相对的意义。总体来说，这三个法律部门都可以是调整经济关系的法律，只是在学科划分上要追求独立而已。

一、名词解释

经济法　市场的外部性　经济法律关系的主体　市场失灵

二、简述题

1. 计划经济条件下的国家经济调控和市场经济条件下的国家经济调控有什么区别？
2. 经济法具有哪些特点？
3. 为什么说民商法是市场经济的基础性法律？
4. 简述民商法与经济法的区别。
5. 如何理解只有将民商法和经济法很好结合起来，才能保证市场经济的健康发展？

三、论述题

1. 论述经济法的概念和调整对象。
2. 市场经济主要有哪些弊端？经济法是如何克服这些弊端的？
3. 市场会失灵，政府调控会不会失败？如何防止或者减少失败？
4. "民商法是市场经济条件下的基础性法律，经济法是市场经济条件下的主导性法律，只有将两者结合起来，才能形成市场经济的法制基础。"对此观点，谈谈你的看法。

（一）案例分析示范

案例一　香港金融保卫战

1. 金融危机大爆发

1997年7月2日，香港回归的第二天，"金融大鳄"索罗斯向泰国出手，泰铢狂跌20%，突如其来的金融风暴把泰国经济一下砸到了谷底。泰铢大幅贬值犹如巨石击水，在整个东南亚金融市场掀起了滔天巨浪。菲律宾、印度尼西亚、马来西亚相继成为国际炒家的攻击对象。

10月，国际炒家首次冲击香港金融市场，从21日到23日，香港恒生指数累积下跌了将近3 000点。香港十大富豪估计共损失超过2 100亿港元。时间进入1998年1月，香港恒生指数一度跌破8 000点大关，市场极度恐慌。

从1998年5月开始，国际投机资金兵分三路，向香港汇市、股市、期市同时发难。国际炒家们口出狂言，要把香港当作他们的"超级提款机"。

面对国际炒家们的步步紧逼，特区政府以一系列强有力的干预政策高调应对。稳定了市场，抬升了人气，国际投机资金开始仓皇出逃。

曾经黑云压城般密布在香港上空的金融危机乌云一时间似乎散去了，然而，索罗斯领衔的国际金融大鳄们却元气未伤，他们等待着合适的时机发起致命一击。决战时刻快要到来了！

2. 曾荫权流泪做决定

这场香港金融保卫战的大决战，终于在1998年8月拉开了帷幕。

8月14日，香港特区政府正式参与股市和期市交易。一向奉行零干预经济政策的港府，竟然携带着980亿美元的外汇储备，同时进入股市和汇市两个市场进行大规模的保卫战。

对于港府放弃"零干预政策"，动用外汇储备干预股市与期市的做法，在当时支持与反对的声音都很响亮，时至今日，仍然有保守主义经济学家认为，此举损害了香港自由经济体的国际形象。索罗斯甚至发动世界舆论，攻击香港政府"行政干预市场"，违反市场经济规则。但是支持者却认为，被投机资本操纵的经济谈不上自由经济，港府入市正是为了打破这种操纵。当时亲自指挥了这次入市行动的香港财政司司长曾荫权对此更是颇多感慨。

曾荫权在给弟弟的一封信中解释了自己为什么赞成入市行动。"为什么我要作出这项干预的决定呢？……若政府再不采取行动，股市就会因为被人操控而跌至不合理的水平，利息会持续高企，联汇会不断受压，而经济复苏只会遥遥无期。"

曾荫权后来说，当决定政府入市干预的前一晚，他流下了眼泪。但正如他在信中所说："政府参与市场是个两难的决定。我既作了这决定，便要坚守原则，接受批评。……我绝不会掉以轻心，我会加倍努力，好向香港人交代。……我们的日子是十分艰难的。但我不相信我们香港市民会输。"

3. 国际炒家困兽斗

1998年8月28日，这也许是香港自从有股市以来最漫长的一天。

这一天是香港恒生指数期货8月合约的结算日，国际炒家们手里有大批期货单子到期必须出手。若当天股市、汇市能稳定在高位或继续向上突破，炒家们将损失数亿甚至十多亿美元的血本，反之港府之前投入的数百亿港元就等于扔进了大海，谁也输不起。

上午10点整，交易正式开始。国际投机资金几乎倾巢出动，企图将股指彻底打压下去，而港府则将所有的卖单照单全收死守股市。这一天的交易金额达到了790亿港币，创下香港市场单日最高交易纪录。

如果抛开这一天惨烈的战况不谈，那么28日香港恒生指数收盘时的点位7 829点实在是个非常平淡的数字，它甚至比前一天还下跌了93点，但这个数字对香港金融市场的意义却是不可估量的，它让香港股市站稳了脚跟，让国际炒家不但没有了获利空间，而且由于他们的合约已经到期，将不可避免地遭受巨额亏损。

在28日的决战之后，国际炒家还做了一番困兽之斗。他们认为，资金压力与舆论压力都不可能使特区政府长期支撑下去，因而决定将8月的合约转至9月，想与港府打持久战。而特区政府立即作出决定，继续推高股指期货价格，迫使投机资本亏损离场。9月7日，香港金融管理局颁布了外汇、证券交易和结算的新规定，使炒家的投机大受限制，当天，恒生指数飙升588点，站上8 000点大关。国际炒家的亏损进一步加剧，最终不得不从香港败退而去。

再往后的故事就尽人皆知了，香港市场逐渐恢复了元气，1999年恒生指数重回10 000点以上，港府从股市中全部退出，赚了数十亿美元。[①]

请问：(1) 政府能不能干预(管控)市场？(2) 政府应该怎样干预(管控)市场？

---

① 摘编自中央电视台节目：《直通香港·十年记忆之金融保卫战》。

案例评析： 政府能不能干预市场？按照自由主义的经济学说，经济是私的领域，市场是自由竞争的场所，政府是不应该干预经济的。但是，自由竞争的市场经济必定会发生市场失灵，这种失灵可能是由于经济体的内部原因，如垄断、公共物品的提供等，也可能是由于经济体的外部原因，特别是在国际经济一体化的大背景下，因为外部原因引起的市场失灵可能会日益普遍。香港金融危机是如此，2008 年由美国引起的世界金融危机更是如此。因此，国家、政府要切实承担责任，应对经济体内部和经济体外部的市场失灵，维护国家的经济利益。按照马克思主义的学说，生产、交换的一切都不属于私的领域。政治是经济的集中表现，上层建筑要对自己的经济基础起反作用，最终保护生产力的发展。因此，国家和政府组织、管理、调控经济，是国家经济职能的表现，是天经地义的事情。按照斯密"看不见的手"的观点和凯恩斯主义的国家干预理论，不能对市场采取听之任之的态度，必要时国家要出手干预市场。所以，国家、政府应该在必要时干预市场。

政府应该怎样干预（管控）市场？政府可以综合采用经济的、行政的、法律的手段来管理和调控经济。但是要坚持两个原则：一是适当干预的原则，市场经济的运行有自己的规律，在正常运作的情况下，它能够实现资源的优化配置，只有在出现或者可能出现市场失灵的情况下，政府的干预才是适当的。不应该让政府像计划经济时代那样包办一切。二是依法干预的原则。政府干预经济必须要有法律依据，要依法干预。目的是通过法制的力量，在组织上、程序上、手段上、法律责任上制约政府行为，防止政府失败。政府干预市场的具体方法，最常见的是财政政策（财政法）和金融政策（金融法），除此以外，政府对于市场主体的管控（市场主体法、市场准入法、破产法等）、政府对于市场秩序维护的法律（反不正当竞争法、消费者权益保护法、产品质量法、广告法等）、政府对于资源优化配置的法律（反垄断法、可持续发展方面的法律、国有资产管理法、促进科技发展方面的法律等）、政府对于促进社会公平进行社会保障方面的法律等，都是政府依法管控经济的法律。

案例二　兰州牛肉拉面限价风波

2007 年 6 月 16 日上午，兰州市民突然发现兰州大街小巷的拉面馆都贴出了涨价的通知。对于牛肉拉面馆如此统一的涨价行动，兰州市民显然有点始料未及，同时牛肉拉面统一涨价的事件也引起了兰州政府的"重视"，有关部门迅速判定这是一起典型的垄断市场价格行为，认为是一起人为串通操纵市场价格的行为，并迅速决定予以坚决打击和制止。于是，兰州物价局等部门在几天后即向全市下发了《关于兰州牛肉拉面限价的通知》，并详细地限定了大碗 2.5 元、小碗 2.3 元的具体价格。对于兰州有关部门如此迅速和果断的行动，兰州市民纷纷拍手叫好，认为政府在处理有关国计民生方面做出了不错的表现。而关于兰州牛肉拉面的话题也在各地以及网络上成为讨论的热题，有赞成的、有中立的、有反对的，更有质疑的。赞成者认为这牛肉拉面关系到兰州市民的日常饮食，属于民生范畴，理应限价；而反对者的理由更是多多，水、电、煤、气、肉、油、菜、面、工人工资、房租等都涨价，为何唯独不许牛肉拉面涨价？而质疑者主要是对兰州政府对牛肉拉面的"宏观调控"表示不理解，认为没有尊重市场的规律，不是市场经济的正确手段。

请问：兰州市政府应该不应该对牛肉拉面进行限价？

案例评析： 兰州市政府应该不应该对牛肉拉面进行限价的问题，实质上就是政府和市场的边界问题,政府这只看得见的手是否应该出手干预的问题。对于这样一个非常现实的问题,每个人都可以有自己肯定或者否定的回答,试图提供标准答案是件吃力不讨好的事情。笔者的个人观点是:(1)在现实情况下,确定政府和市场之间的边界是非常困难的。需要根据各种情况(市场的发育程度、消费者的消费水平、法律的规定等)综合确定。市场自身的由市场管,市场失灵的由政府管。(2)具体案件中,从法律角度看,政府的限价行为是不妥的。首先,政府不能借口国计民生将市场价格都管起来。根据《价格法》的规定,政府定价只适用于不适宜在市场竞争中形成价格的极少数商品和服务项目,不可能包括牛肉拉面那样的商品。其次,如果真是属于人为串通操纵市场价格的行为,那依照《价格法》《反不正当竞争法》《反垄断法》等处理就可以了。事实上,兰州市政府的限价基本上也没有发挥作用,到2010年,兰州市城区内一碗普通牛肉面价格已普遍上涨至3.5元。兰州牛肉面后来实行的是市场价,政府物价部门已经将牛肉面价格的调整权完全"归还"市场。

案例三　某县经济主管部门强制购买本县所产啤酒案

某县为发展经济在全县范围内进行国企改制,将该县原国营啤酒厂改制成有限责任公司,由于管理科学,该公司的运营良好,啤酒的市场销路很好,为该县财政收入作出了贡献。但是好景不长,几个月后,上海某啤酒公司所产啤酒进入当地市场,严重冲击了该县所产的啤酒。该县经济主管部门见状十分忧虑,遂发出通知要求:各单位凡需啤酒应从本县啤酒公司购买,购买外地啤酒的要给予处罚。

请问:本案可能涉及哪些经济法律关系的构成要素?

案例评析:经济法律关系的构成要素包括经济法律关系的主体、经济法律关系的内容和经济法律关系的客体。本案中,可能构成经济法律关系的主体包括某县啤酒厂、上海某啤酒公司等外地啤酒公司、某县政府经济主管部门、某县各单位等。可能构成经济法律关系内容的包括该县经济主管部门在管理啤酒市场中与其他所有相关主体的权利和义务,该县啤酒公司与县经济主管部门、其他外地啤酒公司的权利和义务,上海某啤酒公司等外地啤酒公司与该县经济主管部门以及该县啤酒公司的权利和义务等。可能构成经济法律关系的客体,主要涉及政府对于啤酒市场的管理,是经济行为,这一行为属于政府的行政行为,是行政违法行为。

(二) 案例分析实训

案例一　"验车费"猛涨

2010年9月1日开始,前往上海各车检站验车的小型车车主突然发现,原先80元的"验车费"一下子提至250元,猛涨了212%。据悉,沪上车检站总量有90余家,其中面向社会的车检站有53家。从2000年左右开始,上海车检站实现社会化经营。此前80元车检费标准是国家1994年制定执行的。16年来,车检费用始终没有调整。但是,虽然过去"验车费"只需80元,车检站却增加了"调试费"来给自己增加收入。"调试费"少则100多元,多则可达到200多元,"调试费"成为站点主要的创收手段。2010年8月,53家车检站多次召开联席会议讨论调价事宜,其中也有律师和会计师事务所专家参与,最后,大家就新价格达成一致,实际上是将以往的灰色收入公开化。9月8日,主管物价的市发改委对车检站擅自提价的现象作出明确回复:根据相关法律法规规定,机动车安全技术检验机构对机动车进行定期安全技术检验的收费标准为:汽车每车次80元,低速货车、摩托车每车次40元。任何机构未经市价格主管部门批准,不得擅自提高收费标准,扩大收费范围。多收的,要予以退还。

请问:(1)你如何看待"调试费"?(2)社会化经营是否就意味着社会化收费?政府还应不应该管价格?(3)企业调价是否一定要经过政府批准?为什么?

案例二　业主私下订立的售房协议为何无效?

外籍人士章某某在上海市区有一套95平方米的商品房,购买于2006年3月,总价人民币70万元。2010年8月,因要回国与林某达成协议以人民币210万元买卖。林某在向银行办理贷款手续时知道,他们之间的房屋买卖必须到政府设立的房产交易中心办理房产交易手续、办出房产证才能成立,他们私下订立的协议是无效的。章某某感到纳闷:房子是我私人的,与林某达成协议,是双方共同意志的表现,为什么买卖无效?为什么只能到房产交易中心办出房产证才能有效?而且由于林某家庭已经是购买第二套商品房,按照当时政府规定,贷款购买第二套住房的家庭,贷款首付款不得低于50%,贷款利率不得低于基准利率的1.1倍。对购买首套住房且套型建筑面积在90平方米以上的家庭,贷款首付款比例不得低于30%。这样,林某不但贷款利率要提高,首付款也要提高,林某觉得经济能力不够,决定不买章某某的房屋。章某某对此也觉得奇怪:林某与银行都是独立的民事主体,关于贷不贷、贷多少、贷款利率多少,为什么林某和银行不能自己决定?为什么一定要按照政府的规定来办贷款呢?

请问:你如何回答章某某的疑问?

案例三　注水猪肉案

2005年8月18日,张某和妻子一同到镇农贸市场上购物。路过肉摊时,张某发现个体户刘某摊上的猪肉水汪汪,格外新鲜好看。根据从报刊上学到的知识,张某断定这批猪肉注了水。但是很多顾客没有这些知识和经验,见这些猪肉颜色好就纷纷购买。张某觉得有责任将自己的怀疑告诉有关部门。张某和妻子匆匆赶到镇工商所,向值班所长报告了这一情况。所长带着两位工作人员迅速至农贸市场。经检验发现,刘某所售猪肉果然是注水猪肉,而且所注之水相当脏。镇工商所立即封存该批猪肉并予没收;同时没收刘某的非法所得,并处以罚款250元;对卖出的注水猪肉,作退货处理。

请问:本案存在哪些法律关系?这些法律关系的构成要素是什么?

第二章
产品质量法律制度

 本章概要

《产品质量法》《农产品质量安全法》和《食品安全法》共同夯实了我国产品质量安全法律体系的基础。本章依据《产品质量法》及相关法律规范的规定,主要介绍产品的概念、性质和特点,我国产品质量管理制度和产品质量监督检查的形式,并将生产者、销售者的产品质量责任和义务、产品责任作为本章的重点内容。产品质量认证与企业质量体系认证制度对于推进我国企业提高产品质量起到积极的作用。产品责任是保障产品质量的重要制度。

 学习目标

通过对产品质量法的学习,要求掌握产品质量法中的基本制度,掌握产品、缺陷、产品责任等基本概念,掌握产品质量法中规定的经营者在保障产品质量中的权利及义务。在了解产品责任制度的基础上,掌握对产品责任的适当运用。产品质量法是我国市场运行过程中的重要法律之一,也是我国产品质量监督检查的重要执法依据,只有熟练地掌握相关制度才能恰当地运用。

第一节 产品质量法概述

一、产品与产品质量

(一) 产品

产品是《产品质量法》的基本概念,对其科学的界定是一国制定《产品质量法》《产品责任法》等相关法律的重要前提。产品范围的科学界定有利于对消费者权益的保护,使其更容易获得法律救济,追究生产者、经营者的责任。

产品本是一个经济学上的术语,后来在法学上也使用。广义的产品,是指自然物之外的一切劳动生产物。法律上所使用的产品,其范围小于广义的产品。

我国《产品质量法》第2条第2款规定:"本法所称产品是指经过加工、制作,用于销售的产品。"第3款规定:"建设工程不适用本法规定;但是,建设工程使用的建筑材料、建筑构配件和设备,属于前款规定的产品范围的,适用本法规定。"第73条规定:"军工产品质量监督管理办法,由国务院、中央军事委员会另行制定。因核设施、核产品造成损害的赔偿责任,法律、行政法规另有规定的,依照其规定。"《产品质量法》释义第2条对产品作了进一步的解释。"产品"一词,从广义上说,是指经过人类劳动获得的具有一定使用价值的物品,既包括直接从自然界获取的各种农产品、矿产品,也包括手工业、加工工业的各种产品。从法律上说,要求生产者、销售者对产品质量承担责任的产品,应当是生产者、销售者能够对其质量加以控制的产品,即经过"加工、制作"的产品,而不包括内在质量主要取决于自然因素的产品。因此,按照该条的规定,各种直接取之于自然界,未经加工、制作的产品,如籽棉、稻、麦、蔬菜、饲养的鱼虾等种植业、养殖业的初级产品,采矿业的原油、原煤等直接开采出来未经炼制、洗选加工的原矿产品等,均不适用该法的规定。该法的产品必须是用于销售的产品。非用于销售的产品,即不作为商品的产品,如自己制作、自己使用或馈赠他人的产品,不属于国家进行质量监督管理的范围,也不能对其制作者适用该法关于产品责任的严格规定。建设工程不适用该法规定。建设工程,包括房屋、公路、桥梁、隧道等工程。由于建设工程的质量问题与一般加工、制作的产品有较大的不同,对建设工程的质量问题,应当适用建筑法等法律的规定。

我国法律关于产品定义的规定,与有关产品责任的国际公约和一些国家关于产品责任的法律对产品的定义是大体一致的。例如,1985年《欧洲共同体关于对缺陷产品责任的指令》和德国等国的产品责任法规定,产品是指除初级农产品和狩猎物以外的所有动产,即使已被整合在另一组动产或不动产之内。初级农产品是指种植业、畜牧业、渔业的产品,不包括经过加工的这类产品。产品也包括电。

(二) 产品质量

产品质量是指产品符合人们需要的内在素质与外观形态的各种特性的综合状态。[1]据国际标准化组织制订的国际标准《质量管理和质量保证——术语》(ISO8402—1994),产品质量是指产品"反映实体满足明确和隐含需要的能力和特性的总和"。产品质量的内涵随着经济、技术的发展而不断地丰富。

产品质量是由各种要素所组成的,这些要素亦被称为产品所具有的特征和特性。不

---

[1] 产品的内在质量是指产品的内在属性,包括性能、寿命、可靠性、安全性、经济性五个方面。产品性能,指产品具有适合用户要求的物理、化学或技术性能,如强度、化学成分、纯度、功率、转速等。产品寿命,指产品在正常情况下的使用期限,如房屋的使用年限,电灯、电视机显像管的使用时数,闪光灯的闪光次数等。产品可靠性,指产品在规定的时间内和规定的条件下使用,不发生故障的特性,如电视机使用无故障,钟表的走时精确等。产品安全性,指产品在使用过程中对人身及环境的安全保障程度,如热水器的安全性,啤酒瓶的防爆性,电器产品的导电安全性等。产品经济性,指产品经济寿命周期内的总费用的多少,如空调器、冰箱等家电产品的耗电量,汽车的每百公里的耗油量等。产品的外观质量指产品的外部属性,包括产品的光洁度、造型、色泽、包装等,如自行车的造型、色彩、光洁度等。产品的内在质量与外观质量特性比较,内在质量是主要的、基本的,只有在保证内在特性的前提下,外观质量才有意义。

同的产品具有不同的特征和特性,其总和便构成了产品质量的内涵。产品质量要求反映了产品的特性和满足顾客和其他相关方要求的能力。顾客和其他质量要求往往随时间而变化,与科学技术的不断进步有着密切的关系。这些质量要求可以转化成具有具体指标的特征和特性,通常包括使用性能、安全性、可用性、可靠性、可维修性、经济性和环境等几个方面。

产品的使用性能是指产品在一定条件下,实现预定目的或者规定用途的能力。任何产品都具有其特定的使用目的或者用途。

产品的安全性是指产品在使用、储运、销售等过程中,保障人体健康和人身、财产安全免受侵害的能力。

产品的可靠性是指产品在规定条件和规定的时间内,完成规定功能的程度和能力。一般可用功能效率、平均寿命、失效率、平均故障时间、平均无故障工作时间等参量进行评定。

产品的可维修性是指产品在发生故障以后,能迅速维修恢复其功能的能力,通常采用平均修复时间等参量表示。

产品的经济性是指产品的设计、制造、使用等各方面所付出或所消耗成本的程度,同时,亦包含其可获得经济利益的程度,即投入与产出的效益能力。

《产品质量法》中的"产品质量"还应与法律联系起来,即指由国家的法律、法规、质量标准等所确定的或由当事人的合同所约定的有关产品适用、安全、外观等诸种特性的综合。它是经济概念、技术概念,也是法律概念、法学概念。产品质量问题一般分为两类:产品不适用、产品不安全。产品不适用往往基于产品瑕疵,产品不安全多指产品有缺陷。瑕疵与缺陷是两个与产品质量有关的概念。

产品质量是产品的生命,是产品生存和发展的前提条件,是市场发展,影响竞争优劣的重要因素。

二、产品质量法的概念

产品质量法,是指为了调整产品生产与销售,以及对产品质量进行监督管理过程中所形成的社会关系而由国家制定的法律规范的总称。所谓法律规范的总称,主要包括关于产品质量监督管理、产品质量责任、产品质量损害赔偿和处理产品质量争议等方面的法律规定。

我国于1993年颁布《产品质量法》,于2000年、2009年、2018年修订。我国的《产品质量法》是产品质量管理法和产品责任法的统一体。从《产品质量法》的立法宗旨、内容、特性及其所体现的现代经济立法趋势看,它不属于传统的私法,而应属于经济法体系。

三、产品质量法的适用范围和立法原则

(一) 产品质量法的适用范围

适用范围即调整范围,指法的对人效力(主体)、空间效力、客体范围等。《产品质量法》第2条确定其调整范围,其他有关条款也有规定。

1. 主体

主体包括:(1) 生产者、销售者,指在中华人民共和国境内从事产品生产、销售活动的

组织和个人。(2)用户、消费者。(3)国家质量管理监督机关。《产品质量法》的调整范围具体包括：(1)生产者、销售者与用户、消费者的关系。(2)质量监督管理机构与生产者、销售者的关系。(3)生产者、销售者之间及它们与其他经营者之间的关系。

上述各类关系即是产品质量法的调整对象。

2. 空间效力

《产品质量法》适用的地域范围(或称空间效力范围)，是中华人民共和国境内，即中华人民共和国主权所及的全部领域。法律空间效力范围的普遍原则，是适用于制定它的机关所管辖的全部领域(法律本身对其空间效力范围作出限制性规定的除外)。凡在我国境内从事产品的生产、销售活动，包括进口产品在我国国内的销售，都必须遵守《产品质量法》的规定。既要遵守《产品质量法》有关对产品质量行政监督的规定，同时对因产品存在缺陷造成他人人身、财产损害的，也要依照《产品质量法》关于产品责任的规定承担赔偿责任。当然，按照我国香港、澳门两个特别行政区基本法的规定，只有列入这两个基本法附件3的全国性法律，才能在这两个特别行政区适用。《产品质量法》没有列入这两部基本法的附件3中，因此，《产品质量法》不适用于香港和澳门两个特别行政区。

3. 客体

客体即上述产品范围，亦即经过加工、制作、用于销售的产品。除外情况有：(1)建设工程(《产品质量法》第2条第3款)；(2)军工产品(《产品质量法》第73条第2款)；(3)初级产品(未明确规定)。

(二) 产品质量法的立法原则

产品质量立法应遵循国家宏观调控与市场引导相结合，生产者、经营者承担质量责任，保护国家、用户和消费者的利益原则。具体原则如下。

(1)坚持产品质量标准原则。发展社会主义市场经济，保护国家、用户和消费者利益，必须保证并不断提高产品质量，这是产品质量法的基本要素。

(2)国家对产品质量实行统一立法，区别管理的原则。统一立法是指国家对产品质量的管理，必须由国家制定统一的产品质量法。各地区在国家统一管理标准下，区别各地情况，因地制宜地制定地方性法规，特别是对可能危及人身健康和生命、财产安全方面的产品实行强制性管理。

(3)贯彻奖优罚劣的管理原则。对优质产品和生产优质产品的企业和经营者给予奖励，引导鼓励企业进一步改进管理，提高产品质量。对假冒伪劣产品的生产者和经营者给予严厉的制裁。

(4)实行管理和监督相结合的原则。管理与监督相结合是指根据产品自身特点和要求确定不同的管理政策和目标。这一原则体现了产品质量管理的基本规律，符合国际惯例和我国国情。为贯彻这一原则，国家一方面确立了全国统一的质量监管体制；另一方面又对产品质量实行区别管理与监管的政策，对危及人身财产安全的产品实行强制管理。为提高产品质量，既通过市场竞争和自我约束机制解决，又实行产品质量国家管理，发挥社会监督作用。

第二节　产品质量监督

一、产品质量监督的概念和体制

(一) 产品质量监督的概念

从广义上说,产品质量监督是指国家、社会、用户、消费者以及企业自身等,对产品质量等所做的检验、检查、评价、措施等一系列活动的总称。从狭义上说,产品质量监督,是指法律规定的产品质量监督机构,依照法定职权和程序,对企业产品质量所进行的监察督促活动。由此,产品质量监督可分为三种基本形式和途径。

1. 企业监督

企业监督是指企业内部自检和互检。包括：(1) 劳动者自检；(2) 生产过程互检；(3) 专职检验。

2. 社会监督

社会监督包括：(1) 用户、消费者监督；(2) 社会组织监督；(3) 新闻媒介监督等。

3. 国家监督

国家监督包括：(1) 专职监督；(2) 综合监督。

(二) 产品质量监督体制

产品质量监督体制是产品质量监督机构的设置及其职权划分制度的统称。

我国产品质量监督体制与我国经济管理体制相适应,经历了一个曲折的演变过程。《产品质量法》在总结我国产品质量监督实践和立法经验教训的基础上,确立了我国产品质量监督体制。按照规定,国务院产品质量监督管理部门主管全国产品质量监督工作,国务院有关部门在各自的职责范围内负责产品质量监督工作。县级以上地方市场监督管理部门主管本行政区域内的产品质量监督工作。县级以上地方人民政府有关部门在各自的职责范围内负责产品质量监督工作。但是法律对产品质量的监督部门另有规定的,依照有关法律的规定执行。

二、产品质量监督制度

(一) 产品质量认证制度

产品质量认证是依据产品标准和相应技术要求,经认证机构确认并通过颁发证书和认证标志,以证明企业某一产品符合相应标准和相应技术要求的活动。《产品质量法》规定,国家参照国际先进的产品标准和技术要求,推行产品质量认证制度。企业根据自愿原则可以向国务院市场监督管理部门认可的或者国务院市场监督管理部门授权的部门认可的认证机构申请产品质量认证。经认证合格的,由认证机构颁发产品质量认证证书,准许企业在产品或者其包装上使用产品质量认证标志。在《产品质量法》颁布之前,国务院即已于1991年5月7日颁布了《中华人民共和国产品质量认证管理条例》。企业可以依照相应规定申请产品质量认证。

我国产品质量认证制度的基本内容如下。

1. 认证对象

按照规定，凡经过加工、用于销售的产品，有国家标准和行业标准的，除建设工程、军工产品（不含军工企业生产的民用产品）外，均属产品质量认证的对象。具体哪些产品可以申请认证，由国家质量技术监督局根据实际需要和认证机构的组建情况，适时向社会公布可开展认证的产品目录予以确定。

2. 认证依据

《产品质量法》规定，国家参照国际先进的产品标准和技术要求，推行产品质量认证制度。这就表明，我国产品质量认证是根据国家认可的国际先进标准进行的。根据我国《标准化法》《产品质量认证管理条例》及其实施办法等规定，产品质量认证依据的标准，应当是具有国际水平的国家标准或行业标准，内容除包括产品性能指标外，还应包括产品检验方法和综合判定准则；若现行国家标准或行业标准内容不能满足认证需要的，还应由认证委员会组织制定补充技术要求。凡经国务院标准化行政主管部门批准加入相应国际认证组织的认证委员会，其认证依据的标准，应当采用该组织公布的并已转化为我国国家标准或行业标准的标准。现行国家标准、行业标准与国际标准有差异的，按国家有关规定办理。认证委员会经国务院标准化行政主管部门批准，与外国认证机构签订的双边或多边认证合作协议所涉及的产品，可以按照合作协议规定的标准开展认证工作。

3. 认证方式

我国产品质量认证方式采用国际上通行的第三方认证制度，即由认证机构作为独立于生产方和购买方之外的第三方机构，公正地证明某一产品的质量是否符合规定的标准。按照《产品质量法》的规定，产品质量认证由国务院市场监督管理部门认可的或者国务院市场监督管理部门授权的部门认可的认证机构承担。

4. 认证种类

按照规定，我国产品质量认证分为合格认证和安全认证两种。实行安全认证的产品，必须符合标准化法中有关强制性标准的要求。实行合格认证的产品，必须符合标准化法规定的国家标准或行业标准的要求。

5. 认证原则

我国产品质量认证实行自愿认证制，即产品质量认证由企业自愿申请。自愿认证的主要目的，在于提高认证的自觉性，发挥市场机制调节作用，同时为公正认证创造客观基础。

6. 认证的条件、程序

按照规定，中国企业、外国企业均可提出认证申请。提出申请的企业应具备以下条件：(1)产品符合国家标准或行业标准的要求；(2)产品质量稳定，能正常批量生产；(3)生产企业的质量体系符合国家质量管理和质量保证标准及补充要求。

7. 认证的程序

办理认证的程序是：(1)申请。中国企业向认证委员会提出书面申请，外国企业或代销商向国务院标准化行政主管部门或其指定的认证委员会提出书面申请。(2)产品审查，即认证委员会通知担任检验任务的检验机构对产品进行检验。(3)企业质量体系审查，即认证委员会对申请认证的生产企业的质量体系进行审查。(4)批准。认证委员会对认证合格的产品，颁发认证证书，并准许使用认证标志。认证证书是证明产品质量符合认证要求和许可产品使用认证标志的法定证明文件。认证标志是由认证机构设计并发布的证明产品符合特定标准或技术规范的专用标志。我国目前批准使用的认证标志主要有方圆标志、长城标志和 PRC 标志。方圆标志包括合格认证标志和安全认证标志,分别由获准合格认证的产品和安全认证的产品使用;长城标志为电工产品专用认证标志;PRC 标志为电子元器件专用认证标志。

8. 认证的法律后果

按照规定,获准认证的产品,除接受国家法律和行政法规规定的检查外,免于其他检查,并享有优质优价等相关优惠条件。

(二) 企业质量体系认证制度

企业质量体系认证是指依据国家质量管理和质量保证系列标准,由国家认可的认证机构,对自愿申请认证的企业的质量体系,进行检查、确认、颁发认证证书,以证明企业质量体系和质量保证能力符合相应标准要求的活动。我国《产品质量法》规定,国家根据国际通用的质量管理标准,推行企业质量体系认证制度。企业根据自愿原则可以向国务院市场监督管理部门认可的或者国务院市场监督管理部门授权的部门认可的认证机构申请企业质量体系认证。经认证合格的,由认证机构颁发企业质量体系认证证书。

(三) 标准化管理制度

产品质量离不开产品质量标准。产品质量总要以一定的产品质量标准作为衡量的依据,可以说,产品标准是产品质量的文字表达形式。根据我国《产品质量法》的规定,我国实行产品质量标准制度,"国家鼓励推行科学的质量管理方法,采用先进的科学技术,鼓励企业产品质量达到并且超过行业标准、国家标准和国际标准"。

根据我国的有关规定,标准是指对重复性事物和概念所作的统一规定。它以科学、技术和实践经验的综合成果为基础,经有关方面协商一致,由主管机关批准,以特定形式发布,作为共同遵守的准则和依据。根据国际标准化组织 1983 年 7 月第二号指南(第四版)所下的定义,标准化主要是对科学、技术与经济领域内重复应用的问题给出解决的办法的活动,其目的在于获得最佳秩序。一般说来,包括制定、发布与实施标准的过程。我国《标准化法》第 3 条明确规定:"标准化工作的任务是制定标准、组织实施标准和对标准的实施进行监督。"

结合我国《标准化法》的有关规定,产品质量管理制度中的标准化管理制度的内容主要包括产品质量标准的制定和产品质量标准的实施这两大方面。

1. 产品质量标准的制定

按照我国《标准化法》的规定,凡工业产品的品种、规格、质量、等级或安全、卫生要求,工业产品的设计、生产、检验、包装、储存、运输、使用方法或者生产、储存、运输中的安全、卫生要求,工业生产的技术术语、符号、代号和制图方法等,需要统一的技术要求,应当制定标准。产品质量标准按其制定的部门或单位以及适用范围的不同,可分为国家标准、行业标准、地方标准和企业标准。

2. 产品质量标准的实施

我国《标准化法》将标准按性质的不同,分为强制性标准和推荐性标准。强制性标准是必须执行的标准,它包括部分国家标准和行业标准以及全部地方标准,主要有药品标准,食品卫生标准,兽药标准,产品及产品生产、储运和使用中的安全、卫生标准,劳动安全、卫生标准,运输安全标准,国家需要控制的重要产品质量标准等。推荐性标准是不具有强制执行效力,由执行者自觉采用的标准,强制性以外的标准是推荐性标准,国际标准也是推荐性标准。为了保证强制性标准的实施,引导人们执行推荐性标准,《产品质量法》规定:"可能危及人体健康和人身、财产安全的工业产品,必须符合保障人体健康和人身、财产安全的国家标准、行业标准;未制定国家标准、行业标准的,必须符合保障人体健康和人身、财产安全的要求;禁止生产、销售不符合保障人体健康和人身、财产安全的标准和要求的工业产品。"

（四）产品质量检验制度

产品质量检验,是指按照特定的标准,对产品质量进行检测,以判明产品是否合格的活动。这里的"标准"可以是国家标准、行业标准、地方标准或企业标准,而有强制性标准的产品,则须按强制性标准检验。产品质量检验按检验主体可分为第三方检验和生产经营者自己检验;根据检验的性质可分为国家检验和民间检验;根据检验的方式可分为全数检验和抽样检验;根据检验的环节可分为出厂检验和入库检验。《产品质量法》关于产品质量检验的规定主要包括两方面的内容：(1)关于产品质量检验的基本要求。按照规定,产品质量应当检验合格,不得以不合格产品冒充合格产品。(2)关于产品质量检验机构。产品质量检验机构,指县级以上人民政府产品质量监督管理部门依法设置和依法授权的,为社会提供公证检验数据和检验结论的机构。

（五）生产许可证制度

生产许可证制度是指国家对于具备某种产品的生产条件并能保证产品质量的企业,依法授予许可生产该项产品的凭证的法律制度。2005年6月,国务院颁布《中华人民共和国工业产品生产许可证管理条例》,该法第2条规定了我国实行生产许可证制度的适用范围。国家实行生产许可证制度的工业产品目录由国务院工业产品生产许可证主管部门会同国务院有关部门制定,并征求消费者协会和相关产品行业协会的意见,报国务院批准后向社会公布。生产许可证制度对保障人身、财产安全,保证产品质量,维护国家、用户和消费者利益有重要意义。

（六）产品质量抽查制度

《产品质量法》规定,国家对产品质量实行以抽查为主要方式的监督检查制度。抽查产品的范围是：可能危及人体健康和人身、财产安全的产品,影响国计民生的重要工业产品,消费者、有关组织反映有质量问题的产品。按照规定,抽查产品的样品应当在市场上或者企业成品仓库内的待销产品中随机抽取。

监督抽查工作必须坚持统一规划组织、分级分工结合、防止重复抽查的原则。具体来说,监督抽查工作由国务院市场监督管理部门规划和组织。县级以上地方市场监督管理部门在本行政区域内也可以组织监督抽查。法律对产品质量的监督检查另有规定的,依照有关法律的规定执行。国家监督抽查的产品,地方不得另行重复抽查;上级监督抽查的产品,下级不得另行重复抽查。

根据监督抽查的需要,可以对产品进行检验。检验抽取样品的数量不得超过检验的合理需要,并不得向被检查人收取检验费用。监督抽查所需检验费用按照国务院规定列支。生产者、销售者对抽查检验的结果有异议的,可以自收到检验结果之日起15日内向实施监督抽查的市场监督管理部门或者其上级市场监督管理部门申请复检,由受理复检的市场监督管理部门作出复检结论。

对依法进行的产品质量监督检查,生产者、销售者不得拒绝。

依照《产品质量法》规定进行监督抽查的产品质量不合格的,由实施监督抽查的市场监督管理部门责令其生产者、销售者限期改正。逾期不改正的,由省级以上人民政府市场监督管理部门予以公告;公告后经复查仍不合格的,责令停业,限期整顿;整顿期满后经复查产品质量仍不合格的,吊销营业执照。监督抽查的产品有严重质量问题的,依照《产品质量法》第五章的有关规定处罚。

国务院和省、自治区、直辖市人民政府的市场监督管理部门应当定期发布其监督抽查的产品的质量状况公告。

(七)产品召回制度

产品召回是企业社会责任最直接、最切实的具体体现。产品召回是指生产商将已经送到批发商、零售商或最终用户手上的产品收回。产品召回的原因是所售出的产品被发现存在缺陷。产品召回制度和一般的"三包"产品退换货是两个概念。"三包"产品退货换货是针对个体消费者,而且不能说明产品本身有任何问题;而产品召回制度则是针对厂家原因造成的批量性问题而出现的处理办法。其中,对于质量缺陷的认定和厂家责任的认定是最关键的。在发达国家,产品召回方式有两种:一种是"自愿认证,强制召回";一种是"强制认证,自愿召回"。2004年中国诞生第一个产品召回规定——《缺陷汽车产品召回管理规定》,2007年我国颁布了《食品召回管理规定》《儿童玩具召回管理规定》。2012年颁布的《缺陷汽车产品召回管理条例》和2016年实施的《缺陷汽车产品召回管理条例实施办法》提升了缺陷汽车产品召回的立法层次,能更有效地对缺陷汽车产品进行召回。这些法律规章制度表明了我国立法的进步,但是对于完善缺陷产品的召回,还有很长的一段路需要走。目前,中国还没有全面实行产品强制召回制度。

虽然我国的上述法律法规为消费者提供了维权武器,但涉及缺陷产品召回方面的内容是泛泛而言,太笼统,缺乏可操作性。例如,《产品质量法》第26条规定:"生产者应当对其生产的产品质量负责。"《消费者权益保护法》第19条规定:"经营者发现其提供的商品或者服务存在缺陷,有危及人身、财产安全危险的,应当立即向有关行政部门报告和告知消费者,并采取停止销售、警示、召回、无害化处理、销毁、停止生产或者服务等措施。采取召回措施的,经营者应当承担消费者因商品被召回支出的必要费用。"

第三节 生产者、销售者的产品质量责任和义务

产品质量责任和义务是产品质量法律关系的主体在产品质量方面应当为一定行为或不为一定行为的必要性。承担产品质量责任和义务的主要是参与产品生产、流通、交换等过程的经营者。产品质量责任通常分为积极责任(关系责任)和消极责任(方式责任)。积极责任是指法律、法规、合同规定的义务;消极责任是指违反义务所承担的法律后果。这里的责任,是指生产者、销售者承担的义务,即积极责任。

一、生产者的产品质量责任和义务

根据《产品质量法》的规定,生产者的产品质量责任和义务主要有以下几项内容。

1. 对生产的产品的质量负责

按照规定,生产者生产的产品应当符合以下要求:

(1) 不存在危及人身、财产安全的不合理的危险,有保障人体健康和人身、财产安全的国家标准、行业标准的,应当符合该标准。

(2) 具备产品应当具备的使用性能,但是,对产品存在使用性能的瑕疵作出说明的除外。

(3) 符合在产品或者其包装上注明采用的产品标准,符合以产品说明、实物样品等方式表明的质量状况。

2. 遵守质量表示制度(同时也是销售者的产品质量责任和义务)

按照规定,产品或其包装上的标识应当符合以下要求:

(1) 有产品质量检验合格证明。

(2) 有中文标明的产品名称、生产厂厂名和厂址。

(3) 根据产品的特点和使用要求,需要标明产品规格、等级、所含主要成分的名称和含量的,用中文相应予以标明;需要事先让消费者知晓的,应当在外包装上标明,或者预先向消费者提供有关资料。

(4) 限期使用的产品,应当在显著位置清晰地标明生产日期和安全使用期或者失效日期。

(5) 使用不当,容易造成产品本身损坏或者可能危及人身、财产安全的产品,应当有警示标志或者中文警示说明。

但是,裸装的食品和其他根据产品的特点难以附加标识的裸装产品,可以不附加产品标识。此外,易碎、易燃、易爆、有毒、有腐蚀性、有放射性等危险物品以及储运中不能倒置和其他有特殊要求的产品,其包装质量必须符合相应要求,依照国家有关规定作出警示标志或者中文警示说明,标明储运注意事项。

3. 不得为法律禁止实施的行为

按照规定,生产者不得生产国家明令淘汰的产品;不得伪造产地,不得伪造或者冒用他人的厂名、厂址;生产者不得伪造或者冒用认证标志等质量标志;生产者生产产品,不得掺杂、掺假,不得以假充真、以次充好,不得以不合格产品冒充合格产品。

二、销售者的产品质量责任和义务

《产品质量法》规定,销售者的产品质量责任和义务包括:

(1) 建立并执行进货检查验收制度,验明产品合格证明和其他标识。

(2) 采取措施,保持销售产品的质量。

(3) 不得销售国家明令淘汰并停止销售的产品和失效、变质的产品。

(4) 遵守质量表示制度。产品或者其包装上的标识必须真实,并符合《产品质量法》第 27 条的要求。

(5) 不得为法律禁止实施的行为。不得伪造产地,不得伪造或者冒用他人的厂名、厂址;不得伪造或者冒用认证标志等质量标志;销售产品,不得掺杂、掺假,不得以假充真、以次充好,不得以不合格产品冒充合格产品。

第四节 产品责任

一、产品责任概述

1. 产品责任概念

产品责任又称产品侵权损害赔偿责任,是指产品存在可能危及人身、财产安全的不合理危险,造成消费者人身或者除缺陷产品以外的其他财产损失后,缺陷产品的生产者、销售者应当承担的特殊的侵权法律责任。

我国至今没有关于产品责任的单独立法,相关的法律只是散见于《民法通则》和《产品质量法》《消费者权益保护法》中。我国《产品质量法》虽然规定了"因产品存在缺陷造成人身、缺陷产品以外的其他财产损害的,生产者承担赔偿责任",但其侧重点是"产品质量责任",即产品的生产者、销售者不履行法律规定的产品质量义务,应承担相应的法律责任。因此,我国的"产品责任"制度往往与产品质量责任相混淆。由于《产品质量法》第34条关于产品缺陷的认定以及产品质量标准的规定不明确,致使国内学者对此也存在两种不同的观点:一种观点认为上述规定属于产品责任中的严格责任原则;另一种则认为该条规定不属于国际上普遍采用的严格责任原则。笔者认为,产品质量法不能等同于现代意义上的产品责任法。从现有的法律、法规来看,我国至今尚未建立系统的产品责任法律制度,涉外产品责任法律则更不健全,比较突出的问题是在涉外产品责任法律适用方面十分混乱,没有专门的规定。

2. 国外产品责任立法的发展

在19世纪末20世纪初,欧美发达国家和地区纷纷针对产品责任问题展开专门立法,以维护消费者的合法权益,并影响、促进了世界其他国家和地区的产品责任立法。美国产品责任法早期受英国影响极大,从1842年温特伯特诉莱特案到1916年麦克逊诉别克公司案,再到1963年格林曼诉尤巴电器公司案,一直都是以判例法为主,加上各州立法不一,产品责任诉讼的结果往往具有很大的不确定性,因而不利于保护消费者的权益。为了解决这些问题,20世纪70年代美国开始加强产品责任的联邦立法,主要包括:1972年颁布的《消费品安全法》、1972年美国法律协会修订的《统一商法典》中的产品责任——担保部分、1979年由美国商务部公布的《统一产品责任示范法》、1982年又颁布了《产品责任法议案》等。欧洲产品责任法始于20世纪70年代初,在欧共体的推动下,立法发展也很快,主要有:1977年欧洲理事会通过世界上第一个有关产品责任的实体法规范国际公约《关于人身伤亡的产品责任欧洲公约》(《斯特拉斯堡公约》),1985年又通过最终文本《欧洲经济共同体使各成员国产品责任立法一致的修正案》,又称《欧共体产品责任指令》,按照指令的要求,原欧共体各成员国应在3年内使其国内法符合指令的有关规定,推动产品责任法的建立和完善。英国在1987年,希腊和意大利在1988年,卢森堡、丹麦、葡萄牙和德国四国在1990年,荷兰在1990年,比利时和爱尔兰在1991年分别制定了本国的产品责任法,标志着欧洲产品责任实现了法典化、专门化。日本也在1995年实施了《制造物责任法》。

目前,国外对产品责任实行的法律制度有两种:一种是以美国为代表的实行绝对责任制;另一种是以西欧国家、日本为代表的实行疏忽责任制,但发展趋势是实行绝对责任制。绝对责任制又称严格责任制。根据这种制度,一个人即使尽力做到适当注意以避免伤害他人,也要承担法律责任。换言之,一个人虽然没有明显的过错,但他对无辜的受害者仍需负赔偿责任。

二、产品责任的归责原则

产品责任的归责原则经过了一个较长时期的历史演变,从无合同无责任原则、过失责任原则、担保责任原则一直发展到严格责任原则,并有一种积极适用严格责任原则的趋势。在当代美国,其产品责任归责原则呈现出一种多元化态势,以严格责任原则为主,并未完全排除过失责任原则和担保责任原则的适用。欧洲确立了单一的严格责任原则,《欧共体产品责任指令》第1条规定:"生产者应对其产品缺陷造成的损害负责。"

我国《民法通则》及《产品质量法》都没有明确规定产品责任实行何种归责原则。国内存在两种观点:一种观点认为,产品责任为过错责任,其依据是《产品质量法》第42条之规定。由于销售者的过错,使产品存在缺陷,造成他人财产、人身损害的,销售者应当承担赔偿责任。销售者不能指明缺陷产品的生产者,也不能指明缺陷产品的供货者的,销售者应当承担赔偿责任;另一种观点认为,产品责任为无过错责任,其依据是《民法通则》第122条和《产品质量法》第41条之规定。至于《产品质量法》第42条的规定是规范生产者和销售者之间的责任分配问题,不是产品责任的性质问题。但一般认为生产者承担无过错责任,销售者承担过错责任。

1. 无过错责任原则

无过错责任原则也叫无过失责任原则,是指没有过错造成他人损害的依法律规定应由与造成损害原因有关的人承担民事责任的确认责任的准则。一般的民事侵权责任,实行过错(包括故意和过失)责任原则。而按照《产品质量法》的规定,只要因产品存在缺陷造成他人人身、财产损害的,除了法定可以免责的事由外,不论缺陷产品的生产者主观上是否存在过错,都应当承担赔偿责任。我国《产品质量法》关于产品责任的规定,与国际上关于产品责任的立法趋势相一致,从责任的分配上看,也是公平的。生产者因生产、出售商品而盈利,也应当承担因其产品可能存在的缺陷给他人造成损害的风险责任。这也有利于促使产品的生产者在产品的设计、生产过程中,更加小心谨慎,防止产品出现缺陷给使用者造成损害,有利于更好地保护消费者的利益。

按照一般民事侵权责任中的过错责任,受害人要求赔偿的,应当对责任人的过错承担举证责任,即民事诉讼法所规定的,当事人对自己提出的主张有责任提供证据。由于产品责任实行无过错责任原则,因此,受害人要求生产者赔偿时,无需证明生产者是否有过错。而是由生产者依照《产品质量法》的有关规定,对其生产的产品是否具有《产品质量法》规定的免责事由、自己是否具备法定的免责条件,承担举证责任,即实行"举证责任倒置"的原则。随着科学技术的发展,产品的技术性能和制造工艺越来越复杂,要求处于产品生产过程之外,并不具备各种产品专业知识的消费者对生产者的过错承担举证责任,他们难以做到,这样做也不公平。

2. 过错责任原则

过错责任原则也叫过失责任原则,它是以行为人主观上的过错为承担民事责任的基本条件的认定责任的准则。按过错责任原则,行为人仅在有过错的情况下,才承担民事责任。没有过错,就不承担民事责任。缺陷产品造成的人身和缺陷产品之外的财产(其他财产)损失,生产者承担无过错责任,销售者承担过错责任,即销售者不能指明缺陷产品的生产者也不能指明缺陷产品的供货者的,销售者应当承担赔偿责任。生产者和销售者对受害人承担连带赔偿责任。过错的社会团体、社会中介机构对产品质量作出承诺、保证,而该产品又不符合其承诺、保证的质量要求,给消费者造成损失的,与产品的生产者、销售者承担连带责任。

三、产品责任的构成要件

产品责任的构成要件就是指构成产品责任所必备的客观要件和主观要件的总和。产品责任的构成要件主要包括以下几点。

1. 生产或销售了不符合产品质量要求的产品

即产品存在危及人身、他人财产安全的不合理的危险,或产品不符合保障人体健康和人身、财产安全的国家标准、行业标准,即产品存在缺陷。

我国对缺陷产品采取的是双重认定标准,即"产品存在危及人身,他人财产安全的不合理的危险"与"产品不符合保障人体健康,人身、财产安全的国家标准,行业标准",这就造成了对缺陷产品认定的困难。国外对产品缺陷的认定标准[①]从总体上来说比较科学,对我国改革现有的双重认定标准有很强的借鉴作用。

2. 不合格产品造成了他人财产、人身损害

我国《产品质量法》《消费者权益保护法》等法律法规对于损害的概念没有规定,一般是指缺陷产品以外的财产损失。财产损失应指通常用于私人生活消费的、除缺陷产品以外的、其价值不低于一定数额的财产的损失。至于缺陷产品自身的损害,购买者可以根据合同法的规定要求销售者承担违约责任,而非产品责任。遭受人身损害的受害者,可以是购买者、消费者,也可以是购买者、消费者之外的第三人。

3. 产品缺陷与受害人的损害事实间存在因果关系

确认该种因果关系,一般应由受害人举证,受害人举证的事项为缺陷产品被使用或被消费、使用或者消费缺陷产品导致了损害的发生,但是对于高科技产品,理论上认为应有条件地适用因果关系推定理论。

4. 产品责任的免责事由

我国《产品质量法》第41条规定:"生产者能够证明有下列情形之一不承担赔偿责任:

[①] 美国1965年的《第二次侵权法重述》第402A条把缺陷定义为:"对使用者或消费者或其财产有不合理危险的缺陷状态。"日本1995年的《制造物责任法》第2条第2款规定:"本法所称的缺陷,是指考虑该制造物的特性、其通常遇见的使用形态、其制造业等交付该制造物时其他与该制造物有关的事项,该制造物欠缺通常应有的安全性。"欧盟1985年的《欧共体产品责任指令》第6条规定:"1.考虑下列所有情况,如果产品不能提供人们有权期待的安全性,即属缺陷产品:(a)产品的使用说明;(b)能够投入合理的使用;(c)投入流通的时间(产品置于市场销售的时间)。2.但不得以后来投入流通的产品更好为由认为以前的产品有缺陷。"(1)欧共体产品责任指令是以消费者期望为标准。(2)作为认定产品是否有缺陷的判断标准,提供的产品必须符合"人们有权期待的安全性"。产品的缺陷按照种类划分,有设计缺陷、制造缺陷和警示缺陷三种。(3)结合缺陷分类及条文对缺陷认定标准的描述,《欧共体理事会产品责任指令》对缺陷的认定标准考虑了警示缺陷(产品的使用说明)、设计和制造缺陷(能够投入合理的使用)这三种常见的缺陷状况。对"产品缺陷"国际上存在着两种界定方法:美国采用"不合理的危险",欧洲国家大多采用"有权期待的安全"。无论哪一种,其出发点都是以一个理智人的合理预期为基础,以产品的安全性为考量。若产品所存在的潜在危险超出了合理预期,则该产品存在缺陷,这是确定产品缺陷的基本前提。

(1)未将产品投入流通;(2)产品投入流通时,引起损害的缺陷尚不存在的;(3)将产品投入流通时的科学技术水平尚不能发现缺陷的存在的。"

与西方发达国家产品责任免责事由相比较,我国产品责任免责事由具有以下不足之处。

(1)没有将"产品为符合政府颁布的强制标准而引起的缺陷"规定为免责事由。在我国《产品质量法》草案中曾经将这一条列入生产者的免责事由当中,但由于"有些委员提出,目前我国还没有发生这种情况,本法对此可不做规定"。到今日,我国已经制定了大量的法定强制产品质量标准,因此我们有必要在将来的产品质量立法中将这一免责事由规定在产品任免责事由当中。

(2)我国《产品质量法》没有将"受害人过失导致被告责任的减轻或免除""特殊敏感性"等规定为免责事由。由于《产品质量法》对"受害人过失"没有明确规定,在实际生活中若遇见此类案例,我们只能适用《民法通则》的过失相抵原则来处理。但是《民法通则》的规定过于原则,因此《产品质量法》有必要明确规定。对于"特殊敏感性"因为生产商实在难以预见也难以避免,所以在产品责任立法中也应该明确予以规定,否则对生产商有失公平。

四、产品责任的主体

产品责任主体,是指当缺陷产品致人损害时,应承担相应的民事责任的主体。我国《民法通则》《民法总则》和《产品质量法》《侵权责任法》将产品的生产者和销售者都规定为责任主体,而将对生产者的确认义务归于销售者,较有力地保护受害人。

我国法律对产品责任主体的规定明晰,易于操作。我国《民法通则》《民法总则》将产品的生产者、销售者共同列为直接承担责任的主体,而将有过错的运输者、仓储者列为间接承担责任的主体,《侵权责任法》沿用了这一做法,并在条文之间体现出递进层次。首先,生产者应对产品缺陷致人损害承担严格责任,而销售者对产品缺陷致人损害承担的是过错推定责任,仅在不能指明缺陷产品的生产者,也不能指明缺陷产品的供货者的情况下,推定其有过错,承担侵权责任。其次,当运输者、仓储者等第三人因过错使产品存在缺陷而致人损害时,承担过错侵权责任。再次,为便于受害人得到救济,我国法律将产品的生产者和销售者均作为直接责任主体。

我国《侵权责任法》第59条规定:"因药品、消毒药剂、医疗器械的缺陷,或者输入不合格的血液造成患者损害的,患者可以向生产者或者血液提供机构请求赔偿,也可以向医疗机构请求赔偿。患者向医疗机构请求赔偿的,医疗机构赔偿后,有权向负有责任的生产者或者血液提供机构追偿。"该项规定中,明确了药品、消毒药剂、医疗器械均符合产品的特征,而且医疗机构提供该类产品以营利为目的,因此,该类产品适用产品侵权责任的规定。而患者向医疗机构或者生产者请求赔偿的,相当于向产品责任中的销售者或者生产者请求赔偿,其求偿救济手段与产品责任相同。可见,在这种情况下,生产者和医疗机构不得以自己无过错主张免责,即使医疗机构(销售者)无过错,也应首先承担直接赔偿责任。该条同时还规定了患者输入不合格血液造成损害的情况下的赔偿问题。

五、产品责任的诉讼时效

《产品质量法》中因产品存在缺陷造成损害要求赔偿的诉讼时效适用期间为3年,自当事人知道或者应当知道其权益受到损害时起计算。另外,《产品质量法》还规定了受害者损害赔偿请求权丧失的时间为10年。因产品存在缺陷造成损害要求赔偿的请求权,在造成损害的产品交付最初用户、消费者满10年后丧失。但是,如果生产者、销售者明示产品安全使用期,而该安全期又超出了10年的责任期限,那么在此安全期内因产品存在缺陷造成损害的,生产者、销售者仍应承担损害赔偿责任,受害人亦享有对生产者、销售者的损害赔偿请求权。

六、产品责任的损害赔偿

因产品存在缺陷造成他人人身、财产损害的,生产者应当对受害人的全部损失予以赔偿。包括:因产品存在缺陷造成受害人人身伤害的,侵害人应当赔偿医疗费、治疗期的护理费、因误工减少的收入、残废者生活补助费等费用;造成受害人死亡的,并应当支付丧葬费、死亡赔偿金、死者生前扶养的人必要的生活费等费用。因产品存在缺陷造成受害人财产损失的,侵害人应当恢复原状或者折价赔偿。受害人因此遭受其他重大损失的,侵害人也应当予以赔偿。如因缺陷产品爆炸,造成开旅店的房屋失火,缺陷产品的生产者除了应对失火房屋的损失予以赔偿外,对因其房屋失火造成旅店不能正常营业所减少的收入,即受害人可得利益的损失,生产者也应予以赔偿。产品责任还可以要求精神损害赔偿。

第五节　违反产品质量法的法律责任

一、违反产品质量法的合同责任

生产者、销售者违反产品质量法,不履行产品质量义务时,应当承担合同责任。

1. 产品合同责任的概念与特征

产品的合同责任是指产品销售者不履行或不适当履行产品质量义务而应承担的责任。产品的合同责任同产品的侵权责任相比,具有以下特征。

(1) 产品的合同责任以合同为基础、为条件,受损害的消费者与销售者之间存在合同关系,这是合同责任产生的前提条件。

(2) 由于产品的合同责任以合同为基础、为条件,因而产品的合同责任仅限于直接向消费者出售产品的销售者和直接从销售者处购买产品的消费者,即仅适用于具有合同关系的买卖双方当事人。

(3) 从损害赔偿的范围看,合同责任的损害包括产品本身的损害及由此引起的其他损失,但主要以赔偿买卖标的物——产品本身为主。

2. 承担产品合同责任的条件

承担合同责任的条件即当事人不履行或不适当履行合同义务。在买卖合同中,出卖人有担保其出卖物无质量瑕疵的义务,不履行该义务,售出的产品不符合出卖人明示或默示的质量要求,是销售者承担产品合同责任的前提条件。

根据《产品质量法》的规定,售出的产品有下列情况之一的,销售者应当承担合同责任：(1) 不具备产品应当具备的使用性能而事先未作说明。(2) 不符合在产品或者其包装上明示采用的产品标准。(3) 不符合以产品说明、实物样品等方式表明的质量状况。

3. 承担产品合同责任的形式

承担产品合同责任的形式包括以下方面。

(1) 修理、更换、退货。这是销售者违反合同后所采取的补救措施。产品不符合质量要求的,销售者应负责修理或更换。经修理可达到质量要求而不影响产品的性能、价值的,出卖人应无偿修理;修理后达不到质量要求或影响产品的性能、价值的,或买受人要求更换的,出卖人应予更换。对不符合质量要求的产品,买受人还可要求销售者退货。

(2) 赔偿损失。赔偿损失是承担合同责任的重要方式。销售者售出的产品质量不符合合同要求,给用户、消费者造成损失的,用户、消费者有权要求销售者赔偿损失。销售者违反合同规定的质量义务,又不按规定承担修理、更换、退货或赔偿损失责任的,由产品质量监督管理部门或者工商行政管理部门责令其改正。

4. 销售者对生产者、供货者的追偿权

如果产品不符合质量要求是由生产者、供货者的责任造成的,销售者在对产品进行修理、更换、退货或赔偿损失后,就可取得对生产者、供货者的追偿权,有权要求生产者、供货者承担赔偿责任。但如果生产者之间、销售者之间、生产者与销售者之间订立的买卖合同、加工承揽合同有不同约定,则合同当事人按照合同的约定执行。

二、违反产品质量法的行政责任和刑事责任

(一) 对于生产、销售的产品不符合法定要求的法律责任

生产、销售不符合保障人体健康和人身、财产安全的国家标准、行业标准的产品的,责令停止生产、销售,没收违法生产、销售的产品,并处违法生产、销售产品货值金额等值以上3倍以下的罚款;有违法所得的,并处没收违法所得;情节严重的,吊销营业执照;构成犯罪的,依法追究刑事责任。

在产品中掺杂、掺假,以假充真,以次充好,或者以不合格产品冒充合格产品的,责令停止生产、销售,没收违法生产、销售的产品,并处违法生产、销售产品货值金额50%以上3倍以下的罚款;有违法所得的,并处没收违法所得;情节严重的,吊销营业执照;构成犯罪的,依法追究刑事责任。

生产国家明令淘汰的产品的,销售国家明令淘汰并停止销售的产品的,责令停止生产、销售,没收违法生产、销售的产品,并处违法生产、销售产品货值金额等值以下的罚款;有违法所得的,并处没收违法所得;情节严重的,吊销营业执照。

销售失效、变质的产品的,责令停止销售,没收违法销售的产品,并处违法销售产品货值金额2倍以下的罚款;有违法所得的,并处没收违法所得;情节严重的,吊销营业执照;构成犯罪的,依法追究刑事责任。

(二) 对于商业标识不符合法定要求的法律责任

伪造产品产地的,伪造或者冒用他人厂名、厂址的,伪造或者冒用认证标志等质量标志的,责令改正,没收违法生产、销售的产品,并处违法生产、销售产品货值金额等值以下的罚款;有违法所得的,并处没收违法所得;情节严重的,吊销营业执照。

产品标识不符合《产品质量法》第 27 条规定的,责令改正;有包装的产品标识不符合《产品质量法》第 27 条第(四)项、第(五)项规定,情节严重的,责令停止生产、销售,并处违法生产、销售产品货值金额 30% 以下的罚款;有违法所得的,并处没收违法所得。

(三) 对于拒绝接受依法进行的产品质量监督检查的法律责任

拒绝接受依法进行的产品质量监督检查的,给予警告,责令改正;拒不改正的,责令停业整顿;情节特别严重的,吊销营业执照。

(四) 产品质量检验机构、认证机构等的法律责任

产品质量检验机构、认证机构伪造检验结果或者出具虚假证明的,责令改正,对单位处 5 万元以上 10 万元以下的罚款,对直接负责的主管人员和其他直接责任人员处 1 万元以上 5 万元以下的罚款;有违法所得的,并处没收违法所得;情节严重的,取消其检验资格、认证资格;构成犯罪的,依法追究刑事责任。产品质量检验机构、认证机构出具的检验结果或者证明不实,造成损失的,应当承担相应的赔偿责任;造成重大损失的,撤销其检验资格、认证资格。产品质量认证机构违反《产品质量法》第 21 条第 2 款的规定,对不符合认证标准而使用认证标志的产品,未依法要求其改正或者取消其使用认证标志资格的,对因产品不符合认证标准给消费者造成的损失,与产品的生产者、销售者承担连带责任;情节严重的,撤销其认证资格。

社会团体、社会中介机构对产品质量作出承诺、保证,而该产品又不符合其承诺、保证的质量要求,给消费者造成损失的,与产品的生产者、销售者承担连带责任。

(五) 对于产品质量广告违法的法律责任

在广告中对产品质量作虚假宣传,欺骗和误导消费者的,依照《广告法》的规定追究法律责任。

(六) 对于为产品质量违法提供配套服务的法律责任

知道或者应当知道属于《产品质量法》规定禁止生产、销售的产品而为其提供运输、保管、仓储等便利条件的,或者为以假充真的产品提供制假生产技术的,没收全部运输、保管、仓储或者提供制假生产技术的收入,并处违法收入 50% 以上 3 倍以下的罚款;构成犯罪的,依法追究刑事责任。

(七) 对于服务业经营者违法使用禁售产品的法律责任

服务业的经营者将《产品质量法》第 49 条至第 52 条规定禁止销售的产品用于经营性服务的,责令停止使用;对知道或者应当知道所使用的产品属于《产品质量法》规定禁止销售的产品的,按照违法使用的产品(包括已使用和尚未使用的产品)的货值金额,依照本法对销售者的处罚规定处罚。

(八) 对于违法处理被查封、扣押物品的法律责任

隐匿、转移、变卖、损毁被市场监督管理部门查封、扣押的物品的,处被隐匿、转移、变卖、损毁物品货值金额等值以上 3 倍以下的罚款;有违法所得的,并处没收违法所得。

(九) 民事赔偿的优先原则

违反《产品质量法》的规定,应当承担民事赔偿责任和缴纳罚款、罚金,其财产不足以同时支付时,先承担民事赔偿责任。

(十) 国家机关工作人员产品质量违法行为的法律责任

各级人民政府工作人员和其他国家机关工作人员有下列情形之一的,依法给予行政

处分;构成犯罪的,依法追究刑事责任:(1)包庇、放纵产品生产、销售中违反《产品质量法》规定行为的;(2)向从事违反《产品质量法》规定的生产、销售活动的当事人通风报信,帮助其逃避查处的;(3)阻挠、干预市场监督管理部门依法对产品生产、销售中违反《产品质量法》规定的行为进行查处,造成严重后果的。

(十一) 市场监督管理部门等的法律责任

市场监督管理部门在产品质量监督抽查中超过规定的数量索取样品或者向被检查人收取检验费用的,由上级市场监督管理部门或者监察机关责令退还;情节严重的,对直接负责的主管人员和其他直接责任人员依法给予行政处分。市场监督管理部门或者其他国家机关违反《产品质量法》第 25 条的规定,向社会推荐生产者的产品或者以监制、监销等方式参与产品经营活动的,由其上级机关或者监察机关责令改正,消除影响,有违法收入的予以没收;情节严重的,对直接负责的主管人员和其他直接责任人员依法给予行政处分。产品质量检验机构有上列违法行为的,由市场监督管理部门责令改正,消除影响,有违法收入的予以没收,可以并处违法收入一倍以下的罚款;情节严重的,撤销其质量检验资格。市场监督管理部门的工作人员滥用职权、玩忽职守、徇私舞弊,构成犯罪的,依法追究刑事责任;尚不构成犯罪的,依法给予行政处分。

 附:相关理论探讨

产品质量法是促进经济发展和保障社会稳定的重要法律之一,完善的产品质量法在高效规范企业经营的同时,还能有效地保护消费者的利益,促进经济稳定发展,起到"自动稳定器"的作用。随着我国市场经济的成熟,产品质量法应该更多地强化其私法的特点,弱化其公法的特征,注意发挥社会中介机构的作用,减轻国家行政机关的负担,使国家行政资源得到优化。我国产品质量的危害性已经从消费者的个人利益扩大到对社会经济运行秩序的破坏,有必要加强产品责任的法律规范,完善相关的举证制度。同时立法应该有利于准确理解产品的内涵,对产品范围的规定也就成为产品质量法首先要明确的问题。

另外,我国在认定产品缺陷时采用的是不合理危险标准和生产标准二者结合的立法模式,且以强制性标准为先。这种规定的缺点就在于其范围、标准会出现不周延、子项不穷尽的现象。因此,明确缺陷的认定标准,对责任认定和法律适用会起到积极作用。在归责原则适用上,产品质量法对生产者追究责任适用严格责任,但是对销售者则适用过错责任。在生产和销售过程中,生产者的地位与销售者的地位委实不同,但是这种不同是否能产生追究责任体系上的差别,则值得探讨。在对受害者的救济方面,我国《产品质量法》存在损害赔偿范围狭窄,赔偿数额较低,对于缺陷产品致损的精神赔偿问题的规定仍有明显不足,没有规定有关缺陷产品的召回制度和售后警告制度等问题。这种状况不利于《产品质量法》立法宗旨及基本功能的实现。总之,产品质量法律制度对规范我国市场秩序起到了积极的作用,但存在的问题也有待于进一步解决。

一、名词解释
产品 缺陷产品 产品质量法 产品质量认证制度 产品责任

二、简述题
1. 产品质量认证制度的基本内容有哪些？
2. 生产者、销售者的产品质量责任和义务有哪些？
3. 违反产品质量法的损害赔偿制度有哪些主要内容？

三、论述题
1. 如何理解民事赔偿的优先原则？
2. 市场管理部门对涉嫌违反《产品质量法》的行为进行查处时有哪些职权？
3. 试述产品责任的归责原则。

（一）案例分析示范
案例一　有毒棚膜造成经济损失案

北方省瓦房店市技术监督局在 2017 年初接连接到菜农投诉：由于使用了有毒棚膜，造成 1 万平方米的大棚蔬菜绝收，经济损失达 33 万余元。这批有毒棚膜是瓦房店市某蔬菜供销服务站从北方省敦化市某厂进的货，自 2018 年 10 月份以来，瓦房店市有 6 个乡镇共有 27 户菜农购买和使用了这种有毒的棚膜，菜农朱某购买了这种棚膜，先后栽种了黄瓜、西红柿、芹菜、芸豆等，连栽连种 7 次竟全部死掉。经中国科学院某化学物理研究所检验，此膜含有国家早已明令禁用于农膜生产的磷苯二甲酸二异丁酯。当地农民根据此检验结果去找瓦房店市某蔬菜供销服务站，要求其赔偿经济损失，但瓦房店市某蔬菜供销服务站认为责任在北方省敦化市某厂，自己不愿意承担赔偿责任。

试分析涉及的产品质量责任及其承担的法律问题。

案例评析：本案涉及产品质量责任及其承担的法律问题。《产品质量法》第 26 条规定：产品质量应当"不存在危及人身、财产安全的不合理的危险，有保障人体健康和人身、财产安全的国家标准、行业标准的，应当符合该标准"。第 33 条规定销售者要"验明产品合格证和其他标识"，即销售者首先要对产品的外在质量把关。为保证产品的质量，销售部门还应设立专门的检验机构和检验人员，对进货产品的内在质量把关。

本案中北方省敦化市某厂无视国家有关农膜生产所用原料的禁令，仍然生产有毒棚膜坑农误农，对此产生的严重后果有不可推卸的责任。销售的产品质量不合格，可能有以下原因：一是销售部门未严格执行进货验收手续。二是产品质量本身有问题，这些问题是在制造中形成的，如本案中农膜所含磷苯二甲酸二异丁酯靠销售单位的检测手段较难查出,而生产企业本来知道有问题,却偏偏提供一些虚假的合格证明。三是销售部门明知产品质量有问题,却要进货并帮助销售,以便得到好处。但无论何种原因,销售者都要承担给消费者造成损害的赔偿责任,而受侵害的消费者也有权要求销售者先行赔偿。如果属于产品的生产者的责任,销售者在赔偿后,有权向产品的生产者追偿。这项制度即《产品质量法》第43条规定的先行赔偿制度和追偿制度。法律之所以这样规定,主要是为了更好地保护消费者的合法权益,使其因产品缺陷造成的损害能尽快得到赔偿。

在本案中瓦房店市某蔬菜供销服务站辩称自己没有责任、不愿承担法律责任是错误的,无论其是否有过错,都应该先行赔偿菜农的损失,若确实是北方省敦化市某厂的责任,可以向生产厂家追诉。

案例二 电机标识是否需要标明厂名和厂址?

某机电设备供应公司与某电机厂签订了总经销该厂某牌号新型电机的合同。该电机厂是军工企业,生产技术力量雄厚,这种新电机是刚开发的产品,已通过了有关部门的鉴定。然而,当首批100台电机送到机电设备供应公司的仓库时,仓库的保管员却拒收。为此,电机厂派员与供应公司领导交涉。双方各执一词,争执不下。电机厂遂以机电设备供应公司违约起诉至法院。电机厂诉称,这种电机经过部级鉴定,并领取了生产许可证。电机厂已经按照双方的合同交了货,供应公司的拒收行为违反了合同,要求供应公司履行合同义务,收受货物并依约支付货款。供应公司辩称,争执的焦点不在电机的质量,而在于电机上的铭牌。该铭牌上打着"中国制造"字样,却未标明电机厂的厂名和厂址,不符合有关法律规定;在厂方整改以前,供应公司不能收货并支付货款。法院在审理过程中进行了调解,在调解中双方达成了一致,于是,电机厂撤诉。此后,电机厂立即制造了符合标准的铭牌安装在电机上。铭牌换好后,供应公司收货并支付了货款。

请问:根据《产品质量法》分析本案中电机的标识是否合法?

案例评析: 本案涉及的法律问题是生产者的产品标识义务。《产品质量法》第27条规定:"产品或者其包装上的标识必须真实,并符合下列要求:(一)有产品质量检验合格证明;(二)有中文标明的产品名称、生产厂厂名和厂址。"产品质量检验合格证明,通常采取合格证书、检验合格印章和检验工序编号印章、印鉴的方式。产品质量检验合格证明只能使用于经检验合格的产品上;未经检验的产品或者经检验不合格的产品,不得使用产品质量检验合格证明。产品名称一般能反映出产品的用途、特点和所含主要成分等。生产厂厂名和厂址,是指产品生产企业的实际名称及其主要住所的具体地址。在产品或其包装上标明产品的生产厂名、厂址,有利于消费者和用户对生产者的监督,也能促使生产者依法承担自己生产产品的质量责任。

在本案中,生产者电机厂在其产品铭牌上只标明"中国制造"字样,而没有以中文标注该厂厂名和厂址,不符合《产品质量法》第27条关于生产者产品标识义务的规定。这表明电机厂没有全面履行合同义务,构成了违约。对方当事人即供应公司有权拒绝收货并不支付价款,而且可以追究电机厂的违约责任。

案例三 店堂告示是否有效?

2018年秋某日,袁某和儿子到本区的百货商场电器柜台买收放机。袁某想买一个功能全、质量好的收放机,但又不太懂这方面的知识,于是就请售货员帮助推荐一下。女售货员立即热情地拿出某牌收放机,说这种收放机功能全,音质好,价钱还不算太高,买的人很多。袁某信以为真,没有认真检查便付款买了一台售货员推荐的某牌收放机。回到家中,袁某的儿子便根据说明书的介绍开始用该收放机学习英语。使用中发现,该收放机缺少自动倒带功能,而且有个按钮刚用上一天就已不太灵敏。看来,这台收放机的功能和质量同女售货员所介绍的不太一样。于是,袁某急匆匆赶到百货商场,找到那位女售货员要求退货。售货员往墙上一指说:"你看,我们商场墙上贴着告示,上面写着'商品售出,概不退换'。我没法给你退货!"袁某一气之下便向法院提起诉讼,要讨个说法。

法院审理认为,百货商场所贴的店堂告示损害了消费者的利益,故百货商场作出的"商品售出,概不退换"的规定无效,责令撤销这一店堂告示;支持袁某的合理要求,判令商场予以退货。

请问:商场关于店堂告示的规定是否有效力?

案例评析:本案是一起经营者以"店堂告示"的方式损害消费者利益、减轻自己应承担的民事责任的案例。

第一,法律不允许经营者在经营场所设立损害消费者权益的告示、声明、通知等。我们常在一些经营场所看到经营者悬挂、张贴的标语、标牌,告诉消费者在选购商品或者接受服务时应注意的事项或其他商业用语。消费者在选购商品或接受服务时,一旦对这种商品或服务提出不同意见,经营者就以这些早已规定好的店堂告示、声明、通知等为理由推脱责任。在这种情况下,许多消费者心里很窝火却不知该怎么办,最后常常是忍气吞声,不了了之。《消费者权益保护法》第 26 条规定:"经营者不得以格式、通知、声明、店堂告示等方式,作出对消费者不公平、不合理的规定,或者减轻、免除经营者损害消费者合法权益而应当承担的民事责任。格式合同、通知、声明、店堂告示等含有前款所列内容的,其内容无效。"从这一法律规定可以看出,法律不允许经营者在经营场所设立损害消费者权益的告示、声明、通知,即使设立了,其内容也是无效的,并不能免除经营者应承担的责任和义务。

第二,购买商品中事实合同关系的形成。

经营者提供商品或服务,消费者购买商品或接受服务,经营者和消费者之间就建立起一种合同关系。本案中的袁某在商场购买收放机,袁某与百货商场之间形成一个收放机买卖合同关系。作为合同一方当事人的百货商场负有向买方袁某提供合乎合同约定的合格收放机的义务;袁某作为买方负有支付价款的义务。袁某依约定履行了义务,百货商场却没有按合同的约定提供符合约定的合格的收放机。在这里,百货商场违反了合同的约定,应当承担违约责任。袁某有权解除合同,把收放机还给商场,商场把价款退还给袁某并赔偿袁某的损失。但是,百货商场却以其店堂告示上明确规定"商品售出,概不退换"为理由,拒绝退货,实际上是自行免除其违反合同的民事责任。这种自我免责是违反公平和诚实守信原则的,也是违反法律的强制性规定,因此是不能成立的。经营者设置这种店堂告示的目的,是将该告示内容自动作为将要订立的合同的当然条款,消费者要订立合同就必须接受该条款;如果不接受该条款,经营者就不与消费者订立合同。这对消费者是不公平、不合理的,损害了消费者合法权益,因而《消费者权益保护法》明文规定这类告示、声明、通知是无效的,不能免除经营者应承担的责任和义务。

生活中,经营者自行设立的这类格式合同、通知、声明、店堂告示还是很多的,但并不是全部无效。判断其是否有效,需要依据《民法通则》和相关的法律规定加以分析。一般说来,这类声明、通知、店堂告示的内容大体可以分为两类:一类是关于经营情况的一般性告示,如"本店盘点暂不营业",这类告示一般不涉及消费者的权利和利益,也没有不公平、不合理之处,因而是有效的。另一类告示涉及交易的内容,如"商品售出,概不退换"等。这类告示涉及消费者与经营者之间的权利义务关系,如果该店堂告示的内容对消费者不公平、不合理,或者免除、减轻经营者损害消费者合法权益而应当承担的民事责任,则这样的内容无效。

(二) 案例分析实训

案例一 真空食品袋质量不合格案

因甲公司生产的真空食品袋质量不合格,造成乙公司生产的200箱蛋糕变质,损失14 000元。该批食品由丙、丁两家商场出售,在出售的过程中丙商场利用消费者的消费心理,在提高产品价格一倍的基础上采取了有奖销售活动,很快食品全部卖完;丁商场也售出了一半,但是,购买者回到家后发现该食品已变质,遂要求赔偿。

请问:(1)甲公司在本案中有无法律责任,为什么?(2)乙公司在本案中有无法律责任,何种责任?(3)丙公司和丁公司在本案中承担什么样的法律责任,为什么?

案例二 卡式炉爆炸案

2018年某月的一天,段某点燃了刚从单位拿回的卡式炉,正打算给来宾露一手。谁知,"轰"的一声,卡式炉爆炸。段某的手被炸伤,事后,段某找到有关部门,有关部门对此进行调查。原来该型卡式炉是某市一家电器公司的新产品,出事前几天送到段某单位(电子产品检验所)请求测试,段某认为该电器公司产品质量一直不错,于是就顺手拿回了一台,准备使用,谁想竟然产生故障。

请问:若段某起诉卡式炉制造公司(即某市电器公司),能否胜诉?为什么?

案例三 冰箱起火案

李某在2019年2月从本市某商场购买了"南极"牌电冰箱一台,使用了3个月后,冰箱起火,李某损失7 000多元。事发后,李某找到商场,商场同意赔偿3 000元,李某认为商场至少要赔偿5 000元。双方遂起纠纷,李某诉到法院。法院审理后认为:认定产品质量问题,应由技术监督部门出具鉴定书。但技术监督部门提出,该冰箱已烧毁,又无库存,无法鉴定。法院认为,不能排除消费者使用不当造成冰箱起火的可能性,虽然冰箱没有合格证,但产品质量问题证据不足,驳回起诉。

请问:(1)冰箱产品质量是否合格,为什么?(2)法院判案是否正确,为什么?(3)本案中李某应如何维护自己的权益?

法考真题

真题1(2017年)

李某在顺畅公司购得一辆汽车,使用半年后前去顺畅公司维护保养。工作人员告诉李某该车气囊电脑存在故障,需要更换。李某认为此产品质量有问题,要求顺畅公司免费更换,顺畅公司认为是李某使用不当所致,要其承担更换费用。经查,该车气囊电脑不符合产品说明所述的质量。对此,下列哪一说法是正确的?(单选)

A. 李某有权请求顺畅公司承担违约责任
B. 李某只能请求该车生产商承担免费更换责任
C. 李某有权请求顺畅公司承担产品侵权责任
D. 顺畅公司和该车生产商应当连带承担产品侵权责任

真题解析:

解答本题的关键是要区分是构成"产品质量的瑕疵的违约责任"还是"缺陷产品的侵权责任"。

产品质量的瑕疵担保责任是指销售者交付的标的物不符合法定或者约定的品质标准,应当承担的违约责任。既然是违约责任,其处理方式为"销售者应当负责修理、更换、退货";给购买产品的消费者造成损失的,销售者应当赔偿损失。产品责任是指因产品存在缺陷造成人身、缺陷产品以外的其他财产损害的,生产者应当承担赔偿责任。其处理为"受害人可以向产品的生产者要求赔偿,也可以向产品的销售者要求赔偿"(与《侵权行为法》规定一致)。

从本题看,汽车虽然是缺陷产品但尚未发生"其他的损害",因此,本题属于违约责任的范围。

从解题思路上我们来分析每个选项:

A选项:因为汽车存在的状况处于违约责任状态,根据《产品质量法》第40条的规定"售出的产品有下列情形之一的,销售者应当负责修理、更换、退货;给购买产品的消费者造成损失的,销售者应当赔偿损失:……(3)不符合以产品说明、实物样品等方式表明的质量状况的,顺畅公司应当承担负责修理、更换、退货的违约责任",故A选项正确。

B选项:因为B选项只能请求更换责任,而违约不只是更换,还有修理、退货的违约形式,故B选项错误。

C、D选项:错在选择侵权责任。《产品质量法》第43条规定:因产品存在缺陷造成人身、他人财产损害的,受害人可以向产品的生产者要求赔偿,也可以向产品的销售者要求赔偿。尚未造成损害,无需承担侵权责任。故C、D选项错误。

真题2(2016)

王某从超市购得橄榄调和油,发现该油标签上有"橄榄"二字,侧面标示"配料:大豆油、橄榄油",吊牌上写明"添加了特等初榨橄榄油",遂诉之。经查,王某事前曾多次在该超市"知假买假"。关于此案,下列哪些说法是正确的?(多选)

A. 该油的质量安全管理,应遵守《农产品质量安全法》的规定
B. 该油未标明橄榄油添加量,不符合食品安全标准的要求
C. 如王某只向该超市索赔,该超市应先行赔付
D. 超市以王某"知假买假"为由进行抗辩,法院不予支持

真题解析:

题干中出现第一个关键信息是橄榄调和油,意味着本题涉及食品安全法的内容,第二

个信息"知假买假"意味着在食品安全领域是否适用"知假买假"罚则？

"橄榄油"是食用油中高级油脂，价格较高。一般而言，橄榄调和油不等于纯橄榄油，橄榄调和油是由大豆油、葵花籽油等调和而成，价格比较便宜，经营者一般用"橄榄"来招徕消费者，所以，橄榄调和油的关键是橄榄油的占比是多少。《消费者权益保护法》对消费者知假买假消费一般的商品不适用罚则，但在食品安全领域，因为食品、药品对健康的影响胜于其他商品，所以，《最高人民法院关于审理食品药品纠纷案件适用法律若干问题的规定》第3条规定："因食品、药品质量问题发生纠纷，购买者向生产者、销售者主张权利，生产者、销售者以购买者明知食品、药品存在质量问题而仍然购买为由进行抗辩的，人民法院不予支持。"

从解题思路上我们来分析每个选项：

A选项：只有食用农产品的质量安全才适用《农产品质量安全法》，题干中的"橄榄调和油"不属于适用农产品，"橄榄调和油"应属于《食品安全法》的范畴。故A选项错误。

B选项："标签、标志、说明书"是我国食品安全标准的内容。标签不符合规定，也是违反食品安全标签要求的。《食品安全法》第26条规定："食品安全标准应当包括下列内容：……（4）对与卫生、营养等食品安全要求有关的标签、标志、说明书的要求。"第67条第1款规定："预包装食品的包装上应当有标签。标签应当标明下列事项：（一）名称、规格、净含量、生产日期；（二）成分或者配料表；……""橄榄调和油"标签上没有标明橄榄油添加的具体配比，不符合《食品安全法》的要求，因此，B选项正确。

C选项："首负责任制"是《食品安全法》2015年的新增内容。《食品安全法》第148条第1款规定："消费者因不符合食品安全标准的食品受到损害的，可以向经营者要求赔偿损失，也可以向生产者要求赔偿损失。接到消费者赔偿要求的生产经营者，应当实行首负责任制，先行赔付，不得推诿；属于生产者责任的，经营者赔偿后有权向生产者追偿；属于经营者责任的，生产者赔偿后有权向经营者追偿。"故C选项正确。

D选项：在食品领域"知假买假"的适用《最高人民法院关于审理食品药品纠纷案件适用法律若干问题的规定》第3条规定，故D选项正确。

真题3（2013年）

某省发现有大米被镉污染的情况，立即部署各地成立联合执法组，彻查市场中的大米及其米制品。对此，下列说法哪些是正确的。（多选）

A. 大米、米制品的质量安全管理须以《食品安全法》为依据

B. 应依据《食品安全法》有关规定公布大米、米制品安全的有关信息

C. 县有关部门进入某米粉加工厂检查时，该厂不得以商业秘密为由予以拒绝

D. 虽已构成重大食品安全事故，但影响仅限于该省，可由省卫生行政部门公布有关食品安全信息

真题解析：

题干中的"大米"属于供食用的源于农业的初级产品（食用农产品），所以，大米的质量安全应当遵守《农产品质量安全法》的规定。本题的重点有以下两个。

一是法律适用，即《农产品质量安全法》的适用范围。该法第2条第2款规定：供食

用的源于农业的初级产品(以下称食用农产品)的质量安全管理,遵守《农产品质量安全法》的规定。但是,食用农产品的市场销售、有关质量安全标准的制定、有关安全信息的公布和本法对农业投入品作出规定的,应当遵守本法的规定。

二是食品安全信息的公布。《农产品质量安全法》第118条第1款规定:国家建立统一的食品安全信息平台,实行食品安全信息统一公布制度。国家食品安全总体情况、食品安全风险警示信息、重大食品安全事故及其调查处理信息和国务院确定需要统一公布的其他信息由国务院食品安全监督管理部门统一公布。食品安全风险警示信息和重大食品安全事故及其调查处理信息的影响限于特定区域的,也可以由有关省、自治区、直辖市人民政府食品安全监督管理部门公布。未经授权不得发布上述信息。

从解题思路上我们来分析每个选项:

A选项:"大米"属于食用农产品,因此大米的质量安全管理应当以《农产品质量安全法》为依据,故A选项错误。

B选项:大米、米制品安全有关信息的公布要遵守《食品安全法》,故B选项正确。

C选项:《食品安全法》第110条规定:"县级以上人民政府食品安全监督管理部门履行食品安全监督管理职责,有权采取下列措施,对生产经营者遵守本法的情况进行监督检查。"故C选项正确。

D选项:根据《农产品质量安全法》的规定,食品安全风险警示信息和重大食品安全事故及其调查处理信息的影响限于特定区域的,也可以由有关省、自治区、直辖市人民政府食品安全监督管理部门公布,是省级食品安全部门而不是卫生部门。故D选项错误。

第三章
消费者权益保护法律制度

本章概要

消费者是市场经济的重要参与者。作为经营者的经济利益相对人,消费者在市场经济运行中处于明显的经济弱势地位。消费者权益保护法通过确认消费者的权利和明确经营者的义务,建立消费者权益保护的法律机制,维护公平、自由、竞争、有序的市场经济秩序。

学习目标

应全面了解消费者权益保护的必要性,了解消费者权益保护立法的现状,重点掌握消费者、经营者的概念、消费者与经营者的法律关系、消费者权利的内容、经营者的义务以及经营者侵害消费者权益时的法律保护机制。

第一节 消费者权益保护法概述

一、消费和消费者

消费,通常是指人们消耗物质资料以满足物质和文化生活需要的过程,是社会再生产的重要环节,是生产、交换、分配的目的与归宿。广义的消费包括生产消费和生活消费。《中华人民共和国消费者权益保护法》(以下简称《消费者权益保护法》)中所指的消费,主要是指生活消费,即人类为满足个人需求对各种生活资料的消耗。生活消费的形式包括三种:一是购买商品;二是使用商品;三是接受服务。"生活消费"还是一个广义、开放的概念,既包括生存型消费,如吃饭穿衣;也包括发展型消费,如个人培训;还包括精神或者休闲消费,如旅游、娱乐等。随着人民群众物质财富的增加,生活水平的提高,生活消费的内容还会不断丰富和发展。

虽然农民购买、使用农资产品属于生产消费,但是作为一种例外。我国《消费者权益保护法》第62条规定:"农民购买、使用直接用于农业生产的生产资料,参照本法执行。"这是考虑到《消费者权益保护法》主要是保护交易相对弱势的一方,在我国目前的现实情况下,农民的弱者地位较为明显,为了更好地保护农民这一特殊群体的合法权益,保证农民生活的安全和农业生产的稳定和发展,作出如此规定。

消费者,是指为生活消费需要而购买、使用经营者提供的商品或接受经营者所提供的服务的市场主体。1978年5月10日,国际标准化组织消费者政策委员会在日内瓦召开的第一届年会上,把"消费者"定义为"为个人目的购买或使用商品和服务的个体社会成员"。国外立法的惯例,一般只把个人作为消费主体纳入消费者权益保护法的调整范围,如美国、泰国、俄罗斯等。《消费者权益保护法》第2条明确规定:"消费者为生活消费需要购买、使用商品或者接受服务,其权益受本法保护。"

消费具有以下法律特征:(1)就消费的性质来说,消费者的消费是指个人的生活消费,不包括生产资料的消费。(2)就消费的主体而言,消费者指的是自然人或家庭,一般不包括法人或社会团体。但是,考虑到我国现实中单位生活消费的普遍性,以及单位消费实际上最终也落实到个人消费这一特点,我国在消费者权益保护立法上也将单位的生活消费纳入了调整范围,如单位过节给员工发放福利物品等也受消费者权益保护法保护。(3)就获得商品和服务的手段来说,消费是通过市场交换即购买来实现的。(4)就消费的客体范围而言,消费不仅包括实物,也包括服务。

消费者不限于与经营者达成合同关系的相对方,购买商品一方的家庭成员、受赠人等使用商品的主体都是《消费者权益保护法》规定的消费者。

二、经营者

《消费者权益保护法》第3条规定:"经营者为消费者提供其生产、销售的商品或者提供服务,应当遵守本法;本法未作规定的,应当遵守其他有关法律法规。"

该条规定的经营者具有以下三点特征。

(1)从内涵上讲,经营者是从事生产、销售商品或提供服务等经营活动的民事主体。经营者从事经营活动应具有持续性,偶尔、零星地出售商品或提供服务,通常不认定为经营者,如偶尔在网上出售自己的二手商品等。

(2)经营者从事的经营活动一般是有偿的。从事的行为是否具有有偿性是判断某一主体是否为经营者的主要标准。也是因为经营者从事的行为具有有偿性,决定了其应当对消费者负有较高的注意义务,承担较大的法律责任。从事无偿行为的,通常不应视为《消费者权益保护法》所指的经营者,如根据国家规定无偿提供九年义务教育的学校。但一些商家为了促销进行免费的派送,也应认定其为经营者,因为免费的商品或服务并不能掩盖其从事有偿经营活动的本质。

(3)从外延上看,《消费者权益保护法》规定的经营者不限于公司等企业法人。凡是持续有偿地向消费者提供其生产、销售的商品或提供服务的法人、其他组织机构或自然人,都可成为《消费者权益保护法》的经营者。

三、消费者权益保护法的基本原则

《消费者权益保护法》第 4 条规定:"经营者与消费者进行交易,应当遵循自愿、平等、公平、诚实信用的原则。"

（一）自愿原则

自愿原则是指经营者在交易活动中应当充分尊重消费者自主选择商品或者服务的权利。消费者在自主选择商品或服务时,有权进行比较、鉴别和挑选。经营者不得以任何方式强迫消费者进行交易,或者施加不合理、不公平的交易条件。

（二）平等原则

平等原则是指经营者和消费者在交易过程中是平等的主体,无论消费关系的产生、变更和消灭,经营者都必须与消费者协商,不得将自己的意志强加给消费者,更不得以强迫、命令、胁迫等手段要求消费者进行交易活动。

（三）公平原则

公平原则要求经营者与消费者之间的权利义务要公平合理,在订立合同时要按照公平合理的原则确立双方的权利义务,合理地分配风险,不得欺诈,不得假借订立合同恶意进行磋商。消费者有权获得质量保障、价格合理、计量正确等公平交易条件。

（四）诚信原则

诚信原则要求经营者和消费者在交易时都要诚实、讲信用,守承诺。具体表现在:第一,在订立合同时,不得有欺诈或者其他违背诚实信用原则的行为;第二,在履行义务过程中,经营者应当遵循诚实信用原则,根据交易的性质、目的和交易习惯履行及时通知、信息告知、协助、提供必要的条件、采取召回措施防止损失扩大、对消费者个人信息保密等义务;第三,在交易终止后,经营者也应当遵循该原则,根据法律法规规定和交易习惯履行通知、协助、保密等义务。[①]

四、我国保护消费者权益的立法状况

消费者权益保护法是调整国家、经营者以及消费者之间在保护消费者权益过程中发生的社会关系的法律规范的总称。消费者权益是指消费者依法享有的权利以及该权利受到保护时给消费者带来的应得利益,其核心是消费者的权利。我国十分重视消费者权益的保护工作,特别是改革开放以来,我国先后制定了一系列保护消费者权益的法律、法规。1993 年 10 月 31 日,第八届全国人大第四次会议通过了《消费者权益保护法》,并于 1994 年 1 月 1 日起施行。这是新中国成立以来制定的第一部以消费者为主体,以消费者权益为核心,保护消费者权益的专门性法律。2009 年 8 月 27 日第十一届全国人民代表大会常务委员会第十次会议通过了《关于修改部分法律的决定》,对《消费者权益保护法》作出了第一次修正。2013 年 10 月 25 日第十二届全国人民代表大会常务委员会第五次会议公布了《关于修改〈中华人民共和国消费者权益保护法〉的决定》,对《消费者权益保护法》作出了第二次修正,自 2014 年 3 月 15 日起施行。《消费者权益保护法》的颁布和实施,对于保护消费者的合法权益,规范经营者的经营行为,加强对商品和服务质量的监督,维护

[①] 李适时主编:《中华人民共和国消费者权益保护法释义》,法律出版社 2013 年版,第 21—23 页。

社会经济秩序,促进社会主义市场经济的健康发展,都具有十分重要的意义。

《消费者权益保护法》是保护消费者权益的基础性法律,但是除了《消费者权益保护法》外,合同法、侵权责任法、产品质量法、食品安全法、药品管理法、广告法等其他法律法规也有关于消费者权益保护的规定,对于《消费者权益保护法》未作规定的,消费者的合法权益还受这些相关法律、法规保护。

第二节 消费者的权利

一、消费者的权利

消费者权利是消费者权益在法律上的体现,是消费者在消费领域中依法所应享有的为或不为一定的行为以及要求经营者和其他有关主体为或不为一定行为的法律许可与保障。《消费者权益保护法》第7条到第15条以专章的形式具体规定了消费者的十项权利。

（一）保障安全权

《消费者权益保护法》第7条规定:"消费者在购买、使用商品和接受服务时享有人身、财产安全不受损害的权利。消费者有权要求经营者提供的商品和服务,符合保障人身、财产安全的要求。"

保障安全权是消费者最基本的权利,其他很多权利都是由此派生出来的。消费者有权要求经营者提供的商品和服务符合保障人身、财产安全的要求。这是消费者最主要的权利。消费者的保障安全权包括人身安全权和财产安全权。所谓人身安全权是指消费者在购买、使用商品和接受服务时,享有保护身体各器官及其机能的完整以及生命不受危害的权利。人身安全权是法律赋予消费者的最基本的权利。财产安全权是指消费者在购买、使用商品和接受服务过程中的财产不受危害的权利。为了保障消费者安全权的实现,法律赋予消费者有权要求经营者提供的商品或服务,符合保障人身、财产安全的要求。

（二）知悉真情权

知悉真情权也称为了解权、知情权,指消费者享有知悉其购买、使用的商品或者接受的服务的真实情况的权利。消费者每购买一种商品或者接受一项服务,都是同商品的出售者或者服务的提供者订立和履行一份相应的合同,而订立合同的基本要求就是当事人的意思表示要真实、明确。为了做到这一点,消费者就需要充分了解这种商品或者服务,《消费者权益保护法》确认消费者的知悉真情权包括以下具体内容。（1）知悉商品或者服务的基本情况,如商品的名称、产地、生产者以及生产日期等。（2）知悉商品或服务的技术状况,如商品的用途、性能、规格、等级、主要成分、检验合格证明、使用说明书等。（3）知悉商品或服务的价格和售后服务情况。

（三）自主选择权

自主选择权是指消费者享有自主选择商品或者服务的权利。《消费者权益保护法》规定:消费者有权自主选择提供商品或者服务的经营者,自主选择提供商品品种或者服务方式,自主决定购买或者不购买任何一种商品,接受或者不接受任何一项服务。消费者在自主选择商品或者服务时,有权进行比较、鉴别和挑选。

（四）公平交易权

公平交易权是指消费者在购买商品或者接受服务时，有权获得质量保障、价格合理、计量正确等公平交易条件，并拒绝经营者的强制交易行为的权利。

（五）依法求偿权

依法求偿权是指消费者因购买、使用商品或者接受服务而受到人身、财产损害的，享有依法获得赔偿的权利。消费者在购买、使用商品时，其合法权益受到损害的，可以向销售者要求赔偿。销售者赔偿后，属于生产者的责任或者属于向销售者提供商品的其他销售者的责任的，销售者有权向生产者或者其他销售者追偿。消费者或者其他受害人因商品缺陷造成人身、财产损害的，可以向销售者要求赔偿，也可以向生产者要求赔偿。属于生产者责任的，销售者赔偿后，有权向生产者追偿；属于销售者责任的，生产者赔偿后，有权向销售者追偿。消费者在接受服务时，其合法权益受到损害的，可以向服务者要求赔偿。消费者因购买、使用商品或者接受服务受到的人身损害既包括生命健康权、姓名权、肖像权、名誉权、隐私权的损害，也包括人身自由、人格尊严等损害。消费者因购买、使用商品或者接受服务受到的财产损害包括金钱、时间、可得利益等损害。

（六）依法结社权

依法结社权是指消费者享有的依法成立维护自身合法权益的社会团体的权利。在实际生活中，消费者相对于经营者来说，往往处于弱者的地位。现代的经营者大多是企业，有些还是大型的集团公司，它们往往掌握着某些消费品的专营权，或者彼此之间达成联合或默契，共同一致地对付消费者。而消费者则是孤立、分散的个体，难以与经营者相抗衡。鉴于这种情况，《消费者权益保护法》规定："消费者享有依法成立维护自身合法权益的社会团体的权利。"明确地允许消费者可以组织起来，维护自身的合法权益。《消费者权益保护法》第5章具体对消费者组织作出了规定。我国目前主要的消费者维权组织是中国消费者协会和各地设立的消费者协会。消费者协会主要依法开展以下几项活动：（1）参与制定有关规范性文件；（2）向有关行政部门反映消费者意见；（3）对商品和服务进行社会监督；（4）依法开展保护消费者合法权益的活动等。

（七）获取知识权

获取知识权，又称受消费教育权、求教知识权，是指消费者享有获得有关消费和消费者权益保护方面的知识的权利。保障这一权利的目的是使消费者更好地掌握所需商品或者服务的知识和使用技能，了解有关消费者权益保护方面的知识和消费争议解决办法的知识，提高自我保护能力。获取知识权具体包括获得有关消费方面的知识和获得有关消费者权益保护方面的知识的权利。

（八）维护尊严权

维护尊严权是指消费者在购买、使用商品和接受服务时，享有其人格尊严、民族风俗习惯得到尊重的权利。这是尊重和保障人权的重要内容，也是社会文明进步的表现。《消费者权益保护法》明确规定：经营者不得对消费者进行侮辱、诽谤，不得搜查消费者的身体及其携带的物品，不得侵犯消费者的人身自由。如有违反，则应当停止侵害，恢复名誉，消除影响，赔礼道歉，并赔偿损失。

（九）个人信息权

消费者享有个人信息得到保护的权利是2013年《消费者权益保护法》修改增加的内

容。个人信息或称个人资料、个人数据,一般是指与自然人相关的能够单独识别或者辅以其他信息能够识别出特定主体的所有信息,可以表现为文字、图表、图像等任何形式。经营者通过经营活动会获得消费者的个人信息,如身份信息、电话号码、家庭住址等。消费者的个人信息不得被非法泄露或者出卖,但经消费者个人同意,经营者可以收集、利用和处理消费者的个人信息。

(十) 监督批评权

监督批评权是指消费者享有对商品或者服务以及保护消费者权益工作进行监督,提出批评建议的权利。此外,消费者有权检举、控告国家机关及其工作人员在保护消费者权益工作中的违法失职行为,有权对保护消费者权益工作提出批评、建议。各有关国家机关还设有专门的信访机构,以确保公民行使这一权利。

二、消费者权益的保护

保护消费者的合法权益,需要个人、团体、社会和国家的共同努力,其中国家对消费者权益保护尤为重要,也是国家应尽的职责。对消费者权益的保护分为两种类型:一是国家对消费者权益的保护;一是社会对消费者权益的保护。

(一) 国家对消费者权益的保护

国家运用国家调节机制解决消费者问题,通过制定《消费者权益保护法》等法律、法规,使消费者权益保护法律化、制度化。国家对消费者权益保护既是国家经济职能的重要表现,也是消费者权益保护的最重要的形式。

1. 立法保护

国家立法机关通过制定法律保护消费者的权益。有效保护消费者权益的前提是有法可依。国家立法机关对消费者权益的保护体现在两方面:一是立法机关通过制定反映消费者意见和要求的消费者权益保护法律制度,明确规定消费者享有的权利和经营者承担的义务,使消费者权益的保护具有法律依据;二是立法机关通过对现行法律的修改、废止等不断完善消费者权益保护法律制度,以便适应新的经济发展水平及消费者权益保护的执法需要。

2. 行政保护

《消费者权益保护法》第31条规定:"各级人民政府应当加强领导,组织、协调、督促有关行政部门做好保护消费者合法权益的工作,落实保护消费者合法权益的职责。各级人民政府应当加强监督,预防危害消费者人身、财产安全行为的发生,及时制止危害消费者人身、财产安全的行为。"第32条规定:"各级人民政府工商行政管理部门和其他有关行政部门应当依照法律、法规的规定,在各自的职责范围内,采取措施,保护消费者的合法权益。"第33条规定:"有关行政部门在各自的职责范围内,应当定期或者不定期对经营者提供的商品和服务进行抽查检验,并及时向社会公布抽查检验结果。有关行政部门发现并认定经营者提供的商品或者服务存在缺陷,有危及人身、财产安全危险的,应当立即责令经营者采取停止销售、警示、召回、无害化处理、销毁、停止生产或者服务等措施。"第34条规定:"有关国家机关应当依照法律、法规的规定,惩处经营者在提供商品和服务中侵害消费者的合法权益的违法犯罪行为。"

3. 司法保护

《消费者权益保护法》第35条规定:"人民法院应当采取措施,方便消费者提起诉讼。

对符合《中华人民共和国民事诉讼法》起诉条件的消费者权益争议,必须受理,及时审理。"通过加强司法保护工作,处理好各种消费者权益争议案件,使已经制定的有关保护消费者的合法权益的法律、法规得到切实执行,切实保障消费者的合法权益。

(二) 社会对消费者权益的保护

保护消费者的合法权益是全社会的共同责任,国家鼓励、支持一切组织和个人对损害消费者合法权益的行为进行监督,以维护消费者的合法权益。

1. 消费者组织的保护

消费者为维护自身合法权益,有权行使结社权,成立各种消费者组织。从实践上看,各种消费者组织对于消费者权益的维护起着重要的作用。消费者组织是指依法成立的对商品和服务进行社会监督的保护消费者合法权益的社会团体。消费者组织包括消费者协会和其他消费者组织,其基本任务是对市场商品和服务进行监督,指导公众消费,帮助或代表消费者调查、处理消费争议,维护广大消费者的权益。消费者组织不得从事商品经营和营利性服务,不得以牟利为目的向社会推荐商品和服务。我国的消费者协会和其他的消费者组织是依法成立的对商品和服务进行社会监督的保护消费者合法权益的社会团体,依据《消费者权益保护法》的规定,消费者协会在保护消费者合法权益方面履行下列公益性职能:

(1) 向消费者提供消费信息和咨询服务,提高消费者维护自身合法权益的能力,引导文明、健康、节约资源和保护环境的消费方式。

(2) 参与制定有关消费者权益的法律、法规、规章和强制性标准。

(3) 参与有关行政部门对商品和服务的监督、检查。

(4) 就有关消费者合法权益的问题,向有关部门反映、查询,提出建议。

(5) 受理消费者的投诉,并对投诉事项进行调查、调解。

(6) 投诉事项涉及商品和服务质量问题的,可以委托具备资格的鉴定人鉴定,鉴定人应当告知鉴定意见。

(7) 就损害消费者合法权益的行为,支持受损害的消费者提起诉讼或者依照本法提起诉讼。

(8) 对损害消费者合法权益的行为,通过大众传播媒介予以揭露、批评。

2. 新闻舆论机构的保护

广播、电视、报刊等新闻舆论机构,应做好维护消费者合法权益的宣传。一方面,经常地宣传有关消费者权益的基本知识和典型事例。另一方面,及时地将损害消费者合法权益的行为和现象曝光并予以抨击。

第三节　经营者的义务

经营者是为消费者提供商品或者服务的市场主体,包括生产者、销售者以及具有服务行为的服务者。经营者是与消费者相互对应的主体,消费者所享有的权利在一定程度上就是经营者的义务,因为消费者的权利在一定程度上是通过经营者履行义务来实现的。《消费者权益保护法》确认经营者在消费者权益保护方面承担法律规定的义务。

一、依法定或约定履行的义务

(1) 经营者向消费者提供商品或者服务,应当依照《消费者权益保护法》和其他有关法律、法规的规定履行义务。

(2) 经营者和消费者有约定的,应当按照约定履行义务,但双方的约定不得违背法律、法规的规定。

(3) 经营者提供商品或者服务,按照国家规定或者与消费者的约定而承担包修、包换、包退或者其他责任的,应当按照国家规定或者约定履行,不得故意拖延或者无理拒绝。

(4) 经营者向消费者提供商品或者服务,应当恪守社会公德,诚信经营,保障消费者的合法权益;不得设定不公平、不合理的交易条件,不得强制交易。

二、听取意见和接受监督的义务

经营者在销售商品时,应当听取消费者对其提供的商品的意见,接受消费者的监督。经营者接受消费者的监督必须以适当的方式,为消费者行使监督权提供可能的条件。比如,经营者通过设置意见簿、公平秤、值班经理和挂牌上岗、明码标价、邀请消费者代表实地参观、组织座谈会等措施,给消费者提供监督机会和条件,提高服务质量。

三、保障人身、财产安全的义务

(1) 经营者应当保证其提供的商品或者服务符合保障人身、财产安全的要求。对可能危及人身、财产安全的商品和服务,应当向消费者作出真实的说明和明确的警示,并说明和标明正确使用商品或者接受服务的方法以及防止危害发生的方法。说明和警示可以是口头的,也可以是书面的,但都必须是准确、充分、真实的。警示的方式可以是警示标志也可以是文字警示,警示应当是醒目、明确、易懂的。

(2) 宾馆、商场、餐馆、银行、机场、车站、港口、影剧院等经营场所的经营者,应当对消费者尽到安全保障义务。《消费者权益保护法》所指的经营场所不限于上述列举的地方。场所的经营者负有在合理的限度范围内保护他人人身和财产安全的义务。

四、缺陷信息报告、告知和召回义务

经营者发现其提供的商品或者服务存在缺陷,有危及人身、财产安全危险的,应当立即向有关行政部门报告和告知消费者,并采取停止销售、警示、召回、无害化处理、销毁、停止生产或者服务等措施。采取召回措施的,经营者应当承担消费者因商品被召回支出的必要费用。

这里的缺陷是指产品存在危及人身、财产安全的不合理的危险;产品有保障人体健康和人身、财产安全的国家标准、行业标准的,是指不符合该标准。这里的有关行政部门主要指市场监督管理部门等。"告知"是指经营者根据消费者人数等实际情况,尽最大可能让处于人身、财产安全危险的消费者知道危险的存在和预防危险发生的处理方法。

《消费者权益保护法》明确了经营者在发现缺陷时应采取的几种具体措施。其中停止销售,是指发现缺陷时,如果尚有正在销售的商品,那么应该立即停止销售。召回是指产品的生产者、销售者依法定程序,对其生产或者销售的缺陷产品以换货、退货、更换零配件等方式,及时消除或减少缺陷产品危害的行为。无害化处理,是指经营者对其生产或销售的有缺陷的商品作不污染环境的处理。

五、提供真实信息的义务

此项义务对应的是消费者的知情权,包括如下内容。

(1) 经营者提供的信息应当是真实的。

(2) 经营者提供的信息应该是全面的。所谓的信息全面,是指经营者向消费者提供的信息应当是可能影响消费者选择权的所有重要信息。

(3) 经营者不得作虚假或者引人误解的宣传。虚假宣传是指宣传内容与商品或者服务的客观事实不符。引人误解的宣传,是指宣传可能使消费者对商品或者服务的真实信息产生不正确的认识,误导消费者。

(4) 对消费者就其提供的商品或者服务的质量和使用方法等问题提出的询问,经营者应当作出真实明确的答复,帮助消费者全面、准确获取商品信息。

(5) 经营者还负有明码标价的义务。

(6) 经营者应当标明其真实名称和标记。

(7) 租赁他人柜台或者场地的经营者,应当标明其真实名称和标记。

六、出具相应的凭证和单据的义务

经营者提供商品或者服务,应当按照国家有关规定或者商业惯例向消费者出具发票等购货凭证或者服务单据;消费者索要发票等购货凭证或者服务单据的,经营者必须出具。发票等购物凭证或者服务单据具有证明合同存在和履行、税务管理、账目管理等多种功能,不仅是经营者与消费者之间合同关系的最直接证明,更是商品或服务出现质量问题、消费者合法权益受到损害时主张权利的最有力证据。

七、质量担保义务

(1) 经营者应当保证在正常使用商品或者接受服务的情况下其提供的商品或者服务应当具有的质量、性能、用途和有效期限;但消费者在购买该商品或者接受该服务前已经知道其存在瑕疵,且存在该瑕疵不违反法律强制性规定的除外。

(2) 经营者以广告、产品说明、实物样品或者其他方式表明商品或者服务的质量状况的,应当保证其提供的商品或者服务的实际质量与表明的质量状况相符合。

(3) 经营者提供的机动车、计算机、电视机、电冰箱、空调器、洗衣机等耐用商品或者装饰装修等服务,消费者自接受商品或者服务之日起 6 个月内发现瑕疵,发生争议的,由经营者承担有关瑕疵的举证责任,经营者应当举证证明该瑕疵的产生不是由于商品或者服务自身的质量问题,若无法证明将承担败诉的后果。

八、"三包"的义务

经营者提供的商品或者服务不符合质量要求的,消费者可以依照国家规定、当事人约定退货,或者要求经营者履行更换、修理等义务。没有国家规定和当事人约定的,消费者可以自收到商品之日起7日内退货;7日后符合法定解除合同条件的,消费者可以及时退货,不符合法定解除合同条件的,可以要求经营者履行更换、修理等义务。依照前述规定进行退货、更换、修理的,经营者应当承担运输等必要费用。

经营者承担退货、更换、修理等"三包"义务的前提是"经营者提供的商品或者服务不符合质量要求",没有质量问题的,不适用此条款。这里的"国家规定",主要是指国家有关部门颁布的关于商品"三包"的规定,如《部分商品修理更换退货责任规定》等。

九、无理由退货义务

经营者采用网络、电视、电话、邮购等方式销售商品,消费者有权自收到商品之日起7日内退货,且无需说明理由,但下列商品除外:

(1) 消费者定做的。
(2) 鲜活易腐的。
(3) 在线下载或者消费者拆封的音像制品、计算机软件等数字化商品。
(4) 交付的报纸、期刊。

除上述所列商品外,其他根据商品性质并经消费者在购买时确认不宜退货的商品,不适用无理由退货。

消费者退货的商品应当完好。经营者应当自收到退回商品之日起7日内返还消费者支付的商品价款。退回商品的运费由消费者承担;经营者和消费者另有约定的,按照约定。

该项义务是针对商品质量没有问题,但消费者仍希望退货的情况,这里有购买方式的限制,如采用网络、电视、电话、邮购等远程方式才可适用该条款,根据我国《直销管理条例》等规定,上门推销、直销等非固定经营场所的销售也适用该条款。

消费者无理由退货权利(俗称"后悔权")的行使期限为7日,关于"7日"期间计算,按照公历年、月、日、小时计算。规定按照小时计算期间的,从规定时开始计算。规定按照日、月、年计算期间的,开始的当天不算入,从下一天开始计算。期间的最后一天是星期日或者其他法定休假日的,以休假日的次日为期间的最后一天。期间的最后一天的截止时间为24点。有业务时间的,到停止业务活动的时间截止。

消费者选择无理由退货需要承担的义务有:(1) 支付退货运费;(2) 保证商品完好。"商品完好"的判断标准包括消费者为了检查、试用而拆封商品的情况,只要不是因消费者的原因造成价值明显贬损的,都可以算是"商品完好"。

十、限制使用格式条款的义务

《消费者权益保护法》第26条规定:经营者在经营活动中使用格式条款的,应当以显著方式提请消费者注意商品或者服务的数量和质量、价款或者费用、履行期限和方式、安全注意事项和风险警示、售后服务、民事责任等与消费者有重大利害关系的内容,并按照消费者的要求予以说明。

经营者不得以格式条款、通知、声明、店堂告示等方式,作出排除或者限制消费者权利、减轻或者免除经营者责任、加重消费者责任等对消费者不公平、不合理的规定,不得利用格式条款并借助技术手段强制交易。

格式条款、通知、声明、店堂告示等含有前述所列内容的,其内容无效。

经营者使用格式条款时应履行以下几项义务：第一，提示说明义务。包括：(1) 提示说明义务的范围：不限于上述十项内容，只要是与消费者有重大利害关系，对消费者基本权利可能造成影响的内容，经营者都应该以显著方式提请消费者注意并按照消费者的要求予以说明。(2) 提示说明义务的履行方式："显著方式"需要考虑普通消费者的认知能力，必须足以明显引起一般消费者的注意。此外关于"显著方式"的标准，还应当区分传统交易模式和新技术背景下的交易模式，如电子商务中的经营者故意将与消费者有重大利害关系的合同条款设置为不方便链接，或者以技术手段隐藏该类内容，使消费者难以获取，也是对"显著方式"提示义务的违反。第二，禁止使用对消费者"不公平、不合理"的格式条款。具体而言，不公平、不合理的格式条款主要指经营者违背诚实信用原则，单方制定的对消费者明显不利的条款，其范围可能涉及合同的缔结、变更、履行及合同的解释方法和争议的处理机制等各个环节。[①]

十一、不得侵犯消费者的人身权的义务

《消费者权益保护法》第 27 条规定了经营者不得侵害消费者人格尊严、人身自由的情况：(1) 不得对消费者进行侮辱、诽谤。经营者不得自己或者利用别人，捏造、散布虚假事实或者以不文明、不礼貌的语言，损害消费者名誉，诋毁消费者的人格尊严。(2) 不得搜查消费者的身体及其携带的物品，因为只有法律赋予相关执法权限的机关才能按照严格的法律依据和程序对公民的人身、财产进行检查和搜查，其他任何单位和个人均无权做出上述行为。(3) 不得侵犯消费者的人身自由。只有全国人大通过的法律才能作出限制公民人身自由的规定，除了相关的司法机关依照法定的程序对公民限制人身自由外，其他任何单位和个人都无权限制公民人身自由。

十二、采用网络等方式提供商品或服务的信息告知义务

《消费者权益保护法》第 28 条规定："采用网络、电视、电话、邮购等方式提供商品或者服务的经营者，以及提供证券、保险、银行等金融服务的经营者，应当向消费者提供经营地址、联系方式、商品或者服务的数量和质量、价款或者费用、履行期限和方式、安全注意事项和风险警示、售后服务、民事责任等信息。"

这里主要涉及两类经营者：一类是远程交易方式的经营者；另一类是金融领域的经营者。这两类特定领域经营者的信息披露义务包括向消费者告知以下几方面信息：(1) 经营者的真实身份信息，如经营地址、联系方式；(2) 有关商品及服务的信息，如数量、质量、价格等；(3) 有关风险提示、民事责任等信息，其中关于金融领域的风险提示信息对消费者而言特别重要，具体可查询《商业银行理财产品销售管理办法》《证券投资基金销售管理办法》《商业银行代理保险业务监管指引》等规定。

十三、保护消费者个人信息的义务

这是 2013 年《消费者权益保护法》修改新增加的内容：经营者收集、使用消费者个人信息，应当遵循合法、正当、必要的原则，明示收集、使用信息的目的、方式和范围，并经消

[①] 李适时主编：《中华人民共和国消费者权益保护法释义》，法律出版社 2013 年版，第 111—114 页。

费者同意。经营者收集、使用消费者个人信息，应当公开其收集、使用规则，不得违反法律、法规的规定和双方的约定收集、使用信息。

经营者及其工作人员对收集的消费者个人信息必须严格保密，不得泄露、出售或者非法向他人提供。经营者应当采取技术措施和其他必要措施，确保信息安全，防止消费者个人信息泄露、丢失。在发生或者可能发生信息泄露、丢失的情况时，应当立即采取补救措施。

经营者未经消费者同意或者请求，或者消费者明确表示拒绝的，不得向其发送商业性信息。

这里要求经营者在收集使用消费者个人信息时，应本着合法、正当、必要、自愿的原则，并保证消费者个人信息安全，且不受无关商业信息的侵扰。

第四节 消费争议解决机制

一、争议解决途径

《消费者权益保护法》第39条规定了五种消费者与经营者发生消费纠纷的解决途径：(1) 当事人和解，消费者和经营者在平等自愿的基础上协商解决消费纠纷。(2) 请求消费者协会或者依法成立的其他调解组织调解，通过调解组织的说服、疏导，促使当事人在平等协商的基础上自愿达成调解协议。(3) 向有关行政部门投诉，比如向市场监督管理部门反映争议事项。(4) 根据与经营者达成的仲裁协议提请仲裁机构仲裁，当事人可事前或事后达成仲裁协议，然后根据协议内容提交仲裁机构进行裁决。(5) 当事人不愿通过协商、调解或者协商调解不成，又没达成仲裁协议的，可以向人民法院提起诉讼。应该说，前四种非诉讼的必经程序，消费者可以根据自己的情况，选择合适的争议解决办法来维护自己的权利。

二、几种特殊主体的责任分配

1. 企业变更后的责任承继

消费者在购买、使用商品或者接受服务时，其合法权益受到损害，因原企业分立、合并的，可以向变更后承受其权利义务的企业要求赔偿。

2. 营业执照出借人或借用人的连带责任

使用他人营业执照的违法经营者提供商品或者服务，损害消费者合法权益的，消费者可以向其要求赔偿，也可以向营业执照的持有人要求赔偿。

3. 展销会举办者、柜台出租者的责任

消费者在展销会、租赁柜台购买商品或者接受服务，其合法权益受到损害的，可以向销售者或者服务者要求赔偿。展销会结束或者柜台租赁期满后，也可以向展销会的举办者、柜台的出租者要求赔偿。即使展销会的举办者、柜台的出租者对损害消费者权益的行为没有直接的责任，他们也负有先行赔偿的义务。展销会的举办者、柜台的出租者赔偿后，有权向销售者或者服务者追偿。

4. 网络交易平台的责任

消费者通过网络交易平台购买商品或者接受服务，其合法权益受到损害的，可以向销售者或者服务者要求赔偿。网络交易平台提供者不能提供销售者或者服务者的真实名称、地址和有效联系方式的，消费者也可以向网络交易平台提供者要求赔偿；网络交易平台提供者作出更有利于消费者的承诺的，应当履行承诺。网络交易平台提供者赔偿后，有权向销售者或者服务者追偿。

网络交易平台提供者明知或者应知销售者或者服务者利用其平台侵害消费者合法权益，未采取必要措施的，依法与该销售者或者服务者承担连带责任。

这里的"网络交易平台"又称作中介型或开放型平台，是指由第三方经营的为交易双方提供网络空间与技术服务的信息网络系统。平台提供者自身并不参与交易，只是根据与买卖双方分别订立的协议提供技术服务以保证网上交易的顺利进行。

网络交易平台对平台内的经营者负有身份审查义务，必须事先主动了解掌握平台内经营者的真实名称、联系方式等有效信息。网络交易平台与平台内的经营者承担连带责任遵循过错原则，仅在明知或应知平台内经营者利用平台侵害消费者合法权益，且未采取必要措施时，才承担责任。

5. 广告经营者、发布者及社会团体等的责任

消费者因经营者利用虚假广告或者其他虚假宣传方式提供商品或者服务，其合法权益受到损害的，可以向经营者要求赔偿。广告经营者、发布者发布虚假广告的，消费者可以请求行政主管部门予以惩处。广告经营者、发布者负有审核信息义务，如不能提供经营者的真实名称、地址和有效联系方式的，应当承担赔偿责任。对于一般的虚假广告，采用过错责任原则，广告经营者、发布者只有在明知或应知广告虚假仍进行设计、制作、发布时，才需要承担连带责任。

广告经营者、发布者设计、制作、发布关系消费者生命健康商品或者服务的虚假广告，造成消费者损害的，采用无过错责任原则，应当与提供该商品或者服务的经营者承担连带责任。

社会团体或者其他组织、个人如明星代言人，在关系消费者生命健康商品或者服务的虚假广告或者其他虚假宣传中向消费者推荐商品或者服务，造成消费者损害的，也采用无过错责任原则，应当与提供该商品或者服务的经营者承担连带责任。

三、行政投诉的处理

消费者与经营者发生争议的，可以根据争议的具体情况，向有权行政部门投诉，如：对产品质量有争议的，可以向市场监督管理部门投诉；对商品价格、服务收费有争议的，可以向物价部门投诉等，这些行政部门应当自收到投诉之日起 7 个工作日内，予以处理并将处理结果告知消费者。

四、公益诉讼

2013 年修改的《消费者权益保护法》明确了消费者协会作为公益诉讼主体的法律地位。对侵害众多消费者合法权益的行为，中国消费者协会以及在省、自治区、直辖市设立的消费者协会，即使无直接利益关系，也可以作为原告，向人民法院提起消费公益诉讼，起

诉损害消费者合法权益的经营者。

第五节 违反消费者权益保护法的法律责任

我国法律为维护消费者的合法权益,不仅明确了经营者的产品质量义务,也对经营者违反法定义务、侵害消费者合法权益的行为规定了各种法律责任。

一、经营者违反消费者权益保护法的民事责任

第一,提供商品或者服务有下列情形之一的,除《消费者权益保护法》另有规定外,应依照《产品质量法》和其他有关法律、法规的规定,承担民事责任:(1)商品或者服务存在缺陷的;(2)不具备商品应当具备的使用性能而出售时未作说明的;(3)不符合在商品或者其包装上注明采用的商品标准的;(4)不符合商品说明、实物样品等方式表明的质量状况的;(5)生产国家明令淘汰的商品或销售失效、变质的商品的;(6)销售的商品数量不足的;(7)服务的内容和费用违反约定的;(8)对消费者提出的修理、重作、更换、退货、补足商品数量、退还货款和服务费用或者赔偿损失的要求,故意拖延或者无理拒绝的;(9)法律、法规规定的其他损害消费者权益的情形。

第二,经营者提供商品或者服务,造成消费者或者其他受害人人身伤害的,应当赔偿医疗费、护理费、交通费等为治疗和康复支出的合理费用,以及因误工减少的收入。造成残疾的,还应当赔偿残疾生活辅助费和残疾赔偿金。造成死亡的,还应当赔偿丧葬费和死亡赔偿金。

这里的人身损害赔偿是指经营者侵犯消费者的生命健康安全,造成消费者致伤、致残、致死等后果,需要承担金钱赔偿责任的一种民事法律救济制度。

经营者造成消费者人身伤害一般都要赔偿以下具体项目:(1)医疗费,包括挂号费、检查费、药费、治疗费、康复费等费用,既包括已经发生的医疗费,也包括将来确定要产生的医疗费。(2)护理费,消费者因受到损害导致生活不能自理,需要有人护理而产生的费用。护理费必须有医疗单位或法医的证明,费用一般根据护理人员的收入状况、护理人数、护理期限等确定。护理期限原则上应计算至受害人恢复自理能力时止。(3)交通费,是指受害人及其必要的陪护人员因就医或者转院所实际发生的用于交通方面的费用。(4)因误工减少的收入,是指受害人由于受到伤害,无法从事正常工作或者劳动而失去或者减少的工作或劳动收入。

第三,经营者侵害消费者的人格尊严、侵犯消费者人身自由或者侵害消费者个人信息依法得到保护的权利的,应当停止侵害、恢复名誉、消除影响、赔礼道歉,并赔偿损失。此项规定增加了消费者依法受保护的个人信息权利内容,对应的是《消费者权益保护法》第14条增加的个人信息权这项权利。

第四,经营者有侮辱诽谤、搜查身体、侵犯人身自由等侵害消费者或者其他受害人人身权益的行为,造成严重精神损害的,受害人可以要求精神损害赔偿。这是2013年修订的《消费者权益保护法》增加的关于经营者承担精神损害赔偿责任的规定。精神损害赔偿的受偿主体既包括人身权益直接受到侵害的消费者,也包括其他受害人,如谣言内容所波

及的其他受害人等。①

第五，经营者提供商品或者服务，造成消费者财产损害的，应当依照法律规定或者当事人约定承担修理、重作、更换、退货、补足商品数量、退还货款和服务费用或者赔偿损失等民事责任。这里的财产损失不包括由于正常的市场价格波动而造成的消费者资产收益的贬损，如楼市价格风险等。经营者承担的只是基于其违约或侵权造成的消费者财产损失。

第六，经营者以预收款方式提供商品或者服务的，应当按照约定提供。未按照约定提供的，应当按照消费者的要求履行约定或者退回预付款；并应当承担预付款的利息、消费者必须支付的合理费用。这类预收款消费方式在现实生活中很多，如美容美发卡、面包券、超市购物卡等，由消费者预先支付一定的费用，然后延期消费其提供的商品或服务。当经营者违约后，消费者具有选择权，可要求继续履行，也可要求退还剩余的预付款，另外还可以要求经营者承担预付款的利息及支出的合理费用，如必要的交通、通讯等费用。

第七，经营者所提供的商品依法经有关行政部门认定为不合格的商品，消费者要求退货的，经营者应当负责退货。不合格商品指的是商品的质量不符合有关的标准和要求。只要商品一经有权机关认定为不合格，消费者就有权要求退货，不以经营者是否主观上有过错为转移。这里的经营者包括生产者，也包括销售者。

第八，经营者提供商品或者服务有欺诈行为的，应当按照消费者的要求增加赔偿其受到的损失，增加赔偿的金额为消费者购买商品的价款或者接受服务的费用的三倍，即退一赔三；增加赔偿的金额不足 500 元的，为 500 元。法律另有规定的，依照其规定，如《食品安全法》第 96 条第 2 款规定的"十倍赔偿金"。这里的欺诈，主要是指经营者故意隐瞒真实情况或者故意告诉消费者虚假信息，欺骗消费者，从而使消费者作出错误的意思表示而与其签订合同。

经营者明知商品或者服务存在缺陷，仍然向消费者提供，造成消费者或者其他受害人死亡或者健康严重损害的，受害人有权要求经营者依照《消费者权益保护法》第 49 条、第 51 条等法律规定赔偿损失，并有权要求所受损失二倍以下的惩罚性赔偿。

如果经营者违反《消费者权益保护法》规定，需要同时承担民事赔偿责任和缴纳罚款、罚金但其财产不足以同时支付的，应先承担民事赔偿责任。

二、经营者违反消费者权益保护法的行政责任

经营者有下列情形之一，除承担相应的民事责任外，其他有关法律、法规对处罚机关和处罚方式有规定的，依照法律、法规的规定执行；法律、法规未作规定的，由市场监督管理部门或者其他有关行政部门责令改正，可以根据情节单处或者并处警告、没收违法所得、处以违法所得 1 倍以上 10 倍以下的罚款，没有违法所得的，处以 50 万元以下的罚款；情节严重的，责令停业整顿、吊销营业执照：

（1）提供的商品或者服务不符合保障人身、财产安全要求的。
（2）在商品中掺杂、掺假，以假充真，以次充好，或者以不合格商品冒充合格商品的。
（3）生产国家明令淘汰的商品或者销售失效、变质的商品的。

---

① 孔慧：《案例导读：消费者权益保护法及配套规定适用与解析》，法律出版社 2014 年版，第 123 页。

（4）伪造商品的产地，伪造或者冒用他人的厂名、厂址，篡改生产日期，伪造或者冒用认证标志等质量标志的。

（5）销售的商品应当检验、检疫而未检验、检疫或者伪造检验、检疫结果的。

（6）对商品或者服务作虚假或者引人误解的宣传的。

（7）拒绝或者拖延有关行政部门责令对缺陷商品或者服务采取停止销售、警示、召回、无害化处理、销毁、停止生产或者服务等措施的。

（8）对消费者提出的修理、重作、更换、退货、补足商品数量、退还货款和服务费用或者赔偿损失的要求，故意拖延或者无理拒绝的。

（9）侵害消费者人格尊严、侵犯消费者人身自由或者侵害消费者个人信息依法得到保护的权利的。

（10）法律、法规规定的对损害消费者权益应当予以处罚的其他情形。

经营者有上述规定情形的，除依照法律、法规规定予以处罚外，处罚机关应当记入信用档案，向社会公布。

这里规定的行政处罚有6种：（1）责令改正；（2）警告；（3）没收违法所得；（4）罚款；（5）责令停业整顿；（6）吊销营业执照。

经营者对行政处罚决定不服的，可以依法申请复议或向人民法院提起行政诉讼。

三、经营者和国家机关工作人员违反消费者权益保护法的刑事责任

经营者违反《消费者权益保护法》规定提供商品或者服务，侵害消费者合法权益，造成消费者或者其他受害人人身伤害或死亡，构成犯罪的，依法追究刑事责任。经营者是否构成犯罪，构成何种犯罪以及处以何种刑罚，依据的是《刑法》，而不是《消费者权益保护法》，具体可参见《刑法》第140条至第148条及第222、226条等。

以暴力、威胁等方法阻碍有关行政部门工作人员依法执行职务的，依法追究刑事责任；拒绝、阻碍有关行政部门工作人员依法执行职务，未使用暴力、威胁方法的，由公安机关依照《中华人民共和国治安管理处罚法》的规定处罚。前一种情况承担的是刑事责任；后一种情况承担的是行政责任。

国家机关工作人员玩忽职守或者包庇经营者侵害消费者合法权益的，由其所在单位或者上级机关给予行政处分；情节严重，构成犯罪的，依法追究刑事责任。这里，国家机关工作人员根据情节轻重，承担行政责任或者刑事责任。

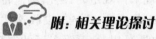
附：相关理论探讨

2013年《消费者权益保护法》迎来了20年来的"大修"，并于2014年3月15日起正式实施。新《消费者权益保护法》中关于无理由退货、惩罚性赔偿、公益诉讼、个人信息保护、举证责任倒置等条文的修改和补充，引起了广大消费者的强烈关注。虽然《消费者权益保护法》在完善社会维权机制、解决消费权益纠纷、打击侵害消费者权益违法行为、提高消费者依法维权意识等方面发挥了积极的作用，但如何继续

丰富其实践经验,进一步完善立法思考,为今后新一轮修改蓄积能量,仍然值得理论界和实务界进行更深入的探讨。

(一) 消费者权利范围问题

权利是保护消费者的基本依据。《消费者权益保护法》以法律的形式赋予消费者权利,使消费者在其权益受到损害时能够凭借法律的力量,维护自身的权益。新修改的《消费者权益保护法》增加了消费者信息受保护权,针对目前市场经济环境下经营者未经允许,为了谋利擅自泄露消费者个人隐私的现象,明确了国家的立法主张,应该说这是此次修订的一大亮点。然而权利虽已经法律确认,如何落实、真正有效保护消费者的合法权益却还有漫长的路要走。

(二) 后悔权与消费者权益保护

消费者后悔权是消费者知情权、选择权的延伸。一些信誉良好的商场已有一定程度的实践,消费者后悔权通常是指消费者在购买商品后的一定时间内,可不需要说明任何理由,把商品无条件地退回给经营者,并不承担任何费用。此次《消费者权益保护法》修改明确了消费者行使后悔权的几种情况。后悔权的设立不仅有利于消费者,而且有利于规范企业的经营行为,提升企业的竞争力。但消费者后悔权行使应受到严格限制,以避免权利被滥用。在消费者和经营者之间以直接方式进行的传统商品销售行为,不适用后悔权的规定,消费者不享有后悔权。《消费者权益保护法》第 25 条中未明确列举的其他非传统销售方式,应是指虽然不属于远程商品销售方式,但是销售商品的方式与传统销售方式不同,且不利于消费者冷静思考的销售方式,特别是非固定场所交易,即在消费者住所、工作场所等推销商品或者服务,包括上门推销和直销。其中,最主要的是上门推销,也应该适用《消费者权益保护法》第 25 条规定的无理由退货制度。

消费者主张行使后悔权,依照法律规定,无需说明理由,但应符合商品完好的要件。对于"商品应当完好"怎样理解,有不同意见,有高标准、中等标准和低标准的不同。高标准的商品完好,是指商品的本身及包装、装潢等全都完好,没有任何开拆、使用的痕迹,否则就是不完好。中等标准的商品完好是指商品本身完好,商品的包装被拆封,由于包装不属于商品本身,尽管已经被拆封,或者包装不完好,但只要商品本身是完好的,并且附属于商品的标识、标牌等也保持完好,就是商品完好。低标准的商品完好是指商品只要没有特别的改变,即使类似于标牌、标识等附属部分不完好,也属于商品完好。目前立法主张采用中等标准一说。[①]

但对于法律规定之外的情况,立法者可以不予强制。换言之,从商业竞争策略和商业伦理角度来看,我们认为,我国经营者应采取无因退货的方式,自愿地赋予消费者后悔权,进而增强企业的核心竞争力。

(三) 行政保护体制问题

行政保护是履行保护消费者权益的一项重要的法律制度。现行《消费者权益保

---

① 参见杨立新:《非传统销售方式购买商品的消费者反悔权及其适用》,《法学》2014 年第 2 期。

护法》体现行政保护的制度主要涉及《消费者权益保护法》以下规定。第31条规定："各级人民政府应当加强领导,组织、协调、督促有关行政部门做好保护消费者合法权益的工作,落实保护消费者合法权益的职责。各级人民政府应当加强监督,预防危害消费者人身、财产安全行为的发生,及时制止危害消费者人身、财产安全的行为。"第32条规定:"各级人民政府市场监督管理部门和其他有关行政部门应当依照法律、法规的规定,在各自的职责范围内,采取措施,保护消费者的合法权益。"第33条规定:"有关行政部门在各自的职责范围内,应当定期或者不定期对经营者提供的商品和服务进行抽查检验,并及时向社会公布抽查检验结果。有关行政部门发现并认定经营者提供的商品或者服务存在缺陷,有危及人身、财产安全危险的,应当立即责令经营者采取停止销售、警示、召回、无害化处理、销毁、停止生产或者服务等措施。"第34条规定:"有关国家机关应当依照法律、法规的规定,惩处经营者在提供商品和服务中侵害消费者的合法权益的违法犯罪行为。"第46条规定:消费者和经营者发生消费者权益争议的,可以向有关行政部门投诉。第56条规定:对经营者发生侵害消费者权益的行为,法律、法规对处罚机关和处罚方式有规定的,依照规定执行;未规定的,由工商部门进行处罚。这些规定明确了在制定消费者权益保护措施、调解解决消费纠纷和查处侵害消费者权益案件的三个主要方面的行政作用,体现了政府领导下,以一个部门为主,多部门各司其职、相互配合的行政保护构架。但是,实际操作中矛盾很多:一是在制定消费者保护措施方面,由于各部门分工不够明确,在一些方面主次难分,一个部门如果制定保护消费者权益的规章有可能因涉及其他部门的权限而裹足不前,造成消费者权益保护措施严重滞后;二是在受理消费者申诉方面,也由于各部门分工不够明确,造成各部门受理范围不清,而在强调依法行政的趋势下,各部门只好谨慎从事;三是在受理申诉方面,由于受理申诉的职责与处罚侵害消费者权益违法行为的职责往往不属于同一部门,也弱化了打击违法行为、保护消费者权益的力度。

总之,现行《消费者权益保护法》应当在研究如何建立更加有效的消费者权益行政保护体系的基础上,通过法律修改,借鉴其他国家的做法,建立消费者权益保护工作的综合协调机制,进一步规定消费者权益保护行政部门的各项具体职责。

(四) 维权途径问题

维权途径是保护消费者权益的关键问题。现行《消费者权益保护法》为消费者提供了五种维权途径,但是这五种途径都不能有效地发挥作用,严重地影响到消费者权益的落实。

第一,"与经营者协商和解"。在市场秩序比较混乱、信用缺失问题突出、政府管理滞后的转轨时期,经营者的自律意识尚待逐步提高,通过"与经营者和解"的方式解决消费纠纷,尚难成为一条主要的途径。

第二,"请求消费者协会调解"。由于消费者协会是社团性质的组织,受职能限制,对经营者与消费者的纠纷只能运用调解手段来解决,缺乏强制力保证,因此,调解成功率不高。

第三，"向有关行政机关申诉"。由于《消费者权益保护法》没有赋予行政机关对消费纠纷进行行政裁决的手段,行政机关也只能通过行政调解的办法解决消费纠纷,而且即使在双方当事人达成行政调解协议的情况下,若一方当事人不履行协议,行政机关也没有强制执行的办法,因此,行政机关也难以成为消费者依法维权的靠山。

第四,"根据与经营者达成的仲裁协议提请仲裁机关仲裁"。目前,消费者选择仲裁途径解决消费纠纷受到一定的制约,主要是消费者一般在购买商品、与经营者发生消费纠纷后,才需要考虑选择仲裁途径解决纠纷,而请求仲裁是以消费者和经营者双方自愿为基础的,但此时很少有经营者愿意与消费者达成通过仲裁解决消费纠纷的协议,客观上,使得消费纠纷仲裁制度难以有效地发挥作用。

第五,"向人民法院提起诉讼"。目前我国的诉讼制度比较传统,针对小额消费纠纷和群体性诉讼,虽然有的审判机关已经在积极探索、尝试灵活便捷的诉讼方式,但就全国来说,还没有建立适合消费纠纷特点的诉讼制度。繁琐的诉讼程序和漫长的诉讼时间严重地限制了诉讼作为消费者权益保护最后防线的作用。

(五) 举证责任问题

《消费者权益保护法》第23条第3款规定:"经营者提供的机动车、计算机、电视机、电冰箱、空调器、洗衣机等耐用商品或者装饰装修等服务,消费者自接受商品或者服务之日起六个月内发现瑕疵,发生争议的,由经营者承担有关瑕疵的举证责任。"这一规定打破了以往消费者因产品质量差或产品侵权请求赔偿的提起诉讼时,由作为原告的消费者主张、消费者举证之一般举证规则,把部分本属于消费者的举证责任转嫁到经营者身上,使解决消费者维权难、诉讼难的问题向前迈进了一大步。

《消费者权益保护法》虽然通过规定举证责任倒置的方式减轻了消费者的举证责任,使消费者维权难、诉讼难的问题有所改善,但这种改善的力度是有限的。比如,法律规定经营者承担有关瑕疵的证明责任是在消费者接受商品或服务之日起的六个月以内。换言之,过了六个月,即使消费者发现瑕疵,也只能由自己承担举证责任,经营者不再负此责任。然而六个月的时间略短。耐用品往往价格偏贵、寿命较长、使用次数较多,不排除部分隐蔽故障或瑕疵不能于短时间内发现的可能。这些故障或瑕疵在短期使用中无法暴露,亦不能期待消费者在六个月以后自行发觉并举证证明。如果过度延长举证期间,或令经营者就某产品或服务之一生负举证责任亦显不公。因此将六个月期限延长为该商品或服务的保质期或保修期更为合适。此外,条款中的"耐用商品"之界定不无疑问。一般而言,耐用商品系寿命较长、可多次使用的消费品。列举的机动车、家用电器固然属于耐用商品,但除此之外是否还包括其他商品,特别是部分奢侈品、房屋等,目前出台的法律中尚无对"耐用商品"的明确定义和范围规定,尚需司法解释予以释明。[①]

(六) 赔偿主体问题

确定赔偿主体的问题是落实消费者求偿权的关键。目前,《消费者权益保护法》

---

① 寇雪:《浅析新消费者权益保护法第二十三条第三款之举证责任倒置》,《法制博览》2014年5月(中)。

对侵害消费者权益的行为发生后的赔偿主体作了规定：消费者在购买、使用商品时，其合法权益受到损害的，可以向销售者要求赔偿；消费者或者其他受害人因商品缺陷造成人身、财产损害的，可以向销售者要求赔偿，也可以向生产者要求赔偿。这样的规定虽然很明确，消费者可以因瑕疵商品引起的财产损害，要求销售者先行赔偿，避免了生产者与销售者相互推诿的问题，有利于消费者求偿权的落实，但是，这样的规定也容易造成歧义，认为消费者因瑕疵商品受到损害时，只能向销售者求偿。为此，应当在规定销售者承担先行赔偿义务的同时，明确消费者对赔偿主体的选择权。

思考题

一、名词解释

消费者　经营者　消费者权利　经营者义务　保障安全权　知悉知情权　自主选择权

二、简述题

1. 什么是消费者？《消费者权益保护法》规定的消费者的特点有哪些？
2. 什么是经营者？经营者对消费者承担哪些义务？
3. 简要说明消费者权益保护的途径和方法？
4. 消费者权益受到侵害时应如何确定赔偿责任主体？

三、论述题

1. 根据《消费者权益保护法》和《产品质量法》的相关规定，比较分析产品责任与产品质量责任的联系与区别。
2. 随着电子与网络技术的广泛运用，你认为应从哪些方面强化消费者权益的保护？具体有何建议？

实务应用

（一）案例分析示范

案例一　旅行社对游客意外死亡应否承担赔偿责任？

2005年8月1日郭彬（1930年8月30日生）的儿子郭一峰代表郭彬等6位亲属与被告常州民航航空旅行社签订旅游合同，约定由郭彬、蒋霞等6人参加被告组织的青岛、蓬莱、烟台、威海五日游，旅游费用为每人798元，另保险费10元，保险类别是旅行社责任险、个人意外险，双方对违约责任等其他事项作了约定。合同签订后，郭彬等人支付了旅游费用，并于8月4日随旅行社组织的团队外出旅游。8月6日旅游团到达威海国际海水浴场参观，郭彬自愿参加了海滨浴场下海游泳活动，其间，郭彬因突发昏迷等症状被送威海金海医院救治，诊断结论为：脑出血。被告在郭彬出现意外后要求下海游客在"下海自愿书"上签名,以此证明游泳活动是游客自选的自愿参加项目,被告已履行了向游客告知安全自负的义务。该"下海自愿书"上郭彬的签名是其未成年的亲属陶维琦在郭彬出现意外送医院后代签的字。郭彬经医院抢救无效于2005年8月14日死亡。郭彬的三子女放弃相关的索赔权利,由郭彬的妻子蒋霞向华安财产保险股份有限公司常州中心支公司及旅行社提起保险合同纠纷之诉。被告辩称,被告已经全面履行了合同约定的义务,组织旅游活动不存在任何过错。游客下海游泳属于游客自选项目,不是旅游的项目范围,同时被告对下海的危险性多次进行了告知,尽到了合同中约定的风险提示义务。原告之夫明知自己的年龄和身体状况而从事不适当的户外活动,本身存在重大过错。原告之夫旅游后反映身体不适,被告及时处置,及时送往医院,尽到了相应的救助义务。原告之夫死亡的后果是由于其自身疾病引起,属于被告无法预料及控制的情形,故其死亡的后果与被告无关。而且原告已经因在被告处投保的意外险获得了医疗费、丧葬费、死亡赔偿金共计80 000余元。

请问:本案原告能否依据《消费者权益保护法》,要求被告旅行社赔偿?

案例评析:保险公司对游客家属作出的意外伤害赔偿,是基于游客与保险公司双方的保险合同关系而作出的赔偿。本案旅行社在对游客履行告知义务上有瑕疵,没有在游客下海前履行提醒和告知注意安全和考虑注意自身健康状况的义务,因此,旅行社对游客的意外死亡负有一定的责任。保险公司的意外险赔偿,不能抵消旅行社的责任,旅行社还应当承担相应的赔偿责任。但在适用法律的过程中应当注意到,本案游客的死亡原因主要与其身体状况有关,游客没有充分考虑到自身年龄和健康导致损害发生,并不完全是旅行社提供的服务造成了游客的损害,下海游泳只是游客损害结果的一个诱因,故本案不能适用《消费者权益保护法》及相关的法律规定对受害人进行赔偿。

案例二　店员伤顾客,老板应否赔偿?

2004年5月8日上午,赵某到朱某开办的超市购物时,怀疑质量有问题,要求雇员陈某更换,双方发生冲突。陈一怒之下,取出货架中的一柄菜刀,朝赵头、肩、手部一番猛砍,而后畏罪潜逃。其间,朱及其他两名员工,由于被吓呆而未能及时制止。经法医鉴定,赵被砍成重伤,构成一级伤残。鉴于就赔偿一事协商未果,加之陈一直未抓获归案,赵遂诉请法院判令朱赔偿医疗费、残疾生活补助费、残疾赔偿金等共计23万余元。

请问:赵某能否依据《消费者权益保护法》要求朱某赔偿?

案例评析:朱某应当赔偿。理由是:尽管对赵某伤害是陈某的犯罪行为所致,但朱某同样负有对赵某的安全保障义务。一方面,消费者权益保护法等相关法律已明确规定,尽好注意义务并为消费者提供安全的消费环境,是经营者的法定职责;另一方面,追求经营利益与风险共存,权利与义务是一致的,经营者在其经营场所内,应当更能预见可能发生的危险、应当有较强控制突发事件的能力、应当能够采取必要防止或减轻措施,即经营者在追求经营利益同时还必须承担保障消费者人身、财产安全的责任。

案例三　酒店虚假宣传,被判加倍赔偿

2010年3月7日,原告董某、周某某参加婚博会期间,被告××餐饮管理有限公司工

作人员童某某向原告推销"××壹号",并向原告提供了"××壹号婚宴菜单"(该菜单右上角标明四星酒店,左上角标明黄金地段、四星酒店宴会厅、经典的无柱设计)。当日,由于婚博会即将结束,原告在未实地察看"××壹号"场景的情况下与被告签订了宴会合同,合同中约定"口头承诺无效,一切以此单内容为准,客户确认:董某"。原告签订合同后交纳了定金。

第二天,董某与其父亲前往"××壹号"实地察看,发现"××壹号"并非四星酒店,且实地场景与被告展示的电脑图片完全不同。原告要求退还定金,被告予以拒绝,遂诉至法院。[①]

请问:被告是否应该退还定金?被告的行为是否存在欺诈?原告是否可以主张惩罚性赔偿?

案例评析:被告向原告提供的婚宴菜单应视为合同的约定部分。菜单标明"四星酒店"而实际上并不是,被告的行为存在欺诈的故意。因此,根据《消费者权益保护法》的规定,法院应判定被告加倍赔偿。

按《消费者权益保护法》,经营者提供商品或服务有欺诈行为的,应当按照消费者的要求增加赔偿其受到的损失,增加赔偿的金额为消费者购买商品的价款或者接受服务的费用的三倍,即退一赔三。

(二) 案例分析实训

案例一 男宾误闯女浴室,女宾获精神赔偿

2014年3月15日,山东省青岛市市民孙女士在一家洗浴中心洗浴时,一名男子(刘某)忽然闯进来……受惊过度的孙女士从此噩梦缠身,患上了急性应激障碍,需接受心理治疗。刘先生误闯女浴室时,洗浴中心设有男女分区的警示牌,而男宾当时酒后意识不清也未加注意。此外,女浴室门口的服务员当时离岗。2014年5月,孙女士将某洗浴中心和误入女浴室的刘某共同诉至市南法院,向他们索赔5 000元精神损害赔偿和三千多元的医疗费及误工费等。

请问:孙女士是否可以依据《消费者权益保护法》维护自己的权益?

案例二 "迟延送货"轻松吃掉59天维权机会

蔡先生2008年5月2日在某大卖场购买了一台液晶电视机。由于商场断货,6月29日,店家才送货上门并安装。8月6日蔡先生搬进了新家,开始使用电视机。到了8月8日晚上,蔡先生一家准备收看北京奥运会开幕式,电视机却出现了故障。8月10日,厂家维修人员上门检查,发现电视机确实存在质量问题。随后,蔡先生亲自来到该大卖场,要求换机,但店员却以购机已超过99天为由,拒绝换机。该卖场店长出示的保障服务条款均注明了"自发票开具之日起"的字样。因此,店家在计算时间时,使用了5月2日的购机时间,而非6月29日的送货时间。卖场近2个月的延迟供货,轻松"吃掉了"消费者近2个月的维权机会。

---

① 参见上海市第二中级人民法院(2010)沪二中民一(民)终字第1758号。

请问：商店"迟延送货"能否吃掉2个月的维权机会？如果你是蔡先生的代理人，你会如何处理？

案例三　新热水瓶爆炸伤人，应该向谁索赔？

2014年4月25日，万某到小区附近的一家商店，买回一只热水瓶。他老伴拿去灌开水，在返回途中，热水瓶突然爆炸。万某老伴被炸伤、烫伤多处，住院治疗花了近2 000元。2014年5月21日，万某在老伴伤后，去找销售商店要求赔偿损失，商店负责人却说，这是产品质量问题，商店不负赔偿责任，要万某去找热水瓶的生产厂家。

请问：商店负责人的说法正确吗？如果万某向你咨询，你会如何回答？

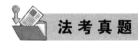

法考真题

真题1（2016年）

甲在乙公司办理了手机通讯服务，业务单约定：如甲方（甲）预付费使用完毕而未及时补交款项，乙方（乙公司）有权暂停甲方的通讯服务，由此造成损失，乙方概不担责。甲预付了费用，1年后发现所用手机被停机，经查询方得知公司有"话费有效期满暂停服务"的规定，此时账户尚有余额，遂诉之。关于此事，下列哪些说法是正确的？（多选）

A. 乙公司侵犯了甲的知情权
B. 乙公司提供格式条款时应提醒甲注意暂停服务的情形
C. 甲有权要求乙公司退还全部预付费
D. 法院应支持甲要求乙公司承担惩罚性赔偿的请求

真题解析：

本题的考点为消费者的权利、经营者的义务。

选项A正确。《消费者权益保护法》第8条规定，消费者享有知悉其购买、使用的商品或者接受的服务的真实情况的权利。消费者有权根据商品或者服务的不同情况，要求经营者提供商品的价格、产地、生产者、用途、性能、规格、等级、主要成分、生产日期、有效期限、检验合格证明、使用方法说明书、售后服务，或者服务的内容、规格、费用等有关情况。本题中，乙公司当时未告知"话费有效期满暂停服务"的规定，侵害了消费者的知情权。

选项B正确。《消费者权益保护法》第26条第1款规定，经营者在经营活动中使用格式条款的，应当以显著方式提请消费者注意商品或者服务的数量和质量、价款或者费用、履行期限和方式、安全注意事项和风险警示、售后服务、民事责任等与消费者有重大利害关系的内容，并按照消费者的要求予以说明。

选项C错误。甲要求乙公司退还全部预付费的主张没有法律依据，基于合同已经履行、甲已经使用话费的事实，甲已经使用的话费无法退还。

选项D错误。根据《消费者权益保护法》第55条的规定，经营者提供商品或者服务有欺诈行为的，应当依法承担惩罚性赔偿责任。本题题干中未明确乙公司存在欺诈行为，甲不能向乙公司主张惩罚性赔偿。

真题 2（2015 年）

甲在 A 银行办理了一张可异地跨行存取款的银行卡,并曾用该银行卡在 A 银行一台自动取款机上取款。甲取款数日后,发现该卡内的全部存款被人在异地 B 银行的自动取款机上取走。后查明:甲在 A 银行取款前一天,某盗卡团伙已在该自动取款机上安装了摄像和读卡装置(一周后被发现);甲对该卡和密码一直妥善保管,也从未委托他人使用。关于甲的存款损失,下列哪一说法是正确的?(单选)

A. 自行承担部分损失
B. 有权要求 A 银行赔偿
C. 有权要求 A 银行和 B 银行赔偿
D. 只能要求复制盗刷银行卡的罪犯赔偿

真题解析:

本题考点是经营者保证商品及服务安全的义务。

根据银监会的规定,各商业银行对其他商业银行的银行卡信息应尽到充分保密的义务,没有尽到相应义务造成信息外泄的,应承担由此给其他银行持卡人所造成的损失。本案中,A 银行应当保障其经营场所及交易机具的安全,其未及时排除犯罪分子的不法设备,导致在接受甲委托发起电子支付指令过程中借记卡信息外泄被盗用,故应对甲由此遭受的损失承担赔偿责任。

真题 3（2014 年）

张某从某网店购买一套汽车坐垫。货到拆封后,张某因不喜欢其花色款式,多次与网店交涉要求退货。网店的下列哪些回答是违法的?(多选)

A. 客户下单时网店曾提示"一经拆封,概不退货",故对已拆封商品不予退货
B. 该商品无质量问题,花色款式也是客户自选,故退货理由不成立,不予退货
C. 如网店同意退货,客户应承担退货的运费
D. 如网店同意退货,货款只能在一个月后退还

真题解析:

本题考点是网购消费者的后悔权保护。

选项 A、B 违法。《消费者权益保护法》第 25 条第 1、2 款规定,经营者采用网络、电视、电话、邮购等方式销售商品,消费者有权自收到商品之日起 7 日内退货,且无需说明理由,但下列商品除外:(1)消费者定作的;(2)鲜活易腐的;(3)在线下载或者消费者拆封的音像制品、计算机软件等数字化商品;(4)交付的报纸、期刊。除前款所列商品外,其他根据商品性质并经消费者在购买时确认不宜退货的商品,不适用无理由退货。据此可知,该产品是可以要求退货的。

选项 C 合法,选项 D 违法。《消费者权益保护法》第 25 条第 3 款规定,消费者退货的商品应当完好。经营者应当自收到退回商品之日起 7 日内返还消费者支付的商品价款。退回商品的运费由消费者承担;经营者和消费者另有约定的,按照约定。据此可知,"货款只能在一个月后退还"的说法不符合法律规定。

第四章
价格法律制度

  本章概要

　　价格是商品价值的货币表现。价格法是调整价格关系的法律规范的总称。本章主要介绍价格法的立法宗旨、适用范围、基本原则和管理机构,基本价格制度和价格形式,定价主体的价格行为,价格总水平调控和价格监督检查和法律责任。

　　本章重点问题:经营者的不正当价格行为,难点问题是价格欺诈,基本知识点包括价格法的宗旨、基本原则、价格形式和价格监督检查和法律责任。

第一节　价格法概述

一、价格与价格立法

　　价格是商品价值的货币表现,它是反映市场供求关系、资源稀缺程度的信号,是引导优化市场资源配置的重要工具,在市场机制中发挥着重要的作用。价格法是调整价格关系的法律规范的总称。价格关系是在价格的制定、执行和监督过程中发生的经济关系。

　　价格问题直接关系到经济发展、群众生活和社会稳定,把价格管理纳入法制轨道,是国民经济管理法制化的极为重要的一环。我国曾长期采用行政手段对价格实行集中控制和管理,改革开放后,价格改革成为经济体制的重要内容。1997年12月29日,第八届人大常委会第29次会议通过了《价格法》,自1998年5月1日起施行。《价格法》是整个价格法律体系中的基本法。它的制定和颁布,对于巩固价格成果,深化价格改革,进一步规范价格行为,发挥价格合理配置资源的作用,稳定市场价格总水平,保持社会主义市场经济健康发展具有重要意义。《价格法》实施22年来,我国经济发展已经发生了翻天覆地的变化,修改《价格法》也被提上了议事日程。重点将在放开部分价格权限的同时,强化政府价格监管职能,加强价格市场监管力度。特别是要加强对"不正当价格行为"管理力度,对价格垄断、低价倾销、价格串通等不法行为予以严格监管,以推进我国社会主义市场经济更加健康发展。

二、《价格法》的立法宗旨、适用范围、基本原则和管理机构

（一）立法宗旨

《价格法》第1条明确规定其立法宗旨,是规范价格行为,发挥价格合理配置资源的作用,稳定市场价格总水平,保护消费者、经营者的合法权益,促进社会主义市场经济健康发展。

（二）适用范围

《价格法》适用于中华人民共和国境内发生的价格行为。在中国境内的所有个人、法人和其他组织进行价格活动,都必须遵守《价格法》。但是,根据《香港特别行政区基本法》的规定,《价格法》不适用于香港特别行政区。

《价格法》适用的价格仅指商品价格和服务价格,商品价格是指各类有形产品和无形资产的价格;服务价格是指各类有偿服务的收费。不包括利率、汇率、保险费率、证券及期货的价格,它们的价格适用有关法律、行政法规的规定,不适用《价格法》。

国家行政机关的收费是国家行政机关行使行政职能,依法向特定对象实施特定管理,提供特定服务收取的费用,因其内容较为复杂,《价格法》仅作了原则规定,即国家行政机关的收费,应当依法进行,严格控制收费项目,限定收费范围和标准,但收费的具体管理办法由国务院另行规定。

（三）价格工作的基本原则

（1）支持和促进公平、公开、合法的市场竞争,维护正常的价格秩序。

（2）对价格活动实行管理、监督和必要的调控。

（四）价格管理机构

我国价格管理机构是各级人民政府价格主管部门和有关部门。它们的分工权限是:国务院价格主管部门统一负责全国的价格工作。国务院其他有关部门在各自的职责范围内,负责有关价格工作。县级以上地方各级人民政府价格主管部门负责本行政区域内的价格工作。

县级以上地方各级人民政府其他有关部门在各自的职责范围内负责有关的价格工作。

第二节 基本价格制度和价格形式

一、基本价格制度

《价格法》第3条规定,我国的基本价格制度是:实行并逐步完善宏观经济调控下主要由市场形成价格的机制。这一制度是对我国长期采用行政手段对价格实行集中控制和

管理模式的改革,是建立和发展社会主义市场经济体制的必然要求。基本价格制度的确立,标志着我国的价格形成机制由国家定价为主向国家宏观调控下的市场定价为主转换,在价格形式上,大多数商品和服务价格实行市场调节价,极少数商品和服务价格实行政府指导价或者政府定价;在定价主体上,由政府定价为主向经营者定价为主转换。使价值规律、供求规律成为价格形成的基本的支配规律;使国家对价格的调控方式从直接调控价格为主向间接调控价格为主转换。

二、价格形式

价格形式是价格法确认的各类商品和经营性服务收费标准的表现方式。与我国基本价格制度相适应,价格法按照定价主体和价格形成途径不同,规定了市场调节价、政府指导价和政府定价的价格形式。

（一）市场调节价

市场调节价是由经营者自主制定,通过市场竞争形成的价格。对市场调节价,经营者享有充分定价权,但这并不是说经营者可以毫无限制地任意制定,它的形成要受到价值规律、市场供求关系、消费者的消费倾向与心理等诸多因素的限制。因此说市场调节价的定价主体是经营者,价格形成途径是通过市场竞争。市场调节价是主要的价格形式,适宜于在市场竞争中形成价格的绝大多数商品和服务项目均实行市场调节价,由经营者自主制定。

（二）政府指导价

政府指导价是由政府价格主管部门或者其他有关部门,按照定价权限和范围规定基准价及其浮动幅度,指导经营者制定的价格。基准价是确定价格计算中准价格水平的价格。政府指导价具有双重定价主体。政府通过制定基准价和浮动幅度,达到控制价格水平的目的,经营者可以在政府规定的基准价和浮动幅度内制定、调整价格（浮动价）。因此它是最典型的行政定价和市场调节相结合的价格形式。与 1987 年颁布的《价格管理条例》不同,《价格法》没有将最高限价、最低的保护价、定价差率、定价利润等规定为政府指导价的表现形式,而是将它们列为政府对市场调节价的干预措施,这体现了市场价格机制的要求。

（三）政府定价

政府定价是由政府价格主管部门或者其他有关部门按照定价权限和范围制定的价格。政府定价也应符合价值规律,但具有强制性,其定价主体是政府,经营者必须执行,它的适用范围和制定受到严格的限制。

政府指导价和政府定价适用于不适宜在市场竞争中形成价格的极少数商品和服务项目。

第三节 定价主体的价格行为

一、经营者的价格行为

经营者和政府是我国的法定定价主体。经营者主要是市场调节价的定价主体,其价格行为的规范与否,直接关系市场价格秩序的建立和价格总水平的稳定。

(一) 经营者自主定价的范围、定价原则和定价依据

1. 自主定价范围

界定市场调节价格范围的客观标准是商品和服务项目价格是否适宜于市场竞争中形成。价格法采用排除法的方式划定了经营者自主定价的范围,即在明确规定了政府指导价和政府定价的范围后,规定除适用政府指导价和政府定价之外的所有商品和服务价格,均实行市场调节价,由经营者自主制定。

2. 定价原则

经营者定价,应当遵循公平、合法和诚实信用的原则。公平指经营者的价格行为应当符合价值规律,遵循公平原则,合理制定价格;合法指经营者定价必须符合国家法律、法规,否则,定价行为无效;诚实信用要求经营者在价格活动中恪守诚信原则,货真价实,按质论价,不损害消费者利益。

3. 定价依据

经营者定价的基本依据是生产经营成本和市场供求状况。价格的形成受多种因素的限制,但生产经营成本和供求关系是决定价格的最基本要素,只有将生产经营成本核定准确,才能制定出合理的价格,只有尊重供求规律,才能实现产品价值。因此,消费者应当通过努力改进生产经营者管理,降低生产经营成本,为消费者提供价格合理的商品和服务,从而在市场竞争中获取合法利润,而不应采取弄虚作假等非法价格行为获取利润。

(二) 经营者的价格权利和义务

1. 经营者的价格权利

经营者进行价格活动,享有以下权利:

(1) 自主制定属于市场调节的价格。

(2) 在政府指导价规定的幅度内制定价格。

(3) 制定属于政府指导价、政府定价产品范围内的新产品的试销价格,特定产品除外。

(4) 检举、控告侵犯其依法自主定价权利的行为。

2. 经营者的价格义务

经营者在价格活动中应履行的基本义务是:

(1) 遵守法律、法规。

(2) 执行依法制定的政府指导价、政府定价和法定的价格干预措施、紧急措施。

(3) 明码标价。即经营者销售、收购商品和提供服务,应当按照政府价格主管部门的规定明码标价,注明商品的品名、产地、规格、等级、计价单位、价格或者提供服务的项目、收费标准等有关情况,不得在标价之外加价出售商品。不得收取任何未予标明的费用。

(4) 经营者应当根据其经营条件建立、健全内部价格管理制度,准确记录与核定商品和服务的生产经营成本,不得弄虚作假。

(5) 向价格主管部门提供价格管理和监督检查所必需的资料。

(三) 经营者的不正当价格行为

《价格法》第14条规定,经营者不得有下列不正当价格行为:

(1) 相互串通,操纵市场价格,损害其他经营者或消费者的合法权益。

(2) 在依法降价处理鲜活商品、季节性商品、积压商品等商品外,为了竞争对手或者独占市场,以低于成本的价格倾销,扰乱正常的生产者、经营秩序,损害国家利益或者其他

经营者的合法权益。

(3) 捏造、散布涨价信息，哄抬价格，推动商品价格过高上涨的。

(4) 利用虚假的或者使人误解的价格手段，诱骗消费者或者其他经营者与其进行交易。

(5) 提供相同商品或者服务，对具有同等交易条件的其他经营者实行价格歧视。

(6) 采取抬高等级或者压低等级手段收购、销售商品或者提供服务，变相提高或者压低价格。

(7) 违反法律、法规的规定牟取暴利。

(8) 法律、行政法规禁止的其他不正当价格行为。

其中第 4 种不正当价格行为属于价格欺诈行为。价格欺诈行为是指经营者利用虚假的或者使人误解的标价形式或者价格手段，欺骗、诱导消费者或者其他经营者与其进行交易的行为。针对该项行为，原国家发展计划委员会在 2001 年发布了《禁止价格欺诈行为的规定》。该规定明确了两种类型的价格欺诈。其中第 6 条规定的是价格表示方面的价格欺诈。具体有以下 9 种不同情形：

(1) 标价签、价目表等所标示商品的品名、产地、规格、等级、质地、计价单位、价格等或者服务的项目、收费标准等有关内容与实际不符，并以此为手段诱骗消费者或者其他经营者购买的。

(2) 对同一商品或者服务，在同一交易场所同时使用两种标价签或者价目表，以低价招徕顾客并以高价进行结算的。

(3) 使用欺骗性或者误导性的语言、文字、图片、计量单位等标价，诱导他人与其交易的。

(4) 标示的市场最低价、出厂价、批发价、特价、极品价等价格表示无依据或者无从比较的。

(5) 降价销售所标示的折扣商品或者服务，其折扣幅度与实际不符的。

(6) 销售处理商品时，不标示处理品和处理品价格的。

(7) 采取价外馈赠方式销售商品和提供服务时，不如实标示馈赠物品的品名、数量或者馈赠物品为假劣商品的。

(8) 收购、销售商品和提供服务带有价格附加条件时，不标示或者含糊标示附加条件的。

(9) 其他欺骗性价格表示。依据国家发展和改革委员会 2006 年发布的关于《禁止价格欺诈行为的规定》有关条款解释意见的通知，该他项规定包括不如实标示馈赠物品或者服务标示价格(或价值)和采取返还有价赠券方式销售商品或者提供服务时，有价赠券在使用上有附加条件，且没有在经营场所的显著位置明确标示行为。依据国家发展和改革委员会 2015 年发布的关于《禁止价格欺诈行为的规定》有关条款解释的通知，经营者采取馈赠物品或者服务等方式开展促销活动，如果馈赠物品或者服务标示价格(或者价值)的，所标示的价格(或者价值)应当真实明确，否则属于其他欺骗性价格表示情形。另外，如果经营者采取返还有价赠券或者积分返利等方式开展促销活动，有价赠券或者积分返利附加了使用条件，没有在赠券或者经营场所显著位置明确标示的，属于其他欺骗性价格表示情形。

第二种是规定在《禁止价格欺诈行为的规定》第 7 条当中的价格手段方面的价格欺诈。具体包括以下 6 种情形：

(1) 虚构原价，虚构降价原因，虚假优惠折价，谎称降价或者将要提价，诱骗他人购买的。依据国家发展和改革委员会 2015 年发布的关于《禁止价格欺诈行为的规定》有关条款解释的通知,虚构原价是指经营者在促销活动中,标示的原价属于虚假、捏造,并不存在或者从未有过交易记录。虚假优惠折价是指经营者在促销活动中,标示的打折前价格或者通过实际成交价及折扣幅度计算出的打折前价格高于原价。"原价"则是指经营者在本次促销活动前 7 日内在本交易场所成交,有交易票据的最低交易价格;如果前 7 日内没有交易,以本次促销活动前最后一次交易价格作为原价。经营者开展连续促销活动,首次促销活动中的促销让利难以准确核算到单个商品或者服务的,应当以首次促销活动中单个商品的结算价格作为计算下次价格促销活动时的原价。经营者对未销售过的商品开展促销活动,不得使用"原价""原售价""成交价"等类似概念,误导消费者认为该商品在本经营场所已有成交记录。

(2) 收购、销售商品和提供服务前有价格承诺,不履行或者不完全履行的。这里所称"价格承诺",是指经营者以商业广告、产品说明、销售推介、实物样品或者通知、声明、店堂告示等方式,对商品价格作出的具体确定承诺。

(3) 谎称收购、销售价格高于或者低于其他经营者的收购、销售价格,诱骗消费者或者经营者与其进行交易的。

(4) 采取掺杂、掺假,以假充真,以次充好,短缺数量等手段,使数量或者质量与价格不符的。

(5) 对实行市场调节价的商品和服务价格,谎称为政府定价或者政府指导价的。

(6) 其他价格欺诈手段。

二、政府的定价行为

(一) 政府的定价范围

确定政府指导价和政府定价范围的标准是商品和服务的垄断程度、资源稀缺程度和重要程度。《价格法》第 18 条规定,下列商品和服务价格,政府在必要时可以实行政府指导价或者政府定价:

(1) 与国民经济发展和人民生活关系重大的极少数商品价格;如原油、天然气的出厂价、粮食订购、食盐价格等。

(2) 资源稀缺的少数商品;如金银矿产品的收购价等。

(3) 自然垄断经营商品;如自来水、煤气、集中供热等。

(4) 重要的公用事业;如公共交通、电信等。

(5) 重要的公益性服务;如学校、医院等。

随着具体商品和服务的垄断程度、资源稀缺程度和重要程度的变化,上述实行政府指导价和政府定价的商品和服务范围也会改变。

(二) 定价权限

定价权限是各级人民政府价格主管部门和其他有关部门制定商品和服务价格的职责和权力范围。政府指导价、政府定价的定价权限和具体适用范围,以中央和地方的定价目录为依据。

定价目录只能由国务院和省、自治区、直辖市两级价格主管部门制定,省级以下各级人民政府不得制定定价目录,未列入定价目录的一律实行市场调节价,政府定价部门按照目录制定政府指导价、政府定价,不得越权定价,否则,要承担相应的法律责任。

(三)定价依据、方式和程序

1. 定价依据

制定政府指导价、政府定价,应当依据有关商品或者服务的社会平均成本和市场供求状况,国民经济与社会发展要求及社会承受能力,实行合理的购销差价、批零差价、地区差价和季节差价。

2. 定价方式和程序

政府价格主管部门指定政府指导价、政府定价,应当开展价格、成本调查,听取消费者、经营者和有关方面的意见。制定关系群众切身利益的公用事业价格、公益性服务价格、自然垄断经营的商品价格等政府指导价、政府定价,应当建立听证会制度,由政府主管部门主持,征求消费者、经营者和有关方面的意见,论证其必要性、可行性。通过开展价格、成本调查和实行价格听证会制度,可以为定价提供科学依据,减少定价的盲目性和片面性,使政府制定价格更具有科学性、全面性和符合实际。原国家发展计划委员会于2002年发布了《政府价格决策听证办法》(原国家计委令第26号),2008年,国家发展和改革委对该办法进行了修订并在此基础上,制定了《政府制定价格听证办法》。2018年,国家发展和改革委对2008年版《政府制定价格听证办法》进行了全面修订,于2019年1月10日起施行。新听证办法扩大了听证范围,除具体价格水平外,将与价格水平直接相关的定价机制纳入听证范围。

除听证外,依据2017年新修订的《政府制定价格行为规则》,政府制定价格时还特别强调公众参与和信息公开。一方面,经营者、消费者、政府相关部门及有关方面等建议人可以向定价机关提出制定价格的建议。建议内容主要包括建议制定价格的具体商品或者服务名称、建议价格、依据和理由等。制定价格有建议人的,定价机关应当以适当的方式将建议办理情况告知建议人。定价机关听取经营者、消费者或其代表,以及有关方面的意见时,可以选择向社会公开征求意见、书面征求意见、召开座谈会、组织听证、实地走访等方式。另一方面,政府指导价、政府定价制定后,由制定价格的部门向消费者、经营者公布。政府制定价格实行价格公告制度,以提高定价的透明度,规范政府的定价行为,便于经营者执行和消费者监督。

政府指导价、政府定价的具体适用范围、价格水平,应当根据经济运行情况,按照规定的定价权限和程序适时调整。消费者、经营者可以对政府指导价、政府定价提出调整建议。

第四节 价格总水平调控

一、价格总水平调控的含义

价格总水平是指在一定时期内全社会所有商品和服务价格的综合平均水平。它是一个国家国民经济总量是否平衡,经济发展是否健康有序的重要标志。价格总水平调控是国家通过经济、法律和行政等手段,对价格总水平的变动进行的直接或间接的干预和约束,其目的在于保证价格总水平调控目标的实现。

根据《价格法》的规定,绝大多数适宜在市场竞争中形成价格的商品和服务价格均已放开,但是放开价格不等于放任不管。新形势下政府对价格的管理必须适应社会主义市场经济的要求,对价格总水平进行调控正是新形势下国家对价格的管理,实行价格总水平调控,对于加强和改善宏观经济调控,促进国民经济发展具有重要的作用。

二、价格总水平调控目标的确定和实现

《价格法》规定,稳定市场价格总水平是国家重要的宏观经济政策目标。国家根据国民经济发展的需要和社会承受能力,确定市场价格总水平调控目标,列入国民经济和社会发展计划,并综合运用货币、财政、投资、进出口等方面的政策和措施,予以实现。确定价格总水平调控目标,既要保障国民经济快速发展,又要把价格涨幅控制在国民经济和人民生活能承受的范围内。国家通过经济、法律和行政手段保证价格总水平调控目标实现,其中,以经济和法律手段为主,行政手段为辅。具体讲,就是综合运用货币、财政、投资、进出口等政策,建立重要商品储备制度,设立价格调节基金,并采取价格保护、干预和紧急措施等调控价格,稳定市场,实现价格总水平调控目标。

三、价格保护措施、干预措施、紧急措施

(一) 价格保护措施

《价格法》规定,政府在粮食等重要农产品的市场购买价格过低时,可以在收购中实行保护价格,并采取相应的经济措施保证其实现。保护价格是政府为了保护重要商品的生产者利益而确定的最低市场购买价格。粮食等重要农产品的生产受自然条件影响很大,如果市场购买价格过低,会影响农民生产积极性,并导致市场供给短缺,影响宏观经济环境及社会稳定。为保证农业的稳定发展,保护农民的生产积极性,可对其实行保护价。

(二) 价格干预措施

这是政府为防止市场价格可能出现过分上涨而采取的措施。《价格法》规定,当重要商品和服务价格显著上涨或者有可能显著上涨时,国务院和省、自治区、直辖市人民政府可以对部分价格采取限定差价或者利润率、规定限价、实行提价申报制度和调价备案制度等干预措施。价格干预是政府对价格总水平调控的行政手段之一。有权采取价格干预措施的只有国务院和省、自治区、直辖市人民政府,省、自治区、直辖市人民政府采取价格干预措施,应当报国务院备案。

(三) 价格紧急措施

当市场价格总水平出现剧烈波动等异常状态时,国务院可以在全国范围内或者部分区域内采取临时集中定价权限、部分或者全面冻结价格的紧急措施。采取价格紧急措施的条件是整个市场价格总水平出现剧烈波动,个别或部分商品价格的上涨不在此列。有权采取这一措施的主体只有国务院。它也是政府对价格总水平进行调控采取的行政手段。

价格干预措施和紧急措施是在特殊情况下采取的,当实行价格干预措施、紧急措施的情形消除后,应当及时解除干预措施和紧急措施。

四、价格监督制度

《价格法》规定,为适应价格调整和管理的需要,政府价格主管部门应当建立价格监测

制度,对重要商品、服务价格的变动进行监测。通过价格监测,能够及时掌握市场变动情况,了解重要商品、服务价格的变动情况,从中准确、全面地分析和预测物价和经济形势,为政府宏观经济决策提供可靠依据。因此,建立价格监测制度对政府宏观调控价格具有重要作用。

原国家发展计划委员会1994年发布的《城市基本生活必需品和服务项目价格监测办法》、1996年发布的《关于修订城市居民基本生活必需品和服务项目价格监测办法》《部分重要商品生产区价格监测办法》等法规,对价格监测制度的内容作了全面规定。

第五节 价格监督检查和法律责任

一、价格监督检查

价格监督检查是对遵守价格法律、法规和政策等情况进行的监督检查活动。实行价格监督检查制度,有利于国家价格法规的贯彻执行,维护市场经济秩序,保护经营者和消费者合法权益,实现国家价格管理职能。价格法规定了专门机构监督检查、社会监督、舆论监督等几种价格监督检查形式。

(一) 专门机构的监督检查

专门机构的监督检查是指各级人民政府价格主管部门依法对价格活动进行的监督检查,是价格主管部门行使行政职权的行为,其行为具有法律效力。同时,它也是价格监督检查的基本形式和主要形式,专门机构对监督检查中发现的价格违法行为可以实施行政处罚,这种监督不同于价格的社会监督和舆论监督。《价格法》规定,县级以上各级价格主管部门,依法对价格活动进行监督检查,并可依照价格法的规定对价格违法行为实施行政处罚。

政府价格主管部门进行价格监督检查时,可以行使下列职权:(1) 询问当事人或有关人员,并要求其提供证明材料和与价格违法行为有关的其他资料;(2) 查询、复制与价格违法行为有关的账簿、单据、凭证、文件及其他资料,核对与价格违法行为有关的银行资料;(3) 检查与价格违法行为有关的财物,必要时可以责令当事人暂停相关营业;(4) 在证据可能丢失或者以后难以取得的情况下,可以依法先行登记保存,当事人或者有关人员不得转移、隐匿或者销毁。

价格主管部门的工作人员在价格监督检查中负有正当使用证据,保守商业秘密的义务。即价格工作人员不得将依法取得的资料或者了解的情况用于依法进行价格管理以外的任何其他目的,不得泄露当事人的商业秘密。

(二) 社会监督和舆论监督

社会监督和舆论监督是指非国家权力机构对价格行为进行的不具法律效力的、属于民间性质的监督。

价格监督检查涉及面广,只依靠政府价格主管部门监督是不够的,应当发挥群众监督和舆论监督的作用,作为专门机构监督检查的补充。

社会监督主体广泛。《价格法》规定,消费者组织、职工价格监督组织、居民委员会、村民委员会等组织以及消费者,有权对价格行为进行社会监督。政府价格主管部门应当保障群众的价格监督权利。

新闻单位有权进行价格舆论监督。

(三) 对价格违法行为的举报制度

对价格违法行为的举报制度指公民、法人及其他组织以口头或者书面形式向价格主管部门投诉、举报价格违法行为。《价格法》明确规定,政府主管部门应当对举报人员给予鼓励并负责为举报者保密。

二、违反《价格法》的法律责任

违反《价格法》的法律责任是指公民、法人及其他组织违反《价格法》的各项规定应承受的法律制裁。它是国家为保障《价格法》的执行作出的强制性规定。

(一) 经营者的价格违法行为及其法律责任

结合《价格法》和《价格违法行为行政处罚规定》的相关规定,经营者不执行政府指导价、政府定价及法定的价格干预措施、紧急措施的,责令改正,没收违法所得,可以并处违法所得5倍以下的罚款;没有违法所得的,处5万元以上50万元以下的罚款,情节较重的处50万元以上200万元以下的罚款;情节严重的,责令停业整顿。

经营者有《价格法》第14条所列不正当价格行为之一的,责令改正,没收违法所得,可以并处违法所得5倍以下的罚款;没有违法所得的,予以警告,可以并处罚款;情节严重的,责令停业整顿,或者由工商行政管理机关吊销营业执照。有关法律对《价格法》第14条所列行为的处罚及处罚机关另有规定的,可以依照有关法律的规定执行。例如《反不正当竞争法》对不正当价格行为有相似的规定,也可以依据《反不正当竞争法》的有关规定执行。《价格违法行为行政处罚规定》第4条到第8条对违反《价格法》第14条规定的不同情形细化了行政处罚规定。

由于《价格法》第14条第1、2款不正当价格行为是在比较大的地域范围内形成的,必须明确认定权限。对此,《价格法》规定,第14条1、2款所列行为,属于全国性的,由国务院价格主管部门认定;属于省及省以下区域性的,由省、自治区、直辖市人民政府价格主管部门认定。

经营者违反明码标价规定,有不标明价格的、不按照规定的内容和方式明码标价的、在标价之外加价出售商品或者收取未标明的费用的、违反明码标价规定的其他行为之一的,责令改正,没收违法所得,可以并处5000元以下的罚款。

经营者被责令暂停相关营业而不停业,或者转移、隐匿、销毁依法登记保存的财物的,处相关营业所得或者转移、隐匿、销毁的财物价值1倍以上3倍以下的罚款。

经营者拒绝按照规定提供监督检查所需资料或者提供虚假资料的,责令改正,予以警告;逾期不改正的,可以处10万元以下的罚款,对直接负责的主管人员和其他直接责任人员给予纪律处分。

经营者因价格违法行为致使消费者或者其他经营者多付价款的,应当退还多付部分;造成损害的,应当依法承担赔偿责任。

(二) 价格管理机构的法律责任

地方各级人民政府或者各级人民政府有关部门违反《价格法》规定,超越定价权限和范围擅自制定、调整价格或者不执行法定的价格干预措施、紧急措施的,责令改正,并可以通报批评；对直接负责的主管人员和其他责任人员，依法给予行政处分。

（三）价格工作人员的价格违法行为及其法律责任

价格工作人员泄露国家秘密、商业秘密以及滥用职权、徇私舞弊、玩忽职守、索贿受贿，构成犯罪的，依法追究刑事责任；尚不构成犯罪的，依法给予处分。

附：相关理论探讨

学界关于价格法的讨论集中在如下两个方面：

(1) 新中国价格法制度变迁问题。有学者将我国价格法治的发展分为三个阶段，对1949年至1978年，1979年至1995年，1996年至今三个时期我国价格立法、司法等问题做了系统的梳理，力图总结各个时期价格法治的成就与缺陷，探究1949年以来我国价格法治的演变轨迹，总结演变规律，探寻价格法制完善的方向。

(2)《价格法》的修改问题。实施了20多年的《价格法》面临修改。一些学者提出了相关建议，建议通过修改《价格法》，重新审视价格法的定位与功能，协调其与行业监管法在价格管制方面的权力配置关系，剥离导致其与竞争法冲突的市场秩序规制功能，促使价格宏观调控制度实现结构性转型；同时，通过完善政府定价形式、限缩政府价格管制范围、改进政府定价程序、完善价格调节基金制度、优化价格干预措施与紧急措施的实施机制等，保证其在我国进一步深化改革过程中发挥积极作用。有学者对价格法修改提出了四条意见，包括《价格法》整体上需要大改、修改内容宜全宜细、应明确各级政府机构权责和明确《价格法》"上位法"属性。有学者认为《反垄断法》与《价格法》存在竞合与协调问题。在价格垄断行为方面，《价格法》与《反垄断法》都做出了规定，导致了法律竞合问题。因此，《价格法》或《反垄断法》的选择适用，是反垄断执法部门需要不断进行思考的问题。总之，未来《价格法》的修改需要适应新形势、吸纳新经验、确认新成果并作出新规范。

思考题

一、名词解释

价格法　价格关系　政府定价

二、简述题

1. 简述《价格法》的立法宗旨。
2. 简述《价格法》的适用范围。
3. 简述经营者的不正当价格行为。

三、论述题

1. 论述我国价格听证制度现存问题及其对策。

2. 新型冠状病毒防控期间,如何界定哄抬价格行为。

 实务应用

(一) 案例分析示范

案例一 医药公司店外广告是否构成价格欺诈?

某医药公司百盛店在店外广告宣称"9块9,买三赠一"。经查,实际上顾客买三盒0.5克×10粒9块9减肥胶囊,送一袋0.5克×5粒的赠品。(来源:金华市发展和改革委员会)

请问:(1)该公司广告是否构成价格欺诈?(2)该公司违反了《价格法》规定的经营者的哪项义务?

案例评析:(1)构成。属于采取价外馈赠方式销售商品时,不如实标示馈赠物品的品名、数量的价格欺诈。

(2)经营者的行为违反了《价格法》第14条第4款之规定,属"利用虚假的或者使人误解的价格手段,诱骗消费者或者其他经营者与其进行交易"的价格欺诈行为。原国家发展计划委员会2001年颁布的《禁止价格欺诈行为的规定》(以下简称《规定》)详细阐释了价格欺诈的种类。具体来说,该公司违反了该《规定》第6条第7款的规定,属"采取价外馈赠方式销售商品和提供服务时,不如实标示馈赠物品的品名、数量或者馈赠物品为假劣商品的"的价格欺诈行为。

案例二 某家电公司是否构成价格欺诈?

某家电公司在《××晚报》第10版标题为《××家电10·1刮起购物欢乐风暴》一文中称:"购松下42寸(42PA50C)等离子17 480元/台,送松下电饭煲一台+500元送松下SC-HT603家庭影院七件套价值3 980元。"经查,松下SC-HT603家庭影院七件套于9月底上柜销售,10月2日至22日实际零售价为2 620—3 800元/套。广告中所称的赠品价值与实际不符。

请问:(1)该公司行为是否构成价格欺诈?(2)如果构成价格欺诈,属于何种类型的价格欺诈?

案例评析:(1)构成。(2)属于广告中所称的赠品价值与实际不符的价格欺诈行为。《价格法》第14条第4款对价格欺诈作了原则性规定。《禁止价格欺诈行为的规定》(以下简称《规定》)则对价格欺诈作了详细列举,经营者的该项行为归入了该《规定》当中的概括性条款,即第6条第9款的"其他欺骗性价格表示"的价格欺诈行为。国家发展和改革委员会2006年颁布的《关于〈禁止价格欺诈行为的规定〉有关条款解释意见的通知》将不如实标示馈赠物品或者服务标示价格(或价值)的价格欺诈行为视为该《规定》"其他欺骗性价格表示"当中的一种。

案例三 商定彩扩经营制度案

某摄影彩扩有限公司打出"×××数码冲印大减价0.58元/张""×××数码冲印送数码相机包摄像机包(办会员卡)"广告。一天晚上,相关单位的经营者及摄影行业协会人

员等11人,以摄影行业协会的名义,在某会议室召开会议。会议针对"×××数码冲印大减价0.58元/张"的广告及数码冲印价格进行协调,会议最后形成了"门市价:要求基本统一,每张价格不低于0.70元"等6条"彩扩经营制度",其中六家参会单位的经营者在"彩扩经营制度"上签名。当晚,该摄影彩扩有限公司在市区城南桥西侧的"×××数码冲印大减价0.58元/张"广告牌被换为"×××数码冲印送数码相机包摄像机包(办会员卡)"。
(来源:金华市发展和改革委员会)

请问:该商定彩扩经营制度行为违反了《价格法》哪条规定?

案例评析: 相关单位的经营者及摄影行业协会人员等11人,以摄影行业协会的名义,召开会议,协调数码冲印价格,并达成了每张价格不低于0.70元等6条彩扩经营制度。该行为明显违反了《价格法》第14条第1款规定,属"相互串通,操纵市场价格,损害其他经营者或者消费者的合法权益"的价格违法行为。

(二) 案例分析实训

案例一　某数码公司的赠品营销

2016年3月17日,冯某在某数码公司于天猫网店开设的数码专营店购买名为"Intel/英特尔 I75960X 八核心十六线程CPU支持X99现货"的商品1件,支付价款7 499元。商品销售网页上有"送赠品"字样的宣传图片,但未标明赠品具体信息,也未对赠品名、数量进行说明。2016年3月20日,冯某与该公司在线客服进行聊天,冯某表示:收到货了,赠品没有呀? 客服回复:赠品我让仓库明天周一给您核实一下,应该是补发的。2016年3月21日,冯某与该公司在线客服进行聊天。冯某表示:把赠品发过来。客服回复:好的,大号鼠标垫。

请问:该公司违反了《价格法》规定的经营者的哪项义务?

案例二　永辉超市某分公司价格标签

2014年8月1日,张某在永辉超市某分公司购买物品,该分公司向张某出具购物发票,该购物发票上载明:品名徜徉原味烤鱼片,108克,单价19.80元;但在该分公司超市商品标签上载明:品名徜徉原味烤鱼片,108克,单价14.10元。

请问:(1)该行为是否违反《价格法》? (2)如违反,违反《价格法》哪条规定?

案例三　疫情期间某市售卖"天价"口罩和蔬菜

2020年3月初,某市口罩出现价格波动,有些涨到"天价",10只口罩卖到850元。另,不少市民反映称,该市北二七路大商超市及世纪联华店,白菜价格暴涨,一斤白菜定价近7元,一棵白菜买下来竟需要63.9元。

请问:(1)如上行为是否违法? (2)如违反,违反《价格法》哪条规定?

第五章 广告法律制度

本章概要

广告法是国家调整广告活动过程中所发生的各种社会关系的法律规范的总称。本章介绍广告的概念和特征、广告内容准则、广告行为规范、广告监督管理和违反广告法所应承担的法律责任。

学习目标

本章重点问题是广告的一般和特殊准则；难点问题是虚假广告的认定；基本知识点包括广告和广告法的概念、特征、广告行为、广告监督管理和法律责任。

第一节 广告法概述

一、广告的概念

广告取名自广而告之，它作为一种宣传手段有广义和狭义之分。广义的广告是指广告活动的主体为了取得商业利润或实现政治主张或服务社会生活，通过一定的媒介和形式直接或间接进行的宣传活动，包括以实现赢利为目的的商业广告、以服务政治主张为目的的政治广告以及如社会福利、社会救济等以改善社会生活为目的的社会广告。狭义的广告仅指商业广告，即广告活动的主体为了实现赢利的目的，通过各种媒介和途径推销商品、介绍服务或宣传企业的活动。

法律意义上的广告，是一个狭义的概念，专指商业广告，而不包括其他的政治广告、社会广告等。根据《广告法》第2条第1款的规定，在中华人民共和国境内，商品经营者或者服务提供者通过一定媒介和形式直接或者间接地介绍自己所推销的商品或者服务的商业广告活动，适用本法。《广告法》调整的商业广告包括以下三大类。

（1）商品广告，即将商品作为广告的中心，广告围绕商品的名称、用途、性能、优势、价格、优惠等进行宣传，以达到推销商品、实现赢利的目的。

（2）服务广告，即广告不以推销实物为目的，而是为了使某种服务为人所知并被消费者普遍接受而进行的宣传活动。

（3）形象广告，即以广告的形式树立商品经营者或者服务提供者的企业形象，通过提高企业商业信誉和知名度的方法来促进企业的商业发展，最终仍以赢利作为最终目的。

《广告法》附则部分增加了对公益广告的规定。《广告法》第74条规定：国家鼓励、支持开展公益广告宣传活动，传播社会主义核心价值观，倡导文明风尚。大众传播媒介有义务发布公益广告。广播电台、电视台、报刊出版单位应当按照规定的版面、时段、时长发布公益广告。公益广告的管理办法，由国务院市场监督管理部门会同有关部门制定。

二、广告的特征

广告主要具有以下两个特征。

（1）广告的目的是为了介绍商品经营者或者服务提供者所推销的商品、提供的服务以及商品经营者或者服务提供者本身。这一特征是广告的本质特征，同时也是商业广告和非商业广告的根本区别。根据介绍内容的不同，广告可以分为商品广告、服务广告和形象广告。

（2）广告的设计、制作和发布都要通过一定媒介和形式进行。根据传播媒介和形式的不同，广告又可分为印刷品广告、临时性广告、店堂广告、户外广告等不同种类。

三、广告法的概念及其立法

广告法，是国家调整广告活动过程中所发生的各种社会关系的法律规范的总称。广告法调整广告主、广告经营者、广告发布者和广告代言人在中华人民共和国境内从事广告活动所发生的社会关系，主要是广告监督管理机关、广告审查机关与广告行为的主体之间发生的各种法律关系。

广告活动的主体（以下简称广告主体）包括广告主、广告经营者、广告发布者、广告代言人。其中，《广告法》所称的广告主，是指为推销商品或者提供服务，自行或者委托他人设计、制作、发布广告的自然人、法人或者其他组织。《广告法》所称的广告经营者，是指接受委托提供广告设计、制作、代理服务的自然人、法人或者其他组织，如依法设立的广告公司。《广告法》所称的广告发布者，是指为广告主或者广告主委托的广告经营者发布广告的自然人、法人或者其他组织，包括广播、电视、报纸、杂志等大众媒介单位和自然人。《广告法》所称的广告代言人，是指广告主以外的，在广告中以自己的名义或者形象对商品、服务作推荐、证明的自然人、法人或者其他组织。

为了规范广告活动，促进广告业的健康发展，保护消费者的合法权益，维护社会经济秩序，发挥广告在社会主义市场经济中的积极作用，国务院于1982年2月发布了《广告管理暂行条例》，1987年10月，国务院又发布了《广告管理条例》，并于1988年1月发布了《广告管理条例实施细则》。1994年10月27日第八届全国人大常委会第十次会议通过了《广告法》,自1995年2月1日起施行。这是我国的广告基本法。《广告法》实施10年后,2015年4月24日第十二届全国人民代表大会常务委员会第十四次会议予以修订,2018年10月26日第十三届全国人民代表大会常务委员会第六次会议再次修订。

四、广告管理体制

广告管理是国家为保护国家、社会的利益和消费者的权益,对广告活动采取审查、监督、检查的办法来实现广告真实性的行为。广告管理包括:(1)对广告主、广告经营者、广告发布者的主体资格进行审查、监督;(2)对广告的内容进行管理;(3)对广告违法行为进行制裁。

《广告法》第6条规定:"国务院市场监督管理部门主管全国的广告监督管理工作,国务院有关部门在各自的职责范围内负责广告管理相关工作。县级以上地方市场监督管理部门主管本行政区域的广告监督管理工作,县级以上地方人民政府有关部门在各自的职责范围内负责广告管理相关工作。"

2015年修订后的《广告法》新增了有关广告行业自律的规定。《广告法》第7条规定:"广告行业组织依照法律、法规和章程的规定,制定行业规范,加强行业自律,促进行业发展,引导会员依法从事广告活动,推动广告行业诚信建设。"

第二节 广告内容准则

广告内容准则是法律对广告内容、形式等作出的必须遵守的原则和限制。它是广告活动主体设计、制作和发布广告时所应遵循的一般性准则;同时也是广告审查机关对广告依法进行审查的依据和标准。我国《广告法》除应当符合公序良俗以及社会的经济发展要求之外,还确立了以下准则。

一、广告的一般准则

(一)真实合法原则

广告应当真实、合法,符合社会主义精神文明建设的要求,这是广告法的核心。真实、合法的具体表现是广告不得含有虚假、夸大的内容,不得欺骗和误导消费者,不得贬低其他生产经营者的商品或服务。《广告法》第12条规定:"广告中涉及专利产品或者专利方法的,应当标明专利号和专利种类。未取得专利权的,不得在广告中谎称取得专利权。禁止使用未授予专利权的专利申请和已经终止、撤销、无效的专利作广告。"

(二)诚实信用原则

广告主、广告经营者、广告发布者之间在广告活动中应当依法订立书面合同,明确各方的权利和义务。它们在从事广告活动的过程中,不仅应当遵守法律、行政法规,也因根据书面合同遵循公平、诚实信用的原则。

(三)健康发展原则

广告内容应当有利于人民的身心健康,促进商品和服务质量的提高,保护消费者的合法权益,遵守社会公德和职业道德,维护国家的尊严和利益。广告不得损害未成年人和残疾人的身心健康。广告内容应当有利于未成年人的身心健康发展，广告使用的语言、文字、画面不得含有歧视、侮辱残疾人的内容，适用于未成年人和残疾人的商品广告，应当真实、清晰，商品质量应当可靠，不得损害未成年人和残疾人的安全、健康。广告使用无民事行为能力人、限制民事行为能力人的名义、形象的，应当事先取得其监护人的书面同意。酒类广告以及利用非禁止媒介发布烟草制品广告，不得使用未成年人形象。

《广告法》第9条规定，广告不得有下列情形：

（1）使用或者变相使用中华人民共和国的国旗、国歌、国徽，军旗、军歌、军徽。
（2）使用或者变相使用国家机关、国家机关工作人员的名义或者形象。
（3）使用"国家级""最高级""最佳"等用语。
（4）损害国家的尊严或者利益，泄露国家秘密。
（5）妨碍社会安定，损害社会公共利益。
（6）危害人身、财产安全，泄露个人隐私。
（7）妨碍社会公共秩序或者违背社会良好风尚。
（8）含有淫秽、色情、赌博、迷信、恐怖、暴力的内容。
（9）含有民族、种族、宗教、性别歧视的内容。
（10）妨碍环境、自然资源或者文化遗产保护。
（11）法律、行政法规规定禁止的其他情形。

（四）清晰明确原则

《广告法》第8条规定："广告中对商品的性能、产地、用途、质量、价格、生产者、有效期限、允诺或者对服务的内容、形式、质量、价格、允诺有表示的，应当准确、清楚、明白；广告中表明推销的商品或者服务附带赠送的，应当明示所附带赠送商品或者服务的品种、规格、数量、期限和方式；法律、行政法规规定广告中应当明示的内容，应当显著、清晰表示。"《广告法》第11条规定："广告使用数据、统计资料、调查结果、文摘、引用语等引证内容的，应当真实、准确，并表明出处。引证内容有适用范围和有效期限的，应当明确表示。"

（五）正当竞争原则

广告不得贬低其他生产经营者的商品或者服务。利用广告公然贬低其他生产经营者的商品或者服务，是一种不正当竞争行为。它不仅损害了其他生产经营者的合法权益，破坏了社会主义市场经济的竞争秩序，而且还违背了广告应该公平、诚实、信用的原则，因此《广告法》规定禁止在广告中含有贬低内容，广告主、广告经营者不得利用广告诋毁其他生产经营者的商业信誉、商品声誉。

（六）易于识别原则

广告应当具有可识别性，能够使消费者辨明其为广告。大众传播媒介不得以新闻报道形式变相发布广告。通过大众传播媒介发布的广告应当显著标明"广告"，与其他非广告信息相区别，不得使消费者产生误解。广播电台、电视台发布广告，应当遵守国务院有关部门关于时长、方式的规定，并应当对广告时长作出明显提示。

二、特殊商品广告的特殊准则

（一）麻醉等特殊药品

麻醉药品、精神药品、医疗用毒性药品、放射性药品等特殊药品，药品类易制毒化品,以及戒毒治疗的药品、医疗器械和治疗方法,不得作广告。

上述规定以外的处方药,只能在国务院卫生行政部门和国务院药品监督管理部门共同指定的医学、药学专业刊物上作广告。

(二) 医疗、药品、医疗器械广告

医疗、药品和医疗器械直接关系到人民的身体健康和生命安全,属于国家实行特殊管理领域,因此对医疗、药品和医疗器械广告的要求不同于一般广告。医疗、药品、医疗器械广告不得含有下列内容:

(1) 表示功效、安全性的断言或者保证。
(2) 说明治愈率或者有效率。
(3) 与其他药品、医疗器械的功效和安全性或者其他医疗机构比较。
(4) 利用广告代言人作推荐、证明。
(5) 法律、行政法规规定禁止的其他内容。

药品广告的内容不得与国务院药品监督管理部门批准的说明书不一致,并应当显著标明禁忌、不良反应。处方药广告应当显著标明"本广告仅供医学药学专业人士阅读",非处方药广告应当显著标明"请按药品说明书或者在药师指导下购买和使用"。

推荐给个人自用的医疗器械的广告,应当显著标明"请仔细阅读产品说明书或者在医务人员的指导下购买和使用"。医疗器械产品注册证明文件中有禁忌内容、注意事项的,广告中应当显著标明"禁忌内容或者注意事项详见说明书"。

除医疗、药品、医疗器械广告外,禁止其他任何广告涉及疾病治疗功能,并不得使用医疗用语或者易使推销的商品与药品、医疗器械相混淆的用语。

(三) 保健食品广告

保健食品广告不得含有下列内容:

(1) 表示功效、安全性的断言或者保证。
(2) 涉及疾病预防、治疗功能。
(3) 声称或者暗示广告商品为保障健康所必需。
(4) 与药品、其他保健食品进行比较。
(5) 利用广告代言人作推荐、证明。
(6) 法律、行政法规规定禁止的其他内容。

另外,保健食品广告应当显著标明"本品不能代替药物"。

(四) 农药、兽药、饲料和饲料添加剂广告

农药、兽药、饲料和饲料添加剂广告不得含有下列内容:

(1) 表示功效、安全性的断言或者保证。
(2) 利用科研单位、学术机构、技术推广机构、行业协会或者专业人士、用户的名义或者形象作推荐、证明。
(3) 说明有效率。
(4) 违反安全使用规程的文字、语言或者画面。
(5) 法律、行政法规规定禁止的其他内容。

(五) 烟草广告

禁止在大众传播媒介或者公共场所、公共交通工具、户外发布烟草广告。禁止向未成

年人发送任何形式的烟草广告。

禁止利用其他商品或者服务的广告、公益广告，宣传烟草制品名称、商标、包装、装潢以及类似内容。

烟草制品生产者或者销售者发布的迁址、更名、招聘等启事中，不得含有烟草制品名称、商标、包装、装潢以及类似内容。

（六）酒类广告

酒类广告不得含有下列内容：

（1）诱导、怂恿饮酒或者宣传无节制饮酒。

（2）出现饮酒的动作。

（3）表现驾驶车、船、飞机等活动。

（4）明示或者暗示饮酒有消除紧张和焦虑、增加体力等功效。

（七）教育、培训广告

教育、培训广告不得含有下列内容：

（1）对升学、通过考试、获得学位学历或者合格证书，或者对教育、培训的效果作出明示或者暗示的保证性承诺。

（2）明示或者暗示有相关考试机构或者其工作人员、考试命题人员参与教育、培训。

（3）利用科研单位、学术机构、教育机构、行业协会、专业人士、受益者的名义或者形象作推荐、证明。

（八）招商等有投资回报预期的商品或者服务广告

招商等有投资回报预期的商品或者服务广告，应当对可能存在的风险以及风险责任承担有合理提示或者警示，并不得含有下列内容：

（1）对未来效果、收益或者与其相关的情况作出保证性承诺，明示或者暗示保本、无风险或者保收益等，国家另有规定的除外。

（2）利用学术机构、行业协会、专业人士、受益者的名义或者形象作推荐、证明。

（九）房地产广告

房地产广告，房源信息应当真实，面积应当表明为建筑面积或者套内建筑面积，并不得含有下列内容：

（1）升值或者投资回报的承诺。

（2）以项目到达某一具体参照物的所需时间表示项目位置。

（3）违反国家有关价格管理的规定。

（4）对规划或者建设中的交通、商业、文化教育设施以及其他市政条件作误导宣传。

（十）农作物种子、林木种子、草种子、种畜禽、水产苗种和种养殖广告

农作物种子、林木种子、草种子、种畜禽、水产苗种和种养殖广告关于品种名称、生产性能、生长量或者产量、品质、抗性、特殊使用价值、经济价值、适宜种植或者养殖的范围和条件等方面的表述应当真实、清楚、明白，并不得含有下列内容：

（1）作科学上无法验证的断言。

（2）表示功效的断言或者保证。

（3）对经济效益进行分析、预测或者作保证性承诺。

（4）利用科研单位、学术机构、技术推广机构、行业协会或者专业人士、用户的名义或

者形象作推荐、证明。

(十一) 虚假广告

2015年修订后的《广告法》在保留虚假广告的原则性规定之外,又明确了虚假广告的含义,并列举了虚假广告的四种典型情形。

《广告法》第28条规定:广告以虚假或者引人误解的内容欺骗、误导消费者的,构成虚假广告。广告有下列情形之一的,为虚假广告:

(1) 商品或者服务不存在的。

(2) 商品的性能、功能、产地、用途、质量、规格、成分、价格、生产者、有效期限、销售状况、曾获荣誉等信息,或者服务的内容、提供者、形式、质量、价格、销售状况、曾获荣誉等信息,以及与商品或者服务有关的允诺等信息与实际情况不符,对购买行为有实质性影响的。

(3) 使用虚构、伪造或者无法验证的科研成果、统计资料、调查结果、文摘、引用语等信息作证明材料的。

(4) 虚构使用商品或者接受服务的效果的。

(5) 以虚假或者引人误解的内容欺骗、误导消费者的其他情形。

第三节 广告行为规范

一、广告活动的概念与特征

广告活动是指广告主、广告经营者、广告发布者在设计、制作、发布广告的过程中所从事的法律行为。

广告活动与其他民事活动相比较,具有以下特征。

1. 从事广告活动的主体是广告主、广告经营者、广告发布者

根据《广告法》的规定,广告主、广告经营者和广告发布者必须具有从事广告活动的合法资格。只有具有法定资格的经济组织和个人从事的广告活动才能得到法律的承认和保护。

对于广告主来讲,无论是自行设计、制作、发布广告,还是委托他人设计、制作、发布广告,都必须是以自己合法生产经营的商品或者所从事的服务活动作为前提,即广告中所推销的商品或者所提供的服务应该符合广告主经市场监督管理部门依法核准的经营范围。广告主不得将超越其经营范围的商品或者服务内容制作、发布广告。

对于广告经营者、广告发布者来讲,其从事广告活动必须取得合法经营资格。所谓合法经营资格,一方面是指广告经营者和广告发布者是依法设立的,并经过市场监督管理部门核准登记。其中,从事广告经营的,应当具备必要的专业技术人员、制作设备并依法办理兼营广告的登记;另一方面是指广告经营者和发布者应当具有合法的经营范围,即其设计、制作、发布的广告内容必须属于广告主委托的业务范围。

2. 广告活动包括广告的设计、制作和发布

广告活动不是一种单一的活动,它包括广告的设计、制作和发布三种形式,而且从事广告活动的方式多种多样,既可以是广告主自行设计、制作、发布广告,也可以由广告主委托广告经营者或者广告发布者代理设计、制作、发布广告。

3. 广告活动是一种法律行为

各类广告主体应该树立广告责任感,严格按照法律规定从事广告活动,保证广告的真实性、合法性,否则法律不予承认和保护,并依法追究其法律责任。

根据《广告法》的规定,从事广告行为必须遵循有关规定。

二、广告活动的一般规定

广告主、广告经营者、广告发布者之间在广告活动中应当依法订立书面合同,明确各方的权利和义务。广告合同因签订主体的不同而具有不同的合同名称:广告主和广告经营者签订的为加工承揽合同或广告委托代理合同;广告主和广告发布者签订的是广告发布合同;广告经营者和广告发布者签订的是广告代理发布合同。

广告主、广告经营者、广告发布者不得在广告活动中进行任何形式的不正当竞争。不正当竞争,是指经营者违反《反不正当竞争法》的规定损害其他经营者的合法权益,扰乱社会经济秩序的行为。

法律、行政法规规定禁止生产、销售的商品或者提供的服务,以及禁止发布广告的商品或者服务,不得设计、制作、发布广告。

三、广告主从事广告活动的规定

广告主从事广告活动,除了符合上述一般规定外,还必须遵守下列规定。

(一) 对广告主经营范围的规定

广告主自行或者委托他人设计、制作、发布广告,所推销的商品或者所提供的服务应当符合广告主的经营范围。广告主的行为只有在其经营范围之内才受到法律的保护,超越其经营范围的行为,不仅法律不承认其效力,而且还要受到法律的制裁。

(二) 对广告主委托对象的规定

广告主委托设计、制作、发布广告,应当委托具有合法经营资格的广告经营者、广告发布者。

(三) 对广告主证明文件的规定

广告主自行或者委托他人设计、制作、发布广告,应当具有或者提供真实、合法、有效的下列证明文件:(1) 营业执照以及其他生产、经营资格的证明文件;(2) 质量检验机构对广告中有关商品质量内容出具的证明文件;(3) 确认广告内容真实性的其他证明文件;(4) 需要有关行政主管部门审查的,还应当提供有关批准文件。

(四) 对使用他人名义、形象的规定

广告主在广告中使用他人名义、形象的,应当事先取得他人的书面同意;使用无民事行为能力人、限制民事行为能力人的名义、形象的,应当事先取得其监护人的书面同意。

四、广告经营者、广告发布者从事广告活动的规定

广告经营者、广告发布者在从事广告活动的过程中,除了符合一般规定以外,还必须遵守下列规定。

1. 应当具有法定的主体资格

广告经营者、广告发布者资质标准,是从事广告经营活动的基本资格要求,是广告监

督管理机关对广告经营者、广告发布者经营审批的重要依据，也是广告监督管理机关对广告经营者、广告发布者经营广告活动进行监督检查的重要内容。从事广告经营的，应当具有必要的专业技术人员、制作设备，并依法办理公司或者广告经营登记，方可从事广告活动。广播电台、电视台、报刊出版单位从事广告发布业务的，应当向县级以上地方市场监督管理部门办理广告发布登记。

2. 应当明确广告经营范围

广告经营范围，是广告监督管理机关针对广告经营者、广告发布者的基本条件、从业人员的基本素质，确认其经营业务的许可范围。其内容为：(1) 设计：指根据广告目标进行的广告创意、构思，广告中的音乐、语言、文字、画面等经营性创作活动。(2) 制作：指根据广告设计要求，制作可供刊播设置、张贴散布的广告作品等经营性活动。(3) 发布：指利用一定媒介或形式，发布各类广告，利用其他形式发布带有广告性质的信息的经营活动。(4) 代理：指广告经营者接受广告主或广告发布者委托，从事的广告市场调查、广告信息咨询、企业形象策划、广告战略策划、广告媒介安排等经营活动。

3. 应当依法核实广告内容

广告经营者、广告发布者依据法律、行政法规查验有关证明文件，核实广告内容。对内容不实或者证明文件不全的广告，广告经营者不得提供设计、制作、代理服务，广告发布者不得发布。广告经营者和广告发布者未履行核实查验义务，发布虚假广告，欺骗和误导消费者的，应当与广告主承担连带责任。

4. 应当健全广告业务管理制度

广告经营者、广告发布者按照国家有关规定，建立、健全广告业务的承接登记、审核、档案管理制度。其中，承接登记制度是指广告主提出广告业务以及广告经营者、发布者接收广告业务时应履行的法定登记手续；审核制度是指广告经营者和广告发布者对承接的广告业务依法进行审查的制度；档案管理制度则是指广告经营者、广告发布者对承接、审查的广告业务归纳整理，进行存档的管理制度。《广告法》要求建立上述一整套的规章制度，其目的在于保证广告活动的正规化，便于广告监督管理机关对其实施有效的监督和管理。

5. 应当公布收费标准和办法

广告收费应当合理，具体数额由参与广告活动的各方主体自行协商确定，根据《广告法》的规定，广告经营者和广告发布者应当公布其收费标准和收费方法。

6. 应当提供真实资料

广告发布者向广告主、广告经营者提供的覆盖率、收视率、点击率、发行量等资料应当真实。否则，广告主和广告经营者有权要求其赔偿经济损失。

7. 应当合法使用他人的名义和肖像

广告经营者在广告中使用他人名义、形象的，应当事先取得他人的书面同意；使用无民事行为能力人、限制民事行为能力人的名义、形象的，应当事先取得其监护人的书面同意。

五、广告代言人从事代言行为的规定

修订后的《广告法》增加了对广告代言人的代言行为的规定。广告代言人在广告中对商品、服务作推荐、证明，应当依据事实，符合《广告法》和有关法律、行政法规规定，并不得为其未使用过的商品或者未接受过的服务作推荐、证明。

不得利用不满十周岁的未成年人作为广告代言人。

对在虚假广告中作推荐、证明受到行政处罚未满三年的自然人、法人或者其他组织，不得利用其作为广告代言人。

六、设置户外广告的规定

户外广告是广告活动的一种特殊形式，是指利用公共场所、建筑物、显示牌、交通工具等外部空间设置所从事的广告活动。由于户外广告直接影响周围环境，因此对其更应加以适当限制，实行统一规划和管理。《广告法》第42条规定，有下列情形之一的，不得设置户外广告：（1）利用交通安全设施、交通标志的；（2）影响市政公共设施、交通安全设施、交通标志、消防设施、消防安全标志使用的；（3）妨碍生产或者人民生活，损害市容市貌的；（4）在国家机关、文物保护单位、风景名胜区等的建筑控制地带，或者县级以上地方人民政府禁止设置户外广告的区域设置的。

县级以上地方人民政府应当组织有关部门加强对利用户外场所、空间、设施等发布户外广告的监督管理，制定户外广告设置规划和安全要求。户外广告的管理办法，由地方性法规、地方政府规章规定。

七、网络广告的规定

修订后的《广告法》增加了对网络广告的规范。以电子信息方式发送广告的，应当明示发送者的真实身份和联系方式，并向接收者提供拒绝继续接收的方式。利用互联网从事广告活动，适用《广告法》的各项规定。利用互联网发布、发送广告，不得影响用户正常使用网络。在互联网页面以弹出等形式发布的广告，应当显著标明关闭标志，确保一键关闭。

公共场所的管理者或者电信业务经营者、互联网信息服务提供者对其明知或者应知的利用其场所或者信息传输、发布平台发送、发布违法广告的，应当予以制止。

八、未成年人保护规定及其他

修订后的《广告法》对未成年人保护进行了全面规定。《广告法》规定，不得在中小学校、幼儿园内开展广告活动，不得利用中小学生和幼儿的教材、教辅材料、练习册、文具、教具、校服、校车等发布或者变相发布广告，但公益广告除外。

在针对未成年人的大众传播媒介上不得发布医疗、药品、保健食品、医疗器械、化妆品、酒类、美容广告，以及不利于未成年人身心健康的网络游戏广告。

针对不满14周岁的未成年人的商品或者服务的广告不得含有下列内容：（1）劝诱其要求家长购买广告商品或者服务；（2）可能引发其模仿不安全行为。

第四节 监督管理

一、广告审查的概念

广告审查，是指在广告发布前，由广告经营者、广告发布者、广告审查机关依法对广告内容是否合法、真实等进行的审查、核实活动。建立广告审查制度，是为了尽可能地不使违法广告得到发布，健全广告发布的防范机制。

二、广告审查的形式

（一）广告经营者和广告发布者对广告内容的审查

广告经营者和广告发布者在接受广告主的委托设计、制作、发布广告时，应当依法查验广告主提供的有关证明文件是否齐备、有效，认真核实广告内容是否真实、合法。对内容不实或者证明文件不全的广告，广告经营者不得提供设计、制作、代理服务，广告发布者不得发布。

（二）有关行政主管部门对特殊商品广告内容的审查

根据《广告法》第46条的规定，发布医疗、药品、医疗器械、农药、兽药和保健食品广告，以及法律、行政法规规定应当进行审查的其他广告，应当在发布前由有关部门（以下称广告审查机关）对广告内容进行审查；未经审查，不得发布。

广告主申请广告审查，应当依法向有关广告审查机关提交有关证明文件。广告审查机关应当依照法律、行政法规对广告作出审查决定。任何单位和个人不得伪造、变造或者转让广告审查决定文件。

三、监督管理部门职责

市场监督管理部门履行广告监督管理职责，可以行使下列职权：

(1) 对涉嫌从事违法广告活动的场所实施现场检查。

(2) 询问涉嫌违法当事人或者其法定代表人、主要负责人和其他有关人员，对有关单位或者个人进行调查。

(3) 要求涉嫌违法当事人限期提供有关证明文件。

(4) 查阅、复制与涉嫌违法广告有关的合同、票据、账簿、广告作品和其他有关资料。

(5) 查封、扣押与涉嫌违法广告直接相关的广告物品、经营工具、设备等财物。

(6) 责令暂停发布可能造成严重后果的涉嫌违法广告。

(7) 法律、行政法规规定的其他职权。

市场监督管理部门应当建立健全广告监测制度，完善监测措施，及时发现和依法查处违法广告行为。

国务院市场监督管理部门会同国务院有关部门，制定大众传播媒介广告发布行为规范。

市场监督管理部门依照《广告法》规定行使职权，当事人应当协助、配合，不得拒绝、阻挠。

市场监督管理部门和有关部门及其工作人员对其在广告监督管理活动中知悉的商业秘密负有保密义务。

四、社会监督行为

任何单位或者个人有权向市场监督管理部门和有关部门投诉、举报违反《广告法》的行为。市场监督管理部门和有关部门应当向社会公开受理投诉、举报的电话、信箱或者电子邮件地址,接到投诉、举报的部门应当自收到投诉之日起7个工作日内,予以处理并告知投诉、举报人。

市场监督管理部门和有关部门不依法履行职责的,任何单位或者个人有权向其上级机关或者监察机关举报。接到举报的机关应当依法作出处理,并将处理结果及时告知举报人。

有关部门应当为投诉、举报人保密。

消费者协会和其他消费者组织对违反《广告法》规定,发布虚假广告侵害消费者合法权益,以及其他损害社会公共利益的行为,依法进行社会监督。

第五节　法律责任

一、广告主体违反《广告法》应当承担的法律责任

（一）发布虚假广告所应承担的法律责任

1. 行政责任

违反《广告法》的规定,发布虚假广告的,由市场监督管理部门责令停止发布广告,责令广告主在相应范围内消除影响,处广告费用3倍以上5倍以下的罚款,广告费用无法计算或者明显偏低的,处20万元以上100万元以下的罚款;两年内有3次以上违法行为或者有其他严重情节的,处广告费用5倍以上10倍以下的罚款,广告费用无法计算或者明显偏低的,处100万元以上200万元以下的罚款,可以吊销营业执照,并由广告审查机关撤销广告审查批准文件、一年内不受理其广告审查申请。

医疗机构有前款规定违法行为,情节严重的,除由市场监督管理部门依照《广告法》处罚外,卫生行政部门可以吊销诊疗科目或者吊销医疗机构执业许可证。

广告经营者、广告发布者明知或者应知广告虚假仍设计、制作、代理、发布的,由市场监督管理部门没收广告费用,并处广告费用3倍以上5倍以下的罚款,广告费用无法计算或者明显偏低的,处20万元以上100万元以下的罚款;两年内有3次以上违法行为或者有其他严重情节的,处广告费用5倍以上10倍以下的罚款,广告费用无法计算或者明显偏低的,处100万元以上200万元以下的罚款,并可以由有关部门暂停广告发布业务、吊销营业执照、吊销广告发布登记证件。

广告主、广告经营者、广告发布者有《广告法》第55条第1款、第3款规定行为,构成犯罪的,依法追究刑事责任。

2. 民事责任

违反《广告法》的规定,发布虚假广告,欺骗、误导消费者,使购买商品或者接受服务的消费者的合法权益受到损害的,由广告主依法承担民事责任。广告经营者、广告发布者不能提供广告主的真实名称、地址和有效联系方式的,消费者可以要求广告经营者、广告发布者先行赔偿。

关系消费者生命健康的商品或者服务的虚假广告,造成消费者损害的,其广告经营者、广告发布者、广告代言人应当与广告主承担连带责任。

上述规定以外的商品或者服务的虚假广告,造成消费者损害的,其广告经营者、广告发布者、广告代言人,明知或者应知广告虚假仍设计、制作、代理、发布或者作推荐、证明的,应当与广告主承担连带责任。

(二) 违反《广告法》禁止性规定的法律责任

有下列行为之一的,由市场监督管理部门责令停止发布广告,对广告主处 10 万元以下的罚款:

(1) 广告内容违反《广告法》第 8 条规定的。
(2) 广告引证内容违反《广告法》第 11 条规定的。
(3) 涉及专利的广告违反《广告法》第 12 条规定的。
(4) 违反《广告法》第 13 条规定,广告贬低其他生产经营者的商品或者服务的。

广告经营者、广告发布者明知或者应知有前款规定违法行为仍设计、制作、代理、发布的,由市场监督管理部门处 10 万元以下的罚款。

广告违反《广告法》第 14 条规定,不具有可识别性的,或者违反《广告法》第 19 条规定,变相发布医疗、药品、医疗器械、保健食品广告的,由市场监督管理部门责令改正,对广告发布者处 10 万元以下的罚款。

(三) 违反《广告法》对于特殊商品的规定的法律责任

有下列行为之一的,由市场监督管理部门责令停止发布广告,对广告主处 20 万元以上 100 万元以下的罚款,情节严重的,并可以吊销营业执照,由广告审查机关撤销广告审查批准文件、一年内不受理其广告审查申请;对广告经营者、广告发布者,由市场监督管理部门没收广告费用,处 20 万元以上 100 万元以下的罚款,情节严重的,并可以吊销营业执照、吊销广告发布登记证件:

(1) 发布有《广告法》第 9 条、第 10 条规定的禁止情形的广告的。
(2) 违反《广告法》第 15 条规定发布处方药广告、药品类易制毒化学品广告、戒毒治疗的医疗器械和治疗方法广告的。
(3) 违反《广告法》第 20 条规定,发布声称全部或者部分替代母乳的婴儿乳制品、饮料和其他食品广告的。
(4) 违反《广告法》第 22 条规定发布烟草广告的。
(5) 违反《广告法》第 37 条规定,利用广告推销禁止生产、销售的产品或者提供的服务,或者禁止发布广告的商品或者服务的。
(6) 违反《广告法》第 40 条第 1 款规定,在针对未成年人的大众传播媒介上发布医疗、药品、保健食品、医疗器械、化妆品、酒类、美容广告,以及不利于未成年人身心健康的网络游戏广告的。

有下列行为之一的,由市场监督管理部门责令停止发布广告,责令广告主在相应范围内消除影响,处广告费用 1 倍以上 3 倍以下的罚款,广告费用无法计算或者明显偏低的,处 10 万元以上 20 万元以下的罚款;情节严重的,处广告费用 3 倍以上 5 倍以下的罚款,广告费用无法计算或者明显偏低的,处 20 万元以上 100 万元以下的罚款,可以吊销营业执照,并由广告审查机关撤销广告审查批准文件、一年内不受理其广告审查申请:

(1) 违反《广告法》第 16 条规定发布医疗、药品、医疗器械广告的。

(2) 违反《广告法》第 17 条规定,在广告中涉及疾病治疗功能,以及使用医疗用语或者易使推销的商品与药品、医疗器械相混淆的用语的。

(3) 违反《广告法》第 18 条规定发布保健食品广告的。

(4) 违反《广告法》第 21 条规定发布农药、兽药、饲料和饲料添加剂广告的。

(5) 违反《广告法》第 23 条规定发布酒类广告的。

(6) 违反《广告法》第 24 条规定发布教育、培训广告的。

(7) 违反《广告法》第 25 条规定发布招商等有投资回报预期的商品或者服务广告的。

(8) 违反《广告法》第 26 条规定发布房地产广告的。

(9) 违反《广告法》第 27 条规定发布农作物种子、林木种子、草种子、种畜禽、水产苗种和种养殖广告的。

(10) 违反《广告法》第 38 条第 2 款规定,利用不满十周岁的未成年人作为广告代言人的。

(11) 违反《广告法》第 38 条第 3 款规定,利用自然人、法人或者其他组织作为广告代言人的。

(12) 违反《广告法》第 39 条规定,在中小学校、幼儿园内或者利用与中小学生、幼儿有关的物品发布广告的。

(13) 违反《广告法》第 40 条第 2 款规定,发布针对不满 14 周岁的未成年人的商品或者服务的广告的。

(14) 违反《广告法》第 46 条规定,未经审查发布广告的。

医疗机构有前款规定违法行为,情节严重的,除由市场监督管理部门依照本法处罚外,卫生行政部门可以吊销诊疗科目或者吊销医疗机构执业许可证。

广告经营者、广告发布者明知或者应知有《广告法》第 58 条第 1 款规定违法行为仍设计、制作、代理、发布的,由市场监督管理部门没收广告费用,并处广告费用 1 倍以上 3 倍以下的罚款,广告费用无法计算或者明显偏低的,处 10 万元以上 20 万元以下的罚款;情节严重的,处广告费用 3 倍以上 5 倍以下的罚款,广告费用无法计算或者明显偏低的,处 20 万元以上 100 万元以下的罚款,并可以由有关部门暂停广告发布业务、吊销营业执照、吊销广告发布登记证件。

(四) 违反广告审查规定的法律责任

违反《广告法》第 29 条规定,广播电台、电视台、报刊出版单位未办理广告发布登记,擅自从事广告发布业务的,由市场监督管理部门责令改正,没收违法所得,违法所得 1 万元以上的,并处违法所得 1 倍以上 3 倍以下的罚款;违法所得不足 1 万元的,并处 5 000 元以上 3 万元以下的罚款。

违反《广告法》第 34 条规定,广告经营者、广告发布者未按照国家有关规定建立、健全广告业务管理制度的,或者未对广告内容进行核对的,由市场监督管理部门责令改正,可以处 5 万元以下的罚款。

违反《广告法》第 35 条规定,广告经营者、广告发布者未公布其收费标准和收费办法的,由价格主管部门责令改正,可以处 5 万元以下的罚款。

违反《广告法》第 45 条规定,公共场所的管理者和电信业务经营者、互联网信息服务提供者,明知或者应知广告活动违法不予制止的,由市场监督管理部门没收违法所得,违法所得 5 万元以上的,并处违法所得 1 倍以上 3 倍以下的罚款,违法所得不足 5 万元的,并处 1 万元以上 5 万元以下的罚款;情节严重的,由有关部门依法停止相关业务。

违反《广告法》规定,隐瞒真实情况或者提供虚假材料申请广告审查的,广告审查机关不予受理或者不予批准,予以警告,一年内不受理该申请人的广告审查申请;以欺骗、贿赂等不正当手段取得广告审查批准的,广告审查机关予以撤销,处 10 万元以上 20 万元以下的罚款,3 年内不受理该申请人的广告审查申请。

违反《广告法》规定,伪造、变造或者转让广告审查批准文件的,由市场监督管理部门没收违法所得,并处 1 万元以上 10 万元以下的罚款。

(五) 广告代言人的法律责任

广告代言人有下列情形之一的,由市场监督管理部门没收违法所得,并处违法所得 1 倍以上 2 倍以下的罚款:

(1) 违反《广告法》第 16 条第 1 款第四项规定,在医疗、药品、医疗器械广告中作推荐、证明的。

(2) 违反《广告法》第 18 条第 1 款第五项规定,在保健食品广告中作推荐、证明的。

(3) 违反《广告法》第 38 条第 1 款规定,为其未使用过的商品或者未接受过的服务作推荐、证明的。

(4) 明知或者应知广告虚假仍在广告中对商品、服务作推荐、证明的。

(六) 因侵权行为所应承担的责任

广告主、广告经营者、广告发布者违反《广告法》规定,有下列侵权行为之一的,依法承担民事责任:(1) 在广告中损害未成年人或者残疾人的身心健康的;(2) 假冒他人专利的;(3) 贬低其他生产经营者的商品或者服务的;(4) 广告中未经同意使用他人名义、形象的;(5) 其他侵犯他人合法民事权益的。

(七) 信用等方面惩戒责任

有《广告法》规定的违法行为的,由市场监督管理部门记入信用档案,并依照有关法律、行政法规规定予以公示。

因发布虚假广告,或者有其他《广告法》规定的违法行为,被吊销营业执照的公司、企业的法定代表人,对违法行为负有个人责任的,自该公司、企业被吊销营业执照之日起 3 年内不得担任公司、企业的董事、监事、高级管理人员。

违反《广告法》规定,拒绝、阻挠市场监督管理部门监督检查,或者有其他构成违反治安管理行为的,依法给予治安管理处罚;构成犯罪的,依法追究刑事责任。

二、广告专门机关及其工作人员的法律责任

广告审查机关对违法的广告内容作出审查批准决定的,对负有责任的主管人员和直接责任人员,由任免机关或者监察机关依法给予处分;构成犯罪的,依法追究刑事责任。

市场监督管理部门对在履行广告监测职责中发现的违法广告行为或者对经投诉、举报的违法广告行为,不依法予以查处的,对负有责任的主管人员和直接责任人员,依法给予处分。

市场监督管理部门和负责广告管理相关工作的有关部门的工作人员玩忽职守、滥用职权、徇私舞弊的,依法给予处分。有前两款行为,构成犯罪的,依法追究刑事责任。

附：相关理论探讨

一、使用绝对化用语的界定

根据《广告法》第 9 条，广告不得有下列情形：(1) 使用或者变相使用中华人民共和国的国旗、国歌、国徽、军旗、军歌、军徽；(2) 使用或者变相使用国家机关、国家机关工作人员的名义或者形象；(3) 使用"国家级""最高级""最佳"等用语。在这里，存在对一些具体概念的理解。

1. 使用和变相使用。使用是直接使用、引用或者直接表述、表达国家机关或者国家机关工作人员的名义。变相使用是指实质内容和对象不变，只是外在形式有所改变的国家机关或者国家机关工作人员的形象，变相对应着间接使用形象。变相使用情形：(1) 利用卡通、漫画、变形、题字、模仿字体、新闻报道、名言名句、著作、讲话内容、方式、形象表现国家机关或者国家机关工作人员。(2) 利用不完整的表述内容，使人产生关联联想，以达到变相表达与国家机关的关联关系。(3) 显著表述参与国家有关部门招投标、为国家有关部门提供特定服务、将行政许可审批事项表述为业务合作关系、利用与他人合作经营业务直接表述为国家机关授权经营形式等。

2. 名义和形象。名义：名分、身份、姓名、职务、资格、形式及别称等。形象：能引起或者诱发人的思维、想象力、感情及联想活动的具体形态或姿态，包含肖像、塑像、偶像、象征、形状、样子、描绘以及特定物等。包括且不限于上述所列举的形式，比如特型演员、特定声音、方言、手势、词语、诗句、笔迹、题字、题词、书写的匾额等，其核心要义就是指向或者代指明确的对象属于国家机关或者国家机关工作人员。使用已故、离任的党和国家领导人名义或者形象进行商业广告活动的，其广告效果相当于使用国家机关工作人员名义或者形象。

3. 国家秘密。国家秘密的认定包括三个要素：(1) 实质要素，即关系国家安全和利益。(2) 程序要素，即依照法定程序确定。关系国家安全和利益的信息，必须在履行确定相应密级的程序后，才能成为法律认可的国家秘密。强调确定国家秘密的统一性与合法性，防止主观随意性。法定程序是《保密法》和《保守国家秘密法实施办法》确定、变更国家秘密的密级和保密期限以及解密的规定。(3) 时空要素，即在一定时间内只限一定范围人员知悉。国家秘密不可能是永远的秘密。随着一定的时间和客观情况的变化而发生变化，或变更密级或解密。国家秘密的接触、知悉的范围必须限定在需要知悉的范围内，不能控制知悉范围的信息就不能称其为国家秘密。

二、关于贬低与比较广告

根据《广告法》第 13 条，广告不得贬低其他生产经营者的商品或者服务。但是《广告法》没有明文规定比较广告，比较广告有直接比较广告和间接比较广告之分。直接比较广告是企业指名道姓地将自己提供的产品或服务与竞争对手的产品或服务进行比较；间接比较广告是企业将自己提供的产品或服务与不特定的竞争对手的产品或服务进行比较，有的企业就直接称其产品是最好的、最高级、最优秀的。从现行法可以看出，我国既不允许直接比较广告的存在，在一定程度上也限制间接比较广告的表现形式。《广告法》第9条第3项规定广告中不得"使用国家级、最高级、最佳等用语"。传统上比较广告被认为是商业诋毁,构成不公平竞争。但是近些年对比较广告的限制条件正在放松,认为比较广告有利于降低信息搜寻成本,提高消费者的知情权。但是一般各国都规定比较广告不能是误导广告和诋毁性广告,要客观真实和公平。

三、虚假广告的相关法律责任

《广告法》第56条是对虚假广告的相关法律责任的具体规定。针对旧法中广告主、广告经营者、广告发布者等责任主体之间的原因分配和责任比重存在失调的问题,新《广告法》对此作了调整。例如,旧法规定,广告经营者、广告发布者不能提供广告主的真实名称、地址的,应当承担全部民事责任。新法规定,广告经营者、广告发布者不能提供广告主的真实名称、地址和有效联系方式的,消费者可以要求广告经营者、广告发布者先行赔偿。从而实现了广告经营者、发布者与广告主之间的权利义务关系的对称性。此外,不同的广告类型适用不同的归责原则。对于关系消费者生命健康的商品或者服务的虚假广告,造成消费者损害的,立法规定客观归责原则,直接规定广告经营者、广告发布者、广告代言人与广告主承担连带责任。而对于"关系消费者生命健康的商品或者服务"以外的商品或者服务的虚假广告,造成消费者损害的,立法规定的是主观归责原则,即只有当广告经营者、广告发布者、广告代言人,明知或者应知广告虚假仍设计、制作、代理、发布或者作推荐、证明的,才应当与广告主承担连带责任。

思考题

一、名词解释
广告法　虚假广告　户外广告　广告代言人

二、简述题
1. 简述《广告法》对广告代言人代言行为的规范。
2. 简述广告行为要遵守的一般准则。
3. 简述不能设置户外广告的情形。

三、论述题
论述虚假广告中广告主体的法律责任。

(一) 案例分析示范

案例一　某公司宣传册广告

2015年7月起,巨商智能科技(上海)有限公司印制宣传册并在杂志上投放广告,宣称"巨商智能科技(上海)有限公司是巨人国际控股集团有限公司控股""公司先后引进美国、荷兰、德国、韩国等发达国家的先进技术""作为曾经在保健品领域叱咤风云的巨人国际,选择在这一时机高调进入净水行业,具有划时代的领先意义"等内容。经查,所谓"巨人国际控股集团有限公司"是当事人股东之一于2015年4月托人代办在香港注册的企业,没有经营场所和固定资产,从未生产过任何产品;当事人的净水服务相关设备系从其他渠道购买,企业自成立以来未生产过任何产品,也未引进发达国家的先进技术。

请问:(1)本广告为何性质?(2)本广告违反了《广告法》哪条规定?

评析:(1)该广告属欺骗和误导消费者的虚假广告。《广告法》第28条规定,广告以虚假或者引人误解的内容欺骗、误导消费者的,构成虚假广告。(2)本广告违反了《广告法》第4条规定的"广告不得含有虚假的内容,不得欺骗和误导消费者"和第28条第2款第二项的规定。该项规定为:商品的性能、功能、产地、用途、质量、规格、成分、价格、生产者、有效期限、销售状况、曾获荣誉等信息,或者服务的内容、提供者、形式、质量、价格、销售状况、曾获荣誉等信息,以及与商品或者服务有关的允诺等信息与实际情况不符,对购买行为有实质性影响的。

案例二 某净水器广告

乐邦利公司与绿美公司签订《乐邦利电视直销供货合同书》,约定由绿美公司向乐邦利公司提供DW5型不锈钢净水器并委托乐邦利公司制作播放净水器广告。后来乐邦利公司又委托××有线电视台在乐邦利直销节目中制作并播放净水器广告。广告把自来水描绘成含有害物质,在净水器过滤后才清洁可靠。该广告每天播放4次,广告播出后在覆盖地区居民中产生强烈反响,许多市民纷纷去信去电指责自来水公司。

请问:(1)本广告违反了《广告法》的哪条规定?(2)广告主应承担什么法律责任?

评析: 本广告违反了《广告法》第13条规定"广告不得贬低其他生产经营者的商品或者服务"。这是广告中的不正当竞争行为。依据《广告法》第59条规定,有下列行为之一的,由市场监督管理部门责令停止发布广告,对广告主处10万元以下的罚款。

案例三 某小学内的广告活动

2015年9月,上海悉腾文化传播有限公司在上海市某小学派发印有"悉腾文化中心"字样及相关课外辅导课程等广告内容的文具垫板1 000个(案值658元)。

请问:本广告违反了《广告法》的哪条规定?

评析: 本广告违反了《广告法》第39条的规定。该条规定:不得在中小学校、幼儿园内开展广告活动,不得利用中小学生和幼儿的教材、教辅材料、练习册、文具、教具、校服、校车等发布或者变相发布广告,但公益广告除外。

(二)案例分析实训

案例一 关于茅乡牌贵宾用酒的电视广告

2014年6月起,中元智合(北京)商贸有限公司投放电视广告销售贵州茅台酒厂(集团)保健酒业有限公司生产的茅乡牌贵宾用酒,广告突出宣传"茅台集团改革,让消费者买得起名酒""茅台集团及其贵宾用酒"等内容,但未明示茅乡牌贵宾用酒;广告画面多次出现茅台商标,虽然也出现茅乡商标,但字体小,很难看清。该广告对产品特征的表述不清楚、不明白,导致消费者误解和投诉。

请问:当事人违反了《广告法》的哪项准则?

案例二　关于某品牌笔记本电脑的宣传广告

2015年8月至9月,上海莜爱网络科技有限公司在其销售场所所做的某品牌笔记本电脑宣传广告,其中含有"创新与服务品质No.1——华尔街日报""中国笔记本品牌口碑第一——国家统计局中国统计信息服务中心"等内容。经查,上述广告内容中,"创新与服务品质No.1"应有适用范围"亚洲"和有效期限"2009年","中国笔记本品牌口碑第一"应有有效期限"2014年第二季度"。当事人未在广告中明确表示上述适用范围和有效期限。

请问:当事人违反了《广告法》哪条规定?

案例三　关于科勒橱柜的户外广告

2015年7月至9月,上海精科建材有限公司为销售科勒橱柜,委托发布户外广告。广告画面包含整体橱柜示意图,以及"抗油表面,只留乐趣,不留油腻"的广告语。经查,该橱柜产品仅在整体橱柜的不锈钢灶台背景墙上使用了抗油涂层,橱柜其余部分不含抗油涂层。

请问:该类广告是否是虚假广告?为什么?

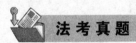

法考真题

真题1(2017年)

某蛋糕店开业之初,为扩大影响,增加销售,出钱雇人排队抢购。不久,该店门口便时常排起长队,销售盛况的照片也频频出现于网络等媒体,附近同类店家生意随之清淡。对此行为,下列哪一说法是正确的?(单选)

A. 属于正当的营销行为
B. 构成混淆行为
C. 构成虚假宣传行为
D. 构成商业贿赂行为

真题解析:

A选项:本题要区分是"合法经营"还是"不正当竞争行为"?《反不正当竞争法》第2条第2款规定:本法所称的不正当竞争行为,是指经营者在生产经营活动中,违反本法规定,扰乱市场竞争秩序,损害其他经营者或者消费者的合法权益的行为。那么,如何判断扰乱社会经济秩序呢?同条第1款规定:经营者在生产经营活动中,应当遵循自愿、平等、公平、诚信的原则,遵守法律和商业道德。因此遵守法律和商业道德、公平、诚信原则,是区分正当合法经营与不正当竞争行为的"帝王条款"。某蛋糕店开业之初出钱雇人排队抢购,造成虚假繁荣的销售盛况,这违反了诚信原则,不能认为其属于正当的营销行为。故 A 选项错误。

B 选项:根据《反不正当竞争法》第 6 条的规定,混淆行为,是指经营者利用下列手段,使消费者产生误解,引人误认为是他人商品或者与他人存在特定联系(也就是常说的"傍名牌""搭便车"行为):(1)擅自使用与他人有一定影响的商品名称、包装、装潢等相同或者近似的标识;(2)擅自使用他人有一定影响的企业名称(包括简称、字号等)、社会组织名称(包括简称等)、姓名(包括笔名、艺名、译名等);(3)擅自使用他人有一定影响的域名主体部分、网站名称、网页;(4)其他足以引人误认为是他人商品或者与他人存在特定联系的混淆行为。但本题题干描述的"出钱雇人排队抢购"的行为,并非"搭便车",因此不构成混淆行为。故 B 选项错误。

C 选项:《反不正当竞争法》第 8 条第 1 款规定:经营者不得对其商品的性能、功能、质量、销售状况、用户评价、曾获荣誉等作虚假或者引人误解的商业宣传,欺骗、误导消费者。本题因对商品(蛋糕)的销售情况(销量)作引人误解的虚假宣传,导致附近同类店家生意随之清淡,损害其他经营者的合法权益,也扰乱了社会经济秩序。故 C 选项正确。

D 选项:商业贿赂行为的认定强调"账外、暗中",即经营者不得采用财物或者其他手段贿赂下列单位或者个人,以谋取交易机会或者竞争优势:(1)交易相对方的工作人员;(2)受交易相对方委托办理相关事务的单位或者个人;(3)利用职权或者影响力影响交易的单位或者个人。经营者在交易活动中,可以以明示方式向交易相对方支付折扣,或者向中间人支付佣金。经营者向交易相对方支付折扣、向中间人支付佣金的,应当如实入账。接受折扣、佣金的经营者也应当如实入账。本题中虽然蛋糕店"出钱雇人",但难以与"行贿受贿"关联起来。故 D 选项错误。

综上,本题答案为 C。

真题 2(2014 年)

红心地板公司在某市电视台投放广告,称"红心牌原装进口实木地板为你分忧",并称"强化木板甲醛高、不耐用"。此后,本地市场上的强化木板销量锐减。经查明,该公司生产的实木地板是用进口木材在国内加工而成。关于该广告行为,下列哪一选项是正确的?(单选)

A. 属于正当竞争性
B. 仅属于诋毁商誉行为
C. 仅属于虚假宣传行为
D. 既属于诋毁商誉行为,又属于虚假宣传行为

真题解析:

本题称"原装进口实木地板"属于虚假宣传行为。《反不正当竞争法》第 8 条第 1 款规定:经营者不得对其商品的性能、功能、质量、销售状况、用户评价、曾获荣誉等作虚假或者引人误解的商业宣传,欺骗、误导消费者。

本题称"强化木地板甲醛高、不耐用"属于诋毁商誉行为。《反不正当竞争法》第 11 条规定:经营者不得编造、传播虚假信息或者误导性信息,损害竞争对手的商业信誉、商品

声誉。

诋毁商誉行为的要点包括:(1) 诋毁对象是"存在着竞争关系的经营者",也就是通常所说的同行;(2) 经营者实施了诋毁商誉行为;(3) 诋毁行为是针对一个或多个特定竞争对手。

综上,红心地板公司的广告行为既属于诋毁商誉行为,又属于虚假宣传行为。本题答案为 D。

第六章
反不正当竞争法律制度

本章概要

本章介绍反不正当竞争法的概念与特征、反不正当竞争法的立法目的与基本原则、不正当竞争行为的类型、反不正当竞争法的监督检查。

学习目标

理解反不正当竞争法的立法目的与基本原则,重点认识七种不正当竞争行为。

第一节 反不正当竞争法概述

一、反不正当竞争法的概念和特征

反不正当竞争法是制止不正当竞争行为的法律规范的总和。

反不正当竞争法可以有狭义和广义的理解。狭义理解的反不正当竞争法就是指以特别法形式制定的我国1993年9月2日全国人民代表大会常务委员会第三次会议通过,1993年12月1日起施行的《反不正当竞争法》,该法于2017年11月4日修订,2018年1月1日起施行,后又于2019年4月23日修订。广义理解的反不正当竞争法还包括反不正当竞争法的一般法(如民商法)、反不正当竞争法的特别法(如知识产权法)、反不正当竞争的行政法规、反不正当竞争的地方性法规、反不正当竞争的行政规章和地方政府规章等。

反不正当竞争法主要具有如下特征。

1. 反不正当竞争法保护的法益具有社会性

反不正当竞争法不仅保护合法诚实经营的经营者,还保护利益受到侵害的、不直接参与交易和竞争的其他经营者和消费者。不正当竞争行为的侵权性质比民事侵权要复杂得多,反不正当竞争法要解决的是个体利益和社会利益之间的矛盾,它要保护的是众多经营者和消费者的利益,并非是针对某一特定的受损害的消费者或经营者进行的特别保护。

2. 调整手段以行政手段为主,其他手段为辅

不正当竞争行为不仅损害了经营者的合法权益,还破坏了竞争的秩序。我国反不正当竞争法虽然也规定私权保护的民事责任,但反不正当竞争法主要是作为管理市场秩序的法律来定位的,因此它有大量行政执法的规定。当然,对于具体的受害者,反不正当竞争法也通过规定民事救济的措施来对其合法权益进行维护。有些不正当竞争行为还要承担刑事责任。

3. 调整的内容不仅有实体性规定,也同样包括程序性规定

反不正当竞争法对不正当竞争行为的界定是实体性的规定,而竞争执法部门的职权以及如何制止不正当竞争行为的行政执法程序等规定也是反不正当竞争法的重要内容。

二、我国《反不正当竞争法》的立法目的

我国《反不正当竞争法》第 1 条规定:"为了促进社会主义市场经济健康发展,鼓励和保护公平竞争,制止不正当竞争行为,保护经营者和消费者的合法权益,制定本法。"

1. 鼓励和保护公平竞争,制止不正当竞争行为

竞争作为市场经济的基本运行机制,存在于商品生产和交易的全过程,但是,有竞争就会有不正当竞争,因此就必须用法律手段来鼓励和保护公平竞争,制止不正当竞争。由于我国之前长期奉行计划经济,社会普遍存在着不思竞争、不敢竞争、不会竞争的现象,因此法律不但要保护公平竞争,而且还要鼓励公平竞争。竞争的发展,有可能在两个方面走向其反面:一是由于自由竞争而必然形成的生产和资本集中,进一步发展形成垄断,而垄断又导致更大范围或地域的竞争,但原有的范围和地域内竞争将不复存在,从而破坏了竞争的市场结构;二是由于采用不正当竞争手段常常比采用正当的竞争手段获利更多更快,不但使采用不正当手段的已经获利者更加利欲熏心,愈演愈烈,而且也使诚实守信的经营者蒙受损失。所以,要维持正常的竞争秩序,发挥竞争的积极作用,就必须依法禁止、打击不正当竞争行为,保护和鼓励公平竞争。

2. 保护经营者和消费者的合法权益

正当经营和不正当竞争两者是根本对立的。只有剥夺采用不正当竞争手段进行经营活动的"自由",才能有诚实守信经营者的经营活动自由。反不正当竞争法最实质的作用就是保护经营者的合法权益,诚实守信的经营者是最大的受惠者。但是,打击不正当竞争行为,不仅保护了经营者的合法权益,同时也保护了消费者的合法权益。

3. 促进社会主义市场经济健康发展

中国经济改革的目标是建立社会主义市场经济体制,这已经写进了宪法。作为市场经济,必须具备以下几点:(1)承认个人和企业等市场主体的独立性;(2)建立起具有竞争性的市场结构,由市场来形成价格,保证各种商品和生产要素的自由流动,由市场对资源配置起基础性的作用;(3)建立起有效的宏观经济调控机制;(4)必须有完备的经济法规;(5)要遵守国际经济交往中通行的规则和惯例。反不正当竞争法跟上述五个方面几乎都有联系:独立主体是竞争的前提,竞争性市场体系是竞争本身的要求,宏观调控也要有利于竞争机制的形成,反不正当竞争法是基本的经济法法律部门,国际经济交往中通行

的规则和惯例也包含反不正当竞争法的内容。因此,反不正当竞争法最根本的作用,就是促进社会主义市场经济的健康发展。

三、我国反不正当竞争法的基本原则

根据我国《民法总则》第4至第8条规定,民事活动应当遵循平等、自愿、公平、诚信、守法与公序良俗原则。我国《反不正当竞争法》第2条第1款规定:"经营者在生产经营活动中,应当遵循自愿、平等、公平、诚信的原则,遵守法律和商业道德。"语词上虽略有差异,但基本精神是一致的。这些原则也是世界上市场经济国家通行的原则,既是古代商品经济社会最古老的原则,又是现代社会市场交易的根本准则。

(一)自愿原则

自由意志是市场主体行为的基础,所以,自愿是市场交易的一个重要原则。我国《民法总则》和《反不正当竞争法》都有应当遵循自愿原则的规定。所谓自愿原则,是指经营者和消费者在法律许可的范围内,完全以自己的意愿决定自己的交易行为,而不受干预的权利。从民法上说,无民事行为能力人实施的民事行为是无效的;一方以欺诈、胁迫的手段或者乘人之危,使对方在违背真实意思的情况下所为的民事行为也是无效的;行为人对行为内容有重大误解或显失公平的,均可予以变更或撤销。反不正当竞争法除对自愿原则作出规定外,还在许多具体条款里作了具体规定。

(二)平等原则

我国《民法总则》和《反不正当竞争法》都有平等原则的规定。所谓"平等原则"是指经营者在市场交易活动中的法律地位都是平等的,在市场交易中应当自觉自愿、平等协商,任何一方都不得将自己的意志强加给对方,特别是实力强大或具有独占经营地位的经营者,更不能利用自己的优势地位迫使他人服从自己的意志。平等原则与自愿原则一样,都是经营者主体性的表现,在平等地位基础上才会有真正的自愿,而自愿往往就是主体平等的表现。主体一旦进入市场,不论规模大小,不论"出身"(所有制)如何,在法律上一律平等,不能承认一方对另一方拥有特权或可以实行强制,如果存在特权和强制,市场的竞争性和效率就会受到损害。

(三)公平原则

公平原则是指在市场交易中应当公平合理、权利义务相一致。我国《反不正当竞争法》和《民法总则》都有公平原则的规定。市场交易中的公平原则主要是指交易条件的公平和交易结果的公平。交易条件的公平是指交易条件的真实和交易机会的平等。如虚假广告、采用欺骗方式进行有奖销售等,其交易条件虚假,因而也就违反了公平原则。交易应该是面对所有的人的,在经营者的眼里,所有的消费者都应是"上帝",所有的人都有权参与交易,如串通招投标,就排挤了其他主体的交易机会,地区封锁就既排挤了该地区又排挤了该地区之外的主体的交易机会,显然违背了公平原则。交易结果的公平是指交易双方交易以后的权利义务大致相当。现实生活中的暴利斩客等行为就并无自愿可谈。公平原则是市场经济和反不正当竞争法的基本原则之一,是一个核心原则,前述的自愿原则、平等原则等也都体现了公平原则的要求。

(四)诚信原则和法律、商业道德原则

诚信原则,是指市场交易者应该诚实待人,恪守信用,不得弄虚作假、欺诈对手、损人

利己。我国《民法总则》有规定,《反不正当竞争法》也作了具体规定。法律和商业道德在《反不正当竞争法》的基本原则中是一个兜底原则,前述的自愿、平等、公平、诚信等原则都是公认的商业道德,加上"法律和商业道德"原则以后,就有了兜底的效果,即使前四项原则中不能涵盖的内容也都被其概括进去了。

第二节 不正当竞争行为概述

一、不正当竞争行为的概念、特征和构成

(一) 不正当竞争行为的概念

《反不正当竞争法》第2条第2款对不正当竞争行为作了定义:本法所称的不正当竞争行为,是指经营者在生产经营活动中,违反本法规定,扰乱市场竞争秩序,损害其他经营者或者消费者的合法权益的行为。一些地方性法规也有类似定义性的规定。如上海市人大常委会1995年9月28日通过、1995年12月1日起施行(2011年12月22日修正)的《上海市反不正当竞争条例》第3条规定:"本条例所称的不正当竞争,是指经营者在市场交易中,违反自愿、平等、公平、诚实信用的原则和公认的商业道德而损害其他经营者的合法权益,扰乱社会经济秩序的行为。"

(二) 不正当竞争行为的特征

根据法律规定,我国的不正当竞争行为具有下列特征。

1. 不正当竞争行为的主体是经营者

《反不正当竞争法》明确规定:本法所称的经营者,是指从事商品生产、经营或者提供服务(以下所称商品包括服务)的自然人、法人和非法人组织。非经营者不能成为不正当竞争行为的主体。

2. 不正当竞争是违反市场经济基本准则的行为

《反不正当竞争法》第2条第1款规定:"经营者在生产经营活动中,应当遵循自愿、平等、公平、诚信的原则,遵守法律和商业道德。"这是反不正当竞争法的基本原则,这些原则也是市场经济中通行的基本准则。实施不正当竞争行为,必然违反、破坏这些基本准则。《反不正当竞争法》对不正当竞争行为所作定义中的"经营者违反本法规定",所指"本法规定"当然也包括上述基本原则。也就是说,不正当竞争行为是违反自愿、平等、公平、诚信和法律、商业道德的行为。是否违反这些原则,是判断《反不正当竞争法》第二章所列举的各项行为为正当竞争或不正当竞争的标准。

3. 不正当竞争行为侵害的客体是其他经营者的合法权益和社会正常的经济秩序

尽管有许多不正当竞争行为既损害其他经营者的合法权益,又损害消费者的合法权益,但不正当竞争行为的侵害客体是其他经营者的合法权益,损害消费者权益只是损害经营者权益的副产品,而且并非所有的不正当竞争行为都损害消费者权益。

(三) 不正当竞争行为的构成

构成不正当竞争行为需要具备一系列条件。我国《反不正当竞争法》列举规定的七种不正当竞争行为都有各自具体的构成条件。各种不正当竞争行为都有某些共同的构成条件,

就是本节所指不正当竞争行为的构成。所以,不正当竞争行为的构成就是依照法律法规的规定,确定构成不正当竞争行为的共同条件。这些共同条件包括四个方面:(1) 不正当竞争行为的主体;(2) 不正当竞争行为的主观方面;(3) 不正当竞争行为的客体;(4) 不正当竞争行为的客观方面。一个行为必须同时符合这四个方面的条件,才能被认定为不正当竞争,缺少其中任何一个条件,就不能构成不正当竞争,也就不能追究行为人不正当竞争的法律责任。

1. 不正当竞争行为的主体

不正当竞争行为的主体是指实施不正当竞争行为,依法应承担法律责任的经营者。

我国《反不正当竞争法》第 2 条第 2、3 款规定:本法所称的不正当竞争行为,是指经营者在生产经营活动中,违反本法规定,扰乱市场竞争秩序,损害其他经营者或者消费者的合法权益的行为。本法所称的经营者,是指从事商品生产、经营或者提供服务(以下所称商品包括服务)的自然人、法人和非法人组织。

依我国《民法总则》的规定,法人是指具有民事权利能力和行为能力,依法独立享有民事权利和承担民事义务的组织。法人的设立必须具备四个条件:法人必须依法成立;有必要的财产或经费;有自己的名称、组织机构和场所;能独立承担民事责任。其他经济组织是指不具备法人资格、不能独立承担民事责任,但从事经济活动,并以营利为目的向社会提供商品或服务的组织,如以营利为目的的合伙组织、不具备法人资格的私营企业等。个人是指以营利为目的,向社会提供商品或服务的个体工商户、农村承包经营户和其他个人。只有作为经营者的个人才能成为不正当竞争行为的主体。另外,向社会提供无形商品如技术、专利等的经营者也能成为主体。需要注意的是,根据《反不正当竞争法》第 2 条的规定,"从事商品经营"的概念中也包含营利性服务在内,在相关场合提到"商品"或"商品经营"的时候,也包含了"服务"在内。

2. 不正当竞争行为的主观方面

不正当竞争行为的主观方面是指不正当竞争主体在实施不正当竞争行为时的心理状态。通常的主观方面包括故意和过失,也称为过错。不正当竞争行为的主观方面由故意构成,也即行为人实施不正当竞争行为的主观心理状态是故意的,而且大多具有排挤竞争对手的目的。

3. 不正当竞争行为的客体

不正当竞争行为的客体是指不正当竞争行为所侵害的社会关系和社会秩序。具体来说,不正当竞争行为侵害的客体是其他经营者的合法权益和社会的经济秩序。如果行为人的行为并不侵害其他经营者的合法权益,也并不扰乱社会经济秩序,该行为就不能被认定为不正当竞争行为。另外,消费者的合法权益尽管在《反不正当竞争法》中作为立法目的之一加以明确,但消费者合法权益并不是不正当竞争的客体。一个行为如果对消费者权益造成侵害,但并没有损害公平竞争的经济秩序,它可能成为其他某种侵权行为的客体,却不能成为不正当竞争行为的客体。

4. 不正当竞争行为的客观方面

不正当竞争行为的客观方面是指不正当竞争行为的外在表现,包括不正当竞争的违法行为、危害结果,以及违法行为与危害结果之间的因果关系。不正当竞争的违法行为是指经营者故意实施的、违反反不正当竞争法的行为。行为有作为和不作为之分,不正当竞争一般由作为构成。不正当竞争行为也可能同时违反了其他的法律法规,但是要认定不正当竞争,应该看是否违反了《反不正当竞争法》第 6 至第 12 条的规定。不正当竞争的危害结果是指不正当竞争违法行为对其他经营者和社会经济秩序所造成的实际损害。在一般情况下,实际损害是追究行为人不正当竞争法律责任特别是民事责任的基础,但是对于不正当竞争的构成来说,有些行为一经实施就构成不正当竞争,不必考虑是否造成实际的损害结果。

二、不正当竞争行为的列举规定

(一) 混淆行为

混淆行为即经营者违反法律规定,擅自实施引人误认为是他人商品或者与他人存在特定联系的行为。

混淆行为具有下列特征:

(1) 混淆行为的主体是经营者。

(2) 混淆行为的目的在于获得经济利益或竞争优势。经营者实施混淆行为是采用一种不正当的竞争手段,其目的在于获得经济利益或竞争优势。

(3) 混淆行为的客体是他人有一定影响的商业名称、包装、装潢等。

(4) 混淆行为在行为特征上表现为在商品上擅自使用他人有一定影响的商品名称、包装、装潢等相同或者近似的标识;他人有一定影响的企业名称(包括简称、字号等)、社会组织名称(包括简称等)、姓名(包括笔名、艺名、译名等);他人有一定影响的域名主体部分、网站名称、网页等。

(5) 行为的结果是产生或可能产生市场混淆,使消费者误认误购,从而损害被混淆经营者的合法权益,同时也损害消费者的消费权益。

我国《反不正当竞争法》列举规定的混淆行为有:(1) 擅自使用与他人有一定影响的商品名称、包装、装潢等相同或者近似的标识;(2) 擅自使用他人有一定影响的企业名称(包括简称、字号等)、社会组织名称(包括简称等)、姓名(包括笔名、艺名、译名等);(3) 擅自使用他人有一定影响的域名主体部分、网站名称、网页等;(4) 其他足以引人误认为是他人商品或者与他人存在特定联系的混淆行为。

(二) 商业贿赂行为

商业贿赂,是指经营者为谋取交易机会或者竞争优势而采用财物或者其他手段贿赂对方单位或者个人的行为。

商业贿赂具有下列主要特点:

(1) 商业贿赂的主体是经营者,经营者的工作人员进行贿赂的,应当认定为经营者的行为,除非有证据证明该行为与为经营者谋取交易机会或者竞争优势无关。

(2) 商业贿赂的对象是交易相对方的工作人员、受交易相对方委托办理相关事务的单位或者个人以及利用职权或者影响力影响交易的单位或者个人。

(3) 主观上必然是故意,其目的是谋取交易机会或者竞争优势。

(4) 贿赂的方式是给予财物或采用其他手段。

我国《反不正当竞争法》除了一般规定"经营者不得采用财物或者其他手段进行贿赂以谋取交易机会或者竞争优势"外,还特别对折扣和佣金问题作了特别规定:经营者在交易活动中,可以以明示方式向交易相对方支付折扣,或者向中间人支付佣金。经营者向交易相对方支付折扣、向中间人支付佣金的,应当如实入账。接受折扣、佣金的经营者也应当如实入账。

（三）误导宣传行为

误导宣传行为是指经营者对其商品的性能、功能、质量、销售状况、用户评价、曾获荣誉等作虚假或者引人误解的商业宣传,欺骗、误导消费者。

误导宣传行为具有如下特征：

（1）误导宣传行为的主体是经营者。我国《反不正当竞争法》规定经营者不得对其商品的性能、功能、质量、销售状况、用户评价、曾获荣誉等作虚假或者引人误解的商业宣传,欺骗、误导消费者；经营者不得通过组织虚假交易等方式,帮助其他经营者进行虚假或者引人误解的商业宣传。

（2）误导宣传行为的本质是引人误解。所谓引人误解,是指宣传的内容会使消费者产生错误的联想、认识,从而作出错误的决策。

（3）误导宣传的形式是广告或其他方法

"其他方法"是一种概括性的表述,它是指不属于广告或难以界定为广告的其他所有宣传方法,如"新闻发布会""产品说明书""信函",甚至口头形式等。

（4）误导宣传的内容是商品的性能、功能、质量、销售状况、用户评价、曾获荣誉等。

（四）侵犯商业秘密行为

侵犯商业秘密行为是指经营者采取不正当手段或者违反约定或保密要求,获取、披露、使用权利人的商业秘密的行为。

商业秘密是指不为公众所知悉、具有商业价值并经权利人采取相应保密措施的技术信息、经营信息等商业信息。

商业秘密的构成条件如下：

（1）秘密性。商业秘密的秘密性条件是指客观上"不为公众所知悉"、主观上"权利人采取了保密措施"这两个方面的统一。

（2）价值性。价值性亦即商业秘密的实用性,是指该信息具有确定的可应用性,能为权利人带来现实的或者潜在的经济利益或者竞争优势。

（3）独特性。商业秘密中"不为公众所知悉"的秘密性特征,暗含着一个隐性的技术要求,即独特性或新颖性的要求。

（4）商业秘密的范围是技术秘密和经营秘密。技术秘密是指不为公众所知悉、具有商业价值并经权利人采取保密措施的技术信息。

经营秘密是指不为公众所知悉、能够为经营者带来经济利益或竞争优势、并经权利人采取保密措施的用于经营活动的各类秘密。

我国《反不正当竞争法》所禁止的侵犯商业秘密行为有下列种类：

（1）以盗窃、贿赂、欺诈、胁迫、电子侵入或者其他不正当手段获取权利人的商业秘密。

（2）披露、使用或者允许他人使用以前项手段获取的权利人的商业秘密。

（3）违反保密义务或者违反权利人有关保守商业秘密的要求,披露、使用或者允许他人使用其所掌握的商业秘密。

（4）教唆、引诱、帮助他人违反保密义务或者违反权利人有关保守商业秘密的要求,获取、披露、使用或者允许他人使用权利人的商业秘密。

(5) 经营者以外的其他自然人、法人和非法人组织实施前款所列违法行为的,视为侵犯商业秘密。

(五) 不正当有奖销售行为

不正当有奖销售行为是指经营者违反反不正当竞争法规定进行有奖销售的行为。

不正当有奖销售行为原则上包括以下三类:

(1) 所设奖的种类、兑奖条件、奖金金额或者奖品等有奖销售信息不明确,影响兑奖。

(2) 采用谎称有奖或者故意让内定人员中奖的欺骗方式进行有奖销售。

(3) 抽奖式的有奖销售,最高奖的金额超过五万元。

(六) 商业诋毁行为

商业诋毁,是经营者为了战胜竞争对手,编造、传播虚假信息或者误导性信息,损害竞争对手的商业信誉、商品声誉,从而为自己谋求竞争优势和不正当利益的行为。

商业诋毁行为的构成如下:

(1) 商业诋毁行为的主体是经营者。经营者是指从事商品经营或者营利性服务的法人、其他经济组织和个人。实施商业诋毁的行为人,可以是经营者自己,也可以是经营者唆使、收买的其他组织和个人。

(2) 行为人主观上具有诋毁、损害竞争对手的目的。行为人实施商业诋毁行为,编造、传播虚假信息或者误导性信息必须出于故意,且目的就是为了使竞争对手减弱或丧失竞争能力,从而谋求自己的不当利益或竞争优势。

(3) 商业诋毁的客体是商誉、对象是经营者。经营者编造、传播虚假信息或者误导性信息,侵害的客体是竞争对手的商誉。商业诋毁的对象是竞争对手经营者。

(4) 商业诋毁的行为在客观方面表现为编造、传播虚假信息或者误导性信息。编造是指无中生有,假造事实。传播是将编造的虚假信息和误导性信息扩散传播,也就是用各种形式使社会或他人得知编造出来的虚假信息,从而损害竞争对手的商业信誉和商品声誉。

(七) 互联网不正当竞争行为

互联网不正当竞争行为,即经营者利用互联网技术手段,通过影响用户选择或者其他方式,实施妨碍、破坏其他经营者合法提供的网络产品或者服务正常运行的行为。

互联网不正当竞争行为包括以下四类:

(1) 未经其他经营者同意,在其合法提供的网络产品或者服务中,插入链接、强制进行目标跳转。

(2) 误导、欺骗、强迫用户修改、关闭、卸载其他经营者合法提供的网络产品或者服务。

(3) 恶意对其他经营者合法提供的网络产品或者服务实施不兼容。

(4) 其他妨碍、破坏其他经营者合法提供的网络产品或者服务正常运行的行为。

第三节 监督检查和法律责任

一、监督检查

根据我国《反不正当竞争法》的规定,国家鼓励、支持和保护一切组织和个人对不正当竞争行为进行社会监督。同时还明确规定了对于不正当竞争行为进行监督检查的部门及其职权。

（一）监督检查部门

《反不正当竞争法》第4条规定：县级以上人民政府履行工商行政管理职责的部门对不正当竞争行为进行查处；法律、行政法规规定由其他部门查处的，依照其规定。可见，我国对不正当竞争行为进行监督检查的部门主要是县级以上的工商行政管理部门。此外，也包括法律、行政法规规定的有权进行监督检查的其他部门。

（二）监督检查部门的职权

监督检查部门在监督检查不正当竞争行为时享有五种职权，即检查权、询问权、查询复制权、查封扣押权和处罚权。

（1）检查权。监督检查部门在调查涉嫌不正当竞争行为时，进入涉嫌不正当竞争行为的经营场所进行检查。

（2）询问权。监督检查机关有权按照规定程序询问被调查的经营者、利害关系人及其他有关单位、个人，要求其说明有关情况或者提供与被调查行为有关的其他资料，被调查人应当如实提供有关资料或者情况。

（3）查询复制权。监督检查部门在调查涉嫌不正当竞争行为时，有权查询、复制与涉嫌不正当竞争行为有关的协议、账簿、单据、文件、记录、业务函电和其他资料；查询涉嫌不正当竞争行为的经营者的银行账户。

（4）查封扣押权。监督检查部门在调查涉嫌不正当竞争行为时，可以查封、扣押与涉嫌不正当竞争行为有关的财物。

（5）处罚权。监督检查部门有权对不正当竞争行为进行处罚，处罚的具体行使包括责令停止违法行为、消除影响、没收违法商品、没收违法所得、吊销营业执照、处以罚款等。

此外，《反不正当竞争法》还规定监督检查部门工作人员采取上述措施时应当向监督检查部门主要负责人书面报告，并经批准，查封、扣押财物和查询涉嫌银行账户时应当向设区的市级以上人民政府监督检查部门主要负责人书面报告，并经批准。

二、法律责任

我国《反不正当竞争法》对于不正当竞争行为规定了三种法律责任。对民事侵权行为，追究行为人的民事责任，以赔偿受害者的财产损失，保护诚实经营者的合法权益；对侵害了国家在经济领域的行政管理活动和国家通过行政管理活动所欲建立的经济秩序的，则追究行为人的行政责任；对侵害了刑事法律所保护的重要社会关系，已经构成犯罪的，则要追究其刑事责任。从世界上一些国家为反不正当竞争规定的法律责任来看，一般也都是规定民事责任、行政责任和刑事责任。但日本、德国、韩国等国家规定的主要是民事责任和刑事责任。作为国家干预的主要体现是刑事责任。我国将反不正当竞争法主要视为经济（行政）管理法，国家干预除了刑事责任外，还包括大量的行政责任，而且可以说反不正当竞争法侧重的法律责任就是行政责任。不正当竞争行为不仅侵害其他经营者的合法权益，更主要的是侵害了国家对经济活动的管理，所以有必要以较多的国家干预来制止不正当竞争行为。

（一）不正当竞争行为的民事责任

《反不正当竞争法》第17条规定："经营者违反本法规定，给他人造成损害的，应当依法承担民事责任。经营者的合法权益受到不正当竞争行为损害的,可以向人民法院提起诉讼。因不正当竞争行为受到损害的经营者的赔偿数额,按照其因被侵权所受到的实际损失确定;实际损失难以计算的,按照侵权人因侵权所获得的利益确定。经营者恶意实施侵犯商业秘密行为,情节严重的,可以在按照上述方法确定数额的一倍以上五倍以下确定赔偿数额。赔偿数额还应当包括经营者为制止侵权行为所支付的合理开支。经营者违反本法第六条、第九条规定,权利人因被侵权所受到的实际损失、侵权人因侵权所获得的利益难以确定的,由人民法院根据侵权行为的情节判决给予权利人五百万元以下的赔偿。"

1. 不正当竞争行为的民事责任是过错责任

民事责任按归责原则,可以分为过错责任和无过错责任(公平责任)。过错是指行为人实施违法行为时故意或过失的心理状态,如果行为人在主观上既无故意又无过失,就无需承担民事责任。无过错责任是指行为人即使主观上没有过错,也应承担民事责任。我国《反不正当竞争法》所规定的民事责任为过错责任。即实施不正当竞争行为的行为人在主观上都有过错,而且都是出于故意,都是为了通过不正当竞争行为,排挤竞争者,谋求非法利益。

2. 不正当竞争行为的民事责任是侵权责任

民事责任包括违约(违反合同)的民事责任和侵权的民事责任两大类。违约的民事责任是指合同义务人由于过错,未按要求履行合同所应承担的民事责任。侵权的民事责任是指行为人不法侵害他人的财产权利或人身权利而使他人遭受损害时,行为人依法应承担的民事责任。我国《反不正当竞争法》规定的不正当竞争行为是侵权行为,所以,行为人所应承担的民事责任是侵权的民事责任。

3. 不正当竞争行为的民事责任是财产责任

民事责任与行政责任、刑事责任不同,民事责任主要是一种财产责任,责任的范围与所造成的损失或损害的大小相适应,一般具有赔偿和恢复原状的性质。所以追究不正当竞争行为的民事责任,要有行为人给被侵害的经营者造成损害的事实,如果没有损害事实,行为人一般不承担民事责任。

4. 不正当竞争行为的民事责任是损害赔偿责任

不正当竞争行为的民事责任是损害赔偿责任。承担损害赔偿责任的条件为:(1)故意实施了不正当竞争行为;(2)给被侵害的经营者造成了损害事实;(3)不正当竞争行为与损害事实之间具有必然的因果关系。

5. 损害赔偿额的计算

由于不正当竞争行为给被侵害的经营者造成的损害很难度量,因此损害赔偿数额也就很难确定。这使被侵权人很难计算其实际损失的多少,从而不愿或不能向法院起诉,客观上放纵了不正当竞争行为。为了解决这个难题,我国《反不正当竞争法》作了具体的规定,主要是:第一,受侵害的经营者的损失可以计算时,按照计算的数额赔偿。第二,受侵害的经营者的损失难以计算时,赔偿额为侵权人在侵权期间因侵权所获得的利润。第三,赔偿数额还应当包括经营者为制止侵权行为所支付的合理开支。不管损害数额能否计算,都应在赔偿数额中包括上述费用,但是必须是因制止该侵权行为所支付的费用,而且应该是"合理费用",不能漫天要价。这对于鼓励被侵害的经营者积极制止侵权行为、与不正当竞争行为作斗争,具有积极意义。

6. 不正当竞争行为损害赔偿责任的方式

不正当竞争行为所承担的损害赔偿责任的方式，除了适用《反不正当竞争法》规定的赔偿损失外，还有《民法总则》所规定的种种责任方式，如：停止侵害、排除妨碍、消除危险、返还财产、恢复原状、修理、重作、更换、消除影响、恢复名誉、赔礼道歉等。如商业诋毁的不正当竞争行为，除了应赔偿损失外，还可适用停止侵害、消除影响等。还可以依法适用商标法、专利法、消费者权益保护法等法律法规中所规定的责任方式。

7. 损害赔偿责任的不告不理原则

《反不正当竞争法》第17条第2款规定："经营者的合法权益受到不正当竞争行为损害的，可以向人民法院提起诉讼。"也就是说，国家对于不正当竞争行为所形成的民事纠纷，实行不告不理的原则，当事人有权依法处理自己的民事权利和诉讼权利，既可以向人民法院起诉，也可以不向人民法院起诉。只有当事人依法向人民法院提起诉讼，人民法院才能受理。

(二) 我国《反不正当竞争法》中的行政责任

行政责任是行为人违反行政法律法规的规定所应承担的强制性的行政法律后果。经营者可能承担的行政责任主要为行政处罚。

行政处罚是由国家特定的行政机关给予犯有轻微违法行为尚不够刑事处分的主体的一种强制性处罚措施。我国《反不正当竞争法》规定的行政处罚形式主要是没收违法所得、罚款和吊销营业执照。

没收违法所得是剥夺当事人财产权的行政处罚。这里的违法所得包括当事人因不正当竞争行为而取得的非法所得和当事人用于实施不正当竞争行为的财物，也就是当事人实施不正当竞争行为的全部财产，包括成本、利润等。《反不正当竞争法》第19条、第21条等都有没收违法所得的规定。

罚款是对当事人课以支付金钱的行政处罚。与没收违法所得不同的是，没收违法所得是对当事人既有财产的处置，罚款虽然也要考虑当事人能否交纳的实际可能，但却不以当事人的违法所得为限。《反不正当竞争法》规定的罚款方式有两种：第一，对于违法所得不容易确定的，规定一个法定的罚款幅度；第二，对于违法所得容易确定的，根据情节处以违法所得一倍以上五倍以下的罚款。

吊销营业执照是剥夺行为权的行政处罚，也是剥夺当事人特定行为能力的行政处罚，也称能力罚，是一种较为严厉的制裁措施。营业执照是主体为一定行为的法律依据，吊销了营业执照，也就剥夺了主体为一定行为的法律依据。如商店被吊销了营业执照，就不能营业。《反不正当竞争法》规定可以吊销营业执照的有混淆行为、商业贿赂和误导性宣传。

(三) 我国《反不正当竞争法》中的刑事责任

刑事责任是行为人违反刑事法律规定，依法应接受刑罚制裁的法律后果。刑事责任是法律责任中最为严重的责任，只有人民法院才能依法对触犯刑事法律的犯罪者适用刑事责任。《反不正当竞争法》31条规定："违反本法规定，构成犯罪的，依法追究刑事责任。"按主体划分，我国《反不正当竞争法》规定的刑事责任包括两个方面：一是经营者不正当竞争行为的刑事责任，二是监督检查不正当竞争行为的国家机关工作人员的刑事责任。

1. 经营者不正当竞争行为的刑事责任

《刑法》(2017年修正)规定了侵犯商业秘密罪(第219条)、商业诽谤罪(第221条)、虚假宣传罪(第222条)等罪名,属于经营者不正当竞争行为的刑事责任,这加大了打击不正当竞争行为的力度。

2. 监督检查不正当竞争行为的国家机关工作人员的刑事责任

我国《刑法》第397条规定:"国家机关工作人员滥用职权或者玩忽职守,致使公共财产、国家和人民利益遭受重大损失的,处三年以下有期徒刑或者拘役;情节特别严重的,处三年以上七年以下有期徒刑。本法另有规定的,依照规定。国家机关工作人员徇私舞弊,犯前款罪的,处五年以下有期徒刑或者拘役;情节特别严重的,处五年以上十年以下有期徒刑。本法另有规定的,依照规定。"这里的"国家机关工作人员"除了包括行政工作人员外,还应该包括司法工作人员。如果司法工作人员在查处不正当竞争犯罪行为时徇私枉法、徇情枉法而构成犯罪的,也要按相关规定追究刑事责任。

这里需要说明的是:民事、行政、刑事三种法律责任的单处或并处,应依据《反不正当竞争法》以及其他法律的规定。既不能因为追究了刑事责任而不追究行政责任和民事责任,也不能因为追究了行政责任而不追究民事责任和刑事责任,或者追究了民事责任而不追究行政责任和刑事责任。

三、诉讼程序

根据责任形式的不同,分别适用民事诉讼、行政诉讼和刑事诉讼程序来追究不正当竞争行为人的民事责任、行政责任和刑事责任。

附:相关理论探讨

有关不正当竞争行为的认定,理论界与实务界都存在不同程度上的认识分歧,总体上有两派观点,即法定主义派和一般条款派。法定主义派认为,《反不正当竞争法》第2章所列明的不正当竞争行为就是本身所承认的不正当竞争行为,需要依法制裁的不正当竞争行为只限定于此。一般条款派认为,不正当竞争行为应当不限于《反不正当竞争法》第2章所列举的七种行为,还应当包括按照其总则尤其是第2条第2款的规定所认定的行为。

思考题

一、名词解释

不正当竞争行为　商业秘密　商业贿赂　商业诋毁　误导宣传行为

二、简述题

1. 简述我国反不正当竞争法的基本原则。
2. 简述我国反不正当竞争执法机关的职权。
3. 如何理解我国反不正当竞争法规定的法律责任?

三、论述题

1. 试论述我国反不正当竞争立法的目的。
2. 试论述我国反不正当竞争行为的构成要件。

 实务应用

（一）案例分析示范

案例一　内蒙古伊利实业集团诉商丘市金仕达、商丘市睢阳区大众烟酒店仿冒纠纷案①

原告伊利公司作为国家520家重点工业企业和国家八部委首批确定的全国151家农业产业化龙头企业之一，经多年市场耕耘和品牌积淀，已发展成为产销规模领先的乳制品生产企业，在国内外享有较高的信誉。"安慕希"酸奶是伊利公司推出的一款高端希腊酸奶产品，该产品经伊利公司大力宣传与推广，尤其与备受关注的综艺节目《奔跑吧兄弟》《中国好声音》的联手，其知名度迅速提高。由于"安慕希"酸奶的包装、装潢色彩鲜明、构图精美，独具特色，给消费者留下深刻的视觉印象，成为区别伊利公司商品来源的显著标识，因此，"安慕希"酸奶的包装、装潢成为伊利公司知名商品特有的包装、装潢。金仕达公司未经伊利公司许可或授权，在其生产的"新西兰牧场风味饮品"上使用了与伊利公司"安慕希"酸奶产品相近似的包装、装潢。另大华会计师事务所2016年5月3日作出的大华核字【2016】002844号审计报告显示：2016年1—3月，伊利"安慕希"酸奶销售额186 769.28万元，销售量130 227.92吨，销售区域为全国各省、自治区、直辖市。2017年1月14日上午，河南省郑州市惠济公证处的公证人员与伊利公司的委托人张其程到商丘市睢阳区勒马乡二中门口东侧门头为"大众购物超市"的商店，在公证人员的监督下，张其程在该店内以普通消费者的身份购买了"新西兰牧场风味饮品"产品一件（箱体显示制造商为金仕达公司），支付价款35元，但大众购物超市未出具收据或者发票。该件商品箱体显示的生产日期为2017年1月1日。伊利公司认为金仕达公司、大众烟酒店实施了不正当竞争行为，给伊利公司造成了极大损失和严重不良影响，特诉至法院。

请问：金仕达公司的行为是否构成不正当竞争？

案件评析： 原、被告都是风味酸奶的经营者，客观上存在着同行业的竞争关系。首先，知名商品应当是在市场上具有一定的知名度，为相关公众所知悉的商品。多年来，伊利"安慕希"使用其蓝白相间的包装色底、红黄相间的勋章图案的装潢，并投入大量的广告宣传，销售量较大，销售区域广泛，在国内市场享有盛誉，因此伊利"安慕希"产品应属知名商品。本案中伊利"安慕希"产品上的装潢，具有显著的区别性特征，并非为相关商品所通用，而为该商品所特有，应认定为知名商品的特有包装装潢。其次，对商品的包装装潢相同性、近似性的判断，是以商品消费者的一般注意力作为观察评判的标准，如果讼争的包装装潢的近似度达到了足以引起购买者误认的程度，应可以认定侵权。将被控侵权产品金仕达公司生产的"新西兰牧场风味饮品"产品装潢与伊利"安慕希"产品的装潢进行对比，两者的包装图案虽有细微差别，从整体观察，金仕达公司生产的涉案产品的装潢与伊

---

① 参见(2017)豫14民初41号判决书。

利"安慕希"产品的装潢风格相似。上述相似要素足以造成将伊利"安慕希"酸奶产品与金仕达公司的"新西兰牧场风味饮品"相混淆,易使消费者产生误认误购的可能。综上,金仕达公司在其产品上使用与知名商品相近似的包装装潢,违反《反不正当竞争法》,属于混淆行为,构成了不正当竞争。

案例二　株式会社××诉上海××工业车辆设备有限公司商业诋毁纠纷案①

原告是一家生产物流机械产品的日本公司,产品种类有塑料手推车等。原告于2003年经核准注册"静音"文字商标,核定使用商品为第12类手推车。2009年原告曾因上海××五金机械有限公司侵犯其"静音"商标专用权及虚假宣传不正当竞争行为诉至上海市第一中级人民法院,法院判决××五金公司停止侵犯原告商标专用权,停止虚假宣传不正当竞争行为,消除影响,赔偿损失8万元。在上述诉讼执行阶段,原告发现××五金公司利用另行设立的被告公司的网站宣传手推车产品时使用"连和静音"商标,并公然声称连和五金公司在90年代参与手推车的研发,现市场上出现的手推车是落后车板,生产模具已遭被告废弃。被告静音手推车车板页面显示以下内容:"早在90年代,上海××五金就参与开发了中国第一款静音手推车,车板图示(1),当初绝大部分出口日本市场,由于年代长久,模具老损及原始设计的多处短板,上海××决定淘汰该落后车板[现在市场上出现的图示(1)是上海连和废弃之模具加工车板],取而代之的是经过更优异技术和工艺保障,重新投资开模的第二代车板。车板图示(2)。为了更好地服务用户,满足不同层次的需求,2010年,上海连和再次投资开模,新推出环保型多功能手推车,车板图示(3),连和公司的第三代车型继续得到了上海××新老客户的一致好评。"原告认为,被告将原告生产的手推车图片做对比广告,贬低原告的产品落后,是用被告废弃之模具加工的车板,而吹嘘被告生产的手推车是经过优异技术和工艺保障重新投资开模的第二代产品,导致一家原告客户看到被告的广告后取消订单,给原告造成了巨大的经济损失,属于不正当竞争行为,故诉至法院。

请问:被告行为是否属于商业诋毁?

案件评析:被告通过对车板改进三个阶段的文字描述和产品图片的比对混淆了原、被告的产品,使公众以为原告的车板已被淘汰,而被告的产品已经取代了该产品,内容与事实不符,致使原告的产品受到贬低,在一定程度上提升了被告的竞争力。被告了解该手推车及原告手推车的开发生产情况,其应当对其陈述的不实内容承担相应的法律责任。故被告在网站上对原、被告产品做对比描述,且与事实不符,属于捏造、散布虚假事实,严重损害了原告的商品声誉,也因此给原告造成了巨大的经济损失,构成我国反不正当竞争法所指的商业诋毁行为。

案例三　青岛惠运办公科技公司诉徐云、青岛昌正大通贸易公司侵害商业秘密纠纷案②

2015年3月30日,惠运公司(甲方)与徐云(乙方)签订《劳动合同》,约定:劳动合同期限自2015年4月1日至2025年3月31日,甲方根据生产工作需要,安排乙方从事业

---

① 参见(2010)浦民三(知)初字第404号判决书。
② 参见(2018)鲁民终958号判决书。

务员岗位工作,同日,双方签订《竞业限制(保密)协议》一份。惠运公司与菲律宾威客纸业集团、阿联酋摩恩印刷公司、台湾佳合集团公司存在长期贸易往来关系,经销产品为尼龙涂塑钢丝和双线圈产品等,惠运公司使用OA办公管理软件、K3软件管理其客户信息,不同部门、不同岗位员工均有自己的权限,在权限范围内处理业务。惠运公司对其客户信息采取了保密措施,对员工设置了查看权限,而且还与有权限查看的员工签订了保密协议,并在员工离职时收回带有公司经营信息的电子设备。徐云在惠运公司工作时任职业务部科长,有权限查看惠运公司客户信息。2017年2月17日,徐云从惠运公司离职。2017年2月16日,徐云向阿联酋摩恩印刷公司发送邮件,主要内容为:告知该公司其离职加入了一家新的公司也生产双线圈,新公司的经理以前是惠运公司的工程师,他与徐云以前是现在也是同事,他知道双线圈的技术,新公司的质量很好,几乎与惠运公司等同,尽管惠运公司的质量很好,但是它们的德国WOMAKO设备也是用当地零件维修的,质量下降很多。另徐云于2016年9月14日在惠运公司任职时即担任昌正大通公司股东,于2017年2月17日离职前后,代表昌正大通公司向惠运公司客户提供低于惠运公司相同产品的产品报价以获取交易机会。徐云、昌正大通公司上述行为直接导致惠运公司下调产品报价、产品交易价格低于徐云离职前价格。2017年5月,徐云代表昌正大通公司参加第九届北京国际印刷技术展览会,宣传与惠运公司相同的双线圈和尼龙注塑铁丝产品,该公司宣传册标注的企业名称、联系方式及地址与徐云2017年2月16日发送给阿联酋公司邮件落款的企业信息一致。

请问:徐云、昌正大通公司的行为是否构成侵害商业秘密?

案件评析:惠运公司主张保护的客户名单构成商业秘密。本案中,惠运公司提交的菲律宾公司、阿联酋公司、台湾公司订单资料和往来邮件中包括客户的名称、地址、联系方式以及交易的具体产品型号、价格以及货运方式,惠运公司与这三家外国公司保持着长期稳定的交易关系。惠运公司对其客户信息采取了保密措施,不仅对员工设置了查看权限,而且还与有权限查看的员工如徐云签订了保密协议,并在员工离职时收回带有公司经营信息的电子设备。惠运公司上述管理方式使其客户信息不容易为外界所获得,这些客户信息特别是产品价格、货运方式能够为惠运公司带来持续、稳定的交易机会,构成《反不正当竞争法》第9条第4款规定的不为公众所知悉、具有商业价值并经权利人采取相应保密措施的经营信息,受《反不正当竞争法》保护。昌正大通公司使用惠运公司客户信息开展同业经营获利,徐云知悉惠运公司客户信息并披露、使用或者允许他人使用其所掌握的商业秘密,并给惠运公司造成了实际损害,构成不正当竞争,徐云应承担停止侵权、赔偿损失等责任。而昌正大通公司因徐云上述行为亦构成不正当竞争,应与徐云承担共同侵权责任。

(二) 案例分析实训

案例一 新华人寿保险股份有限公司诉合星财富管理有限公司虚假宣传纠纷案[①]

原告新华人寿保险股份有限公司的经营范围包括人身保险等,被告合星财富管理有限公司的经营范围包括资产管理、金融信息服务等,均属金融行业,相互之间具有一定的

---

① 参见(2015)浦民三(知)初字第562号判决书。

竞争关系。被告合星财富管理有限公司在与原告没有任何商业合作的情况下,在其批量印制的宣传单以及网站上声称是原告的合作机构,展示原告的企业名称和商标,还冒用原告分公司名义对外发送信件。被告网站首页上有"合星财富及图""星企贷""盈满溢"等标识,提供各类理财产品,并显示客服热线为"400-021-6186"。在网站"合作伙伴"页面的"合作保险"版块中有"NCI 新华保险及图""PICC 中国人民保险"等标识,此外还有"合作银行""信托""金融投资"等版块,前述"NCI 新华保险及图"标识系指代原告。被告的行为严重损害了原告的商誉,对原告及原告客户的经济利益构成侵害和威胁。

请问:被告行为是否构成虚假宣传?

案例二　北京趣拿信息技术有限公司诉广州市去哪信息技术有限公司不正当竞争纠纷案①

北京趣拿信息技术有限公司(简称趣拿公司)于 2006 年 3 月 17 日成立后,"qunar.com"域名由庄辰超转让给该公司。经过多年使用,"去哪儿""去哪儿网""qunar.com"等服务标识成为知名服务的特有名称。广州市去哪信息技术有限公司(简称去哪公司)的前身成立于 2003 年 12 月 10 日,后于 2009 年 5 月 26 日变更为现名,经营范围与趣拿公司相近。2003 年 6 月 6 日,"quna.com"域名登记注册,后于 2009 年 5 月转让给去哪公司。去哪公司随后注册了"123quna.com""mquna.com"域名,并使用"去哪""去哪儿""去哪网""quna.com"名义对外宣传和经营。趣拿公司以去哪公司上述行为构成不正当竞争为由,请求判令去哪公司停止不正当竞争行为并赔偿损失 300 万元等。广州市中级人民法院一审认为,去哪公司使用"去哪""去哪儿""去哪网""quna.com"服务标记的行为构成对趣拿公司知名服务特有名称的侵害,去哪公司在其企业字号中使用"去哪"字样的行为构成不正当竞争,去哪公司使用"quna.com""123quna.com""mquna.com"域名的行为构成对趣拿公司域名权益的侵害。遂判决去哪公司停止使用上述企业字号、服务标记、域名,并限期将上述域名移转给趣拿公司;去哪公司赔偿趣拿公司经济损失 35 万元。去哪公司不服一审判决提出上诉。广东省高级人民法院二审认为,去哪公司使用"去哪"企业字号和"去哪"标识等构成不正当竞争行为,但去哪公司对域名"quna.com"享有合法权益,使用该域名有正当理由,不构成不正当竞争,去哪公司随后注册"123quna.com""mquna.com"域名也应当允许注册和使用。

请问:被告是否构成企业名称、域名的混淆行为?

法考真题

真题 1(2012 年)

下列哪些选项属于不正当竞争行为?(多选)

A. 甲灯具厂捏造乙灯具厂偷工减料的事实,私下告诉乙厂的几家重要客户

B. 甲公司发布高薪招聘广告,乙公司数名高管集体辞职前往应聘,甲公司予以聘用

C. 甲电器厂产品具有严重瑕疵,媒体误报道为乙电器厂产品,甲厂未主动澄清

D. 甲厂使用与乙厂知名商品近似的名称、包装和装潢,消费者经仔细辨别方可区别

---

① https://www.chinacourt.org/article/detail/2015/04/id/1598578.shtml。

二者差异

真题解析：

本题考点为不正当竞争行为。

A项考查不正当竞争行为。依据《反不正当竞争法》第11条的规定，经营者不得编造、传播虚假信息或者误导性信息，损害竞争对手的商业信誉、商品声誉。A项正确。

B项考查高薪招聘广告是否构成不正当竞争。高薪招聘企业员工是正常的市场竞争行为，不构成《反不正当竞争法》第2条规定的不正当竞争行为。B项错误。

C项考查媒体错误报道是否构成不正当竞争。媒体错误报道与甲无关，自然不构成不正当竞争行为。C项错误。

D项考查不正当竞争行为。依据《反不正当竞争法》第6条第1项的规定，擅自使用与他人有一定影响的商品名称、包装、装潢等相同或者近似的标识，属于混淆行为，构成不正当竞争。D项正确。

真题2（2012年）

某县"大队长酒楼"自创品牌后声名渐隆，妇孺皆知。同县的"牛记酒楼"经暗访发现，"大队长酒楼"经营特色是，服务员统一着20世纪60年代服装，播放该年代歌曲，店堂装修、菜名等也具有时代印记。"牛记酒楼"遂改名为"老社长酒楼"，服装、歌曲、装修、菜名等一应照搬。根据《反不正当竞争法》的规定，"牛记酒楼"的行为属于下列哪一种行为？（单选）

A. 正当的竞争行为
B. 侵犯商业秘密行为
C. 混淆行为
D. 虚假宣传行为

真题解析：

本题考点为不正当竞争行为。

A项考查模仿、混淆行为是否属于正当竞争行为。不正当竞争经营者有悖于商业道德且违反法律规定的行为为不正当竞争行为。正当竞争符合商业道德，不具有违法性。题中的行为是不正当竞争行为，不选A。

B项考查商业秘密。依据《反不正当竞争法》第9条的规定，经营者不得实施下列侵犯商业秘密的行为：(1)以盗窃、贿赂、欺诈、胁迫、电子侵入或者其他不正当手段获取权利人的商业秘密；(2)披露、使用或者允许他人使用以前项手段获取的权利人的商业秘密；(3)违反保密义务或者违反权利人有关保守商业秘密的要求，披露、使用或者允许他人使用其所掌握的商业秘密；(4)教唆、引诱、帮助他人违反保密义务或者违反权利人有关保守商业秘密的要求，获取、披露、使用或者允许他人使用权利人的商业秘密。

商业秘密，"秘密"者，不为人所知也。"大队长酒楼"经营特色不属商业秘密，"牛记酒楼"不构成侵犯商业秘密。B项错误。

C项考查混淆行为。所谓混淆行为，是指经营者在经营活动中，以种种伪造或不实手段对自己的商品或服务作虚假表示、承诺或说明，或利用他人的设计包装、商业模式等推销自己的商品或服务,使用户或消费者产生误解,进而扰乱市场秩序、损害消费者利益的行为。根据《反不正当竞争法》第6条的规定,混淆行为包括以下4种:(1)擅自使用与他人有一定影响的商品名称、包装、装潢等相同或者近似的标识;(2)擅自使用他人有一定影响的企业名称(包括简称、字号等)、社会组织名称(包括简称等)、姓名(包括笔名、艺名、译名等);(3)擅自使用他人有一定影响的域名主体部分、网站名称、网页等;(4)其他足以引人误认为是他人商品或者与他人存在特定联系的混淆行为。

"牛记酒楼"全盘照搬照抄的行为是典型的使用与他人有一定影响的商品名称、包装、装潢相同的标识,属于混淆行为。C项正确。

D项考查虚假宣传行为。《反不正当竞争法》第8条规定:"经营者不得对其商品的性能、功能、质量、销售状况、用户评价、曾获荣誉等作虚假或者引人误解的商业宣传,欺骗、误导消费者。""牛记酒楼"不构成虚假宣传。D项错误。

真题3(2014年)

甲酒厂为扩大销量,精心摹仿乙酒厂知名白酒的包装、装潢。关于甲厂的摹仿行为,下列哪些判断是错误的?(多选)

A. 如果乙厂的包装、装潢未获得外观设计专利,则甲厂摹仿行为合法
B. 如果甲厂在包装、装潢上标明了自己的厂名、厂址、商标,则不构成混淆行为
C. 如果甲厂白酒的包装、装潢不足以使消费者误认为是乙厂白酒,则不构成混淆行为
D. 如果乙厂白酒的长期消费者留意之下能够辨别出二者差异,则不构成混淆行为

真题解析:

本题考查混淆行为。

《反不正当竞争法》第6条规定:经营者不得实施下列混淆行为,引人误认为是他人商品或者与他人存在特定联系:(1)擅自使用与他人有一定影响的商品名称、包装、装潢等相同或者近似的标识;(2)擅自使用他人有一定影响的企业名称(包括简称、字号等)、社会组织名称(包括简称等)、姓名(包括笔名、艺名、译名等);(3)擅自使用他人有一定影响的域名主体部分、网站名称、网页等;(4)其他足以引人误认为是他人商品或者与他人存在特定联系的混淆行为。

本题中乙酒厂的白酒属于知名的有一定影响的商品,因此即使其商品包装、外观装潢未获得外观专利,即使甲酒厂标明了自己的厂名、厂址、商标,也构成混淆行为。A、B说法错误,应选;C项说法正确,不选。

实践中对于混淆行为的认定,需要以一般消费者为衡量标准而不是以该商品的长期消费者为衡量标准。D项说法错误,应选。

真题4(2018年)

甲公司系一家互联网信息公司,未经搜房网运营方同意,劫持搜房网数据,在搜房网页面主页右上角设置弹窗,在用户访问搜房网时,甲公司所投放的广告将自动弹出。对于甲公司的行为,下列说法正确的是哪一项?(单选)

A. 构成互联网不正当竞争

B. 构成网络避风港原则,不承担责任
C. 构成诋毁商誉
D. 甲公司应为其投放的虚假广告导致的消费者损失承担连带责任

真题解析:

本题考查互联网不正当竞争、诋毁商誉行为。

A 选项正确。题干中"劫持数据"在法条中的表述是"未经其他经营者同意,在其合法提供的网络产品或者服务中,插入链接、强制进行目标跳转",甲公司行为符合该规定,构成不正当竞争行为。(参见《反不正当竞争法》第12条第2款第1项)

B 选项:需要先明确"何为避风港原则"。它是指对提供信息存储空间或者提供搜索、链接服务的网络服务提供者(比如百度),建立了处理侵权纠纷的"通知与删除"简便程序(参见《信息网络传播权保护条例》第14、23条)。可以这么理解,避风港原则是指"网络服务提供者为网络用户提供存储、搜索或者链接等单纯网络技术服务时,不承担与著作权或相关权有关的信息审查义务"。本题甲公司行为和该原则内容没有关联。B 选项错误。

C 选项:认定构成"诋毁商誉",从行为角度,要求采取"编造、传播虚假信息或者误导性信息"手段;从目的角度,是为了"损害竞争对手的商业信誉、商品声誉。"而本题甲公司不符合该构成要件,不能定性为诋毁商誉行为(参见《反不正当竞争法》第11条)。C 选项错误。

D 选项:虽然甲公司有投放虚假广告的行为,但是因为它是互联网信息公司,不提供"关系消费者生命健康商品或者服务",所以,无需承担连带责任。D 选项错误。

第七章
反垄断法律制度

本章概要

本章介绍反垄断法的概念、反垄断法的规制对象、反垄断法的适用范围、反垄断法的立法宗旨、反垄断法规制的垄断行为类型、反垄断法的执法机关、反垄断执法的调查、涉案企业的权利救济。

学习目标

要求把握反垄断法的规制对象和适用范围,理解反垄断法的立法宗旨,熟练掌握反垄断法规制的四大类垄断行为,了解我国反垄断执法机关的设置。

第一节 反垄断法概述

一、反垄断法的概念

反垄断法在不同的国家和地区有不同的称谓,美国称为反托拉斯法(Anti-Trust Law),欧盟称为竞争法(Competition Law),我国台湾地区称为公平交易法(Fair Trade Law)。尽管如此,但是它们表达的要义基本一致,我们通称为反垄断法(Anti Monopoly Law)。反垄断法,是调整国家在规制市场主体和其他相关组织以控制市场为目的而实施的反竞争行为过程中所发生的社会关系的实体法和程序法的总和。理解反垄断法概念时要注意以下三个方面内容。

第一,反垄断法规制的主体是市场主体。垄断一般是企业或者联合组织的行为,因此这里所称的市场主体包括企业、企业联合组织以及其他社会组织和机构。如日本和我国台湾地区的反垄断法明确规定该法的适用对象为"事业者和事业者团体";德国的法律规定,反垄断法规制"企业和企业的联合组织";英国和美国等国家的反垄断法也都对"私人"或公司、企业的垄断行为进行规制。在各国和地区实践中,某些非市场主体也实施了垄断行为,如政府机构或社会组织(行业协会等)在经济生活中对市场资源的垄断和限制竞争的行为。从对市场机制的破坏作用和影响来说,这些垄断与市场垄断是一样的,都对统一市场的形成和资源的有效配置产生障碍,因而也应该成为反垄断法规制的主体范围。因为这时的政府机构和社会组织的行为不是被作为行政行为对待,而是视为"企业"的市场行为。[①]

第二,反垄断法规制的行为是反竞争的行为。现代反垄断法认为,市场主体占有市场垄断地位的本身并不当然违法,因此也不属于反垄断法的规制对象。但是如果市场主体凭借自身的市场优势地位,从事限制竞争或排挤竞争的行为,则将受到反垄断法的制约。反垄断法律中所规制的行为不仅包括独家垄断和寡头垄断的行为,而且还包括以企业合并方式谋求垄断的行为、以联合方式限制竞争的行为以及以其他形式(如政府滥用行政权力)进行限制竞争的行为等。这些行为的共同特征就是"以控制市场为目的排斥或限制竞争",因此,只要是符合这一特征的行为都应当属于反垄断法的范围。

第三,反垄断法是结合实体规定和程序规定的法规范总和。在大多数国家,反垄断法都是由一个基本法和若干特别法以及众多的行政法规构成的一个法规范群,包含了实体规范和程序规范。如美国在《谢尔曼反托拉斯法》之外,还专门针对滥用垄断地位和不正当竞争行为颁布《克莱顿法》和《联邦贸易委员会法》以及《反托拉斯民事诉讼法》等。众多的行政法规范对具体的法律实施具有重要的意义。因为垄断案件的审理需要十分艰难复杂的调查过程,既涉及公法领域,又涉及私法领域,因此多数国家规定了专门的行政执法机构,对垄断行为的规制一般都通过行政法规进行,对案件的调查审理作了特别的程序规定,如美国的"横向兼并指南""知识产权许可反托拉斯指南"等。日本除了《禁止私人垄断及确保公正交易法》之外,还有"关于审查公司合并事务处理基准"等行政法规。

二、反垄断法的规制对象

在现代反垄断政策指导思想下,反垄断法规制的对象主要集中在以下四个方面。

1. 滥用市场支配地位行为

滥用市场支配地位(Abuse Dominant Position),是指企业凭借已经获得的市场支配地位对市场的其他主体进行不公平的交易或者排挤竞争对手。现代反垄断法理论认为,企业通过正常的工业发展途径获得优势地位行为本身并不会引起反垄断法关注,但是企业在获得这些优势地位以后滥用自身经济力量实施垄断的行为则将受到法律的惩罚。滥用市场支配地位行为在具体实践中的表现形式是多样化的。

2. 限制竞争协议行为

限制竞争协议(Restraint Agreements),也称为卡特尔协议,它是指两个或者两个以上具有竞争关系的企业之间达成旨在排除、限制竞争的协议。这种协议不仅仅是指企业间达成的正式书面协议,也包括非书面的联合行动合意。限制竞争协议行为导致市场竞

---

① 王晓晔:《经济全球化下竞争法的发展》,社会科学文献出版社2005年版。

争受到人为的抑制,因此各国反垄断法原则上对之加以禁止;但是考虑到它在某些情况下的积极效果,各国反垄断法基本又毫无例外地规定了豁免制度。限制竞争协议在实践中应用的领域涉及经济生活方方面面。

3. 经营者集中行为

经营者集中(Undertaking Concentration)不仅包含资产转移型的合并,还要扩大到一个企业能够对另一个企业发生支配性影响的所有方式,包括持有其他公司的股份、取得其他企业的资产、受让或承租其他企业全部或主要部分的营业或财产,与其他企业共同经营或受其他企业委托经营、干部兼任、直接或间接地控制其他企业的人事任免等实现市场力量集中之目的的行为,我国立法称之为经营者集中。虽然现代反垄断法并不当然认为企业获得垄断地位行为本身是违法的,但是出于对垄断势力的防范,很多国家反垄断法规定了企业合并控制制度。企业合并控制制度的存在表明现代反垄断法并未完全摆脱结构主义的色彩。

4. 行政性垄断

行政性垄断(Administrative Monopoly)是相对于市场垄断而言的,它是指行政机关和公共组织滥用行政权力排除或者限制竞争而形成的垄断。行政性垄断是行政权力在市场经济中的异化,对市场经济的健康发展产生巨大的危害性。反垄断法有必要对政府行政权力导致的限制竞争行为和垄断行为加以规制。行政性垄断在具体实践中的表现形式是五花八门的,这在经济体制转轨的国家表现得尤为突出。

三、反垄断法的适用范围

从各国的反垄断相关立法来看,反垄断法适用范围是由一系列制度共同划定的。

(一) 适用对象

大多数国家的反垄断法适用对象涵盖以下四类主体,即经营者、政府、事业单位和行业协会。

1. 经营者

反垄断法作为经济宪法,它所关注的基本内容是社会经济生活秩序。经营者是市场经济活动的核心主体,是直接影响市场经济秩序的庞大社会群体。因此,反垄断法的适用对象首先集中在经营者身上。经营者是反垄断法适用的主要对象,这是世界各国反垄断法所达成的一致共识。

2. 政府

在反垄断法发展早期,受国家主权主义理论的影响,反垄断法基本不干预政府所作所为。美国最高法院在1943年的帕克诉布朗案中确认了这一原则。最高法院在这个案件的判决中指出:"国会不要求国家服从谢尔曼法,因此,国家可以自己的名义,以私人不被允许的反竞争方式从事管理或者行为。"[①]但是伴随着政府在市场竞争秩序的影响不断增加以及行政权力滥用现象日益突出,各国反垄断法逐步放弃传统理论而开始关注政府行为对市场竞争制度的影响。我国《反垄断法》专门对行政机关滥用权力限制竞争作出禁止性规定。

---

① Parker v. Brown, 317 U.S. 341, 350-51(1943).

3. 事业单位

1998年国务院颁布的《事业单位登记管理暂行条例》规定：事业单位是以社会公益为目的，由国家机关举办或者其他组织利用国有资产举办的，从事教育、科技、文化、卫生等活动的社会服务组织。由这个定义可以看出，事业单位具有公益性、国有性、服务性三个最明显的特征。从理论上讲，它不存在与经营者同样的经济动因来实施垄断行为。但是实践中客观上出现了事业单位实施垄断行为现象，例如沈阳苏家屯卫生防疫站指定交易案。我国《反垄断法》也对事业单位滥用法律授予的权力实施限制竞争的行为作出了禁止性规定。

4. 行业协会

行业协会是一种非营利性组织，它由商业中的竞争者构成，其目的在于促进和提高该行业中的一个或多项经济利益或者该领域所覆盖成员的经济利益。[①] 反垄断法与行业协会之间是有着密切的关系的。一方面，行业协会在实现自己职能的过程中，为了行业领域的健康发展和全体会员的共同利益，会约束会员尤其是会员企业的活动，使其遵守竞争规则并运用行业协会的自治权来对违反竞争规则的行为进行规范，这些行为的结果与反垄断法维护自由、公平竞争的目的是不谋而合的；但另一方面，行业协会为了实现会员企业利益的最大化，会倡导会员企业从事所谓的行业"自律"行为，希望会员企业之间不要过度竞争，最好能签订价格同盟等协议。行业协会从事的这些行为实际上是损害、限制竞争的行为，而这些使竞争无法正常进行的行为正是反垄断法所要制约的对象。[②] 目前，很多国家的反垄断法明确将行业协会纳入其适用对象范围。我国《反垄断法》明确禁止行业协会实施垄断行为，并规定了比较严厉的法律责任。

（二）适用除外制度

反垄断法的适用除外是指国家为了保护整个国民经济的发展，在反垄断法中规定的对特定行业或企业的特定行为不适用反垄断法内容的法律制度。反垄断法豁免制度是各国反垄断共有的一项法律制度，但因各国国情的差异，其立法形式并不完全一样。有的国家直接在反垄断法中作出规定，如德国；有的国家则单独制定单行豁免法律，如美国；还有的国家则采取二者混合模式，如日本。

适用反垄断法适用除外的一般有以下几个主要方面。

（1）国家垄断。国家垄断是指国家凭借政治权力对某些产业领域或经营活动实施独占控制而形成的垄断，主要在某些特定行业如邮政、烟草等通过专营的形式实行。

（2）自然垄断。自然垄断是指由于某些产业的自然性质所形成的垄断，这些产业内的企业如果实行市场竞争则可能导致社会资源的浪费，如电信、电力、供水、供气等行业一般都获国家特许实行垄断经营，在反垄断法适用的范围之外，由国家实行监管。但随着科学技术的发展和提高经营效率，保护消费者利益的需要，自然垄断行业逐渐实行改革，适度引入了市场竞争。因此，自然垄断行业就成为受到政府监管和反垄断法适用的双重规制。

（3）知识产权。知识产权是国家通过知识产权法直接规定的赋予权利人独占权利，列入反垄断法适用除外范围的垄断，如专利、商标等。给予知识产权权利人垄断权的目的

[①] 鲁篱：《行业协会经济自治权研究》，法律出版社2003年版，第4页。
[②] 孟燕北：《反垄断法视野中的行业协会》，载《云南大学学报(法学版)》2004年第4期。

是为了激励和保护发明创造的积极性,推动社会生产力的发展。但是,如果权利人在行使知识产权时凭借独占权从事限制或者排除市场竞争的行为,导致社会进步的障碍,则也要受到反垄断法的规制。

(4) 农业。农业是各国的基础产业,本身具有可增值幅度小和深受自然条件影响的特点。为了保证农业的稳定发展,世界上很多国家反垄断法都明确不适用于这一领域的相关行为。例如,欧共体为了避免农业生产者之间的毁灭性竞争,对农产品行业不适用欧共体竞争法。① 我国农业还比较落后,需要保护程度远远超过西方国家社会。鉴于此,我国《反垄断法》对农业生产者及农村经济组织在农产品生产、加工、销售、运输、储存等经营活动中实施的联合或者协同行为实行适用除外制度。

(三) 豁免制度

反垄断法豁免制度是指对于违反垄断法的行为,由于其满足一定的要件而不受到反垄断法禁止与归责的制度,它是世界各国反垄断法所具有的共同制度。

我国《反垄断法》第 15 条规定,经营者能够证明所达成的协议属于下列情形之一的,不适用本法第 13 条、第 14 条的规定:(1) 为改进技术、研究开发新产品的;(2) 为提高产品质量、降低成本、增进效率,统一产品规格、标准或者实行专业化分工的;(3) 为提高中小经营者经营效率,增强中小经营者竞争力的;(4) 为实现节约能源、保护环境、救灾救助等社会公共利益的;(5) 因经济不景气,为缓解销售量严重下降或者生产明显过剩的;(6) 为保障对外贸易和对外经济合作中的正当利益的;(7) 法律和国务院规定的其他情形。属于前款第一项至第五项情形,不适用本法第 13 条、第 14 条规定的,经营者还应当证明所达成的协议不会严重限制相关市场的竞争,并且能够使消费者分享由此产生的利益。

(四) 域外适用制度

反垄断法的域外适用制度,是指一个国家的反垄断法对发生在国外的但是影响到本国国内市场竞争制度的行为进行反垄断管辖的制度,它是近代市场经济和全球化的必然产物。

反垄断法域外适用有着深刻的社会经济根源,随着国际经济的发展,跨国企业活动对本国市场产生了许多巨大的影响,国家为了维护本国的经济利益作出域外适用规定是势在必行的。美国是世界上最早实行反垄断法域外适用的国家,早在 1911 年,美国最高法院在审理"美国烟草公司案"时就确立了其反托拉斯法的域外适用。1945 年,美国最高法院在审理"美国铝公司案"时正式确立了反垄断法域外适用的效果原则。法官 Hand 指出,谢尔曼法也适用于外国企业在美国境内订立的协议,只要"其意图是影响美国出口,且事实上也影响了美国出口"。Hand 法官在当时依据的是习惯法,即"任何一个国家都有权规定,即使对于那些不属于本国的臣民,也不得在其国家领域外从事被这个国家谴责的且对其境内能够产生不良后果的行为"。从而确立了美国反垄断法域外适用的效果原则(effects doctrine)。效果原则扩大了美国反垄断法域外适用的效力的同时,也给其他各国有关方面的立法带来了巨大的借鉴意义,即它为母国和东道国监管跨国公司并购活动也提供了基本的法理依据。以"效果原则"为基础确立的反垄断法的域外适用制度对其他国家也产生了巨大影响,欧共体、德国、澳大利亚等国家相继在其反垄断法中建立了反垄断

---

① 王晓晔:《企业合并中的反垄断问题》,法律出版社 1998 年版,第 293 页。

法域外适用制度;有的国家如日本等,虽然没有在其反垄断法中明确规定这一原则,但通常通过立法解释和法院判决来确认反垄断法的域外适用原则。

我国《反垄断法》第 2 条规定:中华人民共和国境内经济活动中的垄断行为,适用本法;中华人民共和国境外的垄断行为,对境内市场竞争产生排除、限制影响的,适用本法。

四、反垄断法的立法宗旨

立法宗旨是反垄断法制定的指导思想,它决定着反垄断基本法律制度的设置与科学性问题。世界大多数国家的立法和执法实践表明,反垄断法的宗旨通常呈现出多元化,至少涵盖维护竞争、促进经济效率和保护消费者利益三大基本目标。

根据我国《反垄断法》第 1 条规定,保护市场公平竞争、提高经济运行效率、维护消费者利益和社会公共利益是我国反垄断法的四个基本宗旨。

(一) 保护市场公平竞争

在经济学中,帕累托最优是衡量社会资源配置状态的核心标准,而帕累托最优的实现机制主要依赖于竞争。"任何对完全竞争市场的偏离都会导致效率损失,偏离的程度越强,经济效率的损失程度也就越强。"[1]因此,竞争机制在现代社会资源配置中具有举足轻重的地位。虽然到目前为止,我国市场经济已经取得长足发展,但是各种垄断问题依然大量存在,它们严重阻碍了我国市场经济的进一步发展。因此,打破垄断、促进市场展开公平竞争是我国反垄断法的第一要务。

(二) 提高经济运行效率

发展经济总体上有两种方式,即粗放型与集约型。虽然我国地大物博,但是由于人口基数本身有 13 亿多,这些资源平均到具体人口上也是非常少的,因此粗放型的模式是无法从根本上解决问题的。况且伴随着可持续发展理论的提出,短期见效的粗放型经济增长模式已被各国所抛弃,代替的是集约型经济。集约型的经济本身关注效率最大化问题,即以最小的投入获得最大的产出。根据 X 无效率理论,竞争的压力会迫使完全竞争,促使成本最小化,而缺乏竞争会使垄断者的无效率成为可能。经济学无谓损失理论则认为,垄断高价造成了部分双方有益的交易无法进行,造成经济蛋糕缩小。这些理论在我国实践中都得到了验证,例如金融、通讯、交通、保险、电力、供水、供电等这些企业长期处于独家经营的状态,缺乏外部竞争,经营效率不高;通过垄断高价把消费者的利益转移到经营者身上,造成社会福利的损失,估计这类损失每年达到 1 300 亿至 2 020 亿元。[2] 因此,中国要进一步提升经济效率必须打破不合理的垄断、促进市场的有效竞争。中国经济现状与社会发展需求客观上决定了提高经济效率是反垄断法追求的重要目标。

(三) 保护消费者合法权益与社会公共利益

消费者保护是当前各国社会关注的一个焦点,很多国家制定了专门的消费者权益保护法律制度。我国 1993 年颁布了《中华人民共和国消费者权益保护法》,它确立消费者国家与社会保护原则。虽然我国消费者保护工作已经取得长足发展,但目前在社会现实中侵害消费者权益的案件还是很多的。这些案件中主导涉及经济利益纠纷的主要集中在那

---

[1] 胡甲庆:《反垄断法的经济逻辑》,厦门大学出版社 2007 年版,第 45 页。
[2] 徐士英等:《竞争法新论》,北京大学出版社 2006 年版,第 197 页。

些具有市场优势地位企业身上,例如"银联跨行查询收费案件""杭州电信强制托收保险费案""微软捆绑销售、超高定价案"等。这些案件不仅直接严重侵害了消费者利益,而且直接影响着市场健康发展。反垄断法作为经济宪法,无论是从维护市场竞争制度还是从对市场主体关注的角度,都应该对消费者权益保护问题作出相应表态与规定。我国有部分学者甚至认为,反垄断法终极任务就是保护消费者。[1] 经济法是以社会为本之法,保护公共利益是现代经济法承载的重要历史使命。"以维护自由公平竞争秩序为己任的反垄断法是现代市场经济的基本法律之一,是现代经济法的核心。"[2]所以,保护社会公共利益自然是我国反垄断法的宗旨所在。

第二节 法律规制的垄断行为

一、限制竞争协议行为

(一) 限制竞争协议的概念与性质

限制竞争协议,也称为卡特尔协议或者垄断协议,它是指两个或者两个以上具有竞争关系的企业之间达成旨在排除、限制竞争的协议。这种协议不仅仅是指企业间达成的正式书面协议,也包括非书面的联合行动合意。企业之间达成的反竞争协议,既可以是书面协议,也可以是口头协议(君子协议);既可以是双方正式签署的规范性文件,也可以是双方传递的电报、传真和信件;既可以是横向的协议,也可是纵向的协议。[3] 此外,有些国家还把非通过意思交流而是自觉跟从他人的协同行为也作为限制竞争的行为,例如欧盟、美国等。

虽然限制竞争协议行为并不直接对市场结构产生影响,但它在经济生活中更为普遍,对市场的影响以及对竞争机制的破坏作用一点也不亚于垄断。[4] 这主要表现在:第一,限制竞争协议直接损害未参与共谋协议之企业的利益。限制竞争协议可使已进入市场的非"联合"者的经营活动严重受挫,或使其业务的发展受到直接或间接的威胁,尤其是那些遭受联合抵制的经营者,往往是客户被夺,业务量锐减,损失惨重,甚至遭受灭顶之灾。联合行为还可排挤小企业的建立与发展,限制"联合"成员以外的竞争者进入市场,使其丧失参与公平竞争的机会。[5] 第二,限制竞争协议严重损害消费者的利益,使消费者不能在进行购买时自由地比较和选择,被迫接受所有具有竞争关系的企业的一致定价或一样的交易条件,极有可能形成不合理不公平的交易。但是限制竞争协议行为本身也并不是没有任何存在的合理价值的。有些限制竞争协议在一定程度上限制了市场竞争,但它能够有效地避免因市场过度竞争而导致资源浪费局面的发生,从而促进社会整体经济发展。

(二) 限制竞争协议行为的表现形式

限制市场竞争协议可以分为横向限制竞争协议和纵向限制竞争协议两类。

---

[1] 颜运秋:《反垄断法应该以消费者保护为终极目标》,载《消费经济》2005年第5期。
[2] 杜文学:《垄断与竞争:制度安排与价值决定——反垄断与充分竞争的法经济学思考》,载《兰州铁道学院学报》2001年第5期。
[3] 阮方民:《欧盟竞争法》,中国政法大学出版社1998年版,第141—142页。
[4] 国家工商行政管理局:《现代竞争法的理论与实践》,法律出版社1993年版,第20页。
[5] 吕明瑜:《限制竞争协议及立法思考》,载《经济师》2003年第6期。

1. 横向限制竞争协议行为

根据我国《反垄断法》第 13 条规定,禁止的横向限制竞争协议行为主要为:(1) 固定或者变更商品价格;(2) 限制商品的生产数量或者销售数量;(3) 分割销售市场或者原材料采购市场;(4) 限制购买新技术、新设备或者限制开发新技术、新产品;(5) 联合抵制交易;(6) 国务院反垄断执法机构认定的其他垄断协议。

2. 纵向限制竞争协议行为

我国《反垄断法》第 14 条规定,禁止经营者与交易相对人达成下列垄断协议:(1) 固定向第三人转售商品的价格;(2) 限定向第三人转售商品的最低价格;(3) 国务院反垄断执法机构认定的其他垄断协议。

(三) 限制竞争协议行为的查处

1. 限制竞争协议的构成要件

(1) 主体的认定。限制竞争行为的主体是指在同一经济层次中的有竞争关系的企业(横向限制竞争),或者具有供销关系的企业(纵向限制竞争)。

(2) 具有限制竞争的共同目的。主体之间具有限制竞争的"合意"是认定横向限制竞争行为的主观要件,这种合意包括有法律拘束力的意思表示和并不具有法律效力的其他合意表示。很多国家执法实践表明,参与限制竞争协议的主体为逃避法律规制往往掩盖或消灭证据。很多国家为此建立了反推规则,即如果其他事实证据能够证实限制竞争的协议确实存在的话,就推定这种协议主观具有故意性。[①]

(3) 实施了限制竞争的行为。企业之间不管有没有以书面形式订立协议或者口头的非正式协议,只要通过协调行为共谋,采取了限制竞争的实际行动,就属于法律所规制的内容。

(4) 导致限制竞争的后果。在考虑此项要素时,多数国家都认为对市场的影响不一定要实际发生,只要能证明对市场的影响在一定程度上有发生的可能性及这种影响的严重性,就足以推断这种影响的存在。

上述主要是横向限制竞争协议的构成要件,关于纵向竞争协议的主要表现形式限制转售价格有着严格的构成条件。第一,限制转售价格必须有两个以上的交易关系存在,即"初次销售"(制造商与经销商的交易关系)与"转售"(经销商与零售商的交易关系)是两个独立的销售关系。如果经销商与制造商之间属代理关系,不存在转售价格的控制问题。第二,从事交易者非母子公司关系或丧失独立地位的企业。经销商不具有独立人格就不能认定转售的价格控制,而只视为公司"内部"关系。第三,限制转售价格必须是带有"强制性"的。限制转售价格是上游厂商对下游经销商构成有拘束力的限制行为,而不包括单纯的"建议价格"行为。凡订有罚则或以拒绝交易相要挟等内容的契约,即属"强制性"价格限制。

2. 限制竞争协议的法律责任

由于限制竞争协议对市场竞争的严重影响,因此各国反垄断法对其格外关注。如果经营者之间的限制竞争协议得不到反垄断法的豁免,那么他们将面临反垄断法的严厉惩罚。

我国《反垄断法》对限制竞争协议行为规定了如下责任:经营者违反本法规定,达成并实施垄断协议的,由反垄断执法机构责令停止违法行为,没收违法所得,并处上一年度销售额 1% 以上 10% 以下的罚款;尚未实施所达成的垄断协议的,可以处 50 万元以下的

---

① 戴奎生等:《竞争法研究》,中国大百科全书出版社 1993 年版,第 91—92 页。

罚款。经营者主动向反垄断执法机构报告达成垄断协议的有关情况并提供重要证据的,反垄断执法机构可以酌情减轻或者免除对该经营者的处罚。行业协会违反本法规定,组织本行业的经营者达成垄断协议的,反垄断执法机构可以处 50 万元以下的罚款;情节严重的,社会团体登记管理机关可以依法撤销登记。

二、滥用市场支配地位行为

(一) 滥用市场支配地位的概念

滥用市场支配地位(Abuse Dominant Position),是指企业凭借已经获得的市场支配地位,对市场的其他主体进行不公平的交易或者排挤竞争对手的行为。有的学者称其为企业滥用经济优势,"指在竞争的市场中,经济上处于支配地位的经营者,凭借自己的优势地位对其他竞争者,特别是中小企业所采取的排挤和限制的行为"[1]。也有学者称其为企业滥用控制地位,"指少数大企业滥用其优势地位,对其他企业施加影响和控制,从而限制有效竞争的行为"[2]。虽然这些概念的形式存在一定的差异,但是它们有关滥用市场支配地位行为的本质表述是一致的,都涵盖了"市场支配地位滥用"与"损害竞争"基本要义。

(二) 滥用市场支配地位行为的表现形式

根据我国《反垄断法》第 17 条规定,法律禁止的滥用市场支配地位行为是:(1) 以不公平的高价销售商品或者以不公平的低价购买商品;(2) 没有正当理由,以低于成本的价格销售商品;(3) 没有正当理由,拒绝与交易相对人进行交易;(4) 没有正当理由,限定交易相对人只能与其进行交易或者只能与其指定的经营者进行交易;(5) 没有正当理由搭售商品,或者在交易时附加其他不合理的交易条件;(6) 没有正当理由,对条件相同的交易相对人在交易价格等交易条件上实行差别待遇;(7) 国务院反垄断执法机构认定的其他滥用市场支配地位的行为。

(三) 市场支配地位的认定

市场支配地位是指经营者在相关市场内具有能够控制商品价格、数量或者其他交易条件,或者能够阻碍、影响其他经营者进入相关市场能力的市场地位。我国《反垄断法》第 18 条规定,认定经营者具有市场支配地位,应当依据下列因素:(1) 该经营者在相关市场的市场份额,以及相关市场的竞争状况;(2) 该经营者控制销售市场或者原材料采购市场的能力;(3) 该经营者的财力和技术条件;(4) 其他经营者对该经营者在交易上的依赖程度;(5) 其他经营者进入相关市场的难易程度;(6) 与认定该经营者市场支配地位有关的其他因素。

为了便于对市场支配地位作出认定,我国《反垄断法》还建立了推定规则。第 19 条规定,有下列情形之一的,可以推定经营者具有市场支配地位:(1) 一个经营者在相关市场的市场份额达到 1/2 的;(2) 两个经营者在相关市场的市场份额合计达到 2/3 的;(3) 三个经营者在相关市场的市场份额合计达到 3/4 的。有前款第二项、第三项规定的情形,其中有的经营者市场份额不足 1/10 的,不应当推定该经营者具有市场支配地位。被推定具有市场支配地位的经营者,有证据证明不具有市场支配地位的,不应当认定其具有市场支

---

[1] 包锡妹:《反垄断法的经济分析》,中国社会科学出版社 2003 年版,第 160 页。
[2] 倪振峰:《竞争与竞争法》,华东师范大学出版社 1996 年版,第 173 页。

配地位。

(四)"滥用"的认定

根据行为主义理论,企业获得市场支配地位本身并不违反法律;只有当特定的企业滥用这种市场优势地位时,法律才对其加以限制或者禁止。因此,在确定经营者的市场支配地位后,应该进一步考虑具有市场支配地位的企业是否滥用了这种市场控制力在相关市场领域内从事限制市场竞争的行为。

从目前世界各国的反垄断立法来看,大多数国家和地区在反垄断法中明确规定了滥用市场支配地位的具体情形。德国《反限制竞争法》第19条第4款规定:"滥用,即如一个具有市场支配地位的企业作为某种商品或服务的供应者或需求者:(1)以对市场上的竞争产生重大影响的方式,并无实质上合理的理由,损害其他企业的竞争可能性;(2)提出与在有效竞争条件下理应存在的报酬和其他条件相悖的报酬或其他条件,在此特别应当考虑企业在存在有效竞争的类似市场上的行为方式;(3)提出的报酬或其他交易条件差于该支配市场的企业本身在类似市场上向同类购买人所要求的报酬或其他交易条件,但该差异在实质上是合理的除外;(4)拒绝另一个企业以适当报酬进入自己的网络或其他基础设施,但以该另一个企业出于法律上或事实上的理由,非使用他人网络或其他基础设施无法在前置或后置市场上作为支配市场企业的竞争者从事活动为限,如支配市场的企业证明这种使用因企业经营方面或其他方面的事由是不可能的或不能合理期待的,不在此限"。欧共体法院在"霍夫曼—拉罗赫案"中,对于滥用的解释为:"滥用是一种关于优势地位企业行为的客观概念,滥用行为系指能影响市场结构,使市场中之竞争程度为之减弱的一切行为与措施;并通过与商业运营中产品与服务正常竞争状况下比较,认为会对现有市场竞争程度之维持或成长造成影响。"[1]

这些规定与解释为判定经营者的行为是否属于反垄断法所禁止的滥用市场支配地位行为奠定了基础,对我国具有一定借鉴意义。在这个环节上,我国目前是由执法机关根据合理原则来进行认定的。

(五)法律责任

我国反垄断法对滥用市场支配地位行为确立了行政责任与民事责任:经营者违反本法规定滥用市场支配地位的,由反垄断执法机构责令停止违法行为,没收违法所得,并处上一年度销售额1%以上10%以下的罚款;经营者实施垄断行为,给他人造成损失的,依法承担民事责任。

三、经营者集中行为

(一)经营者集中行为的概念与种类

经营者集中在不同国家和地区的反垄断法中有着不同的称呼,如结合(merge)、联合(combination)、兼并或收购(acquisition)、接管(take over)等。在立法上,我国反垄断法最终采用了"经营者集中"这个术语,它是指两个或者两个以上的经营者进行合并,或者通过取得股权或者资产的方式取得对其他经营者的控制权,或者通过合同等方式取得对其他经营者的控制权,或者能够对其他经营者施加决定性影响。

---

[1] 文学国:《滥用与规制——反垄断法对企业滥用市场优势地位行为之规制》,法律出版社2003年版,第146页。

根据集中参与者原先所在市场领域差异，经营者集中可以分为横向经营者集中、纵向经营者集中与混合经营者集中三类。

横向经营者集中是指相同或者相似产品的生产者和销售者之间的集中，其显著的经济效果是由于市场经营规模扩大而带来的规模经济。横向集中被认为最有可能引起垄断和破坏市场竞争，因为横向集中直接影响市场结构，它提高了参与企业的市场占有率，市场集中度也因此提高。

纵向经营者集中是指处于不同生产或销售环节的企业之间的集中，其实质是将原来的市场交易关系内化成企业内部的管理关系。纵向集中能够减少信息收集、谈判、签约等交易成本，也不直接导致企业市场占有率的提高和市场势力的增强，但集中后的企业会增强对上、下游市场的控制力量，而导致影响市场竞争力量的对比发生不良的变化。正因为纵向集中存在着对市场竞争的潜在威胁，它也成为反垄断法规制的对象。

混合经营者集中是指分属不同产业领域的企业的集中，如信息产业和保健食品行业的集中、金融企业与制造业的集中等，在当今各国合并案例中，混合集中已成趋势。混合集中各方之间不存在竞争关系，对市场竞争并不产生直接的消极影响，但集中能增强企业的经济力量，除了加强对参与企业主要产品市场的控制外，还可能使原来不同市场的产品产生优势地位，其影响竞争的潜在威胁不容忽视。

（二）经营者集中的申报制度

由于并不是所有的经营者集中行为都会对市场产生实质性的不良影响，因此，反垄断执法机关并不需要对所有的经营者集中案件进行审查。为了解决对经营者集中行为的规制效率，现代反垄断法建立了经营者集中的申报制度。只有达到法定申报标准的经营者集中案件，参与者才必须依法向反垄断执法机关进行申报，只有在获得批准后才能实施集中行为。

我国《反垄断法》第21条规定：经营者集中达到国务院规定的申报标准的，经营者应当事先向国务院反垄断执法机构申报，未申报的不得实施集中。《国务院关于经营者集中申报标准的规定》规定，经营者集中达到下列标准之一的，经营者应当事先向国务院商务主管部门申报，未申报的不得实施集中：（1）参与集中的所有经营者上一会计年度在全球范围内的营业额合计超过100亿元人民币，并且其中至少两个经营者上一会计年度在中国境内的营业额均超过4亿元人民币；（2）参与集中的所有经营者上一会计年度在中国境内的营业额合计超过20亿元人民币，并且其中至少两个经营者上一会计年度在中国境内的营业额均超过4亿元人民币。经营者集中未达到本规定第3条规定的申报标准，但按照规定程序收集的事实和证据表明该经营者集中具有或者可能具有排除、限制竞争效果的，国务院商务主管部门应当依法进行调查。但是根据《反垄断法》第22条规定，经营者集中有下列情形之一的，可以不向国务院反垄断执法机构申报：（1）参与集中的一个经营者拥有其他每个经营者50％以上有表决权的股份或者资产的；（2）参与集中的每个经营者50％以上有表决权的股份或者资产被同一个未参与集中的经营者拥有的。

根据《经营者集中申报办法》规定：通过合并方式实施的经营者集中，由参与合并的各方经营者申报；其他方式的经营者集中，由取得控制权或能够施加决定性影响的经营者申报，其他经营者予以配合。申报人应当提交完备的文件、资料，商务部应对申报人提交的文件、资料进行核查。商务部发现申报的文件、资料不完备的，可以要求申报人在规定期限内补交。申报人逾期未补交的,视为未申报。

(三) 经营者集中的审查

1. 审查标准及权衡因素

从各国反垄断法对经营者集中控制所实行的审查标准来看,总体上有三类:一是实质减少竞争标准。它是以合并是否减少市场竞争、对竞争产生实质限制作用为标准对企业合并进行控制,这里以美国为典型。美国1914年颁布的《克莱顿法》规定:如果可能实质上削弱竞争或造成垄断,那么一个公司通过购买另一竞争公司的全部或大部分股票而吞并该公司的做法是法律禁止的。二是市场支配力标准。它是以合并是否加强了市场支配地位、影响竞争为控制企业合并的标准,欧盟就是采用这种标准的。根据欧盟的《合并条例》规定,如果一项合并创设或者加强市场支配地位,使得共同市场或共同市场的一大部分的有效竞争受到严重妨碍,该合并得宣布与共同市场不一致而不被批准。三是经济效率,即把是否损害市场效率,尤其是相关市场上消费者福利作为对合并进行控制的主要考虑因素。在实践中,很多国家将上述标准综合起来,多方面考虑企业合并对市场经济的影响来控制合并。

我国采取的标准如下:具有或者可能具有排除、限制竞争效果的,国务院反垄断执法机构应当作出禁止经营者集中的决定;但是经营者能够证明该集中对竞争产生的有利影响明显大于不利影响,或者符合社会公共利益的,国务院反垄断执法机构可以作出对经营者集中不予禁止的决定。

2. 审查期限

不同国家和地区在审查期限上有所不同。根据我国《反垄断法》规定,国务院反垄断执法机构应当自收到经营者提交的符合本法第23条规定的文件、资料之日起30日内,对申报的经营者集中进行初步审查,作出是否实施进一步审查的决定,并书面通知经营者。国务院反垄断执法机构决定实施进一步审查的,应当自决定之日起90日内审查完毕,作出是否禁止经营者集中的决定,并书面通知经营者。有下列情形之一的,国务院反垄断执法机构经书面通知经营者,可以延长前款规定的审查期限,但最长不得超过60日:(1) 经营者同意延长审查期限的;(2) 经营者提交的文件、资料不准确,需要进一步核实的;(3) 经营者申报后有关情况发生重大变化的。

3. 审查结果

经营者集中具有或者可能具有排除、限制竞争效果的,国务院反垄断执法机构应当作出禁止经营者集中的决定。对不予禁止的经营者集中,国务院反垄断执法机构可以决定附加减少集中对竞争产生不利影响的限制性条件。

四、行政性垄断行为

(一) 行政性垄断行为的概念

行政性垄断是指行政机关和公共组织滥用行政权力排除或者限制竞争而形成的垄断。传统反垄断法理论认为:"行政性垄断是我国体制转轨时期的特殊产物,其最终解决无疑需要深化经济体制和政治体制改革。"[①]将反垄断法适用于行政垄断,其实已经是各

---

① 王先林:《略论我国反垄断立法中的禁止行政性垄断制度》,载《安徽大学学报(哲学社会科学版)》2005年第6期。

国常见的做法。美国、欧盟和我国台湾地区的立法都将行政机关作为反垄断法的管辖对象,而苏联及东欧国家出现过与我国性质相同的行政垄断问题,其反垄断法中往往有对行政垄断的直接规定。如俄罗斯反垄断法规定,联邦行政权力机构、联邦各部门的行政权力机构和各市政府当局所从事的与反垄断法规相抵触的行为,以及趋向阻止、限制和排除竞争的行为都适用该法律。匈牙利的《禁止不正当竞争法》也明确规定:如果国家行政机构的决议损害了竞争的自由,竞争监督机构则可以作为一方当事人请求法律救济。

(二) 行政性垄断行为的危害

行政性垄断本质上是公权力在市场管理的异化的产物,它不仅直接侵害了当事人的合法权益,更是严重损害市场竞争机制。行政性垄断行为的危害具体有以下几个方面。

(1) 行政性垄断扭曲市场机制。行政性垄断大多是为了本地区、本部门的利益运用行政权力,人为地设置障碍,肢解和割裂市场,无法形成开放统一的市场体系。这种行为必定扭曲市场机制的有效运转,使市场失去应有的调节功能,降低资源配置的效率。

(2) 行政性垄断违背公平竞争原则。行政性垄断通过不正当行使行政权力,在市场上人为制造出地位不平等的竞争者,对企业的经营或加以特别保护,或进行强制干预,或滥用行政命令强制企业从事限制竞争的行为。不仅与公平竞争理念相悖,从本质上抹杀了市场竞争的精神,也使企业的利益受到侵害。

(3) 行政性垄断削弱企业竞争能力。行政性垄断表面上看似乎可以维护局部的利益,但这种做法恰恰忽视了利益产生的根源——企业竞争机制的培育。它是以牺牲整体利益、长远利益作为代价的。有了政府的保护或者压制,企业在市场上失去了竞争的动力和压力,创新机制减弱,腐朽力量增添,影响社会经济的发展。

(三) 行政性垄断行为的表现形式

根据我国《反垄断法》,行政性垄断行为主要有以下五大类具体表现形式。

(1) 滥用行政权力,限定或者变相限定单位或者个人经营、购买、使用其指定的经营者提供的商品。

(2) 滥用行政权力,实施下列行为,妨碍商品在地区之间的自由流通:① 对外地商品设定歧视性收费项目、实行歧视性收费标准,或者规定歧视性价格;② 对外地商品规定与本地同类商品不同的技术要求、检验标准,或者对外地商品采取重复检验、重复认证等歧视性技术措施,限制外地商品进入本地市场;③ 采取专门针对外地商品的行政许可,限制外地商品进入本地市场;④ 设置关卡或者采取其他手段,阻碍外地商品进入或者本地商品运出;⑤ 妨碍商品在地区之间自由流通的其他行为。

(3) 滥用行政权力,以设定歧视性资质要求、评审标准或者不依法发布信息等方式,排斥或者限制外地经营者参加本地的招标投标活动。

(4) 滥用行政权力,采取与本地经营者不平等待遇等方式,排斥或者限制外地经营者在本地投资或者设立分支机构。

(5) 滥用行政权力,强制经营者从事法定禁止的垄断行为。

(四) 行政性垄断行为的治理

行政性垄断源于行政权力的滥用,因此对行政性垄断的规制必定要通过行政法律和竞争法律的共同调整才能取得效果。一方面通过行政法明确限制行政权力的范围和执行程序,防止行政权力的滥用;另一方面,通过反垄断法对不正当行使行政权力导致和可能导致市场竞争机制受损的行为规定具体的法律责任。

我国《反垄断法》规定：行政机关和法律、法规授权的具有管理公共事务职能的组织滥用行政权力，实施排除、限制竞争行为的，由上级机关责令改正；对直接负责的主管人员和其他直接责任人员依法给予处分。反垄断执法机构可以向有关上级机关提出依法处理的建议。法律、行政法规对行政机关和法律、法规授权的具有管理公共事务职能的组织滥用行政权力实施排除、限制竞争行为的处理另有规定的，依照其规定。

第三节 反垄断法的执行机制

一、反垄断法的执法机关

（一）国外反垄断执法机关设置

因为国情的差异，各国反垄断法执法机构设置也存在很多不同之处。从整体上来看，当前世界各国的反垄断执法机构设置可以分为三种基本类型，即二元行政主管型、行政主管机关与顾问机构型、专门单一机关型。

二元主管型是指反垄断法行政执法存在两个行政执法机关的模式。根据两个行政机构之间的关系，这种模式又可以分为平行式与从属式。平行式以美国为典型，美国反托拉斯执法主体是司法部反托拉斯局和联邦贸易委员会，司法部反托拉斯局和联邦贸易委员会是相互平行的两个机构，共同负责执行反托拉斯法，具体职责有着明确划分；从属式以法国为典型，法国反垄断执法体系包括法国经济财政工业部和竞争委员会，经济财政工业部负责反垄断案件的调查，并将案件提交竞争委员会。

行政主管与顾问机构型是指反垄断执法除了存在一个确定职权的行政机构外还存在一个顾问机构的模式。这种模式依据顾问机构职权性质又可以分为纯顾问型和非纯顾问型。纯顾问型以德国最为典型，德国反垄断执法体系包括联邦经济部、联邦卡特尔局、州卡特尔局和反垄断委员会。经济部是联邦政府中负责宏观经济管理的部门，其主要职责之一是制定包括反垄断政策在内的竞争政策，它是根据1957年《反垄断限制竞争法》设立的独立的联邦机关，隶属于联邦经济部长。卡特尔局局长和副局长由经济部长提名，经内阁决议后由总统任命。卡特尔局按行业分类，内设九个审议处、一个基础处和一个欧洲处。卡特尔局享有执法权、处罚权、批准权、监督权等。州卡特尔局隶属于州政府，负责州内卡特尔事务。反垄断委员会是独立的咨询机构。[①] 非纯粹顾问型以英国为典型，英国的反垄断执法机构体系包括公平贸易局和垄断与兼并委员会。公平贸易局属于政府范围，领导者是公平贸易总局长。垄断与兼并委员会享有报告职能和上诉职能，法院的主要职责是根据总局长的报告审理限制性贸易协议和零售价格维持案件，以决定这些行为是否与公众利益一致。1998年的英国《竞争法》规定竞争委员会替代垄断与兼并委员会，并继续行使相关职权。

专门单一机关型是指反垄断行政执法机关是唯一的模式，日本和韩国是典型。日本

---

① 覃有土：《论中国反垄断执法机构的设置》，载《法学论坛》2004年第1期。

公正交易委员会是根据1947年《禁止反垄断法》设立的反垄断执法机关。公正交易委员会隶属于首相,独立行使职权,在实施反垄断法的过程中,具有准立法和司法机关的性质。公正交易委员会采取委员会制,由主席和四个委员组成。公正交易委员会事务总局,负责公正交易委员会的日常事务。公正交易委员会事务总局在秘书处的领导下,下设办公厅、经济事务局和调查局。

(二) 我国反垄断执法机关设置

虽然我国有着本身的特殊国情,反垄断立法不能照搬其他国家模式,但是很多国家的实践已经证明了反垄断执法机关必须具有相对高度独立和权威的地位,这样才能保证反垄断法的有效实施。在我国当前反垄断立法中,这种应然的高度独立的反垄断执法机构设置受到了极大的冲击,主要原因在于政府部门对反垄断执法权力资源的争夺。相关执法部门之间对反垄断执法权力资源的争夺不仅导致反垄断法出台阻力加剧,也使得应有的设置反垄断执法机置方案得不到立法采纳。

从我国《反垄断法》第9条与第10条的规定来看,我国采取二元化立法模式,分别设立议事协调机构和具体执法机构。

国务院设立反垄断委员会,负责组织、协调、指导反垄断工作,履行下列职责:(1) 研究拟订有关竞争政策;(2) 组织调查、评估市场总体竞争状况,发布评估报告;(3) 制定、发布反垄断指南;(4) 协调反垄断行政执法工作;(5) 国务院规定的其他职责。

国务院规定的承担反垄断执法职责的机构,依照反垄断法规定负责反垄断执法工作。

根据第十一届全国人民代表大会第一次会议批准的国务院机构改革方案和《国务院关于机构设置的通知》(国发〔2008〕11号),具体负责我国反垄断执法的机关分别为商务部、国家发改委和国家工商总局。它们分工如下:商务部依法对经营者集中行为进行反垄断审查,指导企业在国外的反垄断应诉工作,开展多双边竞争政策交流与合作;国家发改委负责组织制定和调整少数由国家管理的重要商品价格和重要收费标准,依法查处价格违法行为和价格垄断行为等;国家工商总局负责垄断协议、滥用市场支配地位、滥用行政权力排除限制竞争方面的反垄断执法工作(价格垄断行为除外)。

二、对涉嫌垄断行为的调查

(一) 调查的启动

反垄断执法机构依法对涉嫌垄断行为进行调查。对涉嫌垄断行为,任何单位和个人有权向反垄断执法机构举报;举报采用书面形式并提供相关事实和证据的,反垄断执法机构应当进行必要的调查。

(二) 职权与义务

反垄断执法机构调查涉嫌垄断行为,可以采取下列措施:(1) 进入被调查的经营者的营业场所或者其他有关场所进行检查;(2) 询问被调查的经营者、利害关系人或者其他有关单位或者个人,要求其说明有关情况;(3) 查阅、复制被调查的经营者、利害关系人或者其他有关单位或者个人的有关单证、协议、会计账簿、业务函电、电子数据等文件、资料;(4) 查封、扣押相关证据;(5) 查询经营者的银行账户。

反垄断执法机构调查涉嫌垄断行为,执法人员不得少于二人,并应当出示执法证件。执法人员进行询问和调查,应当制作笔录,并由被询问人或者被调查人签字。反垄断执法机构及其工作人员对执法过程中知悉的商业秘密负有保密义务。被调查的经营者、利害关系人或者其他有关单位或者个人，应当配合反垄断执法机构依法履行职责，不得拒绝、阻碍反垄断执法机构的调查。被调查的经营者、利害关系人有权陈述意见。反垄断执法机构应当对被调查的经营者、利害关系人提出的事实、理由和证据进行核实。反垄断执法机构对涉嫌垄断行为调查核实后，认为构成垄断行为的，应当依法作出处理决定，并可以向社会公布。

（三）承诺制度

对反垄断执法机构调查的涉嫌垄断行为，被调查的经营者承诺在反垄断执法机构认可的期限内采取具体措施消除该行为后果的，反垄断执法机构可以决定中止调查。中止调查的决定应当载明被调查的经营者承诺的具体内容。

反垄断执法机构决定中止调查的，应当对经营者履行承诺的情况进行监督。经营者履行承诺的，反垄断执法机构可以决定终止调查。有下列情形之一的，反垄断执法机构应当恢复调查：(1) 经营者未履行承诺的；(2) 作出中止调查决定所依据的事实发生重大变化的；(3) 中止调查的决定是基于经营者提供的不完整或者不真实的信息作出的。

三、涉嫌垄断行为的企业权利救济机制

（一）发达国家及其地区反垄断法救济制度

美国反托拉斯法对企业提供的救济机制主要集中在《联邦贸易委员会法》中。根据该法第5条规定，如果行政相对人对初步裁决不服，可以在规定的时间内向委员会本身提出上诉，要求进行重新审查。这个规定所提供的救济机制可以称为行政上诉和行政复审。除此以外，《联邦贸易委员会法》还提供了司法复审救济机制。根据该法第5条(c)款规定委员会停止令中，要求其停止不正当竞争方法或不公正的或欺骗性行为及惯例的个人、合伙人、公司，在该停止令送达后的60天内，可以书面形式，向其居住、营业或行为实施地的美国上诉法院申请复审，以废除委员会的停止令。法院应将申请书副本及时送交委员会，委员会应及时把诉讼记录送交法院。根据申请书，法院有权同委员会同时决定有关的问题，法院有权确认、修改或废除委员会的命令。委员会对事实的判决，若有证据支持，是终局性的。委员会的命令被确认时，法院将发布自己的命令，要求当事人遵守委员会的命令。任何当事人如果向法院请求增加证据，必须证明增加的证据同该案相关，而且为什么在委员会诉讼中未能提出合理的理由，法院可以命令委员会增加该证据，并依据新证据，委员会可修改其对事实的判决，或作出新判决，并把修改后的判决或新判决制作成文件。如果新判决或修改后的判决，有证据的支持，则是终局性的。除由最高法院予以审理外，法院的判决和禁止令是终局性的。

欧盟对反垄断执法对象提供的权利救济机制分散在相关法律文件中，其中《欧共体条约》第229条最为重要。根据《欧共体条约》第229条，欧洲法院对委员会的裁决有不受限制的审查权、修改权和采取某些强制性措施的权力。此外，根据第1/2003号条例的第31条规定，法院在审查委员会处以罚款决定方面享有不受限制的权力，法院可以撤销、减少或者增加对企业的罚款数额。如果当事人对反垄断执法机关的决定不服，可以依法向欧洲法院寻求救济。欧共体法院分为初审法院和欧洲法院，审查欧共体委员会裁决首先由初审法院进行。如果当事人对初审法院的判决还是不服，有权在判决作出后的2个月内

向欧洲法院提出上诉,寻求进一步救济。

(二)中国相关救济机制构建

给予涉嫌垄断案件的企业提供必要的法律救济是我国反垄断法制定过程中必须考虑的一个重要问题,这是由我国社会发展情况客观决定的。虽然我国经济体制改革取得了巨大的成就,但是政企不分现象还是比较严重。政府与企业之间的利益牵连导致很多市场机制受到极大扭曲,行政性垄断成为我国现代市场经济发展过程中的一大毒害。虽然很多反垄断法专家指出,由于中国客观存在地区与部门利益分割现象,要想保证反垄断法的有效实施,必须建立一个高度独立、利益关系超脱的反垄断执法机构,但是受诸多因素的影响,我国反垄断执法机构实行反垄断委员会与执法机构二元化模式。由于这种模式本身无法保证反垄断执法机构在经济利益等方面与相关市场或者行业的经营者没有瓜葛,因此这就很可能导致反垄断执法活动中存在不当动机问题。为了保证企业在反垄断实施过程中得到公正的待遇,我国反垄断法有必要给予企业提供法定的救济制度。涉嫌企业如果认为反垄断执法活动存在违法或者不当行为时,可以依法寻求救济。这样在最大程度上保证反垄断法在我国社会中得以正确实施。

我国传统法律对于行政执法的对象提供的救济通常包括陈述与申诉制度、行政复议与行政诉讼。由于反垄断执法本质上属于行政执法,所以我国反垄断法在给企业提供的救济制度设计基本沿袭了传统的法律。《反垄断法》第53条规定:对反垄断执法机构依据本法第28条、第29条作出的决定不服的,可以先依法申请行政复议;对行政复议决定不服的,可以依法提起行政诉讼;对反垄断执法机构作出的前款规定以外的决定不服的,可以依法申请行政复议或者提起行政诉讼。

沿袭传统的法律对行政行为相对人的救济基本制度设置本身是符合我国具体国情的,但是在具体制度尤其是行政复议与行政诉讼上则有必要作适度调整。因为传统的行政复议与行政诉讼中都可能出现相关利害关系主体与行政性垄断势力勾结而导致制度形同虚设的局面。实践中,这种情形已经出现,有的人对此指出:"反观中国社会中公用企业优势地位的滥用与行政垄断的泛滥成灾,我们不能不说中国司法审判机关的消极和对垄断地位的取得及优势地位的滥用的不作为,使中国反垄断法规范成为'没有牙齿的怪物',客观上助长了垄断,破坏了司法统一的基础。"①我们建议,有关反垄断执法所引发的行政复议与行政诉讼,其管辖实行浮动制,即管辖层次至少应当在涉案利害关系主体的共同上一级部门或者法院。这样至少在理论上可以有效治理地区与部门垄断现象。

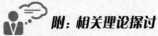

附:相关理论探讨

一、相对市场支配地位理论的争论

有关滥用市场支配地位行为的规制方面,理论界对相对市场支配地位理论存在较大的认识分歧。有的认为,相对市场支配地位理论有其独特的内容,我国《反垄断

---

① 王艳林:《中国经济法理论问题》,中国政法大学出版社2001年版,第90页。

法》第18条对此作了原则性的规定;有的则认为,不管是从相对优势地位理论的经济学基础,还是在实务运用中对竞争秩序的保护程度来看,相对优势地位理论都存在严重的缺陷,无力成为规范竞争的理论。

二、行政性垄断行为的治理

有关治理行政性垄断的观点可以分为三类,即体制改革论、法律控制论和综合治理论。体制改革论认为,行政垄断是体制性产物,必须通过深化体制改革特别是政治体制改革才能彻底解决,法律手段难以有效解决行政垄断问题;法律控制论充分肯定了法律在治理行政性垄断中的作用,但就如何以法律手段解决行政垄断问题的认识上还存在很大分歧,具体有反垄断法规制论、行政法或者宪法规制论、多种法律控制论;综合治理论认为,在我国转型时期行政垄断问题复杂,需要从体制改革、引入竞争机制、健全法制等多方面入手,否则难以达到预期的效果。

思考题

一、名词解释

反垄断法　滥用市场支配地位　限制竞争协议　经营者集中　行政性垄断　自然垄断　适用除外制度　豁免制度

二、简述题

1. 简述反垄断法规制的对象。
2. 简述反垄断法的适用范围。
3. 简述限制竞争协议的影响。
4. 简述行政性垄断的危害。

三、论述题

1. 试论述中国反垄断法的宗旨。
2. 论述世界主要国家反垄断执法机构的配置模式及我国的模式。

实务应用

(一) 案例分析示范

案例一　益金达等几家食品公司限制竞争案

自从国家工商行政管理部门以及产品质量部门等加大产品检查力度后,回收中秋节尚未销售完的月饼重新利用的事件逐步减少。由于企业必须处理掉尚未销售的月饼,这导致了某些食品企业的生产成本不断增加。为了改变这种不良局面,在2003年中秋即将来临之际,益金达等几家食品生产企业临时召开会议。会议的主题是"节约成本,合理减产"。根据几家企业的估算,该地区的月饼市场实际需求量大约为以前的80%。据此,与会的食品生产企业应自觉在各自往年的生产数量上减少20%。会议完毕的第二天,当地某些报纸头条作了报道。这一报道引发了人们对该会议的是非争论。有人认为这种行为合情合理,但更多的人则认为这属于不正当竞争行为。原告所在地的工商行政管理部门在社会舆论压力下,于2003年8月10日对益金达等几家食品生产企业进行了调查,认定原告的行为属于联合减产不正当竞争行为并作出了行政处罚决定书。其处罚内容有两项:一是责令原告立即停止联合减产行为;二是对原告益金达等几家食品生产企业各罚款人民币1万元。原告不服,依法向人民法院提起行政诉讼。一审法院维持了行政处罚决定书第一项处罚,变更第二项处罚内容,改为罚款人民币5 000元。原告依然不服,依法提起上诉。原告认为,节约是中华美德,其行为目的并不是为了限制市场竞争,而是为了合理节约,而且其所实施的行为并没有导致卖方市场的出现。二审法院采取了原告的上诉主张,撤销了一审法院第××号行政判决书,同时撤销了某工商局对这些企业的处罚决定书。

请问:益金达等几家食品生产企业的行为是属于合理的商业行为还是属于法律所禁止的联合限制减产的不正当竞争行为?

案例评析:本案虽然情节并不复杂,但案件审判过程中所必须处理的问题还是比较复杂的。法院必须对两个问题作出合理的裁定:一是企业是否具有限制市场竞争的主观动机;二是企业的行为是否属于法律豁免的类型。对于第一个问题,笔者认为虽然企业之间召开了会议商讨减少月饼市场的产量,在广义上讲是存在一定程度的限制市场竞争的动机,但是与会企业最后所达成的协议并不是无限制地减少月饼的供应,而是根据市场上实际的消费需求合理削减了产量,限制市场竞争的目的并不是明显有害。法院可以裁定其不存在严格意义上的限制市场竞争行为的动机。对于第二个问题,如果即使法院裁定原告益金达等几家食品公司存在限制竞争的主观目的,但是由于该行为可以合理地降低企业的生产成本,这不仅有利于企业本身,也有利于消费者,其行为的实际结果与社会公共利益是基本一致的,所以这些企业之间的限制市场供应协议应得到法律的豁免。因此,二审法院的最终裁定是科学的。

案例二 天津虹桥电子设备制造股份有限公司诉北京太华电子有限公司供销违约纠纷案

原告天津虹桥电子设备制造股份有限公司原为一家国有军工企业,1998年经过企业改制成为一家从事开发民用家电智能产品的股份有限公司。由于企业前身资本和技术的积累以及相对完善的现代企业经营机制,原告天津虹桥电子设备制造股份有限公司很快在家用智能产品市场上取得了巨大的成功,公司不仅开发出一系列先进的家电智能产品,而且这些产品在相关市场上占有很大比例。根据有关官方统计资料显示,原告天津虹桥电子设备制造股份有限公司在2001年3月初的市场份额就高达69%。被告北京太华电子有限公司是2000年新成立的一家电子产品销售公司,主要从事家用智能产品的经销业务。2001年5月上旬被告北京太华电子有限公司与原告天津虹桥电子设备制造股份有限公司签订了一份供销协议,除了其他内容,双方约定:被告必须按照原告指定的价格销售原告所提供的产品,否则原告将有权停止向被告继续供货并依法追究被告违约责任。

从双方签订协议至2003年9月,由于市场替代产品的出现以及原告所指定的商品价格偏高,导致了被告北京太华电子有限公司产品的积压。2003年10月1日,为了解决产品(原告生产)库存积压问题以及周转公司资金,被告北京太华电子有限公司利用特定的黄金假日进行降价促销。由于促销价格大大低于平时原告指定的最低价格,因此引发消费者的哄抢,截至2003年10月3日被告北京太华电子有限公司库存的原告产品销售一空。因此被告急电原告要求提供产品用以促销。原告在收到电函得知被告促销其产品价格低于协议所指定的价格后,拒绝向被告继续提供货物,导致被告巨大经济损失。在双方协商失败后,2003年11月8日,原告向被告所在地的人民法院提起诉讼,要求被告承担违约责任。被告在答辩状中否认自己违约行为,认为自己的行为符合正常的商业习惯,并未实质上违反双方合同约定的内容。

请问:原告的行为属于正当的合同行为还是属于滥用市场支配地位从事限制转售价格的行为?

案例评析: 合同自由原则是民法的基本原则之一,其基本内容是当事人可以自由决定是否订立合同、订立合同的对象、合同内容、方式等。但随着垄断的出现与发展,世界上大多数国家通过竞争法来对合同自由原则加以限制,目的在于矫正传统民商法机制下形式上的合同自由所造成实质合同不自由从而导致公平竞争秩序受到抑制和破坏的社会现象。当合同内容构成对市场竞争秩序破坏时,该具体合同行为和内容将面临竞争法的审查。禁止限制转售价格行为是竞争法的重要内容之一。本案中,原告天津虹桥电子设备制造股份有限公司是一个拥有69%市场份额的企业,具有市场绝对的支配地位,它与被告北京太华有限公司为两个独立且无裙带关系的经营者。原告在与被告签订产品供销合同时规定被告必须按照原告指定的价格销售产品,否则不仅有权单方停止供货并可以向被告追究违约责任。这构成了反垄断法所禁止的限制转售价格行为,依法应承担法律责任。

案例三　广西华胜大药房诉广东汰达药业股份有限公司垄断案

被告广东汰达药业股份有限公司是一家主要从事抗癌药品开发的企业,经过多年的攻关研究,2000年年底被告终于成功地开发出新一代抗癌药品。因该药功效良好,所以在不到半年的时间里,被告的新产品市场份额急剧上升。到2001年12月底,据公司自己的市场调查表明,该公司新开发的抗癌药品在市场上大概占有53%份额。原告原为被告所投资建立的药房连锁店之一,后来被告将该大药房整个营业以140万的价格转让给一个民营企业并依法更名为广西华胜大药房。基于这个特殊的历史血缘关系,原告与被告的业务来往十分密切。在被告成功开发新一代抗癌药品并供不应求时,被告仍然优先按时向原告发货。为了解决以前尚未销售完的老一代抗癌药品,2001年年底,被告与原告口头约定被告每给原告发一次新一代抗癌药品货物时,原告应从被告处进70%的老一代抗癌药品用于原告日常销售中搭配销售给购买者;原告必须按时结清所有货款包括老一代抗癌药品的货款以支持被告开发其他药品;如果原告年终无法销售完老一代抗癌药品,原告可以按进货价格退还给被告,但原告应尽力销售老一代抗癌药品。2002年年底,原告累计从被告进货金额为314万元,其中用于老一代抗癌药品进货金额为128万元,尚未销售完的老一代抗癌药品金额为96万元。原告按照与被告当初的口头约定,向被告提出退货返还款项。由于被告股权的变更,公司高层管理人员也发生了巨大变化,公司的新任董事长拒绝了原告的要求。原告在与被告多次协商未果的情况下,于2003年3月正式向人民法院提起诉讼,要求法院判决被告违约。

请问:原告与被告就老一代抗癌药品的供销关系是属于搭售行为,还是正常的买卖行为?

案例评析: 搭售有四个具体认定要件:一是企业具有市场优势地位。只有那些具有市场支配地位的经营者才有能力去实施这种行为,所以国外反垄断法一般直接规定这种行为的主体是具有市场支配地位的企业。二是结卖品与搭售品是两个独立的产品或者服务。在搭售行为中,购买方所需的商品被称为结卖品(the tying product),被搭售的商品被称为搭卖品(the tied product)。两者应为独立的商品。如果两种商品被认定为非独立产品或者结卖品与搭卖品在判断上属于同一种产品时,则不构成搭售行为。如鞋与鞋带的关系、汽车与配件之间的关系、某一产品与其售后服务之间的关系,一般不被认为是互相独立的产品而是一个产品。三是严重违背了购买者的意愿。在商品交易中必然存在买者与卖者之间的讨价与还价现象。虽然双方达成了交易但并不表示双方完全满意自己的交易行为,往往存在一些勉强之处,这也是一种可以理解与接受的社会现象。但如果因为交易双方力量的差异导致这种勉强达到一定程度时,法律一般都会出面干涉。搭售或者附加不合理交易条件行为就是这种情形的典型表现。至于如何判断勉强程度,这往往由法官结合具体案情来裁决。四是搭售行为的负面影响超过了正面影响。客观而言,虽然搭售行为会对市场竞争带来很多的负面影响,但搭售行为也存在一些合理因素,如产生最佳技术效益,确保产品质量和消费者安全等。本案中,被告在抗癌药市场上具有支配地位,其通过口头协议将与新一代抗癌药品无配套使用关系且具有独立性的老一代的药品搭售给原告,由于搭售行为不存在任何的合理性,因此,被告的行为构成搭售行为,依法应承担责任。

(二) 案例分析实训

案例一 上海黄金协会限制竞争案

上海金店"协会价"可追溯至国家放开黄金饰品零售价。记者调查发现,早在10余年前,"藏金于民"引发的投资热方兴未艾,老凤祥等知名金店的"协会价"就已宣告问世。2001年8月,国内黄金零售机制迎来改革,物价部门制定的零售基准金价被取消,企业按中国人民银行公布的黄金原料配售周报价自主定价。不久后,上海黄金饰品行业协会等团体召集了13家主要会员单位,提出为"规范价格战",需议定"黄金自律价"。据介绍,新中国成立后,黄金一度长期作为特殊商品"统一管理,统购统配"。采炼金银必须交售给中国人民银行。金店销售的饰品成为投资的替代渠道,价格也受到严格的管制。"国家放开价格是为了降低金价、让利于民,但金店对此并不领情"。一位曾经参与"金价自律"的上海珠宝企业前负责人表示,所谓的自律价就是让行业协会仿照之前的政府部门,来统一基准价格及浮动范围。"企业更怀念'统购统配'的计划时代,不愿被竞争压低利润"。实际上,黄金定价刚刚放开,各地零售价就应声而落,坐拥庞大消费市场的老品牌面临促销热挑战。当时的金店按中国人民银行的配售价进货,加工后缴纳5%消费税和17%的增值税。上海黄金饰品行业协会的第一版"自律价"为96元/克,每克高于配售价逾10元。对金店行业通过"价格自律"避免率先降价的做法，物价部门从一开始就表示了质疑。2001年"自律价"问世后不久，上海市物价部门就依据《价格法》，给予13家涉嫌串通定价的金店行政警告处罚，认为协会定价属于"相互串通操纵市场价格、损害其他经营者或消费者的合法权益"。物价部门明确表示，"价格自律"不等于"自律价格"，行业协会可协商规范不正当竞争，但不能搞出96元/克这样具体的"自律价格"。然而，随着事态发展，这一处罚令却因行政复议被撤销。知情人士表示，一方面行业协会提出复议称并未强制执行指导价；另一方面物价部门通过从13家金店购金取证，仅靠价格趋同很难坐实价格串通行为，最后竟然因处罚程序不当而撤销了处罚。在2004年，在行政复议中"获胜"的上海黄金饰品行业协会，为进一步形成可操作的规范条款，出台了《上海黄金饰品行业黄金、铂金价格自律暂行办法》。这份自律文件规定："黄金、铂金饰品价由饰金价和加工费两部分组成。"饰金价的定价依据是上海黄金交易所黄金、铂金原料价及上一年黄金饰品生产经营企业、商家的营运成本，上海市场金饰品经营者应以协会的中间价为基准，上下浮动正负不超过3%。根据自律文件，上海黄金饰品行业协会不仅要求行业协会的会员企业遵守定价，同时也规定"自律价"适用于非会员单位。"违反本行业价格自律暂行办法：低价倾销，扰乱本市黄金饰品价格秩序的；高价敛财，损害消费者权益的；将视不同情况给予行业内通报批评等"。上海黄金"自律细则"在2011年11月21日再度修订，2012年1月的理事会和2012年6月的协会第四届会员大会上，均形成文件颁行。经过这一轮修订，老凤祥、亚一金店、老庙黄金等知名金店将黄金、铂金的原料加价系数统一在23%。

请问：你觉得上海黄金协会的行为如何定性？

案例二　中国联通、电信涉嫌滥用市场支配地位案

据悉，今年上半年，发改委价格监督检查与反垄断局接到举报后，就立刻对中国电信和中国联通展开了反垄断调查。调查的主要内容是，中国电信和中国联通在宽带接入及网间结算领域，是否利用自身具备的市场支配地位，阻碍影响其他经营者进入市场等行为。发展改革委员会（以下简称"发改委"）价格监督检查与反垄断局权威人士表示，这两家电信公司宽带业务占全国的90%，已经形成垄断，具有市场支配地位。这将是我国反垄断法2008年生效以来国家查处的第一件涉及大型企业的反垄断案。发改委价格监督检查与反垄断局副局长李青透露，已基本查明了中国电信和中国联通在互联网接入市场上，肯定是具有支配地位的。在这种情况下，两家企业利用市场支配地位，对跟自己有竞争关系的竞争对手给出高价，没有竞争关系的企业，两家公司给出的价格就会优惠一些，这在反垄断法上，叫做价格歧视。据工信部统计，目前中国电信和中国联通之间直连宽带为261.5G，仅占两公司拥有1 078G国际出口宽带的24.3%。从互联质量看，两公司2011年1—9月骨干网互联时延和丢包率也均不符合有关规定要求，这表明中国电信和中国联通未实现充分互联互通。发改委价格监督检查与反垄断局副局长李青在接受记者采访时表示，根据我国相关法律法规，被认定利用市场支配地位的垄断企业将被处以上一年度营业额1%—10%的罚款。对中国电信来说，互联网收入一年大约为500亿，中国联通一年大约不到300亿。因此，如果最后事实成立，中国电信和中国联通将因此遭到数亿至数十亿元的罚款。

请问：中国联通、电信的行为构成滥用市场支配地位吗？

案例三　可口可乐收购汇源公司案

2008年9月,可口可乐公司拟以约179.2亿港元收购汇源果汁集团有限公司。2008年9月18日,可口可乐公司向商务部递交了申报材料。9月25日、10月9日、10月16日和11月19日,可口可乐公司根据商务部要求对申报材料进行了补充。11月20日,商务部认为可口可乐公司提交的申报材料达到了《反垄断法》第23条规定的标准,对此项申报进行立案审查,并通知了可口可乐公司。由于此项集中规模较大、影响复杂,2008年12月20日,初步阶段审查工作结束后,商务部决定实施进一步审查,书面通知了可口可乐公司。在进一步审查过程中,商务部对集中造成的各种影响进行了评估,并于2009年3月20日前完成了审查工作。审查工作结束后,商务部依法对此项集中进行了全面评估,确认集中将产生如下不利影响:第一,集中完成后,可口可乐公司有能力将其在碳酸软饮料市场上的支配地位传导到果汁饮料市场,对现有果汁饮料企业产生排除、限制竞争效果,进而损害饮料消费者的合法权益;第二,品牌是影响饮料市场有效竞争的关键因素,集中完成后,可口可乐公司通过控制"美汁源"和"汇源"两个知名果汁品牌,对果汁市场控制力将明显增强,加之其在碳酸饮料市场已有的支配地位以及相应的传导效应,集中将使潜在竞争对手进入果汁饮料市场的障碍明显提高;第三,集中挤压了国内中小型果汁企业生存空间,抑制了国内企业在果汁饮料市场参与竞争和自主创新的能力,给中国果汁饮料市场有效竞争格局造成不良影响,不利于中国果汁行业的持续健康发展。鉴于上述原因,根据《反垄断法》第28条和第29条,商务部认为,此项经营者集中具有排除、限制竞争效果,将对中国果汁饮料市场有效竞争和果汁产业健康发展产生不利影响。鉴于参与集中的经营者没有提供充足的证据证明集中对竞争产生的有利影响明显大于不利影响或者符合社会公共利益,在规定的时间内,可口可乐公司也没有提出可行的减少不利影响的解决方案,因此,决定禁止此项经营者集中。

请问:此项经营者集中案件是否应当予以禁止?

案例四　国家质检总局被诉行政性垄断案

2008年8月1日,反垄断法实施的第一天,国家质量检验检疫监督总局(以下简称"国家质检总局")就遭遇了反垄断法的第一起诉讼。北京4家防伪企业,将国家质检总局诉至北京市第一中级人民法院(以下简称"北京市一中院"),针对国家质检总局大力推行的"中国产品质量电子监管网"(以下简称"电子监管网"),他们请求确认国家质检总局推广电子监管网经营业务,强制要求企业对产品赋码交费加入电子监管网的行政行为违法。北京市一中院向原告方出具了立案材料收取清单。4家企业认为,国家质检总局推广电子监管网经营业务、强制要求企业对产品赋码交费加入电子监管网的行政行为涉嫌违法,并且已经损害到了全国防伪行业的利益。诉状称,从2005年4月开始,国家质检总局不断推广电子监管网。截至目前,国家质检总局单独或联合其他国家机关挂名,发布了近百个文件,同时还多次召开现场会、片会,督促各地企业对产品赋码加入电子监管网,同时要求生产企业对所生产的产品赋码加入电子监管网,供消费者向该网站查询。据了解,电子监管网是由一家名为"中信国检信息技术有限公司"(以下简称"中信国检")的企业经营,入网企业需缴纳数据维护费,消费者查询需支付查询信息费和电话费。原告4家防伪企业认为,该公司同国家质检总局存有利益关系,涉嫌垄断行为。

请问：国家质检总局的行为构成行政性垄断吗？

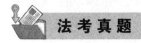

法考真题

真题 1(2017 年)

某景区多家旅行社、饭店、商店和客运公司共同签订《关于加强服务协同 提高服务水平的决定》，约定了统一的收费方式、服务标准和收入分配方案。有人认为此举构成横向垄断协议。根据《反垄断法》，下列哪一说法是正确的？（单选）

A. 只要在一个竞争性市场中的经营者达成协调市场行为的协议，就违反该法
B. 只要经营者之间的协议涉及商品或服务的价格、标准等问题，就违反该法
C. 如经营者之间的协议有利于提高行业服务质量和经济效益，就不违反该法
D. 如经营者之间的协议不具备排除、限制竞争的效果，就不违反该法

真题解析：

本题考点为横向垄断协议。

横向垄断协议是指具有竞争关系的经营者之间达成的排除、限制竞争的协议、决定或者其他协同行为。

A、B 选项中的协议要能认定为排除、限制竞争才能认定为垄断协议，说法错误。

C 项错误。《反垄断法》第 15 条规定："经营者能够证明所达成的协议属于下列情形之一的，不适用本法第十三条、第十四条的规定：……（二）为提高产品质量、降低成本、增进效率，统一产品规格、标准或者实行专业化分工的；……属于前款第一项至第五项情形，不适用本法第十三条、第十四条规定的，经营者还应当证明所达成的协议不会严重限制相关市场的竞争，并且能够使消费者分享由此产生的利益。"根据第二款可知，仅仅可以提高服务质量和经济效益的协议不一定就不违法，还需要证明不会严重限制相关市场竞争，并且使消费者能够分享到利益。

D 项说法正确。

真题 2(2016 年)

某燃气公司在办理燃气入户前，要求用户缴纳一笔"预付气费款"，否则不予供气。待不再用气时，用户可申请返还该款项。经查，该款项在用户日常购气中不能冲抵燃气费。根据《反垄断法》的规定，下列哪一说法是正确的？（单选）

A. 反垄断机构执法时应界定该公司所涉相关市场
B. 只要该公司在当地独家经营，就能认定其具有市场支配地位
C. 如该公司的上游气源企业向其收取预付款，该公司就可向客户收取"预付气费款"
D. 县政府规定了"一个地域只能有一家燃气供应企业"，故该公司行为不构成垄断

真题解析：

本题考点为垄断行为。

A、B 项考查垄断行为的认定。《反垄断法》第 18 条规定："认定经营者具有市场支配地位，应当依据下列因素：(1)该经营者在相关市场的市场份额，以及相关市场的竞争状

况；(2)该经营者控制销售市场或者原材料采购市场的能力；(3)该经营者的财力和技术条件；(4)其他经营者对该经营者在交易上的依赖程度；(5)其他经营者进入相关市场的难易程度；(6)与认定该经营者市场支配地位有关的其他因素。"A项正确。认定市场支配地位需要客观公正，这就需要参考多种因素，B项认定太过单一，错误。

C项考查垄断企业的禁止行为。《反垄断法》第17条规定："禁止具有市场支配地位的经营者从事下列滥用市场支配地位的行为：(1)以不公平的高价销售商品或者以不公平的低价购买商品；(2)没有正当理由，以低于成本的价格销售商品；(3)没有正当理由，拒绝与交易相对人进行交易；(4)没有正当理由，限定交易相对人只能与其进行交易或者只能与其指定的经营者进行交易；(5)没有正当理由搭售商品，或者在交易时附加其他不合理的交易条件；(6)没有正当理由，对条件相同的交易相对人在交易价格等交易条件上实行差别待遇；(7)国务院反垄断执法机构认定的其他滥用市场支配地位的行为。本法所称市场支配地位，是指经营者在相关市场内具有能够控制商品价格、数量或者其他交易条件，或者能够阻碍、影响其他经营者进入相关市场能力的市场地位。"题干中燃气公司要求用户缴纳一笔"预付燃气费"属于附加了其他不合理的交易条件。C项错误。

D项考查政府行为是不是构成垄断的事由。依据上述《反垄断法》的规定，政府行为不构成认定垄断的挡箭牌。D项错误。

真题3(2016年)

某县会计师行业自律委员会成立之初，达成统筹分配当地全行业整体收入的协议，要求当年市场份额提高的会员应分出自己的部分收入，补贴给市场份额降低的会员。事后，有会员向省级工商行政管理部门书面投诉。关于此事，下列哪些说法是正确的？(多选)

A. 该协议限制了当地会计师行业的竞争，具有违法性
B. 抑强扶弱有利于培育当地会计服务市场，法律不予禁止
C. 此事不能由省级工商行政管理部门受理，应由该委员会成员自行协商解决
D. 即使该协议尚未实施，如构成违法，也可予以查处

真题解析：

本题考点为垄断行为、反垄断调查机制。

A、B项考查垄断协议问题。《反垄断法》第13条规定："禁止具有竞争关系的经营者达成下列垄断协议：(1)固定或者变更商品价格；(2)限制商品的生产数量或者销售数量；(3)分割销售市场或者原材料采购市场；(4)限制购买新技术、新设备或者限制开发新技术、新产品；(5)联合抵制交易；(6)国务院反垄断执法机构认定的其他垄断协议。本法所称垄断协议，是指排除、限制竞争的协议、决定或者其他协同行为。"行业自律委员会的行为限制了竞争，构成了垄断协议，具有违法性，因此A项正确、B项错误。

C项考查反垄断调查机制。《反垄断法》第38条第1款规定："反垄断执法机构依法对涉嫌垄断行为进行调查。"反垄断执法机构依职权对反垄断行为进行调查处理，不能由该行业自律委员会自行协商。C项错误。

D项考查垄断协议未实施的法律后果。《反垄断法》第46条规定："经营者违反本法规定，达成并实施垄断协议的，由反垄断执法机构责令停止违法行为，没收违法所得，并处

上一年度销售额百分之一以上百分之十以下的罚款；尚未实施所达成的垄断协议的，可以处五十万元以下的罚款。经营者主动向反垄断执法机构报告达成垄断协议的有关情况并提供重要证据的，反垄断执法机构可以酌情减轻或者免除对该经营者的处罚。行业协会违反本法规定，组织本行业的经营者达成垄断协议的，反垄断执法机构可以处五十万元以下的罚款；情节严重的，社会团体登记管理机关可以依法撤销登记。"D项正确。

真题4(2015年)
某市甲、乙、丙三大零售企业达成一致协议，拒绝接受产品供应商丁的供货。丙向反垄断执法机构举报并提供重要证据，经查，三企业构成垄断协议行为。关于三企业应承担的法律责任，下列哪些选项是正确的？（多选）
A. 该执法机构应责令三企业停止违法行为，没收违法所得，并处以相应罚款
B. 丙企业举报有功，可酌情减轻或免除处罚
C. 如丁因垄断行为遭受损失的，三企业应依法承担民事责任
D. 如三企业行为后果极为严重，应追究其刑事责任

真题解析：
本题考点为垄断协议、反垄断查处机制。

A、B项考查反垄断机构的措施。《反垄断法》第46条规定："经营者违反本法规定，达成并实施垄断协议的，由反垄断执法机构责令停止违法行为，没收违法所得，并处上一年度销售额百分之一以上百分之十以下的罚款；尚未实施所达成的垄断协议的，可以处五十万元以下的罚款。经营者主动向反垄断执法机构报告达成垄断协议的有关情况并提供重要证据的，反垄断执法机构可以酌情减轻或者免除对该经营者的处罚。"A、B项正确。

C项考查因垄断行为遭受损失的第三者可否请求承担赔偿损失的法律责任。依据《反垄断法》第50条的规定，"经营者实施垄断行为，给他人造成损失的，依法承担民事责任"。C项正确。

D项考查垄断协议行为的刑事责任问题。《反垄断法》第52条规定："对反垄断执法机构依法实施的审查和调查，拒绝提供有关材料、信息，或者提供虚假材料、信息，或者隐匿、销毁、转移证据，或者有其他拒绝、阻碍调查行为的，由反垄断执法机构责令改正，对个人可以处二万元以下的罚款，对单位可以处二十万元以下的罚款；情节严重的，对个人处二万元以上十万元以下的罚款，对单位处二十万元以上一百万元以下的罚款；构成犯罪的，依法追究刑事责任。"其中并未规定垄断协议行为的刑事责任。D项错误。

真题5(2013年)
某县政府规定：施工现场不得搅拌混凝土，只能使用预拌的商品混凝土。2012年，县建材协会组织协调县内6家生产企业达成协议，各自按划分的区域销售商品混凝土。因货少价高，一些施工单位要求县工商局处理这些企业的垄断行为。根据《反垄断法》，下列哪些选项是错误的？（多选）
A. 县政府的规定属于行政垄断行为
B. 县建材协会的行为违反了《反垄断法》

C. 县工商局有权对6家企业涉嫌垄断的行为进行调查和处理

D. 被调查企业承诺在反垄断执法机构认可的期限内采取具体措施消除该行为后果的,该机构可决定终止调查

真题解析:

本题考点为行政垄断、横向垄断。

A项考查行政垄断。《反垄断法》第32条规定:"行政机关和法律、法规授权的具有管理公共事务职能的组织不得滥用行政权力,限定或者变相限定单位或者个人经营、购买、使用其指定的经营者提供的商品。"本题中,某县政府规定施工现场不得搅拌混凝土,只能使用预拌的商品混凝土,并没有限定购买其指定的经营者提供的商品,只是环境保护的一种需要,不构成行政垄断行为。A项说法错误,应选。

B项考查横向垄断行为。《反垄断法》第13条第1款规定:"禁止具有竞争关系的经营者达成下列垄断协议:(一)固定或者变更商品价格;(二)限制商品的生产数量或者销售数量;(三)分割销售市场或者原材料采购市场;(四)限制购买新技术、新设备或者限制开发新技术、新产品;(五)联合抵制交易;(六)国务院反垄断执法机构认定的其他垄断协议。"《反垄断法》第11条规定:"行业协会应当加强行业自律,引导本行业的经营者依法竞争,维护市场竞争秩序。"本题中,县建材协会组织协调6家生产企业达成分割市场的协议,属于横向垄断协议,违反了《反垄断法》,B项说法正确,不选。

C项考查反垄断机构。《反垄断法》第38条第1款规定:"反垄断执法机构依法对涉嫌垄断行为进行调查。"第10条规定:"国务院规定的承担反垄断执法职责的机构(以下统称国务院反垄断执法机构)依照本法规定,负责反垄断执法工作。国务院反垄断执法机构根据工作需要,可以授权省、自治区、直辖市人民政府相应的机构,依照本法规定负责有关反垄断执法工作。"据此,县工商局不能作为反垄断机构,C项说法错误,应选。

D项考查反垄断调查。《反垄断法》第45条规定:"对反垄断执法机构调查的涉嫌垄断行为,被调查的经营者承诺在反垄断执法机构认可的期限内采取具体措施消除该行为后果的,反垄断执法机构可以决定中止调查。中止调查的决定应当载明被调查的经营者承诺的具体内容。反垄断执法机构决定中止调查的,应当对经营者履行承诺的情况进行监督。经营者履行承诺的,反垄断执法机构可以决定终止调查。"应特别注意的是,反垄断机构的终止调查有个前置程序,必须先"中止"调查,经过监督核查后,才能决定是否"终止"调查,两者用词是有重大区别的。D项说法错误。

第八章
财政法律制度

 本章概要

　　国家财政是国家参与国民收入的分配和再分配的重要手段,在宏观调控和保障社会稳定方面都具有重要的作用。财政法是调整国家及其他主体在国民收入的分配和再分配过程中所形成的各种财政关系的法律规范的总称。财政法的体系一般包括财政法总则、财政管理体制法、国家预算法、国有资产管理法、公债法、税收法、政府采购法、转移支付法和财政监督法等。本章在阐释财政、财政法的基本原理基础上,结合我国现行财政立法现状,重点阐述预算法律制度、转移支付法律制度、政府采购法律制度。

　　通过本章的学习,初步了解、熟悉财政法的基本原理;熟悉、理解我国现行的预算法律制度、转移支付和政府采购法律制度;初步具有综合运用财政法学基本知识观察、分析、处理有关实务问题的能力。

第一节 财政与财政法概述

一、财政的一般原理

（一）财政的概念

　　英文中的财政一词即"public finance",是由日本学者采用汉语财与政的词义,将其译为财政,20世纪初传入中国;应当说,财政这个词翻译得很成功,它把财和政结合起来,准确地表现了财政作为政治和经济联接点的基本特征。① "财政"概念在不同情境下有不同的解说:(1)指一种行为,即国家为了满足公共需要而参与国民收入分配的活动,包括财政收入、财政管理和财政支出等;(2)指一种制度,即财政活动据以运行的机构和规则体系,包括法律规定的显性制度,以及财政活动中自发形成的、有待法律确认的隐性制度;(3)指一种社会关系,包括国家机关之间以及它们与财政行政相对人之间在财政活动过程中发生的相互制约的或具有管理性质的财政行政关系,以及各种主体之间的经济利益分配关系。我们一般所指的财政是国家财政,包括中央财政和地方财政。国家财政是国家参与国民收入的分配和再分配的重要手段,在宏观调控和保障社会稳定方面都具有重要的作用。没有国家,就不会有国家财政,没有国家财政,国家就无法实现其职能。

(二) 财政的特征

财政作为公共经济,与私人经济中的企业财务、私人家计等有许多不同。财政的基本特征如下。

(1) 财政的国家主体性。国家财政的主体是国家,它以国家的强制力为保障,同时,财政活动需以国家的法律为依据,促进国家实现自身职能。

(2) 财政的社会公益性。国家财政的目的是满足公共需求,实现社会各方面的平衡发展,它不能如企业那样以赢利为目标。当然这并不意味着财政就不能或不应该追求经济效益,而是说在两者可以兼得时,就兼顾两者;在不能兼得时,就应该宁可亏损或不赢利也要实现社会目标。

(3) 财政的内容多样性。财政包括财政收入、财政支出、财政管理三个部分,每个部分又包括十分广泛的领域,这些都是私人经济所不具备的。

(三) 财政的职能

自国家产生以来,财政就以其组织、分配收入的原始功能而成为"国家治理的基础和重要支柱"。"调控"是财政与生附带、客观具有的潜在功能;财政无时不在、无处不有,只是到了现代,国家财政的"调控"功能才在宏观调控法中彰显。国家在干预经济的过程中,借助于财税法的保障来实现其对市场经济活动的宏观调控的政策目标。财政的职能具体体现在以下三个主要方面。

(1) 调节收入分配的职能。即通过各种财政分配手段诸如税收、补贴、投资、预算、财政信用等调节中央与地方、国家与企业、国家与个人之间的利益分配关系,以实现收入公平合理的分配。同时,国家财政还要调节积累与消费的比例关系、各地区之间的经济平衡关系等。

(2) 优化资源配置的职能。即运用国家权力引导人力和物力的流向,使有限的资源形成优化的资产结构、产业结构、技术结构及地区结构,达到高效地配置资源的目的,使人力、物力、财力资源得到最佳利用。

(3) 稳定社会经济的职能。即通过合理的财政政策和措施,维持社会总供给与总需求的平衡,保持社会经济的稳定发展。具体说来,在经济层面上,通过各种经济主体之间有效地分配收入、配置资源,有助于保障经济领域的公平和效率,从而有助于保障宏观经济的各项目标的实现,实现经济的稳定增长;在社会层面上,财政的上述两项职能的实现,

---

① 王源扩:《财政法基本理论问题研究回顾与探析》,载《江西财经大学学报》2004年第2期。

不仅有助于保障经济公平,而且更有助于保障社会分配领域里的社会公平,保障基本人权,从而也有利于社会稳定。

二、财政法的概念和调整对象

财政法是调整国家及其他主体在国民收入的分配和再分配过程中所形成的各种财政关系的法律规范的总称。有学者进一步分析认为,现代财政法是建立在民主宪政基础上,以增进全民福利和社会发展为目标,调整财政关系的法律规范的总称。财政法是经济法的重要组成部分,在宏观调控和保障社会公平方面具有重要的作用。

财政关系是财政法的调整对象。国家在主持财政分配和再分配过程中,必然要和其他主体形成各种各样的财政关系。从形式上看,财政关系可以分为财政收入关系、财政管理关系和财政支出关系三种。财政收入关系的范围主要包括税收征收关系、资产收益关系、国债发行关系、费用征收关系等;财政管理关系主要包括财政预算关系、国库经理关系和审计监督关系等;财政支出关系主要包括财政采购关系、财政贷款关系、财政投资关系、财政转移支付关系等。

三、财政法的体系

在我国,20世纪80年代的文献倾向于采用较广义的财政法概念,认为财政法一般由财政管理体制法、预算法、税法、国营企业财务、预算外资金管理、财政支出制度、基建投资制度、财政监督制度等构成。进入90年代以后,不仅会计法、审计法、基建投资法等日渐独立,税法也有逐步分化的趋势,大部分法学文献转而采用较狭义的财政法概念,财政法的体系一般包括财政法总则、财政管理体制法、国家预算法、国有资产管理法、国债法、税收法、政府采购法、转移支付法和财政监督法等。依照财政的收入、支出和管理的分类,结合法学上的效力要求及功能定位,财政法的体系包括以下几个层次的内容。

1. 财政基本法

财政基本法主要涉及财政法的一些基本制度,如财政法的原则、财政权力的分配、政府间的财政关系,财政收入和支出的形式,重要的财政收支制度、预算制度、监督制度等,对财政收入、支出和财政资金的管理都有普遍的效力。财政基本法本身即具有宪法性文件的特性,其内容可以以专门的法律表现出来,如日本1947年制定的《财政法》;也可以直接在宪法中加以涵盖,如《德国基本法》中有关公共财政的内容。我国宪法缺乏对财政制度方面的规定,为保证财政领域法律的统一实施,以适应现代财政法治的基本要求,我国宜尽快制定财政基本法。

2. 财政平衡法

财政平衡法主要涉及政府间的财政关系,因此又可称为财政收支划分法,中央政府及各级地方政府的收支范围、下级政府对上级的财政上缴、上级政府对下级的财政拨款,都通过财政平衡法予以规范。目前我国的财政平衡法大都表现为由国务院制定的行政法规,财政利益分配的权力完全由中央政府享有,加之分配标准不明确,程序不完备,我国应通过立法从根本上加以改变。

3. 财政预算法

财政预算法是政府财政行为科学、民主、公开、规范的重要制度保障,它主要包括预算编制、审批、执行和监督等方面的法律规定，同时也包括财政资金入库、管理和出库的相关内容。由于政府的所有收入都应该纳入预算，所有的开支也必须通过预算，因此，预算可以成为人民控制和监督政府财政权力的重要形式，而预算立法的目的也正在于保障这种积极功能的实现。

4. 财政支出法

财政支出法主要包括财政转移支付法、财政采购法、财政投资法。财政转移支付法主要规范政府无对价的资金拨付行为，如政府间转移支付、政府对企业的补贴或对公民的救济，等等。财政采购法主要规范政府有对价的资金拨付行为，如采购物资、采购劳务等。财政投资法主要规范政府对公用企业、基础设施、高科技企业等的投资行为，通过选题、立项、评估、审批、监督等环节的制度控制，达到降低成本、提高效率、防治腐败等目的。

5. 财政收入法

财政收入法主要包括税法、公债法、彩票法、费用征收法及财产收益法。税收在财政收入结构中的重要地位，使得税法很早就成为公法关注的对象，并已经形成相对独立的体系。国债也是现代国家财政收入的重要形式。

随着我国社会主义市场经济体制的逐步确立，我国的财政立法也不断完善，但是，财政法到目前为止还是由一系列法律法规所组成，并没有统一的财政法典。从财政法体系的角度看，由于预算法对预算关系的调整既涉及财政收入，又涉及财政支出，是从总体上对财政收支活动进行规范的法，因此它是财政法体系中的核心法；由于税收和公债是获取财政收入（包括弥补赤字）的最重要的来源，因此，分别调整税收关系和公债关系的税法与公债法也就是调整财政收入关系的主要部门法；由于财政支出的最重要的途径是政府采购和转移支付，因而政府采购法和转移支付法应当是调整财政支出管理关系的重要部门法。

第二节　预算法律制度

一、预算和预算法概述

（一）预算

预算法上所称的预算，是指国家预算、政府预算或财政预算，是按法定程序编制、审查和批准的会计年度财政收支计划，是国家组织分配财政资金的重要工具，也是国家宏观调控的重要经济杠杆。会计年度通常为一年，预算的收入与支出也称岁入和岁出。从形式上看，国家预算是按照一定标准将财政收入和财政支出分门别类地列入特定的表格，使人们清楚地了解政府的财政活动，其功能首先是反映政府的财政收支状况。但从实际内容来看，国家预算的编制是政府对财政收支的计划安排，预算的执行是财政收支的筹措和使用过程，国家决算则是国家预算执行的总结。可见，国家预算反映政府活动的范围、方向和政策。

（二）预算法

预算法，是调整在国家进行预算资金的筹集、分配、使用和管理过程中发生的经济关系的法律规范的总称。预算法的调整对象是在国家进行预算资金的筹集、分配、使用和管理的过程中发生的经济关系，简称预算关系。它包括预算程序关系和预算实体关系两个方面。前者是预算主体在履行预算的编制、议定、执行的程序的过程中发生的经济关系，后者是预算主体在组织、取得和分配使用预算资金过程中所发生的经济关系。这两类预算关系密切相关。

预算法素有"经济宪法"之称，世界各国都非常重视预算立法。许多国家不仅在宪法上对基本的预算体制作出规定，而且还制定专门的预算法。狭义上的预算法是指关于预算的基本规范性文件。尽管各国预算法的结构并不相同，但普遍认为，预算法的结构应依次为六个基本模块：(1) 阐明立法宗旨和基本原则，(2) 确立主要治理角色的权力与责任，(3) 界定预算程序(准备—编制—审查—批准—执行—评估—审计)的运作，(4) 规定报告与审计事项，(5) 分类与会计标准的规定，(6) 对基本专业术语的技术性定义。

在我国确立实行社会主义市场经济体制以后，1994 年 3 月 22 日第八届全国人民代表大会第二次会议通过《中华人民共和国预算法》(以下简称《预算法》)。该法根据 2014 年 8 月 31 日第十二届全国人民代表大会常务委员会第十次会议《关于修改〈中华人民共和国预算法〉的决定》第一次修正，根据 2018 年 12 月 29 日第十三届全国人民代表大会常务委员会第七次会议《关于修改〈中华人民共和国产品质量法〉等五部法律的决定》第二次修正。该法共 11 章、101 条。1995 年 11 月 2 日国务院通过了《中华人民共和国预算法实施条例》，自颁布之日起生效。至今预算法实施条例的修订一直在讨论中。

(三) 预算原则

预算原则是指预算的编制、批准、执行和监督过程中必须遵守的基本准则。它包括以下原则。

(1) 公开性原则，是指全部预算收支必须经过权力机构审查批准并以一定形式向社会公开。

(2) 真实性原则，是指国家预算收支数字必须真实、准确、符合实际，预算的编制、审批、执行都应以各级政府的报告为依据。

(3) 完整性原则，是指国家预算应当包括体现全部财政活动的所有收支，不应有预算之外的财政收支和财政活动。

(4) 统一性原则，是指各级预算收支要依照统一口径、程序来计算和编制，任何机构的收支制度要以总额列入预算，所有地方政府预算连同中央预算共同组成统一的国家预算。

(5) 年度性原则，是指国家预算必须按年度编制。预算年度又称财政年度，是国家财政收支的起止年限，通常为 1 年。

二、预算体系

预算体系，是依据国家的政权结构形式、行政区域划分和财政管理体制而确定的各级政权预算所构成的协调统一的整体。通常有一级政权，就会有一级财政，也就有一级预算。各级政府的财权大小要通过预算收支范围的划分具体体现出来。政府的活动范围和方向又受到预算收支规模的制约。

预算的完整性是政府预算管理的一项基础性要求，就是要把所有的政府收支统一纳入预算管理。为此，我国新《预算法》删除了预算外资金的相关内容，代之以全口径预算，明确要求政府的全部收入和支出都应当纳入预算，各级政府、各部门、各单位的支出必须以经批准的预算为依据，未列入预算的不得支出，从而在法律层面上确立了全口径预算体系。全口径预算体系,从纵向上是指预算的层级,就是每一级政府一级预算,包括中央、省、市、县、乡的"五级预算";从横向上即预算的组成,是包括一般公共预算、政府性基金预算、国有资本经营预算和社会保险基金预算在内的"四本预算"。

(一) 预算体系的纵向层级

在现代社会,大多数国家都实行多级预算。国家预算一般由中央预算和地方预算组成。各国预算体系由于政体的不同而表现出不同的结构关系。如美国、加拿大等联邦制国家的各级预算之间是相互独立的,国家预算即政策预算,与州政府预算、地方政府预算没有直接关系。而法国、日本等单一制国家,虽然地方政府在财政经济管理上拥有一定的自主权,但中央政府对地方政府却仍拥有较大的控制权力,包括事权、财权的划分以及相应的制度决策权等均集中在中央。

我国《预算法》规定,国家实行一级政府一级预算。全国预算由中央预算和地方预算组成。中央预算,即中央政府预算。地方预算由各省、自治区、直辖市总预算组成。与我国政权结构相对应,全国预算具体共分为五级预算:(1) 中央预算,由中央各部门(含直属单位)的预算组成。中央各部门,是指与财政部直接发生预算缴款、拨款关系的国家机关、军队、政党组织和社会团体;直属单位,是指与财政部直接发生预算缴款、拨款关系的企业和事业单位。(2) 省(省、自治区、直辖市)级预算。(3) 市(设区的市、自治州)级预算。(4) 县(县、自治县、不设区的市、市辖区)级预算。(5) 乡(乡、民族乡、镇)级预算。

(二) 各级预算的横向构成

各级预算由预算收入和预算支出组成。政府的全部收入和支出都应当纳入预算。我国《预算法》确立了由一般公共预算、政府性基金预算、国有资本经营预算和社会保险基金预算四种预算组成的全口径预算体系。

1. 一般公共预算

一般公共预算是指政府凭借国家政治权力,以社会管理者身份筹集以税收为主体的财政收入,安排用于保障和改善民生、推动经济社会发展、维护国家安全、维持国家机构正常运转等方面的收支预算。这也就是原来《预算法》所规范的狭义上的公共预算。

2. 政府性基金预算

政府性基金预算是对依照法律、行政法规的规定在一定期限内向特定对象征收、收取或者以其他方式筹集的资金,专项用于特定公共事业发展的收支预算。例如,国家通过向社会征收以及出让土地、发行彩票等方式取得政府性基金收入,专项用于支持特定基础设施建设和社会事业发展而发生的收支预算,是政府预算体系的重要组成部分。

自 2009 年以来,为深化预算制度改革,建立健全由"四本预算"组成的政府预算体系,财政部全面推进基金预算管理改革,采取了多项措施。[①] 政府性基金预算应当根据基金项目收入情况和实际支出需要,按基金项目编制,做到以收定支。政府性基金预算的管理原则是:以收定支,专款专用,结余结转下年继续使用。

3. 国有资本经营预算

国有资本经营预算是对国有资本收益作出支出安排的收支预算,是国家以所有者身

---

① 具体采取八项措施,详细参见财政部网站,http://www.mof.gov.cn/zhuantihuigu/czjbqk1/ystx/201405/t20140505_1075145.htm。

份依法取得国有资本收益,并对所得收益进行分配而发生的各项收支预算,是政府预算的重要组成部分。国有资本经营预算收入主要包括从国家出资企业取得的利润、股利、股息和国有产权(股权)转让收入、清算收入等,支出主要用于对重要企业补充资本金和弥补一些国有企业的改革成本等。

自 2008 年开始实施中央国有资本经营预算,试行范围为国资委所监管企业、中国烟草总公司和中国邮政集团公司,以后还将逐步扩大范围。国有资本经营预算应当按照收支平衡的原则编制,不列赤字,并安排资金调入一般公共预算。

4. 社会保险基金预算

社会保险基金预算是通过社会保险缴款、一般公共预算安排和其他方式筹集的收入,专项用于社会保险的收支预算。2009 年起草的《国务院关于试行社会保险基金预算的意见(代拟稿)》在广泛征求意见的基础上,于 2009 年 12 月提交国务院常务会议审议并原则通过,从 2010 年起在全国试编社会保险基金预算。

社会保险基金预算应当按照统筹层次和社会保险项目分别编制,做到收支平衡。

上述四类预算并非完全独立,而是有机衔接的整体。一般公共财政预算是国家预算体系的基础,政府性基金预算、国有资本经营预算和社会保障预算相对独立。

三、预算管理职权

预算管理职权,是预算体系中各国家机关之间、中央和地方之间在预算管理方面的职权划分。根据统一领导、分级管理、权责结合的原则,我国《预算法》对预算管理职权的划分主要有以下规定。

(一) 各级权力机关的预算管理职权

1. 全国人民代表大会和全国人民代表大会常务委员会的预算管理职权

《预算法》规定,全国人民代表大会审查中央和地方预算草案及中央和地方预算执行情况的报告;批准中央预算和中央预算执行情况的报告;改变或者撤销全国人民代表大会常务委员会关于预算、决算的不适当的决议。

全国人民代表大会常务委员会监督中央和地方预算的执行;审查和批准中央预算的调整方案;审查和批准中央决算;撤销国务院制定的同宪法、法律相抵触的关于预算、决算的行政法规、决定和命令;撤销省、自治区、直辖市人民代表大会及其常务委员会制定的同宪法、法律和行政法规相抵触的关于预算、决算的地方性法规和决议。

全国人民代表大会财政经济委员会对中央预算草案初步方案及上一年预算执行情况、中央预算调整初步方案和中央决算草案进行初步审查,提出初步审查意见。对此,本级政府财政部门应当将处理情况及时反馈,并将所提出的意见及处理情况及时印发全国人民代表大会代表。

2. 县级以上地方各级人民代表大会和常务委员会的预算管理职权

县级以上地方各级人民代表大会审查本级总预算草案及本级总预算执行情况的报告;批准本级预算和本级预算执行情况的报告;改变或者撤销本级人民代表大会常务委员会关于预算、决算的不适当的决议;撤销本级政府关于预算、决算的不适当的决定和命令。

县级以上地方各级人民代表大会常务委员会监督本级总预算的执行;审查和批准本级预算的调整方案;审查和批准本级政府决算;撤销本级政府和下一级人民代表大会及其

常务委员会关于预算、决算的不适当的决定、命令和决议。

省、自治区、直辖市人民代表大会有关专门委员会对本级预算草案初步方案及上一年预算执行情况、本级预算调整初步方案和本级决算草案进行初步审查，提出初步审查意见。设区的市、自治州人民代表大会有关专门委员会对本级预算草案初步方案及上一年预算执行情况、本级预算调整初步方案和本级决算草案进行初步审查，提出初步审查意见，未设立专门委员会的，由本级人民代表大会常务委员会有关工作机构研究提出意见。设区的市、自治州以上各级人民代表大会有关专门委员会进行初步审查、常务委员会有关工作机构研究提出意见时，应当邀请本级人民代表大会代表参加。

县、自治县、不设区的市、市辖区人民代表大会常务委员会对本级预算草案初步方案及上一年预算执行情况进行初步审查，提出初步审查意见。县、自治县、不设区的市、市辖区人民代表大会常务委员会有关工作机构对本级预算调整初步方案和本级决算草案研究提出意见。

对各级人民代表大会常务委员会及专门委员提出的初步审查意见，本级政府财政部门应当将处理情况及时反馈，并将所提出的意见及处理情况及时印发本级人民代表大会代表。

3. 县级以下人民代表大会的预算管理职权

由于县级以下人民代表大会不设立常务委员会，因此，就由乡、民族乡、镇的人民代表大会审查和批准本级预算和本级预算执行情况的报告；监督本级预算的执行；审查和批准本级预算的调整方案；审查和批准本级决算；撤销本级政府关于预算、决算的不适当的决定和命令。

(二) 各级政府的预算管理职权

1. 国务院的预算管理职权

国务院编制中央预算、决算草案；向全国人民代表大会作关于中央和地方预算草案的报告；将省、自治区、直辖市政府报送备案的预算汇总后报全国人民代表大会常务委员会备案；组织中央和地方预算的执行；决定中央预算预备费的动用；编制中央预算调整方案；监督中央各部门和地方政府的预算执行；改变或者撤销中央各部门和地方政府关于预算、决算的不适当的决定、命令；向全国人民代表大会、全国人民代表大会常务委员会报告中央和地方预算的执行情况。

2. 县级以上地方各级政府的预算管理职权

县级以上地方各级政府编制本级预算、决算草案；向本级人民代表大会作关于本级总预算草案的报告；将下一级政府报送备案的预算汇总后报本级人民代表大会常务委员会备案；组织本级总预算的执行；决定本级预算预备费的动用；编制本级预算的调整方案；监督本级各部门和下级政府的预算执行；改变或者撤销本级各部门和下级政府关于预算、决算的不适当的决定、命令；向本级人民代表大会、本级人民代表大会常务委员会报告本级总预算的执行情况。

3. 县级以下地方政府的预算管理职权

乡、民族乡、镇政府编制本级预算、决算草案；向本级人民代表大会作关于本级预算草案的报告；组织本级预算的执行；决定本级预算预备费的动用；编制本级预算的调整方案；向本级人民代表大会报告本级预算的执行情况。

经省、自治区、直辖市政府批准，乡、民族乡、镇本级预算草案、预算调整方案、决算草案，可以由上一级政府代编，并依照《预算法》第 21 条的规定报乡、民族乡、镇的人民代表大会审查和批准。

(三) 各级财政部门的预算管理职权

1. 国务院财政部门的预算管理职权

国务院财政部门具体编制中央预算、决算草案;具体组织中央和地方预算的执行;提出中央预算预备费动用方案;具体编制中央预算的调整方案;定期向国务院报告中央和地方预算的执行情况。

2. 地方各级政府财政部门

地方各级政府财政部门具体编制本级预算、决算草案;具体组织本级总预算的执行;提出本级预算预备费动用方案;具体编制本级预算的调整方案;定期向本级政府和上一级政府财政部门报告本级总预算的执行情况。

3. 各部门和各单位的预算管理职权

各部门编制本部门预算、决算草案;组织和监督本部门预算的执行;定期向本级政府财政部门报告预算的执行情况。

各单位编制本单位预算、决算草案;按照国家规定上缴预算收入,安排预算支出,并接受国家有关部门的监督。

四、预算收支的范围

(一) 预算收支的组成

预算收支由预算收入和预算支出组成。

1. 一般公共预算收支

依据《预算法》第 27 条规定,一般公共预算收入包括:(1) 各项税收收入;(2) 行政事业性收费收入;(3) 国有资源(资产)有偿使用收入;(4) 转移性收入;(5) 其他收入。

一般公共预算支出按照功能分类,包括:(1) 一般公共服务支出;(2) 外交、公共安全、国防支出;(3) 农业、环境保护支出;(4) 教育、科技、文化、卫生、体育支出;(5) 社会保障及就业支出;(6) 其他支出。一般公共预算支出按照经济性质分类,包括:(1) 工资福利支出;(2) 商品和服务支出;(3) 资本性支出;(4) 其他支出。

关于政府性基金预算、国有资本经营预算和社会保险基金预算的收支范围,依据《预算法》第 28 条规定,按照法律、行政法规和国务院的规定执行。

2. 政府性基金预算收支

关于政府性基金预算的收支范围尚无法律、行政法规规定。《财政部关于公布行政事业性收费和政府性基金目录清单的公告》(财政部公告 2014 年第 80 号)显示,现有全国性基金项目有 25 项。根据《2019 年政府收支分类科目》确定的收支范围,政府性基金主要包括三峡工程建设基金、中央农网还贷资金、铁路建设基金、港口建设费、民航机场管理建设费、新增建设用地土地有偿使用费、大中型水库移民后期扶持基金、中央财政外汇经营基金财务收入、彩票公益金等 40 项。[①]

3. 国有资本经营预算收支

关于国有资本经营预算的收支范围,现行《国务院关于试行国有资本经营预算的意

[①] 根据财政部网站公布的全国政府性基金目录清单,中央设立的有 20 项;各项政府性基金收支预算安排情况详细参见财政部网站,http://yss.mof.gov.cn/2019zyczys/201904/t20190401_3209996.html。

见》(国发〔2007〕26号)规定如下：

国有资本经营预算的收入是指各级人民政府及其部门、机构履行出资人职责的企业（即一级企业，下同）上交的国有资本收益，主要包括：(1) 国有独资企业按规定上交国家的利润；(2) 国有控股、参股企业国有股权（股份）获得的股利、股息；(3) 企业国有产权（含国有股份）转让收入；(4) 国有独资企业清算收入（扣除清算费用），以及国有控股、参股企业国有股权（股份）分享的公司清算收入（扣除清算费用）；(5) 其他收入。

国有资本经营预算的支出主要包括：(1) 资本性支出。根据产业发展规划、国有经济布局和结构调整、国有企业发展要求，以及国家战略、安全等需要，安排的资本性支出；(2) 费用性支出。用于弥补国有企业改革成本等方面的费用性支出；(3) 其他支出。

具体支出范围依据国家宏观经济政策以及不同时期国有企业改革和发展的任务，统筹安排确定。必要时，可部分用于社会保障等项支出。

4. 社会保险基金预算收支

关于社会保险基金预算的收支范围，《国务院关于试行社会保险基金预算的意见》（国发〔2010〕2号）规定如下：

(1) 企业职工基本养老保险基金预算。基金收入主要包括基本养老保险费收入、利息收入、财政补贴收入、转移收入、上级补助收入、下级上解收入、其他收入等；基金支出主要包括基本养老金支出、医疗补助金支出、丧葬抚恤补助支出、转移支出、补助下级支出、上解上级支出、其他支出等。

(2) 失业保险基金预算。基金收入主要包括失业保险费收入、利息收入、财政补贴收入、转移收入、上级补助收入、下级上解收入、其他收入等；基金支出主要包括失业保险金支出、医疗补助金支出、丧葬抚恤补助支出、职业培训和职业介绍补贴支出、转移支出、补助下级支出、上解上级支出、其他支出等。

(3) 城镇职工基本医疗保险基金预算。基金收入主要包括基本医疗保险费收入、利息收入、财政补贴收入、转移收入、上级补助收入、下级上解收入、其他收入等；基金支出主要包括基本医疗保险待遇支出、转移支出、补助下级支出、上解上级支出、其他支出等。

(4) 工伤保险基金预算。基金收入主要包括工伤保险费收入、利息收入、财政补贴收入、转移收入、上级补助收入、下级上解收入、其他收入等；基金支出主要包括工伤保险待遇支出、劳动能力鉴定费支出、转移支出、补助下级支出、上解上级支出、其他支出等。

(5) 生育保险基金预算。基金收入主要包括生育保险费收入、利息收入、财政补贴收入、转移收入、上级补助收入、下级上解收入、其他收入等；基金支出主要包括生育保险待遇支出、医疗费支出、转移支出、补助下级支出、上解上级支出、其他支出等。

（二）预算收支的划分

《预算法》第29条规定，中央预算与地方预算有关收入和支出项目的划分、地方向中央上解收入、中央对地方税收返还或者转移支付的具体办法，由国务院规定，报全国人民代表大会常务委员会备案。

1. 预算收入的划分

预算收入划分为中央预算收入、地方预算收入、中央和地方预算共享收入。"中央预算收入"，是指按照分税制财政管理体制，纳入中央预算、地方不参与分享的收入，包括中央本级收入和地方按照规定向中央上解的收入。"地方预算收入"，是指按照分税制财政管理体制,纳入地方预算、中央不参与分享的收入,包括地方本级收入和中央按照规定返还或者补助地方的收入。"中央和地方预算共享收入",是指按照分税制财政管理体制,中央预算和地方预算对同一税种的收入,按照一定划分标准或者比例分享的收入。按照规定,上级政府不得在预算之外调用下级政府预算的资金。下级政府不得挤占或者截留属于上级政府预算的资金。

2. 预算支出的划分

预算支出划分为中央预算支出和地方预算支出。"中央预算支出",是指按照分税制财政管理体制,由中央财政承担并列入中央预算的支出,包括中央本级支出和中央返还或者补助地方的支出。"地方预算支出",是指按照分税制财政管理体制,由地方财政承担并列入地方预算的支出,包括地方本级支出和地方按照规定上解中央的支出。

五、预算的编制、审批、执行和调整

(一) 预算的编制

预算的编制,是指各级政府、各部门、各单位编制预算草案的活动。"预算草案",是指各级政府、各部门、各单位编制的未经法定程序审查和批准的预算收支计划。预算编制是预算活动的起始和基础环节,是发挥预算功能的重要条件。

1. 预算的编制原则

(1) 适当平衡原则。《预算法》规定,中央一般公共预算必需的部分资金,可以通过举借国内和国外债务等方式筹措,举借债务应当控制适当的规模,保持合理的结构。对中央一般公共预算中举借的债务实行余额管理,余额的规模不得超过全国人民代表大会批准的限额。国务院财政部门具体负责对中央政府债务的统一管理。地方各级预算按照量入为出、收支平衡的原则编制,除《预算法》的规定外,不列赤字。地方政府及其所属部门不得以任何方式举借债务,以下情况除外,即:经国务院批准的省、自治区、直辖市的预算中必需的建设投资的部分资金,可以在国务院确定的限额内,通过发行地方政府债券举借债务的方式筹措。举借债务的规模,由国务院报全国人民代表大会或者全国人民代表大会常务委员会批准。

(2) 真实适度原则。真实适度原则,是指预算编制必须真实、可靠,符合客观实际情况。真实适度原则强调在预算编制过程中必须做到实事求是,如实反映有关情况,不得弄虚作假。因此,《预算法》第36条规定:"各级预算收入的编制,应当与经济社会发展水平相适应,与财政政策相衔接。各级政府、各部门、各单位应当依照本法规定,将所有政府收入全部列入预算,不得隐瞒、少列。"

(3) 节约统筹原则。《预算法》规定,各级预算支出应当依照该法规定,按其功能和经济性质分类编制;各级预算支出的编制,应当贯彻勤俭节约的原则,严格控制各部门、各单位的机关运行经费和楼堂馆所等基本建设支出;各级一般公共预算支出的编制,应当统筹兼顾,在保证基本公共服务合理需要的前提下,优先安排国家确定的重点支出。

2. 预算的编制内容与程序

关于预算的编制内容与程序,《预算法》第32、38条进行了一般规定,具体尚需出台《预算法》实施细则及相关行政法规予以明确。

《预算法》第32条规定,各级预算应当根据年度经济社会发展目标、国家宏观调控总体

要求和跨年度预算平衡的需要,参考上一年预算执行情况、有关支出绩效评价结果和本年度收支预测,按照规定程序征求有关方面意见后,进行编制。各级政府依据法定权限作出决定或者制定行政措施,凡涉及增加或者减少财政收入或者支出的,应当在预算批准前提出并在预算草案中作出相应安排。各部门、各单位应当按照国务院财政部门制定的政府收支分类科目、预算支出标准和要求,以及绩效目标管理等预算编制规定,根据其依法履行职能和事业发展的需要以及存量资产情况,编制本部门、本单位预算草案。政府收支分类科目,收入分为类、款、项、目;支出按其功能分类分为类、款、项,按其经济性质分类分为类、款。

关于一般性转移支付,依据《预算法》第38规定,应当按照国务院规定的基本标准和计算方法编制;应当分地区、分项目编制。县级以上各级政府应当将对下级政府的转移支付预计数提前下达下级政府。地方各级政府应当将上级政府提前下达的转移支付预计数编入本级预算。

(二) 预算的审批

预算的审批,即预算的审查和批准,是指国家各级权力机关对同级政府所提出的预算草案进行审查和批准的活动。

根据《预算法》的规定,国务院在全国人民代表大会举行会议时,向大会作关于中央和地方预算草案的报告。地方各级政府在本级人民代表大会举行会议时,向大会作关于本级总预算草案的报告。中央预算由全国人民代表大会审查和批准。地方各级政府预算由本级人民代表大会审查和批准。

1. 预审草案的初审

新《预算法》在人大预算审批制度方面进行了较大幅度修改,增强了初审机构的权力。《预算法》第44条分四款分别对中央预算和地方各级政府预算草案的初审程序加以规定:(1) 国务院财政部门应当在每年全国人民代表大会会议举行的45日前,将中央预算草案的初步方案提交全国人民代表大会财政经济委员会进行初步审查。(2) 省、自治区、直辖市政府财政部门应当在本级人民代表大会会议举行的30日前,将本级预算草案的初步方案提交本级人民代表大会有关专门委员会进行初步审查。(3) 设区的市、自治州政府财政部门应当在本级人民代表大会会议举行的30日前,将本级预算草案的初步方案提交本级人民代表大会有关专门委员会进行初步审查,或者送交本级人民代表大会常务委员会有关工作机构征求意见。(4) 县、自治县、不设区的市、市辖区政府应当在本级人民代表大会会议举行的30日前,将本级预算草案的初步方案提交本级人民代表大会常务委员会进行初步审查。

2. 预算的审批

国务院在全国人民代表大会举行会议时,向大会作关于中央和地方预算草案以及中央和地方预算执行情况的报告;地方各级政府在本级人民代表大会举行会议时,向大会作关于总预算草案和总预算执行情况的报告。

全国人民代表大会和地方各级人民代表大会对预算草案及其报告、预算执行情况的报告重点审查下列内容:(1) 上一年预算执行情况是否符合本级人民代表大会预算决议的要求;(2) 预算安排是否符合《预算法》规定;(3) 预算安排是否贯彻国民经济和社会发展的方针政策,收支政策是否切实可行;(4) 重点支出和重大投资项目的预算安排是否适当;(5) 预算的编制是否完整,是否符合《预算法》第46条的规定;(6) 对下级政府的转移性支出预算是否规范、适当;(7) 预算安排举借的债务是否合法、合理,是否有偿还计划和稳定的偿还资金来源；(8)与预算有关重要事项的说明是否清晰。

全国人民代表大会财政经济委员会向全国人民代表大会主席团提出关于中央和地方预算草案及中央和地方预算执行情况的审查结果报告。省、自治区、直辖市、设区的市、自治州人民代表大会有关专门委员会，县、自治县、不设区的市、市辖区人民代表大会常务委员会，向本级人民代表大会主席团提出关于总预算草案及上一年总预算执行情况的审查结果报告。审查结果报告应当包括下列内容：(1)对上一年预算执行和落实本级人民代表大会预算决议的情况作出评价；(2)对本年度预算草案是否符合《预算法》的规定，是否可行作出评价；(3)对本级人民代表大会批准预算草案和预算报告提出建议；(4)对执行年度预算、改进预算管理、提高预算绩效、加强预算监督等提出意见和建议。

为加强社会公众对预算的审查监督权，《预算法》第45条规定：县、自治县、不设区的市、市辖区、乡、民族乡、镇的人民代表大会举行会议审查预算草案前，应当采用多种形式，组织本级人民代表大会代表，听取选民和社会各界的意见。

3. 预算的批复与备案

各级预算经本级人民代表大会批准后，本级政府财政部门应当在20日内向本级各部门批复预算。各部门应当在接到本级政府财政部门批复的本部门预算后15日内向所属各单位批复预算。县级以上各级政府财政部门应当将批复本级各部门的预算和批复下级政府的转移支付预算，抄送本级人民代表大会财政经济委员会、有关专门委员会和常务委员会有关工作机构。

预算的备案是与预算审批密切相关的一种制度，各级政府预算被自上而下批准后，必须依法自下而上向相应的国家机关备案，旨在加强预算监督。《预算法》对预算备案规定如下：(1)乡、民族乡、镇政府应当及时将经本级人民代表大会批准的本级预算报上一级政府备案。(2)县级以上地方各级政府应当及时将经本级人民代表大会批准的本级预算及下一级政府报送备案的预算汇总，报上一级政府备案，并将下一级政府依规定报送备案的预算汇总后，报本级人民代表大会常务委员会备案。(3)国务院将省、自治区、直辖市政府依照上述规定报送备案的预算汇总后，报全国人民代表大会常务委员会备案。(4)国务院和县级以上地方各级政府对下一级政府依照《预算法》第50条规定报送备案的预算，认为有同法律、行政法规相抵触或者有其他不适当之处，需要撤销批准预算的决议的，应当提请本级人民代表大会常务委员会审议决定。

(三) 预算的执行

预算执行是指各级财政部门和其他预算主体贯彻实施预算的活动。《预算法》明确规定，在我国，各级预算由本级政府组织执行，具体工作由本级政府财政部门负责。各部门、各单位是本部门、本单位的预算执行主体，负责本部门、本单位的预算执行，并对执行结果负责。

1. 预算执行的依据

经过权力机关依据法定程序批准的预算是预算执行的法定依据。由于我国法律规定的预算年度为公历年度，即自公历1月1日起至12月31日止，而我国的全国人大会议则在每年的春季召开，事实上造成一段时间的预算执行无预算依据的局面，为此，《预算法》第54条规定，预算年度开始后，各级预算草案在本级人民代表大会批准前，可以安排下列支出，并应当在预算草案的报告中作出说明：(1)上一年度结转的支出；(2)参照上一年同期的预算支出数额安排必须支付的本年度部门基本支出、项目支出，以及对下级政府的转移性支出;(3)法律规定必须履行支付义务的支出,以及用于自然灾害等突发事件处理的支出。预算经本级人民代表大会批准后,按照批准的预算执行。

2. 预算收入的组织执行

在组织预算收入方面,预算收入征收部门和单位必须依法及时、足额征收应征的预算收入,不得违反法律、行政法规规定,多征、提前征收或者减征、免征、缓征应征的预算收入。各级政府不得向预算收入征收部门和单位下达收入指标。

此外,政府的全部收入应当上缴国家金库(以下简称国库),任何部门、单位和个人不得截留、占用、挪用或者拖欠。对于法律有明确规定或者经国务院批准的特定专用资金,可以依照国务院的规定设立财政专户。

3. 预算支出的组织执行

在划拨预算支出方面,各级政府财政部门必须按照有关规定,及时、足额地拨付预算支出资金,加强对预算支出的管理和监督。各级政府、各部门、各单位的支出必须按照预算执行,不得虚假列支。为提高资金的使用效率,加强对预算支出资金的管理和监督,《预算法》规定,各级政府、各部门、各单位应当对预算支出情况开展绩效评价。

4. 国库集中收付

上述的预算收入、预算支出均必须通过国库来进行。《预算法》第61条规定,国家实行国库集中收缴和集中支付制度,对政府全部收入和支出实行国库集中收付管理。国库是办理预算收入的收纳、划分、留解和库款支拨的专门机构。依据《预算法》规定,县级以上各级预算必须设立国库;具备条件的乡级预算也应当设立国库。国库分为中央国库和地方国库。中央国库业务由中国人民银行经理,地方国库业务依照国务院的有关规定办理。各级国库应当按照国家有关规定,及时准确地办理预算收入的收纳、划分、留解、退付和预算支出的拨付。

各级国库库款的支配权属于本级政府财政部门。除法律、行政法规另有规定外,未经本级政府财政部门同意,任何部门、单位和个人都无权冻结、动用国库库款或者以其他方式支配已入国库的库款。

(四)预算的调整

预算调整是因特殊情况而在预算执行中对原来预算收支进行部分调整和变更。关于预算调整,我国《预算法》的规定如下。

1. 预算调整的法定情形

《预算法》第67条规定,经全国人民代表大会批准的中央预算和经地方各级人民代表大会批准的地方各级预算,在执行中出现下列情况之一的,应当进行预算调整:(1)需要增加或者减少预算总支出的;(2)需要调入预算稳定调节基金的;(3)需要调减预算安排的重点支出数额的;(4)需要增加举借债务数额的。

依据《预算法》第71条规定,在预算执行中,地方各级政府因上级政府增加不需要本级政府提供配套资金的专项转移支付而引起的预算支出变化,不属于预算调整。接受增加专项转移支付的县级以上地方各级政府应当向本级人民代表大会常务委员会报告有关情况;接受增加专项转移支付的乡、民族乡、镇政府应当向本级人民代表大会报告有关情况。

2. 预算调整的程序及效力

在预算执行中,各级政府一般不制定新的增加财政收入或者支出的政策和措施,也不制定减少财政收入的政策和措施；必须作出并需要进行预算调整的，应当在预算调整方案中作出安排。在预算执行中，各级政府对于必须进行的预算调整，应当编制预算调整方案。预算调整方案应当说明预算调整的理由、项目和数额。在预算执行中，由于发生自然灾害等突发事件，必须及时增加预算支出的，应当先动支预备费；预备费不足支出的，各级政府可以先安排支出，属于预算调整的，列入预算调整方案。

(1) 预算调整方案的初步审查

国务院财政部门应当在全国人民代表大会常务委员会举行会议审查和批准预算调整方案的 30 日前，将预算调整初步方案送交全国人民代表大会财政经济委员会进行初步审查。省、自治区、直辖市政府财政部门应当在本级人民代表大会常务委员会举行会议审查和批准预算调整方案的 30 日前，将预算调整初步方案送交本级人民代表大会有关专门委员会进行初步审查。设区的市、自治州政府财政部门应当在本级人民代表大会常务委员会举行会议审查和批准预算调整方案的 30 日前，将预算调整初步方案送交本级人民代表大会有关专门委员会进行初步审查，或者送交本级人民代表大会常务委员会有关工作机构征求意见。县、自治县、不设区的市、市辖区政府财政部门应当在本级人民代表大会常务委员会举行会议审查和批准预算调整方案的 30 日前，将预算调整初步方案送交本级人民代表大会常务委员会有关工作机构征求意见。

(2) 预算调整方案的审批

未经批准，不得调整预算。中央预算的调整方案应当提请全国人民代表大会常务委员会审查和批准。县级以上地方各级预算的调整方案应当提请本级人民代表大会常务委员会审查和批准；乡、民族乡、镇预算的调整方案应当提请本级人民代表大会审查和批准。地方各级预算的调整方案经批准后，由本级政府报上一级政府备案。经批准的预算调整方案，各级政府应当严格执行。未经《预算法》规定的程序，各级政府不得作出预算调整的决定。对违反上述规定作出的决定，本级人民代表大会、本级人民代表大会常务委员会或者上级政府应当责令其改变或者撤销。

六、决算制度

决算，在形式上是对年度预算收支执行结果的会计报告，在实质上则是对年度预算执行结果的总结。它是预算管理程序中的最后一个环节。决算制度主要包括决算草案的编制和审批两个方面的内容。

(一) 决算草案的编制

决算草案是指各级政府、各部门、各单位编制的经法定程序审查和批准的预算收支的年度执行结果，在每一预算年度终了后按照国务院规定的时间编制。编制决算草案的具体事项，由国务院财政部门部署。编制决算草案，必须符合法律、行政法规，做到收支真实、数额准确、内容完整、报送及时。决算在形式上包括决算报表和文字说明两个部分，其体系构成和包括的收支项目同预算是一致的，按预算数、调整预算数、决算数分别列出。一般公共预算支出应当按其功能分类编列到项，按其经济性质分类编列到款。

(二) 决算草案的审批

各部门对所属各单位的决算草案，应当审核并汇总编制本部门的决算草案，在规定的期限内报本级政府财政部门审核。各级政府财政部门对本级各部门决算草案审核后发现有不符合法律、行政法规规定的,有权予以纠正。

1. 决算草案的初步审查

国务院财政部门应当在全国人民代表大会常务委员会举行会议审查和批准中央决算草案的 30 日前,将上一年度中央决算草案提交全国人民代表大会财政经济委员会进行初步审查。省、自治区、直辖市政府财政部门应当在本级人民代表大会常务委员会举行会议审查和批准本级决算草案的 30 日前,将上一年度本级决算草案提交本级人民代表大会有关专门委员会进行初步审查。设区的市、自治州政府财政部门应当在本级人民代表大会常务委员会举行会议审查和批准本级决算草案的 30 日前,将上一年度本级决算草案提交本级人民代表大会有关专门委员会进行初步审查,或者送交本级人民代表大会常务委员会的有关工作机构征求意见。县、自治县、不设区的市、市辖区政府财政部门应当在本级人民代表大会常务委员会举行会议审查和批准本级决算草案的 30 日前,将上一年度本级决算草案提交本级人民代表大会常务委员会有关工作机构征求意见。

全国人民代表大会财政经济委员会和省、自治区、直辖市、设区的市、自治州人民代表大会有关专门委员会,向本级人民代表大会常务委员会提出关于本级决算草案的审查结果报告。

2. 决算草案的审批

根据《预算法》的规定,决算草案的审批主体是各级权力机关。(1)国务院财政部门编制中央决算草案,经国务院审计部门审计后,报国务院审定,由国务院提请全国人民代表大会常务委员会审查和批准。(2)县级以上地方各级政府财政部门编制本级决算草案,经本级政府审计部门审计后,报本级政府审定,由本级政府提请本级人民代表大会常务委员会审查和批准。(3)乡、民族乡、镇政府编制本级决算草案,提请本级人民代表大会审查和批准。

县级以上各级人民代表大会常务委员会和乡、民族乡、镇人民代表大会对本级决算草案,重点审查下列内容:(1)预算收入情况;(2)支出政策实施情况和重点支出、重大投资项目资金的使用及绩效情况;(3)结转资金的使用情况;(4)资金结余情况;(5)本级预算调整及执行情况;(6)财政转移支付安排执行情况;(7)经批准举借债务的规模、结构、使用、偿还等情况;(8)本级预算周转金规模和使用情况;(9)本级预备费使用情况;(10)超收收入安排情况,预算稳定调节基金的规模和使用情况;(11)本级人民代表大会批准的预算决议落实情况;(12)其他与决算有关的重要情况。

县级以上各级人民代表大会常务委员会应当结合本级政府提出的上一年度预算执行和其他财政收支的审计工作报告,对本级决算草案进行审查。

3. 决算草案的批复与备案

各级决算经批准后,财政部门应当在 20 日内向本级各部门批复决算。各部门应当在接到本级政府财政部门批复的本部门决算后 15 日内向所属单位批复决算。地方各级政府应当将经批准的决算及下一级政府上报备案的决算汇总,报上一级政府备案。县级以上各级政府应当将下一级政府报送备案的决算汇总后,报本级人民代表大会常务委员会备案。

国务院和县级以上地方各级政府对下一级政府依法报送备案的决算,认为有同法律、行政法规相抵触或者有其他不适当之处,需要撤销批准该项决算的决议的,应当提请本级人民代表大会常务委员会审议决定;经审议决定撤销,该下级人民代表大会常务委员会应当责成本级政府依照《预算法》规定重新编制决算草案,提请本级人民代表大会常务委员会审查和批准。

七、预算决算监督

预算决算监督,是指对各级政府预算的编制、预算执行、预算调整以及决算等活动的合法性和有效性实施的监督。它是财政监督的一个重要组成部分,是预算管理的重要内容。

按监督时间前后划分,预算决算监督一般分为事前监督、日常监督和事后监督。按监督的内容划分,预算决算监督可以分为对预算编制的监督、对预算执行的监督、对预算调整的监督和对决算的监督等。按监督主体划分,预算决算监督包括各级国家权力机关即各级人民代表大会及其常务委员会对预算、决算进行的监督,各级政府对下一级政府预算执行的监督,各级政府财政部门对本级各部门、各单位和下一级财政部门预算执行的监督检查,以及各级政府审计部门对预算执行情况和决算实行的审计监督。

(一) 权力机关的监督

全国人民代表大会及其常务委员会对中央和地方预算、决算进行监督。县级以上地方各级人民代表大会及其常务委员会对本级和下级政府预算、决算进行监督。乡、民族乡、镇人民代表大会对本级预算、决算进行监督。

各级人民代表大会和县级以上各级人民代表大会常务委员会有权就预算、决算中的重大事项或者特定问题组织调查,有关的政府、部门、单位和个人应当如实反映情况和提供必要的材料;各级人民代表大会和县级以上各级人民代表大会常务委员会举行会议时,人民代表大会代表或者常务委员会组成人员,依照法律规定程序就预算、决算中的有关问题提出询问或者质询,受询问或者受质询的有关的政府或者财政部门必须及时给予答复。

国务院和县级以上地方各级政府应当在每年6月至9月期间向本级人民代表大会常务委员会报告预算执行情况。

(二) 政府机关的监督

政府机关的监督也简称行政监督,是指各级行政机关对预算和决算的监督。包括以下两方面。

(1) 行政机关的报告义务。《预算法》第86条规定:国务院和县级以上地方各级政府应当在每年6月至9月期间向本级人民代表大会常务委员会报告预算执行情况。

(2) 行政机关的监督职权。各级政府有权监督下级政府的预算执行。由于各级政府均为预算执行的主体,因而在预算执行方面,上级政府有权监督下级政府的预算执行,下级政府应当定期向上一级政府报告预算执行情况。

(三) 各级政府专门机构的监督

各级政府的专门机构是指各级政府的财政部门和审计部门。

各级政府的财政部门的监督,简称财政监督。财政监督非常重要,因为财政部门在整个预算活动中处于核心地位,能够对其所属预算主体的预算活动起到指导作用。《预算法》第88条规定,各级政府财政部门负责监督本级各部门及其所属各单位预算管理有关工作,并向本级政府和上一级政府财政部门报告预算执行情况。

审计部门独立于财政部门之外,其实施的监督是一种专门的监督。就监督范围而言,审计监督不只是局限于对预算执行的监督,而是对预算执行和决算均有权进行监督。我国《预算法》规定县级以上政府审计部门依法对预算执行、决算实行审计监督。对预算执行和其他财政收支的审计工作报告应当向社会公开。此外,《审计法》也对审计部门关于财政预算的执行情况和决算活动的监督职权等进行了详细规定。

政府各部门负责监督检查所属各单位的预算执行,及时向本级政府财政部门反映本部门预算执行情况,依法纠正违反预算的行为。

八、违反《预算法》的法律责任

(1) 各级政府及有关部门有下列行为之一的,责令改正,对负有直接责任的主管人员和其他直接责任人员追究行政责任:① 未依照该法规定,编制、报送预算草案、预算调整方案、决算草案和部门预算、决算以及批复预算、决算的;② 违反该法规定,进行预算调整的;③ 未依照该法规定对有关预算事项进行公开和说明的;④ 违反规定设立政府性基金项目和其他财政收入项目的;⑤ 违反法律、法规规定使用预算预备费、预算周转金、预算稳定调节基金、超收收入的;⑥ 违反《预算法》规定开设财政专户的。

(2) 各级政府及有关部门、单位有下列行为之一的,责令改正,对负有直接责任的主管人员和其他直接责任人员依法给予降级、撤职、开除的处分:① 未将所有政府收入和支出列入预算或者虚列收入和支出的;② 违反法律、行政法规的规定,多征、提前征收或者减征、免征、缓征应征预算收入的;③ 截留、占用、挪用或者拖欠应当上缴国库的预算收入的;④ 违反《预算法》规定,改变预算支出用途的;⑤ 擅自改变上级政府专项转移支付资金用途的;⑥ 违反《预算法》规定拨付预算资金,办理预算收入收纳、划分、留解、退付,或者违反《预算法》规定冻结、动用国库库款或者以其他方式支配已入国库库款的。

(3) 各级政府、各部门、各单位违反《预算法》规定举借债务或者为他人债务提供担保,或者挪用重点支出资金,或者在预算之外及超预算标准建设楼堂馆所的,责令改正,对负有直接责任的主管人员和其他直接责任人员给予撤职、开除的处分。

(4) 各级政府有关部门、单位及其工作人员有下列行为之一的,责令改正,追回骗取、使用的资金,有违法所得的没收违法所得,对单位给予警告或者通报批评;对负有直接责任的主管人员和其他直接责任人员依法给予处分:① 违反法律、法规的规定,改变预算收入上缴方式的;② 以虚报、冒领等手段骗取预算资金的;③ 违反规定扩大开支范围、提高收支标准的;④ 其他违反财政管理规定的行为。上述违法行为,其他法律对其处理、处罚另有规定的,依照其规定。

违反《预算法》规定,构成犯罪的,依法追究刑事责任。

第三节 转移支付法律制度

一、转移支付与转移支付法的概念

(一) 转移支付的概念

财政支出依据其能否直接获得经济补偿,可以分为购买支出和转移支付两大类。[①]

---

① 陈共主编:《财政学》,中国人民大学出版社 2000 年版,第 6 页。

转移支付,又称补助支出、无偿支出,是指政府为实现其特定的政策目标,通过一定的渠道或形式,将一部分社会资源无偿地从一个(几个)群体转移给另一个(几个)群体。根据转移支付的对象不同,可以将转移支付大致区分为政府对居民或企业的转移支付和政府间的转移支付两类。[①]

政府对居民或企业的转移支付的范围主要包括社会保障支出、财政补贴支出等。政府间财政转移支付,是指各级政府之间财政资金的相互转移或财政资金在各级政府之间的再分配。这种转移支付形式一般有三种:(1)中央政府将其预算收入的一部分向下转移给地方政府;(2)地方政府将其预算收入的一部分向上转移给中央政府;(3)同级政府之间一部分预算收入的相互转移。凡是相邻两级政府间的上级政府对下级政府的财力转移是狭义上理解的转移支付。我国在1994年分税制财政体制改革基础上确立的财政转移支付制度,是一种从狭义上理解的财政转移支付。本节是从狭义的角度来论述财政转移支付的相关内容。

(二) 转移支付法的概念

财政转移支付法是指调整在财政转移支付过程中发生的经济关系的法律规范的总称,是财政法律制度的重要组成部分。从形式上看财政转移支付法,是指财政转移支付法律规范借以表现的外在形式,有广义与狭义之分:广义上的财政转移支付法,泛指凡规定有关财政转移支付方面内容的法律、法规、自治条例、规章等规范性法律文件的总称。狭义上的财政转移支付法,专指国家立法机关制定的以《财政转移支付法》冠名的单行法律。在我国尚未制定专门的《财政转移支付法》,有关财政转移支付方面内容的法律规范散见于相关法规与规章之中。

财政转移支付法律制度的内容一般包括:(1)转移支付的目标和原则。(2)转移支付的形式。目前转移支付的形式包括社会保障支出和财政补贴支出,如定额补助、专项补助、结算补助、税收返还及其他补助形式。(3)转移支付的资金来源、核算标准、分配方法、支付规模和程序。(4)转移支付的管理和分配机构。(5)转移支付的监督及法律责任。

二、财政转移支付制度的基本框架[②]

(一) 财政转移支付制度的模式

根据国际上现有的实践,政府间转移支付的模式有两种。

(1) 单一纵向模式,即单一的自上而下的纵向财政平衡模式。它是指上级政府通过特定的财政体制把各地区所创造的财力数量不等地集中起来,再根据各地区财政收支平衡状况和实施宏观调控政策的需要,将集中起来的部分财政收入以不等的数量分配给各地区,以此实现各地区间财力配置的相对均衡。实际上,我国长期以来就是通过这种方式实施政府转移支付的。而且,目前世界上多数国家的政府间转移支付也都是采取这种方式进行的。

(2) 纵横交错模式,即一种纵向为主、纵横交错的财政平衡模式。对于政府间的转移支付,中央不仅统一立法,并且直接通过特定手段进行纵向的转移支付,但又同时负责组

[①] 丛树海主编:《财政支出学》,中国人民大学出版社2002年版,第265页。
[②] 参见刘小明:《财政转移支付制度研究》,中国财政经济出版社2001年版,第75—76页;钟守英主编:《转移支付制度比较与借鉴》,武汉工业大学出版社1996年版,第164—165页。

织各地区之间直接的财政转移支付。其中纵向的转移支付侧重于实现国家的宏观调控政策目标,横向的转移支付则主要用于解决财政经济落后地区公共开支不足的问题。德国的财政转移支付制度是这种模式的典型代表。

(二) 财政转移支付制度中的支付方式

尽管各国转移支付制度的支付方式千差万别,但归纳起来可分为资金转移、税收分享和税收空间转移三种方式。

(1) 资金转移,指某政府将其财政资金的一部分,以补助、拨款或上缴的形式无偿转移给另一个政府。这种支付方式的特点或者优点是,转移支付的关系明确,数量清楚。这种方式在世界各国普遍应用,是中央政府贯彻宏观经济或社会政策的有力工具。

(2) 税收分享,指一级政府将其征收的某种税收,按照一定的标准与另一级政府分享。税收分享又分为税基分享和分成分享。税基分享是指对同一税基,多级政府可以各按一定的税率计征,也称为分率分享,如美国的公司所得税、个人所得税,联邦和州都可以依一定比例从同一税基中取得各自的税收。分成分享是先由一级政府组织征收某一分享税后,再按已确定的比例在各级政府间进行分配。

(3) 税收空间的转移,是一种间接的支付方式,是指一级政府以降低税率的形式,将一定的税收空间转让给另一级政府,使其有可能在不提高居民税收负担的情况下,提高自己的税率或开征新的税种。

三、我国财政转移支付制度的现状与问题

(一) 我国财政转移支付制度的现状

我国的财政转移支付制度是在 1994 年开始实行的分税制财政管理体制的基础上建立起来的,主要由四种形式构成。

(1) "过渡期财政转移支付"。我国在 1994 年实行分税制财政管理体制后开始设立和实施该形式,核心是地区收支均衡模式。我国的收支均衡模式同时考虑了各个地区的财政能力(财政收入)和财政需求,其基本做法是:通过测算各个地区的标准财政收入和财政支出并对其进行比较,进而计算出地区的标准财政收支缺口(该地区标准财政支出大于标准财政收入的差额)。

(2) "税收返还"。税收返还制度的建立是 1994 年分税制改革的关键性内容之一,其核心是在建立新的分税制财政管理体制的同时,确保各有关地方政府的既得利益。另外,这种形式通过"存量不动,增量调节"的办法,提高中央财政在增值税与消费税增量上的比重。

(3) "专项补助"或者"专项拨款"。"专项补助"是中央政府对地方政府的财政转移支付形式。这些专项拨款由中央政府拨付,不列入地方的财政支出范围。这种专项拨款的主要特点是拨付款项的有条件性,是由中央根据情况和需要来确定拨款的项目、拨款的对象、拨款的金额和拨款的时间。专项拨款主要用于给予地方政府特大自然灾害救济费、特大防汛抗旱经费以及不发达地区的发展资金等。

(4) "原体制补助和上交"。从 1988 年开始,中央政府财政部对部分省、自治区实行定额补助,与此同时部分省市向中央按照一定的比例上交。

(二) 深化财政转移支付制度改革的进程

1994 年实行分税制财政管理体制以来,我国逐步建立了符合社会主义市场经济体制

基本要求的财政转移支付制度。但与建立现代财政制度的要求相比,现行中央对地方转移支付制度存在的问题和不足也日益凸显。为此,党的十八届三中全会通过的《中共中央关于全面深化改革若干重大问题的决定》和中央政治局会议审议通过的《深化财税体制改革总体方案》明确提出了完善转移支付制度的总体要求。为了增强转移支付的公平性、科学性和公开性,新修订的《预算法》第52条分别对财政转移支付的逐级下达期限加以规定。(1)中央对地方的一般性转移支付应当在全国人民代表大会批准预算后30日内正式下达。中央对地方的专项转移支付应当在全国人民代表大会批准预算后90日内正式下达。(2)省、自治区、直辖市政府接到中央一般性转移支付和专项转移支付后,应当在30日内正式下达到本行政区域县级以上各级政府。(3)县级以上地方各级预算安排对下级政府的一般性转移支付和专项转移支付,应当分别在本级人民代表大会批准预算后的30日和60日内正式下达。(4)对自然灾害等突发事件处理的转移支付,应当及时下达预算;对据实结算等特殊项目的转移支付,可以分期下达预算,或者先预付后结算。2014年《国务院关于改革和完善中央对地方转移支付制度的意见》提出了一系列改革和完善转移支付制度的基本思路和具体措施。2016年《国务院关于深化财政转移支付制度改革情况的报告》总结了在转移支付资金管理、转移支付结构优化、专项转移支付数量精减、转移支付预算执行进度、转移支付预算公开、转移支付绩效管理六个方面的改革进展情况。其中关于转移支付资金管理办法的改革具体体现为以下四方面。

一是落实预算法"一般性转移支付应当按照国务院规定的基本标准和计算方法编制"的要求,对均衡性转移支付、县级基本财力保障机制奖补资金等一般性转移支付逐项制定了资金管理办法。

二是制定了《中央对地方专项转移支付管理办法》(财预〔2015〕230号),对专项转移支付的设立调整、资金申报分配、下达使用、绩效管理、监督检查等进行了全面规范。

三是按照《国务院关于实施支持农业转移人口市民化若干财政政策的通知》(国发〔2016〕44号)要求,逐步调整完善现有转移支付测算分配办法,推进以人为核心的新型城镇化。

四是按照全国人大有关决议和审计要求,对所有专项转移支付管理办法进行了逐项梳理和修订完善,集中解决了部分办法中存在的支持条件、范围、标准不明确,以及缺乏监督检查和责任追究条款等问题。

(三)我国财政转移支付法律制度存在的问题与完善

与建立现代财政制度、推进国家治理体系和治理能力现代化的要求相比,现行中央对地方转移支付制度还存在一些差距和不足,需要进一步推进转移支付制度改革。

(1)转移支付改革与财政事权和支出责任划分改革衔接不够。应合理划分中央和地方事权与支出责任,属于中央事权的,由中央全额承担支出责任,原则上应通过中央本级支出安排,由中央直接实施;随着中央委托事权和支出责任的上收,应提高中央直接履行事权安排支出的比重,相应减少委托地方实施的专项转移支付。属于中央地方共同事权的,由中央和地方共同分担支出责任,中央分担部分通过专项转移支付委托地方实施。属于地方事权的,由地方承担支出责任,中央主要通过一般性转移支付给予支持,少量的引导类、救济类、应急类事务通过专项转移支付予以支持,以实现特定政策目标。

(2)专项转移支付清理整合没有到位。应从严控制专项转移支付:① 清理整合专项转移支付。② 逐步改变以收定支专项管理办法。结合税费制度改革,完善相关法律法规,逐步取消城市维护建设税、排污费、探矿权和采矿权价款、矿产资源补偿费等专款专用的规定,统筹安排这些领域的经费。③ 严格控制新设专项。专项转移支付项目应当依据法律、行政法规和国务院的规定设立。新设立的专项应有明确的政策依据、政策目标、资金需求、资金用途、主管部门和职责分工。④ 规范专项资金管理办法。做到每一个专项转移支付都有且只有一个资金管理办法。

(3) 转移支付管理有待规范,预算公开和绩效评价有待加强,监督制约机制不健全。为此,应不断强化转移支付管理;继续做好转移支付预算公开,进一步细化公开内容,完善集中公开平台;要加强绩效评价结果应用,将专项转移支付绩效目标设定同当年预算安排相结合,将各地区绩效评价结果同以后年度资金分配相结合;要进一步加强转移支付监管,推动建立追究问责机制,解决转移支付资金管理"最后一公里"问题。

(4) 省及省以下财政转移支付制度改革进展不平衡。省以下各级政府要比照中央对地方转移支付制度,改革和完善省以下转移支付制度。与省以下各级政府事权和支出责任划分相适应,优化各级政府转移支付结构。

(5) 现行财政转移支付制度缺乏法律权威性。纵观各个国家财政转移支付制度最大的共性就是都制定有较高层次的法律。而我国现行的政府间财政转移支付制度依据的主要是政府规章,没有单行法律。为此,应加快转移支付立法和制度建设,尽快研究制定转移支付条例,条件成熟时推动上升为法律。

第四节　政府采购法律制度

一、政府采购与政府采购法概述

(一) 政府采购的含义

政府采购也称为公共采购。根据我国《政府采购法》第 2 条的规定,政府采购是指各级国家机关、事业单位和团体组织,使用财政性资金采购依法制定的集中采购目录以内的或者采购限额标准以上的货物、工程和服务的行为。所谓采购,是指以合同方式有偿取得货物、工程和服务的行为,包括购买、租赁、委托、雇用等。货物,是指各种形态和种类的物品,包括原材料、燃料、设备、产品等。工程,是指建设工程,包括建筑物和构筑物的新建、改建、扩建、装修、拆除、修缮等。服务,是指除货物和工程以外的其他政府采购对象。这一定义的理解包含以下要点。

(1) 政府采购的主体是各级国家机关、事业单位、团体组织,不包括国有企业。

(2) 政府采购所使用的资金是财政性资金,是指纳入预算管理的资金。以财政性资金作为还款来源的借贷资金,视同财政性资金。

(3) 政府采购的对象必须是集中采购目录以内的或者采购限额标准以上的货物、工程和服务(包括政府自身需要的服务和政府向社会公众提供的公共服务)。

(二) 政府采购法及我国立法概况

政府采购法是调整政府采购关系的法律规范的总和。

当前国际上通行的政府采购制度起源欧洲。英国政府于1782年设立了文具公用局，专门负责政府集中采购工作。在美国，政府采购已有200多年的历史，政府采购开始只是在国防部门实行，后来扩大到联邦民用机构。我国的政府采购实践和制度建设起步较晚。从1994年开始，深圳市、珠海市开始借鉴国际经验，尝试以公开招标的方式和程序开展政府采购工作。在总结各地政府采购试点经验、广泛调研的基础上，财政部于1999年4月颁布了全国性法规《政府采购管理暂行办法》。伴随中国加入世贸组织，借鉴国际制度经验，2002年6月29通过了《中华人民共和国政府采购法》(以下简称《政府采购法》)。该法自2003年1月1日起施行，并于2014年8月31日第一次修订。2014年12月31日通过《中华人民共和国政府采购法实施条例》(以下简称《实施条例》)。

1.《政府采购法》的适用范围

按照国际惯例，以及联合国示范法和世界贸易组织《政府采购协定》，政府采购法的适用范围应当通过规定采购单位、采购资金来源、采购合同金额以及采购项目的具体规定来明确。由我国《政府采购法》第2条可知，通过采购主体、采购资金来源、集中采购目录和采购限额标准来确定适用范围，即只包括集中采购目录以内或者采购限额标准以上的政府采购行为。使用国际组织和外国政府贷款进行的政府采购，贷款方、资金提供方与中方达成的协议对采购的具体条件另有规定的，可以适用其规定，但不得损害国家利益和社会公共利益。另外，对因严重自然灾害和其他不可抗力事件所实施的紧急采购和涉及国家安全和秘密的采购，也不适用《政府采购法》。军事采购法规则由中央军事委员会另行制定。

为规范政府购买服务行为，促进转变政府职能，改善公共服务供给，2019年11月19日财政部审议通过的《政府购买服务管理办法》进一步明确政府购买服务的内容包括政府向社会公众提供的公共服务，以及政府履职所需辅助性服务。但以下各项不得纳入政府购买服务范围：(1)不属于政府职责范围的服务事项；(2)应当由政府直接履职的事项；(3)政府采购法律、行政法规规定的货物和工程，以及将工程和服务打包的项目；(4)融资行为；(5)购买主体的人员招、聘用，以劳务派遣方式用工，以及设置公益性岗位等事项；(6)法律、行政法规以及国务院规定的其他不得作为政府购买服务内容的事项。

2.与《中华人民共和国招标投标法》的关系

2000年1月1日起实施的《中华人民共和国招标投标法》(以下简称《招标投标法》)重点约束公共工程项目。《政府采购法》第2条规定：在中华人民共和国境内进行的政府采购适用本法，政府采购的范围包括货物、工程、服务。第4条规定：政府采购工程进行招标投标的，适用招标投标法。《实施条例》第7条进一步规定：政府采购工程以及与工程建设有关的货物、服务，采用招标方式采购的，适用《招标投标法》及其实施条例；采用其他方式采购的，适用政府采购法及实施条例。前述所称工程，是指建设工程，包括建筑物和构筑物的新建、改建、扩建及其相关的装修、拆除、修缮等；所称与工程建设有关的货物，是指构成工程不可分割的组成部分，且为实现工程基本功能所必需的设备、材料等；所称与工程建设有关的服务，是指为完成工程所需的勘察、设计、监理等服务。政府采购工程以及与工程建设有关的货物、服务，应当执行政府采购政策。

3.《政府采购法》的部门法属性

对于《政府采购法》的部门法属性，尽管全国人大第九次常委会立法规划将《政府采购法》归类于行政法范围，但是学术界观点不一。

随着中国《政府采购法》的出台和政府采购法制化实践,逐步形成了相对完善的政府采购法律体系。此外,我国已于2007年底启动了加入《政府采购协议》(GPA)谈判。

二、政府采购法的基本原则和管理机构

(一) 政府采购法的基本原则

(1) 政府采购应当遵循公开透明原则、公平竞争原则、公正原则和诚实信用原则。

(2) 自由竞争原则。任何单位和个人不得采用任何方式,阻挠和限制供应商自由进入本地区和本行业的政府采购市场。

(3) 预算原则。政府采购应当严格按照批准的预算执行。

(4) 集中采购和分散采购相结合的原则。政府采购实行集中采购和分散采购相结合。依据《实施条例》第3条规定,所谓集中采购,是指采购人将列入集中采购目录的项目委托集中采购机构代理采购或者进行部门集中采购的行为;所称分散采购,是指采购人将采购限额标准以上的未列入集中采购目录的项目自行采购或者委托采购代理机构代理采购的行为。

(5) 实现政策目标原则。政府采购应当有助于实现国家的经济和社会发展政策目标,包括保护环境,扶持不发达地区和少数民族地区,促进中小企业发展等。《实施条例》第6条规定,国务院财政部门应当根据国家的经济和社会发展政策,会同国务院有关部门制定政府采购政策,通过制定采购需求标准、预留采购份额、价格评审优惠、优先采购等措施,实现节约能源、保护环境、扶持不发达地区和少数民族地区、促进中小企业发展等目标。

(6) 国货优先原则。政府采购应当采购本国货物、工程和服务。但有下列情形之一的除外:① 需要采购的货物、工程或者服务在中国境内无法获取或者无法以合理的商业条件获取的;② 为在中国境外使用而进行采购的;③ 其他法律、行政法规另有规定的。

(7) 信息公开原则。政府采购的信息应当在政府采购监督管理部门指定的媒体上及时向社会公开发布,但涉及商业秘密的除外。为防止暗箱操作,遏制寻租腐败,保证政府采购公平、公正,《实施条例》进一步明确相关规定。

(8) 回避原则。在政府采购活动中,采购人员及相关人员与供应商有利害关系的,必须回避。相关人员,包括招标采购中评标委员会的组成人员、竞争性谈判采购中谈判小组的组成人员、询价采购中询价小组的组成人员等。《实施条例》第9条具体列明了应当回避的五种情形。采购人或者采购代理机构应当及时询问被申请回避人员,有利害关系的被申请回避人员应当回避。

(二) 政府采购的监督管理机构

各级人民政府财政部门是负责政府采购监督管理的部门,依法履行对政府采购活动的监督管理职责;各级人民政府其他有关部门依法履行与政府采购活动有关的监督管理职责。

三、政府采购当事人

(一) 政府采购当事人的概念

政府采购当事人是指在政府采购活动中享有权利和承担义务的各类主体,包括采购人、供应商和采购代理机构等。采购人是指依法进行政府采购的国家机关、事业单位、团体组织。供应商是指向采购人提供货物、工程或者服务的法人、其他组织或者自然人。采

购代理机构,是指集中采购机构和集中采购机构以外的采购代理机构。集中采购机构是设区的市级以上人民政府依法设立的非营利事业法人,是代理集中采购项目的执行机构;集中采购机构以外的采购代理机构,是从事采购代理业务的社会中介机构。

(二)采购人和采购代理机构的权利和义务

采购人采购纳入集中采购目录的政府采购项目,必须委托集中采购机构代理采购;采购未纳入集中采购目录的政府采购项目,可以自行采购,也可以委托集中采购机构在委托的范围内代理采购。纳入集中采购目录属于通用的政府采购项目的,应当委托集中采购机构代理采购;属于本部门、本系统有特殊要求的项目,应当实行部门集中采购;属于本单位有特殊要求的项目,经省级以上人民政府批准,可以自行采购。采购人可以委托经国务院有关部门或者省级人民政府有关部门认定资格的采购代理机构,在委托的范围内办理政府采购事宜;采购人有权自行选择采购代理机构,任何单位和个人不得以任何方式为采购人指定采购代理机构。采购人在政府采购活动中应当维护国家利益和社会公共利益,公正廉洁,诚实守信,执行政府采购政策,建立政府采购内部管理制度,厉行节约,科学合理确定采购需求。

采购人依法委托采购代理机构办理采购事宜的,应当由采购人与采购代理机构签订委托代理协议,并应当明确代理采购的范围、权限和期限等具体事项。采购人和采购代理机构应当按照委托代理协议履行各自义务,采购代理机构不得超越代理权限。集中采购机构应当根据采购人委托制定集中采购项目的实施方案,明确采购规程,组织政府采购活动,不得将集中采购项目转委托;集中采购机构进行政府采购活动,应当符合采购价格低于市场平均价格、采购效率更高、采购质量优良和服务良好的要求。

采购代理机构应当建立完善的政府采购内部监督管理制度,具备开展政府采购业务所需的评审条件和设施;采购代理机构应当提高确定采购需求、编制招标文件、谈判文件、询价通知书,拟订合同文本和优化采购程序的专业化服务水平,根据采购人委托在规定的时间内及时组织采购人与中标或者成交供应商签订政府采购合同,及时协助采购人对采购项目进行验收。

采购人、采购代理机构应当根据政府采购政策、采购预算、采购需求编制采购文件。采购需求应当符合法律法规以及政府采购政策规定的技术、服务、安全等要求。政府向社会公众提供的公共服务项目,应当就确定采购需求征求社会公众的意见。除因技术复杂或者性质特殊,不能确定详细规格或者具体要求外,采购需求应当完整、明确。必要时,应当就确定采购需求征求相关供应商、专家的意见。

(三)供应商的资格和权利义务

1. 供应商参加政府采购活动应当具备的条件

(1)具有独立承担民事责任的能力。(2)具有良好的商业信誉和健全的财务会计制度。(3)具有履行合同所必需的设备和专业技术能力。(4)有依法缴纳税收和社会保障资金的良好记录。(5)参加政府采购活动前3年内,在经营活动中没有重大违法记录。重大违法记录是指供应商因违法经营受到刑事处罚或者责令停产停业、吊销许可证或者执照、较大数额罚款等行政处罚。供应商在参加政府采购活动前3年内因违法经营被禁止在一定期限内参加政府采购活动,期限届满的,可以参加政府采购活动。(6)法律、行政法规规定的其他条件。除此以外,采购人还可以根据采购项目的特殊要求,规定供应商的特定条件,但不得以不合理的条件对供应商实行差别待遇或者歧视待遇。《实施条例》第 20 条明确了采购人或者采购代理机构以不合理的条件对供应商实行差别待遇或者歧视待遇的 8 种情形。

采购人可以要求参加政府采购的供应商提供有关资质证明文件和业绩情况,并根据《政府采购法》规定的供应商条件和采购项目对供应商的特定要求,对供应商的资格进行审查。供应商应该提供下列证明材料:(1)法人或者其他组织的营业执照等证明文件,自然人的身份证明;(2)财务状况报告,依法缴纳税收和社会保障资金的相关材料;(3)具备履行合同所必需的设备和专业技术能力的证明材料;(4)参加政府采购活动前 3 年内在经营活动中没有重大违法记录的书面声明;(5)具备法律、行政法规规定的其他条件的证明材料。采购项目有特殊要求的,供应商还应当提供其符合特殊要求的证明材料或者情况说明。

采购人或者采购代理机构对供应商进行资格预审的,资格预审公告应当在省级以上人民政府财政部门指定的媒体上发布。已进行资格预审的,评审阶段可以不再对供应商资格进行审查。资格预审合格的供应商在评审阶段资格发生变化的,应当通知采购人和采购代理机构。资格预审公告应当包括采购人和采购项目名称、采购需求、对供应商的资格要求以及供应商提交资格预审申请文件的时间和地点。提交资格预审申请文件的时间自公告发布之日起不得少于 5 个工作日。

2. 供应商组成联合体参加政府采购

两个以上的自然人、法人或者其他组织可以组成一个联合体,以一个供应商的身份共同参加政府采购。以联合体形式进行政府采购的,参加联合体的供应商均应当具备《政府采购法》第 22 条规定的条件,并应当向采购人提交联合协议,载明联合体各方承担的工作和义务。联合体各方应当共同与采购人签订采购合同,就采购合同约定的事项对采购人承担连带责任。

联合体中有同类资质的供应商按照联合体分工承担相同工作的,应当按照资质等级较低的供应商确定资质等级。以联合体形式参加政府采购活动的,联合体各方不得再单独参加或者与其他供应商另外组成联合体参加同一合同项下的政府采购活动。

3. 政府采购当事人的禁止行为

政府采购当事人不得相互串通损害国家利益、社会公共利益和其他当事人的合法权益;不得以任何手段排斥其他供应商参与竞争。采购人不得向供应商索要或者接受其给予的赠品、回扣或者与采购无关的其他商品、服务。

供应商不得以向采购人、采购代理机构、评标委员会的组成人员、竞争性谈判小组的组成人员、询价小组的组成人员行贿或者采取其他不正当手段谋取中标或者成交。

采购代理机构不得以向采购人行贿或者采取其他不正当手段谋取非法利益,不得以不正当手段获取政府采购代理业务,不得与采购人、供应商恶意串通操纵政府采购活动。采购代理机构工作人员不得接受采购人或者供应商组织的宴请、旅游、娱乐,不得收受礼品、现金、有价证券等,不得向采购人或者供应商报销应当由个人承担的费用。

四、政府采购的方式

根据《政府采购法》的规定,政府采购可以采用以下方式:公开招标,邀请招标,竞争性谈判,单一来源采购,询价,国务院政府采购监督管理部门认定的其他采购方式。但是,公开招标应作为政府采购的主要采购方式。

1. 公开招标方式

公开招标是政府采购主要的采购方式,与其他采购方式不是并行的关系。公开招标与其他采购方式相比,无论是透明度上还是程序上,都是最富有竞争力和最规范的采购方式,也能最大限度地实现公开、公正、公平原则。该方式具有信息发布透明、选择范围广、竞争范围大、公开程度高等特点。但公开招标的弊端是时间长、成本大、程序复杂。《实施条例》第23条规定,采购人采购公开招标数额标准以上的货物或者服务,符合《政府采购法》第29条、第30条、第31条、第32条规定情形或者有需要执行政府采购政策等特殊情况的,经设区的市级以上人民政府财政部门批准,可以依法采用公开招标以外的采购方式。

2. 邀请招标方式

符合下列情形之一的货物或者服务,可以依照《政府采购法》采用邀请招标方式采购:(1) 具有特殊性,只能从有限范围的供应商处采购的;(2) 采用公开招标方式的费用占政府采购项目总价值的比例过大的。

3. 竞争性谈判方式

符合下列情形之一的货物或者服务,可以依照《政府采购法》采用竞争性谈判方式采购:(1) 招标后没有供应商投标或者没有合格标的或者重新招标未能成立的;(2) 技术复杂或者性质特殊,不能确定详细规格或者具体要求的;(3) 因采购人不可预见的或者非因采购人拖延导致采用招标所需时间不能满足用户紧急需要的;(4) 因采购艺术品或者因专利、专有技术或者因服务的时间、数量事先不能确定等导致不能事先计算出价格总额的。

4. 单一来源方式

符合下列情形之一的货物或者服务,可以依照《政府采购法》采用单一来源方式采购:(1) 因货物或者服务使用不可替代的专利、专有技术,或者公共服务项目具有特殊要求,导致只能从某一特定供应商处采购的;(2) 发生了不可预见的紧急情况不能从其他供应商处采购的;(3) 必须保证原有采购项目一致性或者服务配套的要求,需要继续从原供应商处添购,且添购资金总额不超过原合同采购金额10%的。

5. 询价方式

采购的货物规格、标准统一、现货货源充足且价格变化幅度小的政府采购项目,可以依照《政府采购法》采用询价方式采购。

五、政府采购的程序

(一) 政府采购项目的预算

负有编制部门预算职责的部门在编制下一财政年度部门预算时,应当将该财政年度政府采购的项目及资金预算列出,报本级财政部门汇总。部门预算的审批,按预算管理权限和程序进行。采购人应当根据集中采购目录、采购限额标准和已批复的部门预算编制政府采购实施计划,报本级人民政府财政部门备案。

(二) 各种采购方式的程序

(1) 采取邀请招标方式采购的,采购人应当从符合相应资格条件的供应商中,通过随机方式选择三家以上的供应商,并向其发出投标邀请书。

(2) 实行招标方式采购的,自招标文件开始发出之日起至投标人提交投标文件截止之日止,不得少于 20 日。在招标采购中,出现下列情形之一的,应予废标:① 符合专业条件的供应商或者对招标文件作实质响应的供应商不足三家的;② 出现影响采购公正的违法、违规行为的;③ 投标人的报价均超过了采购预算,采购人不能支付的;④ 因重大变故,采购任务取消的。

废标后,采购人应当将废标理由通知所有投标人。除采购任务取消情形外,应当重新组织招标;需要采取其他方式采购的,应当在采购活动开始前获得设区的市、自治州以上人民政府采购监督管理部门或者政府有关部门批准。

(3) 采用竞争性谈判方式采购的,应当遵循下列程序:① 成立谈判小组。谈判小组由采购人的代表和有关专家共三人以上的单数组成,其中专家的人数不得少于成员总数的三分之二。② 制定谈判文件。③ 确定邀请参加谈判的供应商名单,符合相应资格条件的供应商不少于三家,并向其提供谈判文件。④ 谈判。谈判小组所有成员集中与单一供应商分别进行谈判。在谈判中,谈判的任何一方不得透露与谈判有关的其他供应商的技术资料、价格和其他信息。谈判文件有实质性变动的,谈判小组应当以书面形式通知所有参加谈判的供应商。⑤ 确定成交供应商。

(4) 采取单一来源方式采购的,采购人与供应商应当依法在保证采购项目质量和双方商定合理价格的基础上进行采购。

(5) 采取询价方式采购的,应当遵循下列程序:① 成立询价小组。询价小组由采购人的代表和有关专家共三人以上的单数组成,其中专家的人数不得少于成员总数的三分之二。② 确定被询价的供应商名单。询价小组根据采购需求,从符合相应资格条件的供应商名单中确定不少于三家的供应商,并向其发出询价通知书让其报价。③ 询价。询价小组要求被询价的供应商一次报出不得更改的价格。④ 确定成交供应商。采购人根据符合采购需求、质量和服务相等且报价最低的原则确定成交供应商,并将结果通知所有被询价的未成交的供应商。

(三) 验收程序

采购人或者其委托的采购代理机构应当组织对供应商履约的验收。大型或者复杂的政府采购项目,应当邀请国家认可的质量检测机构参加验收工作。验收方成员应当在验收书上签字,并承担相应的法律责任。

(四) 采购文件保存

采购人、采购代理机构对政府采购项目每项采购活动的采购文件应当妥善保存,不得伪造、变造、隐匿或者销毁。采购文件的保存期限为从采购结束之日起至少保存 15 年。

六、政府采购合同

(一) 政府采购合同适用的法律

我国《政府采购法》第 43 条规定:"政府采购合同适用合同法。采购人和供应商之间的权利和义务,应当按照平等、自愿的原则以合同方式约定。"从该条规定可知,政府采购合同属于特别合同、有名合同,《政府采购法》对政府采购合同的规定属于特别法,而《合同法》为一般法。一般法与特别法的关系是,特别法有不同规定的,特别法优先;特别法没有规定的,参照一般法。

（二）政府采购合同的形式和条款

政府采购合同应当采用书面形式。国务院政府采购监督管理部门应当会同国务院有关部门，规定政府采购合同必须具备的条款。国务院财政部门应当会同国务院有关部门制定政府采购合同标准文本。

（三）政府采购合同的签订和法律效力

采购人与中标、成交供应商应当在中标、成交通知书发出之日起 30 日内，按照采购文件确定的事项签订政府采购合同。采购文件要求中标或者成交供应商提交履约保证金的，供应商应当以支票、汇票、本票或者金融机构、担保机构出具的保函等非现金形式提交。履约保证金的数额不得超过政府采购合同金额的 10％。中标、成交通知书对采购人和中标、成交供应商均具有法律效力。中标、成交通知书发出后，采购人改变中标、成交结果的，或者中标、成交供应商放弃中标、成交项目的，应当依法承担法律责任。中标或者成交供应商拒绝与采购人签订合同的，采购人可以按照评审报告推荐的中标或者成交候选人名单排序，确定下一候选人为中标或者成交供应商，也可以重新开展政府采购活动。

（四）政府采购合同的备案与公告

政府采购项目的采购合同自签订之日起 7 个工作日内，采购人应当将合同副本报同级政府采购监督管理部门和有关部门备案。采购人应当自政府采购合同签订之日起 2 个工作日内，将政府采购合同在省级以上人民政府财政部门指定的媒体上公告，但政府采购合同中涉及国家秘密、商业秘密的内容除外。

（五）政府采购合同的履行

采购人应当按照政府采购合同规定，及时向中标或者成交供应商支付采购资金。政府采购项目资金支付程序，按照国家有关财政资金支付管理的规定执行。

经采购人同意，中标、成交供应商可以依法采取分包方式履行合同。

政府采购合同分包履行的，中标、成交供应商就采购项目和分包项目向采购人负责，分包供应商就分包项目承担责任。

（六）政府采购合同的变更、中止或者终止

政府采购合同的双方当事人不得擅自变更、中止或者终止合同；政府采购合同继续履行将损害国家利益和社会公共利益的，双方当事人应当变更、中止或者终止合同。有过错的一方应当承担赔偿责任，双方都有过错的，各自承担相应的责任。

七、质疑与投诉

（一）质疑

供应商对政府采购活动事项有疑问的，可以向采购人或者采购代理机构提出询问，采购人或者采购代理机构应当在 3 个工作日内对供应商依法提出的询问作出答复。供应商提出的询问或者质疑超出采购人对采购代理机构委托授权范围的，采购代理机构应当告知供应商向采购人提出。政府采购评审专家应当配合采购人或者采购代理机构答复供应商的询问和质疑。

供应商认为采购文件、采购过程和中标、成交结果使自己的权益受到损害的，可以在知道或者应知其权益受到损害之日起 7 个工作日内，以书面形式向采购人或者采购代理机构提出质疑。供应商应知其权益受到损害之日，是指：（1）对可以质疑的采购文件提出

质疑的,为收到采购文件之日或者采购文件公告期限届满之日;(2)对采购过程提出质疑的,为各采购程序环节结束之日;(3)对中标或者成交结果提出质疑的,为中标或者成交结果公告期限届满之日。

（二）投诉

质疑供应商对采购人、采购代理机构的答复不满意或者采购人、采购代理机构未在规定的时间内作出答复的,可以在答复期满后15个工作日内向同级政府采购监督管理部门投诉。

财政部门处理投诉事项采用书面审查的方式,必要时可以进行调查取证或者组织质证。对财政部门依法进行的调查取证,投诉人和与投诉事项有关的当事人应当如实反映情况,并提供相关材料。投诉人捏造事实、提供虚假材料或者以非法手段取得证明材料进行投诉的,财政部门应当予以驳回。财政部门受理投诉后,投诉人书面申请撤回投诉的,应当终止投诉处理程序。财政部门处理投诉事项,需要检验、检测、鉴定、专家评审以及需要投诉人补正材料的,所需时间不计算在投诉处理期限内。财政部门对投诉事项作出的处理决定,应当在省级以上人民政府财政部门指定的媒体上公告。投诉人对政府采购监督管理部门的投诉处理决定不服或者政府采购监督管理部门逾期未作处理的,可以依法申请行政复议或者向人民法院提起行政诉讼。

八、监督检查

（一）监督检查的机构和内容

政府采购监督管理部门应当加强对政府采购活动及集中采购机构的监督检查。政府采购监督管理部门不得设置集中采购机构,不得参与政府采购项目的采购活动。采购代理机构与行政机关不得存在隶属关系或者其他利益关系。

监督检查的主要内容是:(1)有关政府采购的法律、行政法规和规章的执行情况;(2)采购范围、采购方式和采购程序的执行情况;(3)政府采购人员的职业素质和专业技能。

（二）集中采购机构的内部监督

集中采购机构应当建立健全内部监督管理制度。采购活动的决策和执行程序应当明确,并相互监督、相互制约。经办采购的人员与负责采购合同审核、验收人员的职责权限应当明确,并相互分离。

（三）集中采购机构工作人员的任用、培训和考核

集中采购机构的采购人员应当具有相关职业素质和专业技能,符合政府采购监督管理部门规定的专业岗位任职要求。

集中采购机构对其工作人员应当加强教育和培训;对采购人员的专业水平、工作实绩和职业道德状况定期进行考核。采购人员经考核不合格的,不得继续任职。

（四）政府采购项目的监督检查

政府采购监督管理部门应当对政府采购项目的采购活动进行检查,政府采购当事人应当如实反映情况,提供有关材料;政府采购监督管理部门应当对集中采购机构的采购价格、节约资金效果、服务质量、信誉状况、有无违法行为等事项进行考核,并定期如实公布考核结果。此外,依据《实施条例》第60条规定,财政部门对集中采购机构的考核事项还

包括:(1)政府采购政策的执行情况;(2)采购文件编制水平;(3)采购方式和采购程序的执行情况;(4)询问、质疑答复情况;(5)内部监督管理制度建设及执行情况;(6)省级以上人民政府财政部门规定的其他事项。财政部门应当制定考核计划,定期对集中采购机构进行考核,考核结果有重要情况的,应当向本级人民政府报告。

采购人发现采购代理机构有违法行为的,应当要求其改正。采购代理机构拒不改正的,采购人应当向本级人民政府财政部门报告,财政部门应当依法处理;采购代理机构发现采购人的采购需求存在以不合理条件对供应商实行差别待遇、歧视待遇或者其他不符合法律、法规和政府采购政策规定内容,或者发现采购人有其他违法行为的,应当建议其改正。采购人拒不改正的,采购代理机构应当向采购人的本级人民政府财政部门报告,财政部门应当依法处理。

(五)政府采购的行政监督和社会监督

依照法律、行政法规的规定对政府采购负有行政监督职责的政府有关部门,应当按照其职责分工,加强对政府采购活动的监督。各级人民政府财政部门和其他有关部门应当加强对参加政府采购活动的供应商、采购代理机构、评审专家的监督管理,对其不良行为予以记录,并纳入统一的信用信息平台。审计机关应当对政府采购进行审计监督。政府采购监督管理部门、政府采购各当事人有关政府采购活动,应当接受审计机关的审计监督。监察机关应当加强对参与政府采购活动的国家机关、国家公务员和国家行政机关任命的其他人员实施监察。

各级人民政府财政部门对政府采购活动进行监督检查,有权查阅、复制有关文件、资料,相关单位和人员应当予以配合。审计机关、监察机关以及其他有关部门依法对政府采购活动实施监督,发现采购当事人有违法行为的,应当及时通报财政部门。

任何单位和个人对政府采购活动中的违法行为,有权控告和检举,有关部门、机关应当依照各自职责及时处理。

(六)法律责任

对在政府采购过程中,采购人、采购代理机构及其工作人员、供应商、政府采购监督管理部门的工作人员的违法违规行为,《政府采购法》及其实施条例分专章规定了具体的法律责任。

附:相关理论探讨

财政法制的完备需要财政法学理论研究的深入及配套制度建构。学术界继续深入对财政、公共财政概念、财政法的内容体系、地位和基本原则等问题的研究。在市场经济国家,作为财政法之重要组成部分的预算法,对于政府财政行为的有效约束、公共财政职能的充分发挥起到了十分重要的作用。2015年1月1日起施行的新《预算法》,突出预算的完整性,政府全部收支要纳入预算管理;遵循预算公开原则,强调预算必须接受社会监督;更加符合经济规律,拓展预算审核重点、完善地方债管理等多处修改,传递出建立现代财政制度的改革方向。但是还需按照新《预算法》确定的原则及授权,抓紧修订预算法实施条例,研究制定财政转移支付、财政资金支付、政府债务管理、政府综合财务报告等方面的规章制度,加快形成一套较完善的现代预算制度,增强新《预算法》的可操作性、可执行性,为依法理财奠定坚实的制度基础。

政府采购制度,是现代公共财政制度体系的重要内容,也是政府财政实现资源优化配置的重要手段。长期以来,国内外学界关于政府采购基本理论的研究围绕着政府采购的内涵界定、原则、基本功能展开。国内理论界关于政府采购的内涵界定主要有两种具有代表性的观点,即购买支出论和采购制度论。对于政府采购所应遵循的原则,苏·艾茹史密斯(Sue Arrowsmith)指出,政府采购的基本原则应重点体现在竞争、公开、商业标准和透明度四个方面;国内有学者较早地提出了政府采购应该遵循的基本原则,主要包括经济有效性、竞争性、公开性和公平性四大原则。关于政府采购的基本功能,国外研究认为,政府采购可以促进经济发展、消除贫困、保护私有部门发展等,从国内的研究来看,普遍认为政府采购本身具有资源配置功能、宏观调控功能、经济稳定与发展功能、公共政策功能等。

思考题

一、名词解释
财政法　预算　转移支付　政府采购

二、简述题
1. 简述财政的概念和财政法的体系。
2. 简述预算的编制原则。
3. 简评我国转移支付制度。

三、论述题
1. 试述"四本预算"及预算五原则的主要内容。
2. 试述政府采购法的基本原则和采购方式。

（一）案例分析示范

案例　政府采购流标,公司告财政部不作为一审胜诉

2005年6月,卫生部委托中化国际招标有限责任公司(简称"中化公司")就政府采购"卫生部2004年中央补助地方公共卫生专项资金降低孕产妇死亡率和消除新生儿破伤风项目"进行公开招标,北京北辰亚奥科技有限公司(简称"亚奥公司")参加了其中第16包医用制氧机的投标。7月5日,中化公司公布江苏鱼跃医疗设备有限公司(简称"鱼跃公司")中标。7月20日,亚奥公司向中化公司书面质疑鱼跃公司的投标资格,中化公司7月26日作出答复。对此,亚奥公司提出质疑并于同年8月4日向财政部提起投诉。亚奥公司认为,鱼跃公司于2004年才取得"试"字号注册证,不可能有投标产品3年的销售业绩,该公司没有大量生产过此次投标产品,不符合投标规定。

财政部受理后,责令鱼跃公司提供了投标产品3年内生产和销售业绩的有效证明材料。经调查取证,财政部认定鱼跃公司提供的证明材料有效,并于2005年9月15日作出《关于北京北辰亚奥科技有限公司投诉事项的处理决定》(以下简称《处理决定》)。亚奥公司不服,向财政部申请行政复议。复议后,财政部维持了《处理决定》,认为鱼跃公司"基本符合招标文件的要求","具备投标人资格"。

亚奥公司不服财政部作出的政府采购投诉处理决定,于2006年2月向北京市第一中级人民法院提起行政诉讼。7月28日,北京市一中院一审判决,以事实不清为由,撤销了财政部的投诉处理决定。一中院经审理认为:根据《政府采购供应商投诉处理办法》第17条的规定,财政部门受理政府采购供应商的投诉后,应当对投诉事项全面进行审查,依法作出相应处理决定。而在这起案件中,财政部作出的处理决定仅对鱼跃公司的投标资料和证明材料是否符合招标文件中的相关规定进行了认定,而对亚奥公司关于该公司投标产品是否符合投标规定的投诉事项未予评述,即认定亚奥公司投诉无效,事实不清。对此,一中院认为财政部所作处理决定应予撤销。①

请问:根据我国《政府采购法》的有关规定,本案争议解决程序是否合法?

案例评析:这是财政部首次在政府采购行政诉讼案件中败诉。此案集中反映了我国政府采购中,在招标采购程序、评标专家制度、供应商资格审查制度、综合评标方法等方面存在严重的缺陷,以及规范政府采购的两部现行法律即《政府采购法》与《招标投标法》存在互相冲突的问题。以下重点分析政府采购争议的解决程序问题,而不涉及财政部是否是此案的监管部门的争议问题。

根据我国现行的《政府采购法》,供应商维权的主要方式有质疑程序、投诉程序、行政复议程序、行政诉讼程序、民事诉讼程序等。

(1) 质疑程序。《政府采购法》规定,供应商认为采购文件、采购过程和中标、成交结果使自己的权益受到损害的,可以在知道或者应知其权益受到损害之日起7个工作日内,以书面形式向采购人提出质疑。采购人应当在收到供应商的书面质疑后7个工作日内作出答复,并以书面形式通知质疑供应商和其他有关供应商,但答复的内容不得涉及商业秘密。本案中,7月20日亚奥公司向中化公司书面质疑鱼跃公司的投标资格,中化公司7月26日作出答复,符合法律规定。

(2) 投诉程序。质疑供应商对采购人、采购代理机构的答复不满意或者采购人、采购代理机构未在规定的时间内作出答复的,可以在答复期满后15个工作日内向同级政府采购监督管理部门投诉。按照《财政部政府采购管理暂行办法》的有关规定,财政部负责全国政府采购的管理和监督工作,其中一项职责是处理中央政府采购中的投诉事项。

(3) 行政复议程序。政府采购监督管理部门应当在收到投诉后30个工作日内,对投

---

① 参见 http://www.chinabidding.com/zxzx-detail-548273.html,最后访问时间:2020年1月10日。

诉事项作出处理决定,并以书面形式通知投诉人和与投诉事项有关的当事人。

(4) 行政诉讼程序。投诉人对政府采购监督管理部门的投诉处理决定不服或者政府采购监督管理部门逾期未作处理的,可以依法申请行政复议或者向人民法院提起行政诉讼。

(二) 案例分析实训

案例一 2018年1—5月全国一般公共预算收入

2018年1—5月累计,全国一般公共预算收入86 650亿元,同比增长12.2%。其中,中央一般公共预算收入41 880亿元,同比增长15.3%;地方一般公共预算本级收入44 770亿元,同比增长9.5%。全国一般公共预算收入中的税收收入76 810亿元,同比增长15.8%;非税收入9 840亿元,同比下降9.5%。①

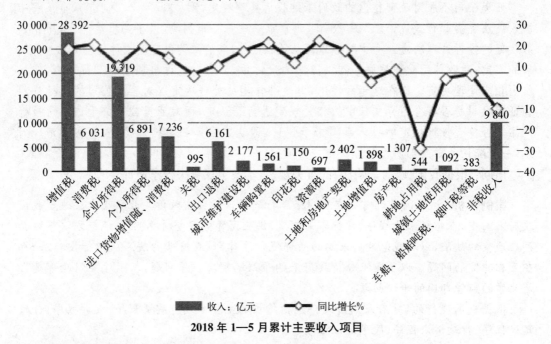

2018年1—5月累计主要收入项目

试运用所学财政法理论作如下分析:
1.《预算法》规定的一般公共预算收入项目包括哪些?
2. 现行税收收入项目有哪些?
3. 何谓非税收入?

案例二 海南省财政厅政府采购投诉处理决定

海南省中医院洗涤消毒服务采购项目(编号:HNGP2017-000018,以下简称"本项目")于2017年5月11日发布公开招标公告,2017年6月1日进行开评标,参加开评标的供应商有3家,分别为投诉人海南潮州旗实业有限公司(以下简称"投诉人")、明邦公司、湛江市卫洁洗衣有限公司。2017年6月8日本项目发布中标结果公告,明邦公司为中标

---

① 《2018年1—5月全国财政收入、主要收入项目、财政预算支出及主要支出科目情况向好分析》,http://www.chyxx.com/industry/201807/655278.html,最新登录时间:2020年2月10日。

供应商。投诉人于2017年6月13日向被投诉人海南省政府采购中心(以下简称"被投诉人")提出质疑,被投诉人于2017年6月22作出答复。投诉人对该答复不满意,遂于2017年7月11日向海南省财政厅投诉。2017年7月18日投诉人补充相关材料后重新向海南省财政厅提起投诉,海南省财政厅依法于当日正式受理。

2017年7月20日,海南省财政厅分别向海南省政府采购中心、海南省中医院、海口明邦实业有限责任公司发送《关于发送投诉副本的通知》。因本项目投诉处理需以相关部门的认定意见作为依据,按照《政府采购法实施条例》的相关规定,相关部门认定所需时间不计算在投诉处理期限内,本项目自8月16日起重新计算投诉处理期限。2017年9月7日作出《海南省财政厅政府采购投诉处理决定》(琼财采〔2017〕1353号)。

海南潮州旗实业有限公司对该投诉处理决定不服,遂向海南省人民政府申请行政复议。海南省人民政府于2017年9月30日受理该行政复议申请,并于2018年7月18日作出了《行政复议决定书》(琼府复决〔2017〕155号),撤销《海南省财政厅政府采购投诉处理决定》,并要求海南省财政厅重新作出处理。海南省财政厅依法作出处理决定(略)。①

请问:(1)本案争议解决程序是否合法?(2)若投诉人仍不服海南省财政厅作出的决定,应如何主张自己的权利?

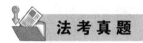

法考真题

真题1(2015年)

预算制度的目的是规范政府收支行为,强化预算监督。根据《宪法》和法律的规定,关于预算,下列哪些表述正确?(多选)

A. 政府的全部收入和支出都应当纳入预算
B. 经批准的预算,未经法定程序,不得调整
C. 国务院有权编制和执行国民经济和社会发展计划、国家预算
D. 全国人大常委会有权审查和批准国家的预算和预算执行情况的报告

真题解析:

选项A正确。《预算法》第4条第2款规定,政府的全部收入和支出都应当纳入预算。

选项B正确。《预算法》第13条规定,经人民代表大会批准的预算,非经法定程序,不得调整。各级政府、各部门、各单位的支出必须以经批准的预算为依据,未列入预算的不得支出。

选项C正确。根据《宪法》第89条第(5)项的规定,国务院有权编制和执行国民经济和社会发展计划和国家预算。

选项D错误。《预算法》第20条规定:全国人民代表大会审查中央和地方预算草案及中央和地方预算执行情况的报告;批准中央预算和中央预算执行情况的报告;改变或者撤销全国人民代表大会常务委员会关于预算、决算的不适当的决议。全国人民代表大会常务委员会监督中央和地方预算的执行;审查和批准中央预算的调整方案;审查和批准中

---

① 根据《海南省财政厅政府采购投诉处理决定》改编,来源:中国政府采购网,http://www.ccgp.gov.cn/jdjc/jdcf/201809/t20180903_10608673.htm,最新登录时间:2020年2月10日。

央决算;撤销国务院制定的同宪法、法律相抵触的关于预算、决算的行政法规、决定和命令;撤销省、自治区、直辖市人民代表大会及其常务委员会制定的同宪法、法律和行政法规相抵触的关于预算、决算的地方性法规和决议。

真题 2(2017 年)

推进依法行政、转变政府职能要求健全透明预算制度。修改后的《预算法》规定,经本级人大或者常委会批准的政府预算、预算调整和决算,应及时向社会公开,部门预算、决算及报表也应向社会公开。对此,下列哪一说法是错误的?(单选)

A. 依法行政要求对不适应法治政府建设需要的法律及时进行修改和废止
B. 透明预算制度有利于避免财政预算的部门化倾向
C. 立法对政府职能转变具有规范作用,能为法治政府建设扫清障碍
D. 立法要适应政府职能转变的要求,但立法总是滞后于改革措施

真题解析:

选项 A 说法正确。对不适应法治政府建设需要的法律及时进行修改和废止,是依法行政的要求。

选项 B 说法正确。透明预算制度能够加强社会对政府各项预算的监督,有利于避免财政预算的部门化倾向。

选项 C 说法正确。建设中国特色社会主义法治体系,必须坚持立法先行,发挥立法的引领和推动作用。由此可见,立法对政府职能转变也具有规范作用,能够使法治政府的建设更加顺利。

选项 D 说法错误。立法要适应政府职能转变的要求,但立法并不总是滞后于改革措施的。

第九章
税收法律制度

 本章概要

税收是国家为了实现其职能,凭借社会公共权力,根据法律法规,对纳税人强制无偿征收,取得财政收入的一种形式。税收的重要职能和作用在于:筹集国家财政收入、调节社会经济活动、引导资源配置、帮助国家进行宏观调控、促进对外经济技术交流。税法是财政法的组成部分,也是国家实施宏观调控、维护经济稳定的重要手段。本章介绍税收和税法的一般知识、我国现行的主要税种、税收管理体制和税收征收管理法律制度。我国的现行税种有流转税、所得税、财产税、资源税和行为税。我国税收管理体制的中心内容,即全面推行分税制。税收征收管理是税务机关对纳税人依法征收税款和进行税务监督管理的总称,其中《中华人民共和国税收征收管理法》是基本的税收征收法律文件。

 学习目标

本章重点掌握税法的概念、特征;税法的基本原则;各税收及其计征方法;税收征收管理法律制度,其中着重掌握税款征收法律制度、税收保全措施、税收强制执行措施、代位权和撤销权、税务检查及争议处理。

第一节 税法概述

一、税收概述

(一) 税收的概念

税收是国家为了实现其职能,凭借社会公共权力,根据法律法规,对纳税人包括法人企业、非法人企业和单位以及自然人强制无偿征收,取得财政收入的一种形式。税收是国家财政收入的主要来源,体现了国家主权和国家权力。随着我国对外开放的扩大和社会主义市场经济的发展,税收在国民经济中的地位和作用日益增强。

(二) 税收的特征

1. 税收的强制性

税收的强制性是指税收参与社会物品的分配是依据国家的政治权力,而不是财产权力,即和生产资料的占有没有关系。税收的强制性具体表现在税收是以国家法律的形式规定的,不依法纳税者要受到法律的制裁。

2. 税收的无偿性

税收的无偿性是指从微观的征税过程来说,国家并不向纳税人支付对价,就取得纳税人的税款,并不存在对纳税人的偿还问题。但是如果从财政活动的宏观整体来看,税收是政府提供公共物品和服务的基础,即所谓"取之于民、用之于民"。特别在社会主义条件下,税收具有马克思所说的"从一个处于私人地位的生产者身上扣除的一切,又会直接或间接地用来为处于私人地位的生产者谋福利"的性质。

3. 税收的固定性

税收的固定性是指税收是国家按照法律预先规定的范围、标准和环节征收的,税法的规定具有相对稳定性。纳税人取得了应纳税的收入或发生了应纳税的行为,就必须按预定标准如数缴纳,而不能改变这个标准。

(三) 税收的类型

1. 按照征税对象不同划分

征税对象是税法的一个基本要素,是一种税区别于另一种税的主要标志。因此,按征税对象的不同来分类,是税种最基本和最主要的分类方法。按照这个标准,我国税种大体可分为以下五类。

(1) 对流转额的征税

对流转额的征税简称流转税或商品和劳务税。流转税,是以流转额为课税对象的税种,具体对销售商品或提供劳务的流转额征收的一类税收。流转额具体包括两种:一是商品流转额,它是指商品交换的金额,对销售方来说,是销售收入额;对购买方来说,是商品的采购金额。二是非商品流转额,即各种劳务收入或者服务性业务收入的金额。流转税类的课税对象非常广泛,涉及的税种也很多。

流转税类具有一个基本特点,即以商品流转额和非商品流转额为计税依据,在生产经营及销售环节征收,收入不受成本费用变化的影响,而对价格变化较为敏感。我国现行的增值税、消费税、关税都属于这类税收。

(2) 对所得额的征税

对所得额的征税简称所得税。所得税是对纳税人在一定时期(通常为一年)的合法收入总额减除成本费用和法定允许扣除的其他各项支出后的余额,即应纳税所得额征收的税。所得税按照纳税人负担能力(所得)的大小和有无来确定税收负担,实行"所得多的多征,所得少的少征,无所得的不征"的原则。因此,它对调节国民收入分配,缩小纳税人之间的收入差距有着特殊的作用;同时,所得税的征收面也较为广泛。故此所得税成为经济发达国家的主要收入来源。在我国,随着经济的发展,人民所得的增加,所得税已成为近年来收入增长较快的一类税。我国当前开征的所得税主要有企业所得税、外商投资企业和外国企业所得税、个人所得税。

(3) 对资源的征税

对资源的征税是对开发、利用和占有国有自然资源的单位和个人征收的一类税。资源税类带有受益税的性质,征收阻力小,并且资源税类的税源比较广泛,因而合理开征资源税既有利于财政收入的稳定增长,也有利于合理开发和利用国家的自然资源和某些社会资源。

这类税收的特点是:税负高低与资源级差收益水平关系密切,征税范围的选择也比较灵活。我国对资源的征税主要有城镇土地使用税、资源税。

(4) 对财产的征税

对财产的征税是对纳税人所拥有或属其支配的财产数量或价值额征收的税,包括对财产的直接征收和对财产转移的征收。对财产的课税,更多地考虑到纳税人的负担能力,有利于公平税负和缓解财富分配不均的现象,有利于发展生产,限制消费和合理利用资源。

这类税收的特点是:税收负担与财产价值、数量关系密切,能体现量能负担、调节财富、合理分配的原则。我国现行的契税、房产税、车船使用税、车船使用牌照税都属于这类税收。

(5) 对特定行为的征税

行为税,也称为特定行为目的税,是国家为了实现某种特定的目的,以纳税人的某些特定行为为课税对象的税种。开征行为税类的主要目的在于国家根据一定时期的客观需要,限制某些特定的行为。

这类税收的特点是:征收的选择性较为明显,税种较多,并有着较强的时效性,有的还具有因时因地制宜的特点。我国现行的行为税主要有耕地占用税、土地增值税、印花税、车辆购置税、船舶吨税、城市维护建设税。

2. 按税收管理和使用权限划分

税收按其管理和使用权限划分可分为中央税、地方税、中央地方共享税。这是在分级财政体制下的一种重要的分类方法。通过这种划分,可以使各级财政有相应的收入来源和一定范围的税收管理权限,从而有利于调动各级财政组织收入的积极性,更好地完成一级财政的任务。一般的做法是,将税源集中、收入大、涉及面广,而由全国统一立法和统一管理的税种,划作中央税。一些与地方经济联系紧密,税源比较分散的税种,列为地方税。一些既能兼顾中央和地方经济利益,又有利于调动地方组织收入积极性的税种,列为中央地方共享税。当前我国的中央税主要有关税、消费税;地方税主要有房产税、土地使用税、土地增值税、车船税、印花税、个人所得税、城建税及教育附加；中央地方共享税主要有增值税、资源税、所得税、印花税等。

3. 按税收与价格的关系划分

按税收与价格的关系划分，税收可分为价内税和价外税。在市场经济条件下，税收与商品、劳务或财产的价格有着密切的关系，对商品和劳务课征的税收既可以包含于价格之中也可以在价格之外。凡税收构成价格组成部分的税收称为价内税；凡税收是价格之外的附加额的税收称为价外税。前者，其价格由成本、利润、税金构成，后者其价格等于成本加利润。价内税，有利于国家通过对税负的调整，直接调节生产和消费，但往往容易造成对价格的扭曲。价外税与企业的成本核算和利润、价格没有直接联系，能更好地反映企业的经营成果，不致因征税而影响公平竞争；同时，不干扰价格对市场供求状况的正确反映，因此，更适应市场经济的要求。

4. 按税负是否易于转嫁分类

税收按其负担是否易于转嫁可分为直接税和间接税。所谓税负转嫁是指纳税人依法缴纳税款之后，通过种种途径将所缴税款的一部分或全部转移给他人负担的经济现象和过程，它表现为纳税人与负税人的非一致性。由纳税人直接负担的税收为直接税。在这种情况下纳税人即负税人，如所得税、遗产税等。可以由纳税人转嫁给负税人的税收为间接税，即负税人通过纳税人间接缴纳的税收，如增值税、消费税、营业税、关税等。

5. 按计税标准分类

税收按计税依据的不同可分为从价税和从量税。从价税是以征税对象的价值量为标准计算征收的税收。税额的多少将随着价格的变动而相应增减。从量税，是按征税对象的重量、件数、容积、面积等为标准，采用固定税额征收的税收。从量税具有计算简便的优点。但税收收入不能随价格高低而增减。

二、税法的概念和构成要素

（一）税法的概念

税法是调整国家税务机关与纳税人之间因无偿征收一定货币或者实物而产生的税收征纳关系的法律规范的总称。税法是经济法的重要部门法，在经济法的宏观调控中居于重要地位。

（二）税法的主要构成要素

税法的构成要素是指各种单行税法共同具有的基本要素的总称。首先，税法的构成要素既包括实体性的，也包括程序性的；其次，税法的构成要素是所有要素完善的单行税法共同具备的，仅为某一税法所单独具有而非普遍性的内容，不构成税法要素，如扣缴义务人。税法的构成要素一般包括总则、纳税义务人、课税对象、税目、税率、减免税、纳税环节、纳税期限、纳税地点、罚则、附则等。

1. 纳税义务人

纳税义务人，简称纳税人，是税法规定的直接负有纳税义务的单位和个人，也称为纳税主体。纳税人是税收制度构成的最基本的要素之一，任何税种都有纳税人。从法律角度划分，纳税人包括法人和自然人两种。税法中往往还规定有扣缴义务人，即负有代扣纳税人应纳税款、代缴给征税机关的义务的单位或个人，如工薪发放单位、房管部门、集市贸易市场管理部门、出版社等。

2. 课税对象

课税对象又称征税对象,是税法规定的征税的目的物。课税对象是一个税种区别于另一个税种的主要标志,是税收制度的基本要素之一。每一种税都必须明确规定对什么征税,由此体现税收的范围。一般来说,不同的税种有不同的课税对象,不同的课税对象决定着税种所应有的不同性质。根据征税对象可把我国税收分成五类:流转税、所得税、财产税、行为税、资源税。

3. 税目

税目是课税对象的具体项目,反映具体的征税范围,代表征税的广度。设置税目的目的:一是为了体现公平原则,根据不同项目的利润水平和国家经济政策,通过设置不同的税率进行税收调控;二是为了体现"简便"原则,对性质相同、利润水平相同且国家经济政策调控方向也相同的项目进行分类,以便按照项目类别设置税率。税目的制定方法分为列举法和概括法。列举法是按照每一种商品或经营项目分别设计税目,必要时还可以在税目下划分若干细目。如有些税种具体课税对象复杂,需要细化规定税目,具体如消费税,一般都规定有不同的税目。概括法是对同一征税对象用集中概括的方法将其分类归并。例如有些税种不分课税对象的性质,一律按照课税对象的应税数额采用同一税率计征税款,具体如企业所得税。

4. 税率

税率是应纳税额与课税对象之间的比例,是计算应纳税额的尺度,它体现征税的深度。税率的设计,直接反映着国家的有关经济政策,直接关系着国家的财政收入的多少和纳税人税收负担的高低,是税收制度的中心环节。我国现行税率大致可分为三种。

(1) 比例税率。比例税率指对同一征税对象不论数额大小,都按同一比例征税。

(2) 定额税率。定额税率是税率的一种特殊形式。它不是按照课税对象规定征收比例,而是按照征税对象的计量单位规定固定税额,因此又称为固定税额,一般适用于从量计征的税种。

(3) 累进税率。累进税率指的是这样一种税率,即按征税对象数额的大小,划分若干等级,每个等级由低到高规定相应的税率,征税对象数额越大税率越高,数额越小税率越低。累进税率因计算方法和依据的不同又分以下几种:全额累进税率、全率累进税率、超额累进税率(如个人所得税中的工资薪金所得)、超率累进税率(如土地增值税)。

5. 纳税环节

纳税环节是在商品流转过程中缴纳税款的环节。任何税种都要确定纳税环节,有的比较明确、固定,有的则需要在许多流转环节中选择确定。确定纳税环节,是流转课税的一个重要问题。它关系到税制结构和税种的布局,关系到税款能否及时足额入库,关系到地区间税收收入的分配,同时关系到企业的经济核算和是否便利纳税人缴纳税款等问题。按照确定纳税环节的多少可以分为一次课征制、两次课征制和多次课征制。

6. 纳税期限

纳税期限是负有纳税义务的纳税人向国家缴纳税款的时间限制。它是税收强制性、固定性在时间上的体现。确定纳税期限,要根据课税对象和国民经济各部门生产经营的不同特点来决定。如流转课税,当纳税人取得货款后就应将税款缴入国库,但为了简化手续,便于纳税人经营管理和缴纳税款(降低税收征收成本和纳税成本),可以根据情况将纳税期限确定为1天、3天、5天、10天、15天或1个月。

7. 减税、免税

减税是对应纳税额少征一部分税款,免税是对应纳税额全部免征。减税或免税是对某些纳税人和征税对象给予鼓励和照顾的一种措施。减税或免税的类型有:(1)税基式减免,是通过直接缩小计税依据的方式实现的减免税,具体包括改变起征点、免征额、项目扣除以及跨期结转等。(2)税率式减免,是指通过降低税率的方式实行的减免税,包括低税率、零税率等。(3)税额式减免,是指通过直接减少应纳税额的方式实行的减免税,包括全部免征、减半征收、核定减免率等。

8. 违法处理

违法处理是对有违反税法行为的纳税人采取的惩罚措施,包括加收滞纳金、处以罚款、追究刑事责任等。违法处理是税收强制性在税收制度中的体现,纳税人必须按期足额的缴纳税款,凡有拖欠税款、逾期不缴税、偷税抗税等违反税法行为的,都应受到制裁(包括刑事制裁和行政处罚等)。

三、税法的基本原则

税法的基本原则是指在税收的立法、执法、司法各个环节都必须遵循的基本准则,主要包括税收法定原则、税收公平原则和税收效率原则。

1. 税收法定原则

税收法定原则也称税收法定主义,是指税法主体的权利义务必须由法律加以规定,税法的各类构成要素都必须由法律予以明确规定;征纳主体的权利义务只以法律规定为依据,没有法律依据,任何主体不得征税或减免税收。具体包括:(1)课税要素法定原则,即要求税法构成要素中的实体法要素必须由法律加以规定,税法主体、征税客体、计税依据、税率等课税要素以及与此相关的征纳程序的立法权应由立法机关行使,行政机关未经授权,无权在行政法规中对课税要素作出规定。(2)课税要素明确原则,即有关课税要素的规定必须尽量地明确而不出现歧义、矛盾,在基本内容上不出现漏洞。(3)依法稽征原则,即税务行政机关必须严格依据法律的规定稽核征收,无权改变法定课税要素和法定征收程序。

2. 税收公平原则

税收公平原则是指税负必须根据纳税人的负担能力分配,负担能力相等,税负相同;负担能力不等,税负不同。依据这一原则,必须普遍征税、平等征税、量能课税。

3. 税收效率原则

税收效率原则,即要求税法的制定和执行必须有利于提高经济运行的效率和税收行政的效率。税法的调整必须有利于减少纳税主体的奉行成本和额外负担,以减低社会成本。

第二节 我国现行的主要税种

根据征税对象的不同,可以把我国的现行税种划分为流转税、所得税、财产税、资源税和行为税。

一、流转税

流转税,国际上通称"商品与劳务税",是以纳税人的商品流转额和非商品(劳务)流转额作为课税对象的一类税收,也即流转税是以商品生产、流通和提供劳务的销售额或营业额为征税对象的各种税种的总称。在我国流转税主要有增值税、消费税和关税。

流转税的特点主要体现在如下几个方面。

(1) 流转税的征税对象是商品或劳务的流转额,即商品或(劳务)的销售收入。以商品、劳务的销售额和营业收入作为计税依据,一般不受生产、经营成本和费用变化的影响,可以保证国家能够及时、稳定、可靠地取得财政收入。

(2) 流转税具有间接税的性质,特别是在从价征税的情况下,税收与价格的密切相关,便于国家通过征税体现产业政策和消费政策。

(3) 流转税计算征收上较为简便易行,也容易为纳税人所接受。流转税一般采用从价定率或从量定额计征,计算手续简单。

(一) 增值税

1. 增值税概念

增值税是对商品生产和流通中各环节的新增价值或商品附加值进行征税。其中增值额的计算采用间接计算方式,即从事货物销售以及提供应税劳务的纳税人,根据货物或应税劳务销售额,按照规定的税率计算出税额,然后扣除上一道环节已纳增值税,即当期税额。增值税的特点:(1) 不重复征税,具有中性税收的特征;(2) 逐环节征税,逐环节扣税,最终消费者是全部税款的承担者;(3) 税基广阔,具有征收的普遍性和连续性。

增值税自1979年引进我国至今已经四十多年,是我国的第一个大税种。2016年5月1日,我国全面推行营改增试点,将营业税彻底并入增值税,从而实现了增值税全行业的全覆盖,彻底打通税收抵扣链条,解决重复征税难题,是税制改革中的一次重大革命。

2. 增值税的纳税主体

增值税的纳税主体是在中华人民共和国境内销售货物或者加工、修理修配劳务(以下简称劳务),销售服务、无形资产、不动产以及进口货物的单位和个人。单位是指企业、行政单位、事业单位、军事单位、社会团体及其他单位。个人,是指个体工商户和其他个人。货物是指有形动产,包括电力、热力、气体在内。加工是指受托加工货物,即委托方提供原料及主要材料,受托方按照委托方的要求,制造货物并收取加工费的业务。修理修配是指受托对损伤和丧失功能的货物进行修复,使其恢复原状和功能的业务。而销售货物是指有偿转让货物的所有权。提供加工、修理修配劳务是指有偿提供加工、修理修配劳务。但单位或者个体工商户聘用的员工为本单位或者雇主提供加工、修理修配劳务,不包括在内。

增值税的纳税人分为一般纳税人和小规模纳税人两种。一般纳税人是指年应税销售额超过《增值税暂行条例实施细则》规定的小规模纳税人标准的企业和企业性单位。这里的年应税销售额是指纳税人在连续不超过12个月或者4个季度的经营期内累计应征增值税销售额,包括纳税申报销售额、稽查查补销售额、纳税评估周期调整销售额。

小规模纳税人是指年应税销售额在规定标准以下,并且会计核算不健全,不能按规定报送有关税务资料的增值税纳税人。小规模纳税人以外的其他纳税主体,即为增值税的一般纳税人。小规模纳税人属于下列情况：(1) 从事货物生产或提供应税劳务的，年应税销售额在 500 万以下；(2) 从事货物批发或零售的，年应税销售额在 500 万以下；(3) 年应税销售额超过小规模纳税人标准的其他个人按小规模纳税人纳税；(4) 非企业性单位、不经常发生应税行为的企业可选择按小规模纳税人纳税。

区分一般纳税人和小规模纳税人的重要意义在于，两者的税法地位、计税方法都是不同的。两者的税法地位或称税法待遇的差别表现在：一般纳税人可以使用增值税专用发票，并可以用"扣税法"抵扣发票上注明的已纳增值税额；而小规模纳税人则不得使用增值税专用发票，也不能进行税款抵扣。正由于两者在税法地位上存在差异，因而在计税方法上也不同。

3. 增值税的计征办法

增值税实行价外计征的办法，实行根据发货票注明税金进行税款抵扣的制度。商品零售环节的发货票不单独注明资金，因为商品零售继续实行价内税，税金已包含在价格之内。

(1) 一般纳税人应纳税额的计征办法。一般纳税人销售货物或者提供应税劳务，应纳税额为当期销项税额抵扣当期进项税额后的余额。应纳税额计算公式：

$$应纳税额 = 当期销项税额 - 当期进项税额$$

当期销项税额小于当期进项税额不足抵扣时，其不足部分可以结转下期继续抵扣。增值税的销项税额是指纳税人发生应税销售行为，按照销售额和法定税率计算收取的增值税额。销项税额计算公式：

$$销项税额 = 销售额 \times 税率$$

其中，销售额为纳税人发生应税销售行为收取的全部价款和价外费用，但是不包括收取的销项税额。增值税的进项税额是指纳税人购进货物、劳务、服务、无形资产、不动产支付或者负担的增值税额。进项税额计算公式：

$$进项税额 = 买价 \times 扣除率$$

下列进项税额准予从销项税额中抵扣：其一，从销售方取得的增值税专用发票上注明的增值税额。其二，从海关取得的海关进口增值税专用缴款书上注明的增值税额。其三，购进农产品，除取得增值税专用发票或者海关进口增值税专用缴款书外，按照农产品收购发票或者销售发票上注明的农产品买价和 11% 的扣除率计算的进项税额，国务院另有规定的除外。其四，自境外单位或者个人购进劳务、服务、无形资产或者境内的不动产，从税务机关或者扣缴义务人取得的代扣代缴税款的完税凭证上注明的增值税额。

但是下列项目的进项税额不得从销项税额中抵扣：其一，用于简易计税方法计税项目、免征增值税项目、集体福利或者个人消费的购进货物、劳务、服务、无形资产和不动产；其二，非正常损失的购进货物，以及相关的劳务和交通运输服务；其三，非正常损失的在产品、产成品所耗用的购进货物（不包括固定资产）、劳务和交通运输服务；其四，国务院规定的其他项目。

(2) 小规模纳税人应纳税额的计征办法。小规模纳税人发生应税销售行为，实行按照销售额和征收率计算应纳税额的简易办法，并不得抵扣进项税额。应纳税额计算公式：

$$应纳税额 = 销售额 \times 征收率$$

（3）纳税人进口货物，按照组成计税价格和法定税率计算应纳税额，不得抵扣任何税额。组成计税价格和应纳税额计算公式：

$$组成计税价格＝关税完税价格＋关税＋消费税$$

$$应纳税额＝组成计税价格\times税率$$

4. 增值税的征税范围

（1）增值税的一般征税范围

增值税征税范围一般包括：其一，销售或进口的货物。货物为有形动产，包括电力、热力、气体在内。其二，提供的加工、修理修配劳务。营改增企业的一般征税范围包括销售服务，有偿转让无形资产或者不动产。其中销售服务主要包括交通运输服务、邮政服务、电信服务、建筑服务、金融服务、现代服务、生活服务等。

（2）增值税的特殊征税范围

一种是视同销售行为：

① 将货物交付其他单位或者个人代销；② 销售代销货物；③ 设有两个以上机构并实行统一核算的纳税人，将货物从一个机构移送其他机构用于销售，但相关机构设在同一县(市)的除外；④ 将自产或者委托加工的货物用于非增值税应税项目；⑤ 将自产、委托加工的货物用于集体福利或者个人消费；⑥ 将自产、委托加工或者购进的货物作为投资，提供给其他单位或者个体工商户；⑦ 将自产、委托加工或者购进的货物分配给股东或者投资者；⑧ 将自产、委托加工或者购进的货物无偿赠送其他单位或者个人。

营改增企业的视同销售行为主要包括：① 单位或者个人向其他单位或者个人无偿提供服务，但用于公益事业或者社会公众为对象的除外；② 单位或者个人向其他单位或者个人无偿转让无形资产或者不动产，但用于公益事业或者社会公众为对象的除外；③ 财政部和国家税务总局规定的其他情形。

另一种是混合销售行为：

一项销售行为如果既涉及货物又涉及服务，同时发生在同一业务中，为混合销售行为。从事货物的生产、批发或者零售的企业、企业性单位和个体工商户的混合销售行为，视为销售货物，应当缴纳增值税；其他单位和个人的混合销售行为，按照销售服务缴纳增值税。

还有一种是兼营行为：

兼营行为是指纳税人的销售业务和兼营业务为两项销售行为，两者是独立的业务。① 纳税人兼营销售货物、提供服务或劳务、转让无形资产或不动产，适用不同税率的项目，应当分别核算不同税率项目的销售额；② 未分别核算销售额的，从高适用税率。

5. 增值税的税率与征收率

（1）纳税人销售货物、劳务、有形动产租赁服务或者进口货物，税率为16%。

（2）纳税人销售交通运输、邮政、基础电信、建筑、不动产租赁服务，销售不动产，转让土地使用权，销售或者进口下列货物，税率为10%：① 粮食等农产品、食用植物油、食用盐；② 自来水、暖气、冷气、热水、煤气、石油液化气、天然气、二甲醚、沼气、居民用煤炭制品；③ 图书、报纸、杂志、音像制品、电子出版物；④ 饲料、化肥、农药、农机、农膜；⑤ 国务院规定的其他货物。

（3）纳税人销售服务、无形资产，除另有规定外，税率为6%。

(4) 纳税人出口货物,税率为零;但是,国务院另有规定的除外。

(5) 境内单位和个人跨境销售国务院规定范围内的服务、无形资产,税率为零。

另外,小规模纳税人销售货物或提供应税劳务,增值税征收率为3%。

6. 免征增值税的项目

下列项目免征增值税:(1) 农业生产者销售的自产农业产品;(2) 避孕药品和用具;(3) 古旧图书;(4) 直接用于科学研究、科学试验和教学的进口仪器、设备;(5) 外国政府、国际组织无偿援助的进口物资和设备;(6) 由残疾人组织直接进口供残疾人专用的物品;(7) 销售的自己使用过的物品。

纳税人兼营免税、减税项目的,应当分别核算免税、减税项目的销售额;未分别核算销售额的,不得免税、减税。纳税人销售额未达到国务院财政、税务主管部门规定的增值税起征点的,免征增值税。

(二) 消费税

1. 消费税法概述

消费税是对特定的消费品和消费行为征收的一种税。消费税是1994年税制改革在流转税中新设置的一个税种。开征消费税具有重要的意义:消费税可以为国家建设筹集资金;可以正确引导消费方向;可以调节收入差距,缓解分配不公现象;限制一些特殊消费品,如烟、酒的生产和消费等。

消费税的特点主要体现在以下方面。

(1) 消费税征税项目具有选择性。消费税以税法规定的特定产品为征税对象,即国家可以根据宏观产业政策和消费政策的要求,有目的地、有重点地选择一部分消费品和消费行为征税,而且只在消费品生产、流通或消费的某一环节征收,税率、税额也根据不同消费品的种类、档次、结构、功能以及供求、价格等情况而有差别,以适当地限制某些特殊消费品的消费需求。

(2) 按不同的产品设计不同的税率,同一产品同等纳税。

(3) 消费税是价内税,即只在应税消费品的生产、委托加工和进口环节缴纳,在以后的批发、零售等环节,因为价款中已包含消费税,因此不用再缴纳消费税,税款最终由消费者承担。

(4) 消费税实行从价定率和从量定额以及从价从量复合计征三种方法征税。具体实行从价定率办法计算的应纳税额:

$$应纳税额 = 销售额 \times 适用税率$$

实行从量定额办法计算的应纳税额:

$$应纳税额 = 销售数量 \times 单位税额$$

(5) 消费税是对特定货物与劳务征收的一种间接税。就其本质而言,是特种货物与劳务税,而不是特指在零售(消费)环节征收的税。消费税之"消费",不是零售环节购买货物或劳务之"消费"。其税收负担具有转嫁性,最终都转嫁到消费者身上。

2. 消费税的纳税主体

在中华人民共和国境内生产、委托加工和进口应税消费品的单位和个人,为消费税纳税义务人。这里所谓的单位,是指国有企业、集体企业、私有企业、股份制企业、外商投资企业和外国企业、其他企业和行政单位、事业单位、军事单位、社会团体及其他单位。这里所谓个人,是指个体经营者及其他个人。所谓在中华人民共和国境内,是指生产、委托加工和进口属于应当征收消费税的消费品的起运地或所在地在境内。

3. 消费税的征税范围

(1) 生产应税消费品。生产应税消费品的销售是消费税征收的主要环节,因为消费税具有单一征税特点,在生产销售环节征税后,货物在流通环节无论再转销多少次,均不用再缴纳消费税。生产应税消费品除了直接对外销售应征消费税外,纳税人将生产的应税消费品换取生产资料、消费资料、投资入股、偿还债务,以及用于继续生产应税消费品以外的其他方面都应缴纳消费税。

(2) 委托加工应税消费品。委托加工应税消费品是指委托方提供原料和主要材料,受托方只收取加工费和代垫部分辅助材料加工的应税消费品。委托加工收回的应税消费品,再继续用于生产应税消费品销售的,其加工环节缴纳的消费税款可以扣除。

(3) 进口应税消费品。单位和个人进口货物属于消费税征收范围的,在进口环节也要缴纳消费税,为了减少征税成本,进口环节缴纳的消费税由海关代征。

(4) 零售应税消费品。自1995年1月1日,金银首饰消费税由生产销售环节征收改为零售环节征收,但仅限于金基、银基合金首饰及金、银和金基、银基合金的镶嵌首饰。零售环节适用税率为5%,在纳税人销售金银首饰、钻石及钻石饰品时征收。

4. 消费税的税目和税率

根据《中华人民共和国消费税暂行条例》(2008年修订),消费税共14个大的税目。

(1) 烟。凡以烟叶为原料加工生产的产品,不论使用何种辅料,均属于本税目的征收范围。

(2) 酒及酒精。酒是指酒精在1度以上的酒类饮料。酒类包括粮食白酒、薯类白酒、黄酒、啤酒、果酒和其他酒。酒精包括工业酒精、医用和食用酒精。此外,对饮食业、商业、娱乐业举办的啤酒屋(啤酒坊)利用啤酒生产设备生产的啤酒,应当征收消费税。

(3) 化妆品,指日常生活中用于修饰美化人体表面的用品,包括香水、香粉、口红、指甲油、胭脂、眉笔、唇笔、眼睫毛和成套化妆品等。舞台、戏剧影视演员化妆用的上妆油、卸装油、油彩,不属于本税目的征收范围。

(4) 贵重首饰及珠宝玉石,包括凡以金、银、白金、珍珠、钻石、翡翠、珊瑚、玛瑙等高贵稀有物质以及其他金属、人造宝石等制作的各种纯金银首饰及镶嵌首饰和经采掘、打磨、加工的各种珠宝玉石。

(5) 鞭炮、焰火,包括各种鞭炮、焰火,不包括体育上用的发令纸、鞭炮药引线。

(6) 成品油,包括汽油、柴油、石脑油、溶剂油、润滑油、燃料油和航空煤油。

(7) 汽车轮胎,包括用于各种汽车、挂车、专用车和其他机动车上的内、外轮胎,不包括农用拖拉机、收割机、手扶拖拉机的专用轮胎。2000年1月1日起,子午线轮胎免征,翻新轮胎停征。

(8) 小汽车,包括含驾驶员座位在内最多不超过9个座位(含)的,在设计和技术特性上用于载运乘客用车和含驾驶员座位在内座位数在10到23(含)座的、在设计和技术特征上用于载运乘客和货物的各类中轻型商用客车。电动汽车不属于本税目的征收范围。

(9) 摩托车,包括轻便摩托车和摩托车两种。对最大设计车速不超过50 km/h,发动气缸工作容量不超过 50 ml 的三轮摩托车不征收消费税。

（10）高尔夫及球具，包括高尔夫球、球杆、球包（袋）以及球杆的杆头、杆身和握把等。

（11）高档手表，指销售价格（不含增值税）每只在 10 000（含）以上的各类手表。

（12）游艇。长度大于 8 米小于 90 米，船体由玻璃钢、钢、铝合金、塑料等多种材料制作，可以在水上移动的水上浮载体，包括无动力艇、帆艇和机动艇。

（13）木制一次性筷子。

（14）实木地板。

具体税率见下表：

消费税税目税率表

税 目	税 率
一、烟	
1. 卷烟	
（1）甲类卷烟	45%加 0.003 元/支
（2）乙类卷烟	30%加 0.003 元/支
2. 雪茄烟	25%
3. 烟丝	30%
二、酒及酒精	
1. 白酒	20%加 0.5 元/500 克（或者 500 毫升）
2. 黄酒	240 元/吨
3. 啤酒	
（1）甲类啤酒	250 元/吨
（2）乙类啤酒	220 元/吨
4. 其他酒	10%
5. 酒精	5%
三、化妆品	30%
四、贵重首饰及珠宝玉石	
1. 金银首饰、铂金首饰和钻石及钻石饰品	5%
2. 其他贵重首饰和珠宝玉石	10%
五、鞭炮、焰火	15%
六、成品油	
1. 汽油	
（1）含铅汽油	0.28 元/升
（2）无铅汽油	0.20 元/升
2. 柴油	0.10 元/升
3. 航空煤油	0.10 元/升
4. 石脑油	0.20 元/升
5. 溶剂油	0.20 元/升
6. 润滑油	0.20 元/升
7. 燃料油	0.10 元/升

续表

税　目	税　率
七、汽车轮胎	3%
八、摩托车 　1. 气缸容量(排气量,下同)在 250 毫升(含 250 毫升)以下的 　2. 气缸容量在 250 毫升以上的	 3% 10%
九、小汽车 　1. 乘用车 　　(1) 气缸容量(排气量,下同)在 1.0 升(含 1.0 升)以下的 　　(2) 气缸容量在 1.0 升以上至 1.5 升(含 1.5 升)的 　　(3) 气缸容量在 1.5 升以上至 2.0 升(含 2.0 升)的 　　(4) 气缸容量在 2.0 升以上至 2.5 升(含 2.5 升)的 　　(5) 气缸容量在 2.5 升以上至 3.0 升(含 3.0 升)的 　　(6) 气缸容量在 3.0 升以上至 4.0 升(含 4.0 升)的 　　(7) 气缸容量在 4.0 升以上的 　2. 中轻型商用客车	 1% 3% 5% 9% 12% 25% 40% 5%
十、高尔夫球及球具	10%
十一、高档手表	20%
十二、游艇	10%
十三、木制一次性筷子	5%
十四、实木地板	5%

5. 消费税的计税方法

(1) 从价计征。消费税从价计征的计算公式是：

$$应纳税额 = 应税消费品的销售额 \times 比例税率$$

其中销售额是指纳税人销售应税消费品向购买方收取的全部价款和价外费用,包括消费税但不包括增值税。如果纳税人应税消费品的销售额中未扣除增值税税款或者因不得开具增值税专用发票而发生价款和增值税税款合并收取的情况,则需要进行换算。其换算公式为：

$$应税消费品的销售额 = 含增值税的销售额 \div (1 + 增值税税率或征收率)$$

(2) 从量计征。消费税从价计征的计算公式是：

$$应纳税额 = 应税消费品的销售数量 \times 单位税额$$

其中销售数量的计算分几种情形：① 销售应税消费品的,为应税消费品的销售数量。② 自产自用应税消费品的,为应税消费品的移送使用数量。③ 委托加工应税消费品的,为纳税人收回的应税消费品数量。④ 进口的应税消费品为海关核定的应税消费品进口征税数量。

(3) 从价从量复合计征。消费税从价计征的计算公式是：

$$应纳税额 = 应税消费品的销售额 \times 比例税率 + 应税销售数量 \times 单位税额$$

(4) 特殊规定。① 卷烟从价定率计税办法的计税依据为调拨价格或核定价格。调拨价格是指卷烟生产企业通过卷烟交易市场与购货方签订的卷烟交易价格。核定价格是指税务机关按其零售价倒算一定的比例的办法核定计税价格。② 纳税人通过自设非独立核算的门市部销售自产应税消费品的,应当按照门市部对外销售额或销售数量征收消费税。③ 纳税人用于换取生产资料和消费资料,投资入股或抵偿债务等方面的应税消费品,应以纳税人同类应税消费品的最高销售价格作为计税依据计算消费税。

(三) 关税

1. 关税的概念

关税是主权国家对进出国境(或关境)的贸易性货物和非贸易性物品所征收的一种税。关税一般由设在边境、沿海口岸或国家指定的其他水、陆、空国际交往通道的海关来征收。关税是一种特殊的税种,它是维护国家主权和经济利益,执行国家对外经济政策的重要手段。关税可以分为进口关税和出口关税。

关税政策的调整一般分为两种方式:一是自主性调整;二是具有外部约束性的调整。我国自2001年12月11日正式成为世界贸易组织(WTO)成员后,关税政策的调整明显地表现出非自主性,即关税政策不仅需要根据本国实际情况做出调整,而且要根据WTO的相关规则和要求做调整。

2. 关税的纳税主体

关税的纳税主体是准许进口货物的收货人、出口货物的发货人、进出境物品的所有人和推定所有人(持有人、收件人等)。

3. 关税的征税对象

关税的征税对象是准允进出境的货物和物品。货物是指贸易性商品物资;物品是指入境旅客随身携带的行李物品、个人邮递物品、各种运输工具上的服务人员携带进口的自用物品、馈赠物品以及以其他方式入境的个人物品。这里,货物和物品在计征关税时有不同的计税规则。

4. 关税的税率

进出口货物应当依照关税税则规定的归类原则归入合适的税号,并按照适用的税率计算关税税负。由于关税分类和计税方法不同,关税税率的表现形式也各不相同。

(1) 进口关税税率

进口关税设置最惠国税率、协定税率、特惠税率、普通税率、关税配额税率等税率,对进口货物在一定期限内可以实行暂定税率。其中,最惠国税率的适用范围是原产于共同适用最惠国待遇条款的世界贸易组织成员的进口货物,原产于与中华人民共和国签订含有相互给予最惠国待遇条款的双边贸易协定的国家或者地区的进口货物,以及原产于中华人民共和国境内的进口货物。协定税率的适用范围是原产于与中华人民共和国签订含有关税优惠条款的区域性贸易协定的国家或者地区的进口货物。特惠税率的适用范围是原产于与中华人民共和国签订含有特殊关税优惠条款的贸易协定的国家或者地区的进口货物。原产于其他国家或者地区的进口货物,以及原产地不明的进口货物,适用普通税率。同时,适用最惠国税率的进口货物有暂定税率的,应当适用暂定税率;适用协定税率、特惠税率的进口货物有暂定税率的,应当从低适用税率;适用普通税率的进口货物,不适用暂定税率。如果按照国家规定实行关税配额管理的进口货物,关税配额内的,适用关税配额税率。

(2) 出口关税税率

由于我国也与世界各国同样实行奖出限进的政策,因此出口关税税率只有一栏比例税率(20%—40%),税率比较低。对部分商品实行 0—20% 的暂定税率。出口暂定税率优先适用出口税则中规定的出口税率。

进出口货物,应当适用海关接受该货物申报进口或者出口之日实施的税率。进口货物到达前,经海关核准先行申报的,应当适用装载该货物的运输工具申报进境之日实施的税率。有下列情形之一,需缴纳税款的,应当适用海关接受申报办理纳税手续之日实施的税率:① 保税货物经批准不复运出境的;② 减免税货物经批准转让或者移作他用的;③ 暂时进境货物经批准不复运出境,以及暂时出境货物经批准不复运进境的;④ 租赁进口货物,分期缴纳税款的。

5. 关税的计税方法.

(1) 从价计征。从价计征是以进(出)口应税货物的关税完税价格为计税依据,其计算公式为:

$$关税税额 = 应税进(出)口货物的数量 \times 单位完税价格 \times 适用税率$$

(2) 从量定额。从量定额是以进(出)口商品的重量、长度、容量、面积等计量单位为计税依据,其计算公式为:

$$关税税额 = 应税进(出)口货物数量 \times 单位货物税额$$

(3) 复合计税。复合计税是对某种进口商品同时使用从价定率和从量定额计征的方法,其计算公式为:

$$关税税额 = (应税进出口货物数量 \times 单位货物税额) + (应税进出口货物数量 \times 单位完税价格 \times 适用税率)$$

(4) 滑准计税。滑准计税是一种关税税率随进(出)口商品价格由高到低而由低到高设置计征关税的方法,其计算公式为:

$$关税税额 = 应税进(出)口货物数量 \times 单位完税价格 \times 滑准税税率$$

其中,进口关税完税价格是由海关以符合规定的成交价格以及该货物运抵中华人民共和国境内输入地点起卸前的运输及其相关费用、保险费为基础审查确定。进口货物的成交价格是指卖方向中华人民共和国境内销售该货物时买方为进口该货物向卖方实付、应付的,并按照规定调整后的价款总额,包括直接支付的价款和间接支付的价款。而出口货物的完税价格是由海关以该货物的成交价格以及该货物运至中华人民共和国境内输出地点装载前的运输及其相关费用、保险费为基础审查确定。出口货物的成交价格是指该货物出口时卖方为出口该货物应当向买方直接收取和间接收取的价款总额。出口关税不计入完税价格。

6. 关税的免征

下列进出口货物免征关税:(1) 关税税额在人民币 50 元以下的一票货物;(2) 无商

业价值的广告品和货样;(3)外国政府、国际组织无偿赠送的物资;(4)在海关放行前损失的货物;(5)进出境运输工具装载的途中必需的燃料、物料和饮食用品。

二、所得税

所得税即收益税,是对企业和个人因为从事劳动、经营和投资所取得的各种收益为征税对象的税。

所得税制首创于英国,现在已经成为世界上许多国家的重要税种,美国、日本等国家的个人所得税就占总税收收入的60%—80%,成为调节纳税人收入的主要手段。所得税的特点主要有:(1)征税对象是纳税人的全年所得额或收益额。(2)它以纳税人的实际负担能力为征税原则。(3)它是国家对纳税人的收入直接进行调节的手段。所得税主要包括企业所得税、个人所得税和农业税。

(一)企业所得税

1. 企业所得税的概念

企业所得税是指对我国境内企业就其生产、经营所得和其他所得征收的一种税。企业所得税作为国家财政收入的重要来源,与增值税成为我国两大主体税种之一。

2. 企业所得税的纳税主体

在中华人民共和国境内,企业和其他取得收入的组织(以下统称企业)为企业所得税的纳税人。个人独资企业、合伙企业不适用《企业所得税法》。个人独资企业、合伙企业由投资人、合伙人作为纳税人主体,依照《个人所得税法》征收个人所得税。企业分为居民企业和非居民企业。

(1)居民企业。居民企业是指依法在中国境内成立,或者依照外国(地区)法律成立但实际管理机构在中国境内的企业。居民企业应当就其来源于中国境内、境外的所得缴纳企业所得税。

(2)非居民企业。非居民企业是指依照外国(地区)法律成立且实际管理机构不在中国境内,但在中国境内设立机构、场所的,或者在中国境内未设立机构、场所,但有来源于中国境内所得的企业。非居民企业在中国境内设立机构、场所的,应当就其所设机构、场所取得的来源于中国境内的所得,以及发生在中国境外但与其所设机构、场所有实际联系的所得,缴纳企业所得税。非居民企业在中国境内未设立机构、场所的,或者虽设立机构、场所但取得的所得与其所设机构、场所没有实际联系的,应当就其来源于中国境内的所得缴纳企业所得税。

上述机构、场所,是指在中国境内从事生产经营活动的机构、场所,包括:① 管理机构、营业机构、办事机构;② 工厂、农场、开采自然资源的场所;③ 提供劳务的场所;④ 从事建筑、安装、装配、修理、勘探等工程作业的场所;⑤ 其他从事生产经营活动的机构、场所。非居民企业委托营业代理人在中国境内从事生产经营活动的,包括委托单位或者个人经常代其签订合同,或者储存、交付货物等,该营业代理人视为非居民企业在中国境内设立的机构、场所。

对非居民企业就其来源于中国境内的所得缴纳所得税,实行源泉扣缴,以支付人为扣缴义务人。对非居民企业在中国境内取得工程作业和劳务所得应缴纳的所得税,税务机关可以指定工程价款或者劳务费的支付人为扣缴义务人。扣缴义务人每次代扣的税款,应当自代扣之日起 7 日内缴入国库,并向所在地的税务机关报送扣缴企业所得税报告表。

3. 企业所得税的征税对象

企业所得税的征税对象是企业取得的生产经营所得和其他所得,但并不是说,企业取得的任何一项所得都是企业所得税的征税对象。确定企业的一项所得是否属于征税对象,要遵循以下原则:(1) 必须是具有合法来源的所得。(2) 应纳税所得是扣除成本费用以后的纯收益。企业取得任何一项所得,都必然有相应的消耗和支出,只有企业取得的所得扣除为取得这些所得而发生的成本费用支出后的余额,才是企业所得税的应税所得。(3) 企业所得税的应纳税所得必须是货币或实物所得。各种荣誉性、知识性以及体能、心理所得等收益,都不是应税所得。(4) 企业所得税的应纳税所得包括来源于中国境内、境外的所得。按照居民税收管辖权原则,凡中国的企业,应就其来源于境内、境外的所得征收企业所得税。为了避免重复课税,居民企业来源于中国境外的应税所得,非居民企业在中国境内设立机构、场所,取得发生在中国境外但与该机构、场所有实际联系的应税所得,居民企业从其直接或者间接控制的外国企业分得的来源于中国境外的股息、红利等权益性投资收益,外国企业在境外实际缴纳的所得税税额中属于该项所得负担的部分,上述所得若已在境外缴纳过所得税税额,可以从其当期应纳税额中抵免,抵免限额为该项所得依照规定计算的应纳税额;超过抵免限额的部分,可以在以后 5 个年度内,用每年度抵免限额抵免当年应抵税额后的余额进行抵补。

4. 企业所得税的税率

国际上所得税税率主要形式有两种,即累进税率和比例税率。累进税率虽具有弹性调节功能,但激励功能较差,在一定程度上会阻碍高额盈利企业的发展。我国企业所得税实行比例税率,其原因主要是:与累进税率相比,比例税率具有计算简便、透明度高等优点,并体现了税负的横向公平,有利于促进经济的发展。目前世界上多数国家的公司所得税都采用比例税率。我国企业所得税税率为 25%。非居民企业在中国境内未设立机构、场所的,或者虽设立机构、场所但取得的所得与其所设机构、场所没有实际联系的,就其来源于中国境内的所得缴纳企业所得税,适用税率为 20%。

5. 企业所得税的计征办法

企业所得税应纳税额的计算公式为:

$$应纳税额 = 应纳税所得额 \times 适用税率 - 减免税额 - 抵扣税额$$

上述公式中的减免税额和抵扣税额,是指依照《企业所得税法》和国务院的税收优惠规定减征、免征和抵免的应纳税额。

在应纳税额的计算方面,应纳税所得额是很重要的内容。应纳税所得额是企业所得税的税基,具体为企业每一纳税年度的收入总额,减除不征税收入、免税收入、各项扣除以及允许弥补的以前年度亏损后的余额,其确定较为复杂。

应纳税所得额的计算原则为权责发生制。权责发生制又称应收应付原则,是指以应收应付作为确定本期收入和费用的标准,而不问货币资金是否在本期收到或付出。也就是说,一切要素的时间确认,特别是收入和费用的时间确认,均以权利已经形成或义务(责任)已经发生为标准。由此,属于当期的收入和费用,不论款项是否收付,均作为当期的收入和费用;不属于当期的收入和费用,即使款项已经在当期收付,均不作为当期的收入和费用。

在实践中,居民企业应纳税所得额的计算一般有两种方法,分别为直接计算法和间接计算法:

应纳税所得额＝收入总额－不征税收入－免税收入－各项扣除项目金额－
允许弥补的以前年度亏损(直接计算法)

应纳税所得额＝会计利润总额±纳税调整项目金额(间接计算法)

这里,我们着重介绍居民企业应纳税所得额的确定问题。

(1) 收入总额的确认

企业以货币形式和非货币形式从各种来源取得的收入,为收入总额。包括:① 销售货物收入;② 提供劳务收入;③ 转让财产收入;④ 股息、红利等权益性投资收益;⑤ 利息收入;⑥ 租金收入;⑦ 特许权使用费收入;⑧ 接受捐赠收入;⑨ 其他收入。企业取得收入的货币形式,包括现金、存款、应收账款、应收票据、准备持有至到期的债券投资以及债务的豁免等。企业取得收入的非货币形式,包括固定资产、生物资产、无形资产、股权投资、存货、不准备持有至到期的债券投资、劳务以及有关权益等。企业以非货币形式取得的收入,应当按照公允价值,即按照市场价格确定的价值确定收入额。

(2) 不征税收入的确认

收入总额中的下列收入为不征税收入:① 财政拨款;② 依法收取并纳入财政管理的行政事业性收费、政府性基金;③ 国务院规定的其他不征税收入。

(3) 免税收入的确认

企业的下列收入为免税收入:① 国债利息收入;② 符合条件的居民企业之间的股息、红利等权益性投资收益;③ 在中国境内设立机构、场所的非居民企业从居民企业取得与该机构、场所有实际联系的股息、红利等权益性投资收益;④ 符合条件的非营利组织的收入。

(4) 准予扣除项目

企业实际发生的与取得收入有关的、合理的支出,包括成本、费用、税金、损失和其他支出,准予在计算应纳税所得额时扣除。

具体准予扣除项目包括:

① 成本。成本是指企业在生产经营活动中发生的销售成本、销货成本、业务支出以及其他耗费。

② 费用。费用是指企业在生产经营活动中发生的三大期间费用,即销售费用、管理费用和财务费用。

③ 税金。税金是指计入"税金及附加"科目的税费,包括已经缴纳的消费税、城市维护建设税、资源税、土地增值税、出口关税和教育费附加等。

④ 损失。损失是指企业在生产经营活动中的损失和其他损失。具体包括:固定资产和存货的盘亏、毁损、报废损失,转让财产损失,呆账损失,坏账损失,自然灾害等不可抗力因素造成的损失以及其他损失。

⑤ 其他支出。其他支出是指除成本、费用、税金、损失外,企业在生产经营活动中发生的与生产经营活动相关的、合理的支出。

⑥ 企业发生的公益性捐赠支出。企业发生的公益性捐赠支出在年度利润总额12%以内的部分,准予在计算应纳税所得额时扣除;超过年度利润总额12%的部分,准予结转以后三年内在计算应纳税所得额时扣除。

⑦ 企业按照规定计算的固定资产折旧。

⑧ 企业按照规定计算的无形资产摊销费用。

⑨ 企业发生的下列支出作为长期待摊费用,按照规定摊销的,准予扣除:已足额提取折旧的固定资产的改建支出;租入固定资产的改建支出;固定资产的大修理支出;其他应当作为长期待摊费用的支出。

⑩ 企业使用或者销售存货,按照规定计算的存货成本。

⑪ 企业转让资产,该项资产的净值,准予扣除。

企业的下列支出,可以在计算应纳税所得额时加计扣除:开发新技术、新产品、新工艺发生的研究开发费用;安置残疾人员及国家鼓励安置的其他就业人员所支付的工资。

(5) 不准扣除项目

第一,在计算应纳税所得额时,下列支出不得扣除:① 向投资者支付的股息、红利等权益性投资收益款项;② 企业所得税税款;③ 税收滞纳金;④ 罚金、罚款和被没收财物的损失;⑤ 企业发生的公益性捐赠支出,在年度利润总额12%以外的部分;⑥ 赞助支出;⑦ 未经核定的准备金支出;⑧ 与取得收入无关的其他支出。

第二,下列固定资产不得计算折旧扣除:① 房屋、建筑物以外未投入使用的固定资产;② 以经营租赁方式租入的固定资产;③ 以融资租赁方式租出的固定资产;④ 已足额提取折旧仍继续使用的固定资产;⑤ 与经营活动无关的固定资产;⑥ 单独估价作为固定资产入账的土地;⑦ 其他不得计算折旧扣除的固定资产。

第三,下列无形资产不得计算摊销费用扣除:① 自行开发的支出已在计算应纳税所得额时扣除的无形资产;② 自创商誉;③ 与经营活动无关的无形资产;④ 其他不得计算摊销费用扣除的无形资产。

第四,企业对外投资期间,投资资产的成本在计算应纳税所得额时不得扣除。

第五,企业从其关联方接受的债权性投资与权益性投资的比例超过规定标准而发生的利息支出,不得在计算应纳税所得额时扣除。

6. 企业所得税的征收管理

(1) 纳税地点与缴纳方式

第一,居民企业的纳税地点与缴纳方式。依据我国《企业所得税法》规定,除税收法律、行政法规另有规定外,居民企业以企业登记注册地为纳税地点;但登记注册地在境外的,以实际管理机构所在地为纳税地点。在缴纳方式上,居民企业在中国境内设立不具有法人资格的营业机构的,应当汇总计算并缴纳企业所得税。总公司与分支机构应当实行汇总纳税的方式。企业汇总计算并缴纳企业所得税时,应当统一核算应纳税所得额。

第二,非居民企业的纳税地点与缴纳方式。非居民企业在中国境内设立机构、场所的,其所设机构、场所取得的来源于中国境内的所得,以及发生在中国境外但与其所设机构、场所有实际联系的所得,以机构、场所所在地为纳税地点。非居民企业在中国境内设立两个或者两个以上机构、场所,符合国务院税务主管部门规定条件的,可以选择由其主要机构、场所汇总缴纳企业所得税。

第三,非居民企业在中国境内未设立机构、场所的,或者虽设立机构、场所但取得的所得与其所设机构、场所没有实际联系的,其来源于中国境内的所得,以扣缴义务人所在地为纳税地点。

(2) 纳税期限

企业所得税按纳税年度计算。纳税年度自公历1月1日起至12月31日止。企业在一个纳税年度中间开业,或者终止经营活动,使该纳税年度的实际经营期不足12个月的,应当以其实际经营期为一个纳税年度。企业所得税实行预缴制度,分月或者分季预缴。企业应当自月份或者季度终了之日起15日内,向税务机关报送预缴企业所得税纳税申报表,预缴税款。企业应当自年度终了之日起5个月内,向税务机关报送年度企业所得税纳税申报表,并汇算清缴,结清应缴应退税款。

(二) 个人所得税

1. 个人所得税的概念

个人所得税是以个人(自然人)取得的各项应税所得为对象征收的一种所得税。我国个人所得税是指对中国境内居住的个人境内外所得和虽不在中国居住但有来源于中国境内的个人所得所征收的一种税。个人所得税体现了一个主权国家在其管辖范围内与其居民和非居民的一种税收征纳关系。个人所得税的特征主要体现在:(1) 个人所得税属于直接税;(2) 采用累进税率和比例税率;(3) 兼具调控税和财政税的目的;(4) 采取课源制和申报制两种征纳方法。个人所得税最早于1799年在英国创立,目前已经是世界各国普遍开征的一个税种。在西方发达国家,所得税在国家税收体系中占有主要地位,其税收收入占财政收入的比重较大,甚至是一些国家最主要的税收来源。如在美国,个人所得税是第一个税种。在我国,个人所得税目前占整个税收收入的比例在逐渐上升。

我国在1980年9月10日第五届全国人民代表大会第三次会议通过《中华人民共和国个人所得税法》(以下简称《个人所得税法》)。《个人所得税法》自1980年颁布至今经历了七次修正。2018年8月31日,第十三届全国人民代表大会常务委员会第五次会议审议通过了《关于修改〈中华人民共和国个人所得税法〉的决定》。这次修正是我国个人所得税历史上的一次重大调整,调整方向具体体现在以下几个方面:(1) 首次引入居民纳税人和非居民纳税人的概念,对判定时间从居住满一年修改为183天,扩大了征税对象的范围;(2) 建立了分类与综合所得相结合的个人所得税征收模式;(3) 提升了综合所得法定费用减除标准,由每月3 500元增加至每月5 000元;(4) 增加了综合所得专项附加扣除项目,包括子女教育、继续教育、大病医疗、住房贷款利息或住房租金和赡养老人支出;(5) 优化调整了税率结构,扩大了低税率的级距范围;(6) 增加了个人所得税反避税条款;(7) 上收了减免税权限,杜绝越权减税、免税行为的发生;(8) 建立了个人离境税务清算制度等。

2. 个人所得税的纳税人

居民纳税人,是指在中国境内有住所,或者无住所而一个纳税年度内在中国境内居住累计满183天的个人,为居民个人。居民个人从中国境内和境外取得的所得,依法缴纳个人所得税。居民纳税人的身份判定遵循住所和居住时间两个标准。在中国境内有住所的个人,是指因户籍、家庭、经济利益关系而在中国境内习惯性居住的个人。住所标准不是根据中国国籍来判断,而是强调在中国境内是否习惯性居住。

非居民纳税人,是指在中国境内无住所又不居住,或者无住所而一个纳税年度内在中国境内居住累计不满183天的个人,为非居民个人。非居民个人从中国境内取得的所得,依法缴纳个人所得税。

3. 个人所得税的征税对象

国际上,个人所得税制有三种征收模式,分别是综合所得税制、分类所得税制和混合所得税制。综合所得税制,是将纳税人全年各种不同来源的所得综合起来,减除法定宽免额和扣除额之后的净所得,依据统一的超额累进税率计征的一种所得税制度。分类所得税制,是指把所得依其来源的不同分为若干类别,对不同类别的所得适用不同的税率分别计税的所得税制度。混合所得税制,又称分类综合所得税制,是指规定先就纳税人具有连续性的各类所得,按标准税率实行源泉扣缴,然后再综合年度不同来源所得,适用累进税率计征,对已扣缴的税款,准予在年度应纳税额中冲抵,兼有综合与分类税制的特征。我国现实行的是分类与综合相结合,这是双轨制在税收制度上的体现。

个人所得税的征税对象是个人取得的应税所得。《个人所得税法》规定的征税个人所得共9项:

(1) 工资、薪金所得,是指个人因任职或者受雇取得的工资、薪金、奖金、年终加薪、劳动分红、津贴、补贴以及与任职或者受雇有关的其他所得。

(2) 劳务报酬所得,是指个人从事劳务取得的所得,包括从事设计、装潢、安装、制图、化验、测试、医疗、法律、会计、咨询、讲学、翻译、审稿、书画、雕刻、影视、录音、录像、演出、表演、广告、展览、技术服务、介绍服务、经纪服务、代办服务以及其他劳务取得的所得。

(3) 稿酬所得,是指个人因其作品以图书、报刊等形式出版、发表而取得的所得。

(4) 特许权使用费所得,是指个人提供专利权、商标权、著作权、非专利技术以及其他特许权的使用权取得的所得;提供著作权的使用权取得的所得,不包括稿酬所得。

(5) 经营所得,是指:① 个体工商户从事生产、经营活动取得的所得,个人独资企业投资人、合伙企业的个人合伙人来源于境内注册的个人独资企业、合伙企业生产、经营的所得;② 个人依法从事办学、医疗、咨询以及其他有偿服务活动取得的所得;③ 个人对企业、事业单位承包经营、承租经营以及转包、转租取得的所得;④ 个人从事其他生产、经营活动取得的所得。

(6) 利息、股息、红利所得,是指个人拥有债权、股权等而取得的利息、股息、红利所得。

(7) 财产租赁所得,是指个人出租不动产、机器设备、车船以及其他财产取得的所得。

(8) 财产转让所得,是指个人转让有价证券、股权、合伙企业中的财产份额、不动产、机器设备、车船以及其他财产取得的所得。

(9) 偶然所得,是指个人得奖、中奖、中彩以及其他偶然性质的所得。

根据我国《个人所得税法》的规定,居民个人取得工资薪金所得、劳务报酬所得、稿酬所得、特许权使用费所得实施综合所得计征模式,即上述四类所得按纳税年度合并计算个人所得税;非居民个人取得上述四类所得,按月或者按次分项计算个人所得税。纳税人(包括居民纳税人和非居民纳税人)取得经营所得,利息、股息、红利所得,财产租赁所得,财产转让所得,偶然所得依法分别计算个人所得税分类征收。

4. 个人所得税的税率

(1) 综合所得,适用3%—45%的超额累进税率(见下表)。

综合所得适用税率

级　数	全年应纳税所得额	税率(%)
1	不超过 36 000 元的	3
2	超过 36 000 元至 144 000 元的部分	10
3	超过 144 000 元至 300 000 元的部分	20
4	超过 300 000 元至 420 000 元的部分	25
5	超过 420 000 元至 660 000 元的部分	30
6	超过 660 000 元至 960 000 元的部分	35
7	超过 960 000 元的部分	45

注：表中的全年应纳税所得额是指居民个人取得每一纳税年度收入额减除费用 6 万元以及专项扣除、专项附加扣除和依法确定的其他扣除后的余额。非居民个人取得工资、薪金所得，劳务报酬所得，稿酬所得和特许权使用费所得，依照本表按月换算后计算应纳税额。

（2）经营所得，适用 5%—35% 的超额累进税率（见下表）。

经营所得适用税率

级　数	全年应纳税所得额	税率(%)
1	不超过 30 000 元的	5
2	超过 30 000 元至 90 000 元的部分	10
3	超过 90 000 元至 300 000 元的部分	20
4	超过 300 000 元至 500 000 元的部分	30
5	超过 500 000 元的部分	35

注：表中所称全年应纳税所得额是指以每一纳税年度的收入总额减除成本、费用以及损失后的余额。

（3）利息、股息、红利所得，财产租赁所得，财产转让所得和偶然所得，适用比例税率，税率为 20%。

5. 个人所得税的应纳税所得额

（1）居民个人的综合所得，具体包括工资薪金所得、劳务报酬所得、稿酬所得、特许权使用费所得，以每一纳税年度的上述四类收入额减除费用 6 万元以及专项扣除、专项附加扣除和依法确定的其他扣除后的余额，为应纳税所得额。其中劳务报酬所得、稿酬所得、特许权使用费所得以收入减除 20% 的费用后的余额为收入额。稿酬所得的收入额减按 70% 计算。

专项扣除，包括居民个人按照国家规定的范围和标准缴纳的基本养老保险、基本医疗保险、失业保险等社会保险费和住房公积金等；专项附加扣除，包括子女教育、继续教育、大病医疗、住房贷款利息或者住房租金、赡养老人等支出。依法确定的其他扣除，包括个人缴付符合国家规定的企业年金、职业年金，个人购买符合国家规定的商业健康保险、税收递延型商业养老保险的支出，以及国务院规定可以扣除的其他项目。专项扣除、专项附加扣除和依法确定的其他扣除，以居民个人一个纳税年度的应纳税所得额为限额；一个纳税年度扣除不完的,不结转以后年度扣除。

(2) 非居民个人的工资、薪金所得,以每月收入额减除费用 5 000 元后的余额为应纳税所得额;劳务报酬所得、稿酬所得、特许权使用费所得,以每次收入额为应纳税所得额。这里的"每次收入"是指劳务报酬所得、稿酬所得、特许权使用费所得属于一次性收入的,以取得该项收入为一次;属于同一项目连续性收入的,以一个月内取得的收入为一次。

(3) 经营所得,以每一纳税年度的收入总额减除成本、费用以及损失后的余额,为应纳税所得额。这里的成本、费用,是指生产、经营活动中发生的各项直接支出和分配计入成本的间接费用以及销售费用、管理费用、财务费用;所称损失,是指生产、经营活动中发生的固定资产和存货的盘亏、毁损、报废损失,转让财产损失,坏账损失,自然灾害等不可抗力因素造成的损失以及其他损失。

取得经营所得的个人,没有综合所得的,计算其每一纳税年度的应纳税所得额时,应当减除费用 6 万元、专项扣除、专项附加扣除以及依法确定的其他扣除。专项附加扣除在办理汇算清缴时减除。

从事生产、经营活动,未提供完整、准确的纳税资料,不能正确计算应纳税所得额的,由主管税务机关核定应纳税所得额或者应纳税额。

(4) 财产租赁所得,每次收入不超过 4 000 元的,减除费用 800 元;4 000 元以上的,减除 20% 的费用,其余额为应纳税所得额。财产租赁所得的每次收入以一个月内取得的收入为一次。

(5) 财产转让所得,以转让财产的收入额减除财产原值和合理费用后的余额,为应纳税所得额。财产原值按照下列方法确定:① 有价证券,为买入价以及买入时按照规定交纳的有关费用;② 建筑物,为建造费或者购进价格以及其他有关费用;③ 土地使用权,为取得土地使用权所支付的金额、开发土地的费用以及其他有关费用;④ 机器设备、车船,为购进价格、运输费、安装费以及其他有关费用。纳税人未提供完整、准确的财产原值凭证,不能以上述方法确定财产原值的,由主管税务机关核定财产原值。同时,合理费用是指卖出财产时按照规定支付的有关税费。

(6) 利息、股息、红利所得和偶然所得,以每次收入额为应纳税所得额。利息、股息、红利所得的每次收入是指以支付利息、股息、红利时取得的收入为一次;偶然所得,以每次取得该项收入为一次。

(7) 个人将其所得对教育、扶贫、济困等公益慈善事业进行捐赠,即个人将其所得通过中国境内的公益性社会组织、国家机关向教育、扶贫、济困等公益慈善事业的捐赠,捐赠额未超过纳税人申报的应纳税所得额 30% 的部分,可以从其应纳税所得额中扣除。

另外,两个以上的个人共同取得同一项目收入的,应当对每个人取得的收入分别按照《个人所得税法》的规定计算纳税。居民个人从中国境内和境外取得的综合所得、经营所得,应当分别合并计算应纳税额;从中国境内和境外取得的其他所得,应当分别单独计算应纳税额。

6. 个人所得税的征收管理

(1) 纳税义务人自行申报纳税

个人所得税以所得人为纳税人。有下列情形之一的,纳税人应当依法办理纳税申报:① 取得综合所得需要办理汇算清缴;② 取得应税所得没有扣缴义务人;③ 取得应税所得,扣缴义务人未扣缴税款;④ 取得境外所得;⑤ 因移居境外注销中国户籍;⑥ 非居民个人在中国境内从两处以上取得工资、薪金所得;⑦ 国务院规定的其他情形。

上述取得综合所得需要办理汇算清缴,包括如下几种情况:① 从两处以上取得综合所得,且综合所得年收入额减除专项扣除的余额超过 6 万元;② 取得劳务报酬所得、稿酬所得、特许权使用费所得中一项或者多项所得,且综合所得年收入额减除专项扣除的余额超过 6 万元;③ 纳税年度内预缴税额低于应纳税额;④ 纳税人申请退税。

(2) 扣缴义务人代扣代缴

个人所得税以支付所得的单位或者个人为扣缴义务人。扣缴义务人应当按照国家规定办理全员全额扣缴申报。全员全额扣缴申报,是指扣缴义务人在代扣税款的次月 15 日内,向主管税务机关报送其支付所得的所有个人的有关信息、支付所得数额、扣除事项和数额、扣缴税款的具体数额和总额以及其他相关涉税信息资料。

居民个人取得工资、薪金所得时,可以向扣缴义务人提供专项附加扣除有关信息,由扣缴义务人扣缴税款时减除专项附加扣除。纳税人同时从两处以上取得工资、薪金所得,并由扣缴义务人减除专项附加扣除的,对同一专项附加扣除项目,在一个纳税年度内只能选择从一处取得的所得中减除。居民个人取得劳务报酬所得、稿酬所得、特许权使用费所得,应当在汇算清缴时向税务机关提供有关信息,减除专项附加扣除。

三、财产税

财产税是对财产占有、使用、收益的主体征纳的一类税收。财产是财产税的课税对象。财产按物质形态可分为:(1) 不动产,指土地和土地上的改良物,如附着于土地上的工矿企业、商店、住宅等;(2) 动产,包括有形资产(如耐用消费品、家具、车辆等)和无形资产(如股票、公债、借据、现金和银行存款等)。我国现行对财产课征的税收主要有房产税、契税和土地增值税。

财产税的特点主要体现在:(1) 财产作为课税对象具有收入上的可靠性和稳定性。(2) 财产属于直接税。财产税是由对财产占有、使用、收益的主体直接承担,而且主要是对使用、消费过程中的财产征收,因而其税负很难转嫁。(3) 财产税的计税依据是财产数额,即纳税人占有、使用和收益的财产额。征收财产税能够更好地实现税收公平原则,促进社会财富的公平分配。

(一) 房产税

1. 房产税概念

房产税是以房屋为征税对象,按房屋的计税余值或租金收入为计税依据,向产权所有人征收的一种财产税。房产税的特点:(1) 房产税属于财产税中的个别财产税,其征税对象只是房屋;(2) 征收范围限于城镇的经营性房屋;(3) 区别房屋的经营使用方式规定征税办法,对于自用的按房产计税余值征收,对于出租、出典的房屋按租金收入征税。

我国现行的房产税法是 1986 年 9 月 15 日国务院发布的《中华人民共和国房产税暂行条例》(2011 年修订,以下简称《房产税暂行条例》)。2013 年,我国提出"加快房地产税立法并适时推进改革",房地产税立法已纳入全国人大立法规划。但由于房地产税立法涉及问题较为复杂,因此我国至今仍未能开征房地产税。由此,我们主要结合现行的《房产税暂行条例》介绍我国房地产税制度的主要内容。

2. 房产税的纳税人

我国房产税的纳税主体是在我国城市、县城、建制镇和工矿区拥有房屋产权的单位和个人。同时，产权属于全民所有的，由经营管理的单位缴纳。产权出典的，由承典人缴纳。产权所有人、承典人不在房产所在地的，或者产权未确定及租典纠纷未解决的，由房产代管人或者使用人缴纳。上述产权所有人、经营管理单位、承典人、房产代管人或者使用人，统称为纳税义务人。

3. 房产税的征税对象

房产税依照房产原值一次减除10%—30%后的余值计算缴纳。具体减除幅度，由省、自治区、直辖市人民政府规定。没有房产原值作为依据的，由房产所在地税务机关参考同类房产核定。房产出租的，以房产租金收入为房产税的计税依据。

房产原值的确定是指不论是否记载在会计账簿固定资产科目中，均应按照房屋原价计算缴纳房产税。房屋原价应根据国家有关会计制度规定进行核算。对纳税人未按国家会计制度规定核算并记载的，应按规定予以调整或重新评估。

另外，对于居民住宅区内业主共有的经营性房产，由实际经营（包括自营和出租）的代管人或使用人缴纳房产税。其中自营的，依照房产原值减除10%—30%后的余值计征，没有房产原值或不能将业主共有房产与其他房产的原值准确划分开的，由房产所在地地方税务机关参照同类房产核定房产原值；出租的，依照租金收入计征。

4. 房产税的税率

房产税实行比例税率，依照房产余值计算缴纳的，税率为1.2%；依照房产租金收入计算缴纳的，税率为12%。

5. 房产税的免纳

下列房产免纳房产税：国家机关、人民团体、军队自用的房产；由国家财政部门拨付事业经费的单位自用的房产；宗教寺庙、公园、名胜古迹自用的房产；个人所有非营业用的房产；经财政部批准免税的其他房产。除上述规定者外，纳税人纳税确有困难的，可由省、自治区、直辖市人民政府确定，定期减征或者免征房产税。

6. 房产税的征收管理

房产税由房产所在地的税务机关征收。房产税按年征收、分期缴纳。纳税期限由省、自治区、直辖市人民政府规定。

纳税人因房产、土地的实物或权利状态发生变化而依法终止房产税纳税义务的，其应纳税款的计算应在房产的实物或权利状态发生变化的当月末截止。

（二）契税

1. 契税概念

契税是对在我国境内转移土地、房屋权属，由承受的单位和个人缴纳的一种税。契税属于动态财产税。我国现行有效的契税是国务院于1997年7月7日颁布的《中华人民共和国契税暂行条例》（以下简称《契税暂行条例》），该条例自1997年10月1日起施行，并于2019年3月进行了修正。

2. 契税的纳税人

在中华人民共和国境内转移土地、房屋权属，承受的单位和个人为契税的纳税人。土地、房屋权属，是指土地使用权、房屋所有权。承受，是指以受让、购买、受赠、交换等方式取得土地、房屋权属的行为。单位,是指企业单位、事业单位、国家机关、军事单位和社会团体以及其他组织。个人,是指个体经营者及其他个人。

3. 征税对象

契税的征税对象是我国境内所转移的土地和房屋权属。转移土地、房屋权属是指下列行为:(1)国有土地使用权出让,即土地使用者向国家交付土地使用权出让费用,国家将国有土地使用权在一定年限内让予土地使用者的行为。(2)土地使用权转让,包括出售、赠与和交换,但不包括农村集体土地承包经营权的转移。其中土地使用权出售,是指土地使用者以土地使用权作为交易条件,取得货币、实物、无形资产或者其他经济利益的行为;土地使用权赠与,是指土地使用者将其土地使用权无偿转让给受赠者的行为;土地使用权交换,是指土地使用者之间相互交换土地使用权的行为。(3)房屋买卖,即房屋所有者将其房屋出售,由承受者交付货币、实物、无形资产或者其他经济利益的行为。(4)房屋赠与,即房屋所有者将其房屋无偿转让给受赠者的行为。(5)房屋交换,即房屋所有者之间相互交换房屋的行为。

土地、房屋权属以下列方式转移的,视同土地使用权转让、房屋买卖或者房屋赠与征税:(1)以土地、房屋权属作价投资、入股;(2)以土地、房屋权属抵债;(3)以获奖方式承受土地、房屋权属;(4)以预购方式或者预付集资建房款方式承受土地、房屋权属。

4. 契税的税率

根据我国《契税暂行条例》规定,契税税率为3%—5%。同时,契税的适用税率,由省、自治区、直辖市人民政府在规定的幅度内按照本地区的实际情况确定,并报财政部和国家税务总局备案。

5. 契税的计征办法

(1)契税的计税依据,分为如下几种情况:① 国有土地使用权出让、土地使用权出售、房屋买卖,为成交价格。这里成交价格,是指土地、房屋权属转移合同确定的价格,包括承受者应交付的货币、实物、无形资产或者其他经济利益;② 土地使用权赠与、房屋赠与,由征收机关参照土地使用权出售、房屋买卖的市场价格核定;③ 土地使用权交换、房屋交换,为所交换的土地使用权、房屋的价格的差额。上述成交价格明显低于市场价格并且无正当理由的,或者所交换土地使用权、房屋的价格的差额明显不合理并且无正当理由的,由征收机关参照市场价格核定。

(2)契税应纳税额。契税的应纳税额计算公式为:

$$应纳税额 = 计税依据 \times 税率$$

其中,应纳税额以人民币计算。转移土地、房屋权属以外汇结算的,按照纳税义务发生之日中国人民银行公布的人民币市场汇率中间价折合成人民币计算。

6. 契税的减征或者免征

根据我国《契税暂行条例》及《契税暂行条例实施细则》,有下列情形之一的,减征或者免征契税:(1)国家机关、事业单位、社会团体、军事单位承受土地、房屋用于办公、教学、医疗、科研和军事设施的,免征;(2)城镇职工按规定第一次购买公有住房的,免征;(3)因不可抗力灭失住房而重新购买住房的,酌情准予减征或者免征;(4)财政部规定的其他减征、免征契税的项目;(5)土地使用权交换、房屋交换,交换价格相等的,免征契税;(6)纳税人承受荒山、荒沟、荒丘、荒滩土地使用权,用于农、林、牧、渔业生产的,免征契税。若经批准减征、免征契税的纳税人改变有关土地、房屋的用途，不再属于上述减征、免征契税范围的，应当补缴已经减征、免征的税款。

7. 契税的征收管理

契税的纳税义务发生时间，为纳税人签订土地、房屋权属转移合同的当天，或者纳税人取得其他具有土地、房屋权属转移合同性质凭证的当天。纳税人应当自纳税义务发生之日起10日内，向土地、房屋所在地的契税征收机关办理纳税申报，并在契税征收机关核定的期限内缴纳税款。契税征收机关为土地、房屋所在地的税务机关。

四、资源税

资源税是以各种自然资源为课税对象、为了调节资源级差收入并体现国有资源有偿使用而征收的一种税。我国资源税开征于1984年，对在我国境内从事原油、天然气、煤炭等矿产资源开采的单位和个人征收。1993年国务院颁布《中华人民共和国资源税暂行条例》，确定了普遍征收、从量定额计征方法。自2010年起，国务院又先后实施对原油、天然气、煤炭、稀土、钨、钼6个品目资源税的从价计征改革，并全面清理相关收费基金。2019年8月，第十三届全国人民代表大会常务委员会第十二次会议审议通过了《中华人民共和国资源税法》（以下简称《资源税法》），自2020年9月1日起正式施行。这是我国全面推进资源税改革以来取得的重大立法突破。资源税法的颁布实施对于保障促进资源节约和高效利用，统一规范税制，建立规范公平、调控合理、征管高效的资源税制度，有效发挥其组织收入、调控经济、促进资源节约集约利用和生态环境保护的作用具有重大意义。

（一）资源税的纳税义务人

在中华人民共和国领域和中华人民共和国管辖的其他海域开发应税资源的单位和个人，为资源税的纳税人。

（二）资源税的征收范围

资源税应税产品为矿产品的，包括原矿和选矿产品，共有五大类，分别是能源矿产、金属矿产、非金属矿产、水气矿产和盐。

（三）资源税的税率及计征办法

资源税实行从价计征或者从量计征。实行从价计征的，应纳税额按照应税资源产品的销售额乘以具体适用税率计算。实行从量计征的，应纳税额按照应税产品的销售数量乘以具体适用税率计算。

纳税人开采或者生产不同税目应税产品的，应当分别核算不同税目应税产品的销售额或者销售数量；未分别核算或者不能准确提供不同税目应税产品的销售额或者销售数量的，从高适用税率。纳税人开采或者生产应税产品自用的，应当依《资源税法》缴纳资源税；但是，自用于连续生产应税产品的，不缴纳资源税。

（四）资源税的减免

有下列情形之一的，免征资源税：（1）开采原油以及在油田范围内运输原油过程中用于加热的原油、天然气；（2）煤炭开采企业因安全生产需要抽采的煤成（层）气。

有下列情形之一的，减征资源税：（1）从低丰度油气田开采的原油、天然气，减征20%资源税；（2）高含硫天然气、三次采油和从深水油气田开采的原油、天然气，减征30%资源税；（3）稠油、高凝油减征40%资源税；（4）从衰竭期矿山开采的矿产品，减征30%资源税。

有下列情形之一的,省、自治区、直辖市可以决定免征或者减征资源税:(1)纳税人开采或者生产应税产品过程中,因意外事故或者自然灾害等原因遭受重大损失;(2)纳税人开采共伴生矿、低品位矿、尾矿。

纳税人的免税、减税项目,应当单独核算销售额或者销售数量;未单独核算或者不能准确提供销售额或者销售数量的,不予免税或者减税。

(五)资源税的征收管理

(1)纳税地点。纳税人应当向应税资源产品开采地或者生产地的税务机关申报缴纳资源税。

(2)纳税时间。纳税人销售应税资源产品,纳税义务发生时间为收讫销售款或者取得索取销售款凭据的当日;自用应税资源产品的,纳税义务发生时间为移送应税产品的当日。资源税按月或者按季申报缴纳;不能按固定期限计算缴纳的,可以按次申报缴纳。纳税人按月或者按季申报缴纳的,应当自月度或者季度终了之日起15日内,向税务机关办理纳税申报并缴纳税款;按次申报缴纳的,应当自纳税义务发生之日起15日内,向税务机关办理纳税申报并缴纳税款。

五、行为税

行为税,是指对某些法定行为的实施征收的一种税。行为课税的最大特点是征纳行为的发生具有偶然性或一次性。事实上,在按征税对象对税收分类时,凡不能归入流转额课税、所得额课税、财产额课税、资源占用课税等种类的税种均属于行为税范畴。国家课征行为税,是为了达到特定的目的,对某些行为加以特别鼓励或特别限制。我国现行的属于行为课税的税种有固定资产投资方向调节税、耕地占用税、印花税和城市维护建设税。这里我们只着重介绍印花税。

(一)印花税的概念

印花税是对经济活动和经济交往中书立、领受的应税经济凭证所征收的一种税。印花税具有以下特点:(1)兼有凭证税和行为税的性质;(2)征收范围广泛;(3)税收负担比较轻;(4)由纳税人自行完成纳税义务。

(二)印花税的纳税人

在中华人民共和国境内书立、领受法定应纳税凭证的单位和个人,是印花税的纳税义务人。

(三)印花税的征税对象

印花税的应纳税凭证主要有:(1)购销、加工承揽、建设工程承包、财产租赁、货物运输、仓储保管、借款、财产保险、技术合同或者具有合同性质的凭证;(2)产权转移书据;(3)营业账簿;(4)权利、许可证照;(5)经财政部确定征税的其他凭证。

(四)印花税的计征方法

印花税实行由纳税人根据规定自行计算应纳税额,购买并一次贴足印花税票(以下简称贴花)的缴纳办法。纳税人根据应纳税凭证的性质,分别按比例税率或者按件定额计算应纳税额。按比例税率计算应纳税额的方法:应纳税额=计税金额×适用税率。按定额税率计算应纳税额的方法:应纳税额=凭证数量×单位税额。

为简化贴花手续,应纳税额较大或者贴花次数频繁的,纳税人可向税务机关提出申请,采取以缴款书代替贴花或者按期汇总缴纳的办法。应纳税额在1角以上的,其税额尾数不满5分的不计,满5分的按1角计算缴纳。应纳税额不足1角的,免纳印花税。

(五) 印花税的税率

现行印花税采用比例税率和按件定额税率两种税率:(1) 财产租赁、仓储保管合同的规定税率为1‰;(2) 加工承揽合同、建设工程勘察设计合同、货物运输合同、产权转移书据、记载资金的账簿规定税率为5‰;(3) 购销合同、建筑安装工程承包合同、技术合同的规定税率为3‰;(4) 借款合同的规定税率为0.5‰;(5) 财产保险合同的规定税率为0.3‰;(6) 其他账簿、权利许可证照按件贴花5元。其中,财产租赁税额不足1元的按1元。

(六) 印花税的征收管理

印花税由税务机关负责征收管理。印花税票应当粘贴在应纳税凭证上,并由纳税人在每枚税票的骑缝处盖戳注销或者画销。应纳税凭证应当于书立或者领受时贴花。同一凭证,由两方或者两方以上当事人签订并各执一份的,应当由各方就所执的一份各自全额贴花。已贴花的凭证,修改后所载金额增加的,其增加部分应当补贴印花税票。

印花税票是缴纳印花税的完税凭证,由国家税务总局负责监制。其票面金额以人民币为单位,分为壹角、贰角、伍角、壹元、贰元、伍元、拾元、伍拾元、壹佰元9种。印花税票为有价证券。印花税票可以委托单位或个人代售,并由税务机关付给5%的手续费,支付来源从实证印花税款中提取。

第三节 税收征收管理制度

一、税收管理体制

税收管理体制,是指划分中央和地方政府之间税收管理权限的一项重要制度。1993年,根据发展社会主义市场经济的总体要求,中央对税收管理体制进行了重大的改革,其中心内容是全面推行分税制,即从1994年1月1日起,将原来的地方财政包干体制,改为在合理划分中央与地方事权基础上的分税制,建立中央税收和地方税收体系。分税制改革的原则和主要内容是:按照中央与地方政府的事权划分,合理确定各级财政的支出范围;根据事权与财权相结合原则,将税种统一划分为中央税、地方税和中央地方共享税,并建立中央税收和地方税收体系,分设中央与地方两套税务机构分别征管;科学核定地方收支数额,逐步实行比较规范的中央财政对地方的税收返还和转移支付制度;建立和健全分级预算制度,硬化各级预算约束。

具体将维护国家权益、实施宏观调控所必需的税种划为中央税;将同经济发展直接相关的主要税种划为中央与地方共享税;将适合地方征管的税种划为地方税,并充实地方税税种,增加地方税收入。具体划分如下:

(1) 中央政府固定收入包括消费税(含进口环节海关代征的部分)、车辆购置税、关税、海关代征的进口环节增值税等。

(2) 地方政府固定收入包括城镇土地使用税、耕地占用税、土地增值税、房产税、车船税、契税、环境保护税和烟叶税等。

(3) 中央政府与地方政府共享收入主要包括：① 增值税（不含进口环节由海关代征的部分）：中央政府分享50%，地方政府分享50%；② 企业所得税：中国铁路总公司（原铁道部）、各银行总行及海洋石油企业缴纳的部分归中央政府，其余部分中央与地方政府按60%与40%的比例分享；③ 个人所得税：除储蓄存款利息所得的个人所得税外，其余部分的分享比例与企业所得税相同；④ 资源税：海洋石油企业缴纳的部分归中央政府，其余部分归地方政府；⑤ 城市维护建设税：中国铁路总公司、各银行总行、各保险总公司集中缴纳的部分归中央政府，其余部分归地方政府；⑥ 印花税：多年来证券交易印花税收入的97%归中央政府，其余3%和其他印花税收入归地方政府。为妥善处理中央与地方的财政分配关系，国务院决定，从2016年1月1日起，将证券交易印花税由现行按中央97%、地方3%比例分享全部调整为中央收入。

二、税收征收管理法律制度

税收征收管理是税务机关对纳税人依法征收税款和进行税务监督管理的总称。我国的税收征收管理制度集中体现在《中华人民共和国税收征收管理法》（以下简称《税收征收管理法》）及《中华人民共和国税收征收管理法实施细则》（以下简称《实施细则》）等配套法律、法规的相关规定中。其中，《税收征收管理法》是最为重要的，因此，下面以该法为基础对我国税收征收管理制度作一总体介绍。

（一）税收征收管理法概述

1. 概念

税收征收管理法是调整在税收征纳及其管理过程中发生的社会关系的法律规范的总称。形式意义上的税收征管法，在我国是指由1992年9月4日第七届全国人民代表大会常务委员会第二十七次会议通过，并于1993年1月1日起施行的《中华人民共和国税收征收管理法》，该法于2001年、2013年、2015年作出了修改。

2. 适用范围

我国《税收征收管理法》规定："凡依法由税务机关征收的各种税收的征收管理，均适用本法。"但是耕地占用税、契税、农业税、牧业税征收管理的具体办法，由国务院另行制定。关税及海关代征税收的征收管理，依照法律、行政法规的有关规定执行。中华人民共和国同外国缔结的有关税收的条约、协定同《税收征收管理法》有不同规定的，依照条约、协定的规定办理。

3. 主要内容

我国《税收征收管理法》的立法宗旨是加强税收征收管理，规范税收征收和缴纳行为，保障国家税收收入，保护纳税人的合法权益，促进经济和社会发展。由此，税收征纳活动的法律规范是税收征管法的主要内容。在形式意义上，我国税收征收管理法律制度主要有税务管理、税款征收、税务检查、法律责任等四大方面内容。但是，作为实质意义上的税收征管法律制度，也包含着其他一些相关的制度。这些相关制度在一部法内无法涵盖，却是税法学重要的组成部分。

（二）税务登记管理制度

1. 设立登记

企业，企业在外地设立的分支机构和从事生产、经营的场所，个体工商户和从事生产、经营的事业单位(以下统称从事生产、经营的纳税人)自领取营业执照之日起30日内,持有关证件,向生产、经营地或者纳税义务发生地的主管税务机关申报办理税务登记,如实填写税务登记表,并按照税务机关的要求提供有关证件、资料。除了国家机关、个人和农村流动性小商贩以外,凡是《税收征收管理法》及《实施细则》规定的纳税人应当自纳税义务发生之日起30日内,持有关证件向所在地的主管税务机关申报办理税务登记。税务机关应当于收到申报的当日办理登记并发给税务登记证件。

扣缴义务人应当自扣缴义务发生之日起30日内,向所在地的主管税务机关申报办理扣缴税款登记,领取扣缴税款登记证件;税务机关对已办理税务登记的扣缴义务人,可以只在其税务登记证件上登记扣缴税款事项,不再发给扣缴税款登记证件。

同时,为了加强税务管理,提高效率,国家税务局、地方税务局对同一纳税人的税务登记采用同一代码,信息共享。

2. 变更登记

纳税人办理了设立登记后,可能会发生相关事项变更的情况。如果从事生产、经营的纳税人,其税务登记内容发生变化的,自工商行政管理机关办理变更登记之日起30日内,持有关证件向税务机关申报办理变更税务登记。

3. 注销登记

纳税人发生解散、破产、撤销以及其他情形,依法终止纳税义务的,应当在向工商行政管理机关或者其他机关办理注销登记前,持有关证件向原税务登记机关申报办理注销税务登记;按照规定不需要在工商行政管理机关或者其他机关办理注册登记的,应当自有关机关批准或者宣告终止之日起15日内,持有关证件向原税务登记机关申报办理注销税务登记。

纳税人因住所、经营地点变动,涉及改变税务登记机关的,应当在向工商行政管理机关或者其他机关申请办理变更或者注销登记前或者住所、经营地点变动前,向原税务登记机关申报办理注销税务登记,并在30日内向迁达地税务机关申报办理税务登记。

纳税人被工商行政管理机关吊销营业执照或者被其他机关予以撤销登记的,应当自营业执照被吊销或者被撤销登记之日起15日内,向原税务登记机关申报办理注销税务登记。

纳税人在办理注销税务登记前,应当向税务机关结清应纳税款、滞纳金、罚款,缴销发票、税务登记证件和其他税务证件。

4. 登记协助

为保证税务登记信息的完整准确,防止税收逃避,工商行政管理机关和金融机构等依法负有一定的协助义务,主要体现在以下几个方面。

(1) 金融开户方面的协助。从事生产、经营的纳税人应当按照国家有关规定,持税务登记证件,在银行或者其他金融机构开立基本存款账户和其他存款账户,并将其全部账号向税务机关报告。

银行和其他金融机构应当在从事生产、经营的纳税人的账户中登录税务登记证件号码,并在税务登记证件中登录从事生产、经营的纳税人的账户账号。税务机关依法查询从事生产、经营的纳税人开立账户的情况时,有关银行和其他金融机构应当予以协助。

(2) 工商登记方面的协助。各级工商行政管理机关应当向同级国家税务局和地方税务局定期通报办理开业、变更、注销登记以及吊销营业执照的情况。

(三) 账簿、凭证管理制度

纳税人、扣缴义务人按照有关法律、行政法规和国务院财政、税务主管部门的规定设置账簿。

(1) 从事生产、经营的纳税人应当自领取营业执照或者发生纳税义务之日起 15 日内，按照国家有关规定设置账簿，根据合法、有效凭证记账，进行核算。这里的账簿是指总账、明细账、日记账以及其他辅助性账簿。生产、经营规模小又确无建账能力的纳税人，可以聘请经批准从事会计代理记账业务的专业机构或者财会人员代为建账和办理账务。

(2) 从事生产、经营的纳税人应当自领取税务登记证件之日起 15 日内，将其财务、会计制度或者财务、会计处理办法，报送主管税务机关备案。纳税人使用计算机记账的，应当在使用前将会计电算化系统的会计核算软件、使用说明书及有关资料报送主管税务机关备案。纳税人建立的会计电算化系统应当符合国家有关规定，并能正确、完整核算其收入或者所得。

(3) 扣缴义务人应当自税收法律、行政法规规定的扣缴义务发生之日起 10 日内，按照所代扣、代收的税种，分别设置代扣代缴、代收代缴税款账簿。

上述纳税人、扣缴义务人会计制度健全，能够通过计算机正确、完整计算其收入和所得或者代扣代缴、代收代缴税款情况的，其计算机输出的完整的书面会计记录，可视同会计账簿。纳税人、扣缴义务人会计制度不健全，不能通过计算机正确、完整计算其收入和所得或者代扣代缴、代收代缴税款情况的，应当建立总账及与纳税或者代扣代缴、代收代缴税款有关的其他账簿。

同时，国家根据税收征收管理的需要，积极推广使用税控装置。纳税人应当按照税务机关的要求安装、使用税控装置，按照税务机关的规定报送有关数据和资料，不得损毁或者擅自改动税控装置。

在使用的文字方面，账簿、会计凭证和报表，应当使用中文。民族自治地方可以同时使用当地通用的一种民族文字。外商投资企业和外国企业可以同时使用一种外国文字。

在保存期限方面，法律规定从事生产、经营的纳税人、扣缴义务人的账簿、记账凭证、报表、完税凭证、发票、出口凭证以及其他有关涉税资料应当保存 10 年；但是，法律、行政法规另有规定的除外。

(四) 纳税申报制度

1. 纳税申报主体

纳税人必须依照法律、行政法规规定或者税务机关依照法律、行政法规的规定确定的申报期限、申报内容如实办理纳税申报，报送纳税申报表、财务会计报表以及税务机关根据实际需要要求纳税人报送的其他纳税资料。

扣缴义务人必须依照法律、行政法规规定或者税务机关依照法律、行政法规的规定确定的申报期限、申报内容如实报送代扣代缴、代收代缴税款报告表以及税务机关根据实际需要要求扣缴义务人报送的其他有关资料。

2. 纳税申报方式

纳税人、扣缴义务人可以直接到税务机关办理纳税申报或者报送代扣代缴、代收代缴税款报告表，也可以按照规定采取邮寄、数据电文(税务机关确定的电话语音、电子数据交换和网络传输等电子方式)或者其他方式办理上述申报、报送事项。其中，纳税人采取邮寄方式办理纳税申报的,应当使用统一的纳税申报专用信封,并以邮政部门收据作为申报凭据。邮寄申报以寄出的邮戳日期为实际申报日期;纳税人采取电子方式办理纳税申报的,应当按照税务机关规定的期限和要求保存有关资料,并定期书面报送主管税务机关。

对于实行定期定额缴纳税款的纳税人,可以实行简易申报、简并征期等申报纳税方式。

3. 纳税申报延期

纳税人、扣缴义务人不能按期办理纳税申报或者报送代扣代缴、代收代缴税款报告表的,经税务机关核准,可以延期申报。具体应当在规定的期限内向税务机关提出书面延期申请,经税务机关核准,在核准的期限内办理。纳税人、扣缴义务人因不可抗力,不能按期办理纳税申报或者报送代扣代缴、代收代缴税款报告表的,可以延期办理;但是,应当在不可抗力情形消除后立即向税务机关报告。税务机关应当查明事实,予以核准。

4. 纳税申报内容

纳税人、扣缴义务人的纳税申报或者代扣代缴、代收代缴税款报告表的主要内容包括:税种、税目,应纳税项目或者应代扣代缴、代收代缴税款项目,计税依据,扣除项目及标准,适用税率或者单位税额,应退税项目及税额、应减免税项目及税额,应纳税额或者应代扣代缴、代收代缴税额,税款所属期限、延期缴纳税款、欠税、滞纳金等。

其中,纳税人办理纳税申报时,不仅应当如实填写纳税申报表,还应根据不同的情况相应报送下列有关证件、资料:(1)财务会计报表及其说明材料;(2)与纳税有关的合同、协议书及凭证;(3)税控装置的电子报税资料;(4)外出经营活动税收管理证明和异地完税凭证;(5)境内或者境外公证机构出具的有关证明文件;(6)税务机关规定应当报送的其他有关证件、资料。而扣缴义务人办理代扣代缴、代收代缴税款报告时,应当如实填写代扣代缴、代收代缴税款报告表,同时还要报送代扣代缴、代收代缴税款的合法凭证以及税务机关规定的其他有关证件、资料。

另外,纳税人在纳税期内没有应纳税款的,也应当按照规定办理纳税申报。纳税人享受减税、免税待遇的,在减税、免税期间应当按照规定办理纳税申报。

(五)税款征收制度

1. 征收主体

征税主体在税款征收环节享有最为重要的税款征收权。根据我国《税收征收管理法》的规定,税务机关依照法律、行政法规的规定征收税款,不得违反法律、行政法规的规定开征、停征、多征、少征、提前征收、延缓征收或者摊派税款。税务机关根据有利于税收控管和方便纳税的原则,可以按照国家有关规定委托有关单位和人员代征零星分散和异地缴纳的税收,并发给委托代征证书。受托单位和人员按照代征证书的要求,以税务机关的名义依法征收税款,纳税人不得拒绝;纳税人拒绝的,受托代征单位和人员应当及时报告税务机关。除税务机关、税务人员以及经税务机关依照法律、行政法规委托的单位和人员外,任何单位和个人不得进行税款征收活动。

2. 税款的代扣、代收

扣缴义务人依照法律、行政法规的规定履行代扣、代收税款的义务。对法律、行政法规没有规定负有代扣、代收税款义务的单位和个人,税务机关不得要求其履行代扣、代收税款义务。

扣缴义务人依法履行代扣、代收税款义务时,纳税人不得拒绝。纳税人拒绝的,扣缴义务人应当及时报告税务机关处理。

税务机关按照规定付给扣缴义务人代扣、代收手续费。

3. 税款的缴纳和延期缴纳

纳税人、扣缴义务人按照法律、行政法规规定或者税务机关依照法律、行政法规的规定确定的期限,缴纳或者解缴税款。

纳税人因有特殊困难,不能按期缴纳税款的,经省、自治区、直辖市国家税务局、地方税务局批准,可以延期缴纳税款,但是最长不得超过3个月。这里的特殊困难主要指以下几种情形:(1)因不可抗力,导致纳税人发生较大损失,正常生产经营活动受到较大影响的;(2)当期货币资金在扣除应付职工工资、社会保险费后,不足以缴纳税款的。

纳税人需要延期缴纳税款的,应当在缴纳税款期限届满前提出申请,并报送下列材料:申请延期缴纳税款报告,当期货币资金余额情况及所有银行存款账户的对账单,资产负债表,应付职工工资和社会保险费等税务机关要求提供的支出预算。税务机关应当自收到申请延期缴纳税款报告之日起20日内作出批准或者不予批准的决定;不予批准的,从缴纳税款期限届满之日起加收滞纳金。

4. 滞纳金

纳税人未按照规定期限缴纳税款的,扣缴义务人未按照规定期限解缴税款的,税务机关除责令限期缴纳外,从滞纳税款之日起,按日加收滞纳税款5‰的滞纳金。

5. 减税、免税

纳税人依照法律、行政法规的规定办理减税、免税。享受减税、免税优惠的纳税人,减税、免税期满,应当自期满次日起恢复纳税;减税、免税条件发生变化的,应当在纳税申报时向税务机关报告;不再符合减税、免税条件的,应当依法履行纳税义务;未依法纳税的,税务机关应当予以追缴。

地方各级人民政府、各级人民政府主管部门、单位和个人违反法律、行政法规规定,擅自作出的减税、免税决定无效,税务机关不得执行,并向上级税务机关报告。

6. 完税凭证

税务机关征收税款时,必须给纳税人开具完税凭证。这里的完税凭证是指各种完税证、缴款书、印花税票、扣(收)税凭证以及其他完税证明。扣缴义务人代扣、代收税款时,纳税人要求扣缴义务人开具代扣、代收税款凭证的,扣缴义务人应当开具。

7. 应纳税额的核定

纳税人有下列情形之一的,税务机关有权核定其应纳税额:(1)依照法律、行政法规的规定可以不设置账簿的;(2)依照法律、行政法规的规定应当设置账簿但未设置的;(3)擅自销毁账簿或者拒不提供纳税资料的;(4)虽设置账簿,但账目混乱或者成本资料、收入凭证、费用凭证残缺不全,难以查账的;(5)发生纳税义务,未按照规定的期限办理纳税申报,经税务机关责令限期申报,逾期仍不申报的;(6)纳税人申报的计税依据明显偏低,又无正当理由的。

对未按照规定办理税务登记的从事生产、经营的纳税人[包括到外县(市)从事生产、经营而未向营业地税务机关报验登记的纳税人]以及临时从事经营的纳税人,由税务机关核定其应纳税额,责令缴纳;不缴纳的,税务机关可以扣押其价值相当于应纳税款的商品、货物。扣押后缴纳应纳税款的,税务机关必须立即解除扣押,并归还所扣押的商品、货物;

扣押后仍不缴纳应纳税款的,经县以上税务局(分局)局长批准,依法拍卖或者变卖所扣押的商品、货物,以拍卖或者变卖所得抵缴税款。纳税人有上述情形,需税务机关核定应纳税额的,具体核定方法主要有:(1)参照当地同类行业或者类似行业中经营规模和收入水平相近的纳税人的税负水平核定;(2)按照营业收入或者成本加合理的费用和利润的方法核定;(3)按照耗用的原材料、燃料、动力等推算或者测算核定;(4)按照其他合理方法核定。采用一种方法不足以正确核定应纳税额时,可以同时采用两种以上的方法核定。纳税人对税务机关采取的核定应纳税额方法有异议的,应当提供相关证据,经税务机关认定后,调整应纳税额。

8. 应纳税额的调整

企业或者外国企业在中国境内设立的从事生产、经营的机构、场所与其关联企业之间的业务往来,应当按照独立企业之间的业务往来收取或者支付价款、费用;不按照独立企业之间的业务往来收取或者支付价款、费用,而减少其应纳税的收入或者所得额的,税务机关有权进行合理调整。关联企业是指有下列关系之一的公司、企业和其他经济组织:(1)在资金、经营、购销等方面,存在直接或者间接的拥有或者控制关系;(2)直接或者间接地同为第三者所拥有或者控制;(3)在利益上具有相关联的其他关系。独立企业之间的业务往来,是指没有关联关系的企业之间按照公平成交价格和营业常规所进行的业务往来。

具体需要税务机关就纳税人与其关联企业之间的业务往来而调整其应纳税额的情形如下:(1)购销业务未按照独立企业之间的业务往来作价;(2)融通资金所支付或者收取的利息超过或者低于没有关联关系的企业之间所能同意的数额,或者利率超过或者低于同类业务的正常利率;(3)提供劳务,未按照独立企业之间业务往来收取或者支付劳务费用;(4)转让财产、提供财产使用权等业务往来,未按照独立企业之间业务往来作价或者收取、支付费用;(5)未按照独立企业之间业务往来作价的其他情形。纳税人有上述情形,税务机关可以采取的调整其计税收入额或者所得额的方法如下:(1)按照独立企业之间进行的相同或者类似业务活动的价格;(2)按照再销售给无关联关系的第三者的价格所应取得的收入和利润水平;(3)按照成本加合理的费用和利润;(4)按照其他合理的方法。

纳税人与其关联企业未按照独立企业之间的业务往来支付价款、费用的,税务机关自该业务往来发生的纳税年度起3年内进行调整;有特殊情况的,可以自该业务往来发生的纳税年度起10年内进行调整。

9. 税收保全制度

税务机关有根据认为从事生产、经营的纳税人有逃避纳税义务行为的,可以在规定的纳税期之前,责令限期缴纳应纳税款;在限期内发现纳税人有明显的转移、隐匿其应纳税的商品、货物以及其他财产或者应纳税的收入的迹象的,税务机关可以责成纳税人提供纳税担保。如果纳税人不能提供纳税担保,经县以上税务局(分局)局长批准,税务机关可以采取下列税收保全措施:(1)书面通知纳税人开户银行或者其他金融机构冻结纳税人的金额相当于应纳税款的存款;(2)扣押、查封纳税人的价值相当于应纳税款的商品、货物或者其他财产。

纳税人在税务机关采取税收保全措施后,按照税务机关规定的期限缴纳税款的,税务机关应当自收到税款或者银行转回的完税凭证之日起1日内解除税收保全。限期期满仍未缴纳税款的,经县以上税务局(分局)局长批准,税务机关可以书面通知纳税人开户银行或者其他金融机构从其冻结的存款中扣缴税款,或者依法拍卖或者变卖所扣押、查封的商品、货物或者其他财产,以拍卖或者变卖所得抵缴税款。个人及其所扶养家属维持生活必需的住房和用品,不在税收保全措施的范围之内。

但同时,若纳税人在限期内已缴纳税款,税务机关未立即解除税收保全措施,使纳税人的合法利益遭受损失的,税务机关应当承担赔偿责任。

10. 税收强制执行制度

从事生产、经营的纳税人、扣缴义务人未按照规定的期限缴纳或者解缴税款,纳税担保人未按照规定的期限缴纳所担保的税款,由税务机关责令限期缴纳,逾期仍未缴纳的,经县以上税务局(分局)局长批准,税务机关可以采取下列强制执行措施:(1)书面通知其开户银行或者其他金融机构从其存款中扣缴税款;(2)扣押、查封、依法拍卖或者变卖其价值相当于应纳税款的商品、货物或者其他财产,以拍卖或者变卖所得抵缴税款。税务机关采取强制执行措施时,对纳税人、扣缴义务人、纳税担保人未缴纳的滞纳金同时强制执行。

前述税收保全措施、强制执行措施的权力不得由法定的税务机关以外的单位和个人行使。税务机关采取税收保全措施和强制执行措施必须依照法定权限和法定程序,不得查封、扣押纳税人个人及其所扶养家属维持生活必需的住房和用品。税务机关滥用职权违法采取税收保全措施、强制执行措施,或者采取税收保全措施、强制执行措施不当,使纳税人、扣缴义务人或者纳税担保人的合法权益遭受损失的,应当依法承担赔偿责任。

11. 代位权和撤销权

欠缴税款的纳税人因怠于行使到期债权,或者放弃到期债权,或者无偿转让财产,或者以明显不合理的低价转让财产而受让人知道该情形,对国家税收造成损害的,税务机关可以按照我国《合同法》第73条、第74条的规定行使代位权、撤销权。税务机关行使代位权、撤销权的,不免除欠缴税款的纳税人尚未履行的纳税义务和应承担的法律责任。

12. 补缴和追征制度

因税务机关适用税收法律、行政法规不当或者执法行为违法,致使纳税人、扣缴义务人未缴或者少缴税款的,税务机关在3年内可以要求纳税人、扣缴义务人补缴税款,但是不得加收滞纳金;因纳税人、扣缴义务人非主观故意的计算公式运用错误以及明显的笔误,未缴或者少缴税款的,税务机关在3年内可以追征税款、滞纳金;纳税人或者扣缴义务人因计算错误等失误,未缴或者少缴、未扣或者少扣、未收或者少收税款,累计数额在10万元以上的,追征期可以延长到5年。对偷税、抗税、骗税的,税务机关追征其未缴或者少缴的税款、滞纳金或者所骗取的税款,不受该规定期限的限制。

(六) 税务检查

税务机关和税务人员有权依照《税收征管法》及其《实施细则》的规定行使税务检查职权。具体职权内容如下。

(1) 检查纳税人的账簿、记账凭证、报表和有关资料,检查扣缴义务人代扣代缴、代收代缴税款账簿、记账凭证和有关资料。税收机关行使该项职权时,可以在纳税人、扣缴义务人的业务场所进行;必要时,经县以上税务局(分局)局长批准,可以将纳税人、扣缴义务人以前会计年度的账簿、记账凭证、报表和其他有关资料调回税务机关检查,但是税务机关必须向纳税人、扣缴义务人开付清单,并在 3 个月内完整退还;有特殊情况的,经设区的市、自治州以上税务局局长批准,税务机关可以将纳税人、扣缴义务人当年的账簿、记账凭证、报表和其他有关资料调回检查,但是税务机关必须在 30 日内退还。

(2) 到纳税人的生产、经营场所和货物存放地检查纳税人应纳税的商品、货物或者其他财产,检查扣缴义务人与代扣代缴、代收代缴税款有关的经营情况。

(3) 责成纳税人、扣缴义务人提供与纳税或者代扣代缴、代收代缴税款有关的文件、证明材料和有关资料。

(4) 询问纳税人、扣缴义务人与纳税或者代扣代缴、代收代缴税款有关的问题和情况。

(5) 到车站、码头、机场、邮政企业及其分支机构检查纳税人托运、邮寄应纳税商品、货物或者其他财产的有关单据、凭证和有关资料。

(6) 经县以上税务局(分局)局长批准,凭全国统一格式的检查存款账户许可证明,查询从事生产、经营的纳税人、扣缴义务人在银行或者其他金融机构的存款账户。税务机关在调查税收违法案件时,经设区的市、自治州以上税务局(分局)局长批准,应当指定专人,凭全国统一格式的检查存款账户许可证明查询案件涉嫌人员的储蓄存款。税务机关查询所获得的资料,不得用于税收以外的用途,有责任为被检查人保守秘密。

税务机关对从事生产、经营的纳税人以前纳税期的纳税情况依法进行税务检查时,发现纳税人有逃避纳税义务行为,并有明显的转移、隐匿其应纳税的商品、货物以及其他财产或者应纳税的收入的迹象的,可以按照《税收征收管理法》规定的批准权限采取税收保全措施或者强制执行措施。税务机关采取税收保全措施的期限一般不得超过 6 个月;重大案件需要延长的,应当报国家税务总局批准。

(七) 法律责任

1. 纳税人违反税务登记、账簿、凭证管理的法律责任

对纳税人的税务登记、账簿、凭证管理是税收征收管理的基础工作,对于增强纳税人的纳税意识,税务部门掌握税源,保证纳税资料的真实、完整,保障纳税人正确计税具有重要作用。我国《税收征收管理法》对纳税人的税务登记、账簿、凭证管理作出了一系列具体规定,同时,对违反税务登记、账簿、凭证管理的行为的处罚作出了规定。根据我国《税收征收管理法》第 60 条的规定,违反税务登记、账簿、凭证管理的行为主要包括以下方面。

(1) 未按照规定的期限申报办理税务登记、变更登记或者注销登记的。根据《税收征收管理法》的有关规定,从事生产、经营的纳税人自领取营业执照之日起 30 日内,持有关证件,向税务机关申报办理税务登记。非从事生产、经营的纳税人也应当按照国务院的规定办理税务登记。从事生产、经营的纳税人,税务登记内容发生变化的,自工商行政管理机关办理变更登记之日起 30 日内或者在向工商行政管理机关申请办理注销登记之前,持有关证件向税务机关申报办理变更或者注销税务登记。纳税人必须按照上述规定,在法定的期限内办理税务登记、变更登记或者注销登记。

(2) 未按照规定设置、保管账簿或者保管记账凭证和有关资料的。从事生产、经营的纳税人应当自领取营业执照之日起 15 日内设置账簿,包括总账、明细账、日记账及其他辅助性账簿。生产经营规模小又确无建账能力的个体工商户,可以聘请注册会计师或经税务机关认可的财会人员代为建账和办理账务。从事生产、经营的纳税人必须按照国务院财政、税务主管部门规定的保管期限保管账簿、记账凭证、完税凭证及其他有关资料。这

一保管期限通常为10年。纳税人应当按照上述规定设置、保管账簿或者保管记账凭证和有关资料。

(3) 未按照规定将财务、会计制度或者财务、会计处理办法和会计核算软件报送税务机关备查的。根据《税收征收管理法》第20条的规定,从事生产、经营的纳税人的财务、会计制度或者财务会计处理办法和会计核算软件,应当报送税务机关备案。纳税人违反上述规定的,应当依法予以处罚。

(4) 未按照规定将其全部银行账号向税务机关报告的。根据《税收征收管理法》第17条的规定,从事生产、经营的纳税人应当按照国家有关规定,持税务登记证件,在银行或者其他金融机构开立基本存款账户和其他存款账户,并将其全部账户向税务机关报告。纳税人违反上述规定的,应当依法予以处罚。

(5) 未按照规定安装、使用税控装置,或者损毁、擅自改动税控装置的。根据《税收征收管理法》第23条的规定,国家根据税收征收管理的需要,积极推广使用税控装置。纳税人应当按照规定安装、使用税控装置,不得损毁或者擅自改动税控装置。纳税人违反上述规定的,应当依法予以处罚。

(6) 不办理税务登记的。应当办理税务登记的纳税人,在规定的期限内不办理税务登记,经税务机关责令限期改正,逾期仍不改正的,应当依法予以处罚。

(7) 未按照规定使用税务登记证件,或者转借、涂改、损毁、买卖、伪造税务登记证件的。纳税人办理税务登记后,其税务登记证件只限纳税人本人使用,应当予以妥善保管,并在其营业场所醒目位置悬挂。纳税人不得为谋取非法利益或者不缴、少缴税款,而转借、买卖、伪造、涂改、损毁税务登记证件。同时,纳税人在办理纳税事项时应当按照规定持有、出示税务登记证件,纳税人还应当按照规定办理验证、换证手续。纳税人未按照规定使用税务登记证件,或者转借、涂改、损毁、买卖、伪造税务登记证件的,应当依法进行处罚。

纳税人有上述行为之一的,由税务机关责令限期改正,可以处2 000元以下的罚款;情节严重的,处2 000元以上10 000元以下的罚款。其中,纳税人不办理税务登记的,由税务机关责令限期改正;逾期不改正的,经税务机关提请,由工商行政管理机关吊销其营业执照。纳税人未按照规定使用税务登记证件,或者转借、涂改、损毁、买卖、伪造税务登记证件的,处2 000元以上10 000元以下的罚款;情节严重的,处10 000元以上50 000元以下的罚款。

2. 扣缴义务人违反账簿、凭证管理规定的法律责任

扣缴义务人应当按照规定设置、保管账簿、记账凭证和有关资料。扣缴义务人应当自税收法律、行政法规规定的扣缴义务发生之日起10日内,按照所代扣、代收的税种,分别设置代扣代缴、代收代缴税款账簿。账簿是指由一定格式、相互连缀的账页组成,用来序时地、分类地全面记录和反映一个单位经济业务的会计簿籍,包括总账、明细账、日记账以及其他辅助性账簿。扣缴义务人应当根据合法、有效的凭证记账,进行核算。扣缴义务人所使用的记账凭证、账簿及其他纳税资料是否真实可靠,直接关系到代扣代缴、代收代缴税款活动的真实性、合法性。加强对扣缴义务人的凭证、账簿管理具有十分重要的意义。因此,扣缴义务人应当按照规定设置、保管代扣代缴、代收代缴税款账簿,保管代扣代缴、代收代缴税款记账凭证及有关资料。

扣缴义务人违反账簿、凭证管理规定的行为主要包括二种：一是未按照规定设置代扣代缴、代收代缴税款账簿，即未按照规定的期限、账簿种类和要求设置有关账簿的行为；二是未按照规定保管代扣代缴、代收代缴税款账簿、记账凭证及有关资料，即未按照规定的期限和要求保管账簿、记账凭证及有关资料。这里所说的有关资料主要包括会计报表、完税凭证及其他与代扣代缴、代收代缴税款有关的资料。扣缴义务人有上述违反账簿、凭证管理规定行为的，由税务机关责令限期改正，扣缴义务人应当根据税务机关的责令限期改正决定，在限定的时间内，设置代扣代缴、代收代缴税款账簿，按照要求保管代扣代缴、代收代缴税款账簿、记账凭证及有关资料。同时税务机关可以对违法行为人处2 000元以下的罚款，情节严重的，处2 000元以上5 000元以下的罚款。

3. 纳税人、扣缴义务人未按规定期限办理纳税申报、报送资料的法律责任

纳税申报是纳税人向国家履行纳税义务的法定手续，是税务机关确定应征税款，开具纳税凭证，限期纳税，进行税务检查的主要依据。这一制度对于提高税款征缴效率和纳税人主动纳税意识，加强税收征收管理具有十分重要的作用。纳税人、扣缴义务人应当按照规定的期限向税务机关办理纳税申报、报送有关资料。纳税人未按照规定的期限办理纳税申报和报送纳税资料的，或者扣缴义务人未按照规定的期限向税务机关报送代扣代缴、代收代缴税款报告表和有关资料的，由税务机关责令限期改正，可以处2 000元以下的罚款；情节严重的，可以处2 000元以上10 000元以下的罚款。

这里需要说明的是，纳税人、扣缴义务人未按照规定期限办理纳税申报、报送有关资料的行为，是指违法行为人虽然未在规定期限内办理纳税申报，但并未造成不缴或者少缴税款的后果。如果纳税人不进行纳税申报，造成不缴或者少缴应纳税款的，应由税务机关追缴其不缴或者少缴的税款、滞纳金，并处不缴或者少缴的税款50%以上5倍以下的罚款。如果经税务机关责令限期改正，纳税人、扣缴义务人逾期仍拒不申报，或者进行虚假纳税申报，不缴或者少缴应纳税款的，属于偷税行为，应当按偷税行为的法律规定进行处罚。

4. 偷税及其法律责任

偷税是纳税人伪造、变造、隐匿、擅自销毁账簿、记账凭证，或者在账簿上多列支出或者不列、少列收入，或者经税务机关通知申报而拒不申报或者进行虚假的纳税申报，不缴或者少缴应纳税款的行为。对纳税人偷税的，由税务机关追缴其不缴或者少缴的税款、滞纳金，并处不缴或者少缴的税款50%以上5倍以下的罚款；构成犯罪的，依法追究刑事责任。

扣缴义务人采取偷税手段，不缴或者少缴已扣、已收税款，由税务机关追缴其不缴或者少缴的税款、滞纳金，并处不缴或者少缴的税款50%以上5倍以下的罚款；构成犯罪的，依法追究刑事责任。

5. 抗税及其法律责任

抗税，是指负有纳税义务的人以暴力、威胁方法，拒不缴纳税款的行为。暴力方法，通常表现为冲击、打砸税务机关，破坏税务机关执行职务的工具，对执行职务的税务人员采取殴打、推搡、人身强制、伤害等方式直接侵害其人身安全的行为。威胁方法是指违法行为人以伤害税务人员或者其亲属的人身或者破坏其财产或者其他手段要挟税务人员，包括直接当面威胁，也包括采取比如通过电话、信件恐吓等间接方式进行威胁。抗税行为的主体必须是欠缴纳税款的纳税人、扣缴义务人个人。纳税人为单位的，因单位不能实施暴

力、威胁行为而不能成为抗税行为的主体。如果单位的人员以暴力、威胁方法拒不缴纳税款,应当以妨害公务行为论处。抗税行为必须是行为人的故意行为,行为人对税务人员实施暴力,或者对税务人员进行威胁,是为了达到不缴纳税款的目的。如果纳税人已缴纳税款,但对税务人员的征税行为不满,对其实施暴力或者威胁行为,不属于抗税行为。我国《税收征收管理法》第67条规定,抗税,除由税务机关追缴其拒缴的税款、滞纳金外,依法追究刑事责任。情节轻微,未构成犯罪的,由税务机关追缴其拒缴的税款、滞纳金,并处拒缴税款1倍以上5倍以下的罚款。

6. 编造虚假计税依据、不进行纳税申报、不缴或者少缴应纳税款行为的法律责任

纳税人、扣缴义务人应当根据合法、有效的凭证、账簿进行核算,不得列或者隐瞒收入,推迟确认收入,不得随意改变费用、成本的确认标准或者计量方法,虚列、多列、不列或者少列费用、成本,不得随意调整利润的计算方法,编造虚假利润或者隐瞒利润,以编造虚假的计税依据。纳税人、扣缴义务人编造虚假计税依据的,由税务机关责令限期改正,并处5万元以下的罚款。需要指出的是,这里予以处罚的行为是纳税人、扣缴义务人编造虚假计税依据,而且该行为并未造成纳税人、扣缴义务人不缴或者少缴税款的后果。如果纳税人、扣缴义务人编造虚假计税依据,不缴或者少缴税款的,属于偷税行为,应当按照偷税行为及其法律责任的规定予以处罚。

纳税人不进行纳税申报,不缴或者少缴应纳税款,是指纳税人在规定的申报期限内未进行纳税申报,超过税款缴纳期限,不缴或者少缴税款的行为。纳税人有上述行为的,由税务机关追缴其不缴或者少缴的税款、滞纳金,以纠正违法行为人的违法行为,保证国家税收不受损失。同时由税务机关对违法行为人并处不缴或者少缴的税款50%以上5倍以下的罚款。这里需要指出的是,如果纳税人在规定的申报期限内未进行纳税申报,但是在纳税期限届满前足额缴纳税款,未造成不缴或者少缴税款的后果的,应当按照《税收征收管理法》第62条的规定,纳税人、扣缴义务人未按照规定的期限办理纳税申报、报送有关资料的行为进行处罚。如果纳税人在规定的期限内未进行纳税申报,经税务机关通知仍拒不申报,不缴或者少缴税款的,属偷税行为,应当按照偷税及其法律责任的规定进行处罚。

7. 纳税人逃避追缴欠税行为的法律责任

逃避追缴欠税是指纳税义务人在欠缴应纳税款的情况下,采取转移或者隐匿财产的手段,以对抗税务机关的追缴,逃避国家税收的行为。这里所说的"采取转移或者隐匿财产的手段",是指纳税人在欠缴税款的情况下,将其所有的财产,转移隐藏起来,使税务机关无法根据法律、行政法规的有关规定,对其采取相应的行政强制措施而追缴其所欠税款。逃避追缴欠税的行为应当是欠缴税款的纳税人的故意行为。纳税人在欠缴税款的情况下,因正当的交易活动而向他人支付价款或者移转财产的行为,不属于转移或者隐匿财产,妨碍税务机关追缴欠缴的税款的行为。根据我国《税收征收管理法》第65条的规定,纳税人欠缴应纳税款,采取转移或者隐匿财产的手段,妨碍税务机关追缴欠缴的税款的,由税务机关追缴欠缴的税款、滞纳金,并处欠缴税款50%以上5倍以下的罚款;构成犯罪的,依法追究刑事责任。

8. 骗取出口退税的法律责任

出口退税是指为了鼓励出口,避免双重征税,国家对出口企业实行的退还有关国内税

收的一种税收优惠措施。在我国,有出口经营权的企业出口和代理出口的货物,可在货物报关出口并在财务上做销售后,凭有关凭证按月报送税务机关批准按规定的税率退还增值税和消费税。对出口企业实行出口退税,是我国一项鼓励经济和对外贸易发展的一项重要政策和制度。这也是避免出口货物双重征税的一项国际通行做法。但是在这一制度实施过程中,一些出口企业以假报出口或者其他欺骗手段,骗取国家出口退税款。所谓假报出口,指的是没有出口货物,而向税务机关提供办理出口退税发票或者税票、出口货物销售明细账、出口货物报关单、出口收汇单证等有关凭证,冒充已出口货物,骗取国家出口退税的行为。所谓采取其他欺骗手段,骗取国家出口退税款的行为,在实践中主要表现为虚报出口商品的数量,以少报多,虚报出口商品价格,以低报高,虚报出口商品种类,以低税率商品报高税率商品,以增加退税款数额。

对于骗取出口退税的行为,我国《税收征收管理法》第 66 条规定,由税务机关追缴其骗取的退税款,并处骗取税款 1 倍以上 5 倍以下的罚款;构成犯罪的,依法追究刑事责任。

9. 扣缴义务人应扣未扣、应收而不收税款的法律责任

扣缴义务人应当按期、足额扣缴应扣、应收税款。扣缴义务人是法律、行政法规规定负有代扣代缴、代收代缴税款法定义务的单位和个人。负有代扣代缴义务的人,在向纳税人支付款项时,应当从所支付的款项中依法直接扣收税款,以对零星分散、不易掌握的税源进行控制。这种方式主要适用于一些税收网络覆盖不到的领域和地区。扣缴义务人应当依法履行代扣、代收税款义务,对依法应当予以扣缴和收取的税款按期、足额扣缴或者收取,不得放弃法定职责。由于扣缴义务人不是负有法定纳税义务的人,只负有法定的代扣代缴、代收代缴税款的义务,如果扣缴义务人放弃履行法定义务,应扣未扣、应收而不收税款,不应当向其追缴所欠税款,而应当向真正的纳税义务人追缴。由此,我国《税收征收管理法》第 69 条规定,扣缴义务人应扣未扣、应收而不收税款的,由税务机关向纳税人追缴税款,对扣缴义务人处应扣未扣、应收未收税款 50% 以上 3 倍以下的罚款。

10. 纳税人、扣缴义务人阻挠税务机关检查的法律责任

税务机关作为税收征收管理的主管机关,有权检查纳税人、扣缴义务人的账簿、记账凭证及有关资料,有权到纳税人的生产、经营场所和货物存放地检查其应税商品、货物或者其他财产,检查扣缴义务人有关的经营情况,要求纳税人、扣缴义务人提供与纳税有关的文件、证明材料和有关资料,询问纳税人、扣缴义务人与纳税或者代扣代缴、代收代缴税款有关的问题和情况,到运输、邮政企业及其场所检查纳税人的应税商品、货物或者其他财产的有关单据、凭证和有关资料,按照规定的条件和程序检查纳税人的存款账户。对于税务机关依法进行的税务检查,纳税人、扣缴义务人必须接受,并予以配合,如实反映情况,如实提供有关资料,不得逃避、拒绝或者以其他方式阻挠税务机关检查。

纳税人、扣缴义务人逃避、拒绝或者以其他方式阻挠税务机关检查的,根据我国《税收征收管理法》第 70 条的规定,首先由税务机关责令改正,即由税务机关作出责令改正决定书,要求违法行为人停止违法行为,纠正错误。违法行为人应当按照税务机关的责令改正决定书的要求改正违法行为,如实反映情况,回答询问,提供有关资料,允许税务人员进入有关场所检查应税货物、商品或者其他财产。同时税务机关可以对违法行为人处以 1 万元以下的罚款,情节严重的,可以处 1 万元以上 5 万元以下的罚款。这里所说的情节严重,指的是纳税人、扣缴义务人多次逃避、拒绝或者以其他方式阻挠税务机关依法进行税

务检查,或者纳税人、扣缴义务人阻挠税务机关进行税务检查,未使用暴力、威胁手段,但方式比较激烈的,或者造成严重后果等。

同时,我国《税收征收管理法》还对非法印制发票行为、银行及其他金融机构未按照规定协助税务机关依法履行职务行为、税务机关和税务人员违法行使税收职权的行为作出了处罚规定。

(八) 纳税争议的处理

纳税争议,是指纳税人、扣缴义务人、纳税担保人对税务机关确定纳税主体、征税对象、征税范围、减税、免税及退税、适用税率、计税依据、纳税环节、纳税期限、纳税地点以及税款征收方式等具体行政行为有异议而发生的争议。我国《税收征收管理法》第88条规定,纳税人、扣缴义务人、纳税担保人同税务机关在纳税上发生争议时,必须先依照税务机关的纳税决定缴纳或者解缴税款及滞纳金或者提供相应的担保,然后可以依法申请行政复议;对行政复议决定不服的,可以依法向人民法院起诉。

当事人对税务机关的处罚决定、强制执行措施或者税收保全措施不服的,可以依法申请行政复议,也可以依法向人民法院起诉。

当事人对税务机关的处罚决定逾期不申请行政复议也不向人民法院起诉、又不履行的,作出处罚决定的税务机关可以采取强制执行措施,或者申请人民法院强制执行。

附: 相关理论探讨

税法学基础理论研究和探讨,主要集中在税法的基本原则、税收法律关系、税权等方面。

一、税法的基本原则

关于税法的基本原则,漆多俊教授认为,支配税法全部内容的基本原则可分为税收法定原则、税收公平原则、税收效率原则、社会政策原则。[①] 而刘剑文教授认为,税法的基本原则应从根本的宪法层面上进行研究,通过对税收与宪政、税法与宪法互动关系的分析,税收法定原则应当是税法的基本原则,而且是最高指导原则。如果从其他一些具体价值角度考虑,税收公平原则、税收效率原则也可以列为税法的基本原则。[②]

二、税收法律关系

有学者就税收法律关系的性质提出了"分层面关系说",认为在抽象的层面,将税收法律关系的性质整体界定为公法上的债务关系,在具体的层面,也就是法技术的层面,将税收法律关系的性质界定为债务关系和权力关系。[③] 将税收视为一种公法上的债务关系的观点逐渐被学界所认同。有学者已经开始运用税收之债的理论来重新构建税收实体法的体系,从税收之债的要素,税收之债的成立、确定、变更与

---

① 漆多俊:《经济法学》,武汉大学出版社2004年版,第486—488页。
② 刘剑文主编:《税法学》(第3版),北京大学出版社2007年版,第91—103页。
③ 刘剑文主编:《税法学》(第2版),人民出版社2003年版,第88—94页。

消灭等方面论述了我国税收实体法的基本法律制度。①

三、税权

税权的配置与运行状况是一个国家税收法律制度优劣的基本标志。税权作为一种十分重要的国家权力资源,应当通过立法进行有效的配置和制约,以实现其良好的效益。有学者认为,"税权"是税法学的一个基本范畴,在性质上属于"公法上的债权"。税权效力是指国家税权基于税收关系在法律上所表现出来的各种控制力,包括确立税收债务、税务管理、税收债务的履行、税收债务的违反、自力执行、第三人对税收债权的侵害、税收一般优先权七个方面。②

思考题

一、名词解释

偷税 增值税 超额累进税率 分税制 流转税

二、简述题

1. 简述增值税纳税人中的一般纳税人和小规模纳税人的区别。
2. 简述税法的基本原则。
3. 简述"分项制"个人所得税与"综合制"个人所得税的异同。
4. 简述流转税与财产税、行为税的区别。

三、论述题

1. 有位个体杂货店老板在"侃大山"时说:"工商、环卫的有偿服务、合理收费,大小还有个道理,而税务机关没给我们办什么事,却月月要纳税,还规定不准拖欠,咱这心里总觉得别扭。"试分析这位个体老板有这种心态的原因。
2. 试述《税收征收管理法》对税收保全措施作了怎样的规定。
3. 结合我国实际谈谈你对房产税的认识。

实务应用

(一) 案例分析示范

案例 某重点中学代扣代缴个人所得税案

2019年8月12日,江阴市地税稽查局在对本市一所重点中学代扣代缴个人所得税情况进行检查时发现,该中学2019年上半年共少代扣代缴纳教职工工资、薪金个人所得税40.58万元。该市地税稽查局依据《税收征收管理法》第68条的规定,于2019年8月

---

① 刘剑文主编:《税法学》(第2版),人民出版社2003年版,第301—368页。
② 魏俊:《税权效力概念浅议》,载《山东工商学院学报》2003年第4期。

14 日向该中学下达了《税务处理决定书》和《税务行政处罚决定书》(已履行告知手续),责令该中学在接到通知后 15 日内补缴 40.582 万元的个人所得税和少缴税款一倍的罚款。至 2019 年 9 月 4 日,该中学既未缴纳税款,也未缴纳罚款。于是,经地税稽查局局长批准,2019 年 9 月 5 日稽查局从该中学银行账户中强行扣缴了 40.58 万元的税款和 40.58 万元的罚款。

2019 年 9 月 8 日,该中学在依法提供纳税担保并经地税机关认可的情况下,向市地税局提出复议申请,要求撤销地税稽查局的处理决定和处罚决定,并退还强制执行的税款和罚款。市地税局依法作出复议决定:撤销地税稽查局的处理决定和处罚决定;退还强制执行的税款和罚款。

请问:地税稽查局能否对该学校采取税收强制执行措施?地税局在采取税收强制执行措施的过程中有哪些违法或者错误的行为?

案例评析: 地税稽查局依据《税收征收管理法》第 68 条的规定,要求该中学补税、给予罚款并采取税收强制执行措施是错误的。《税收征收管理法》第 68 条规定:"纳税人、扣缴义务人在规定期限内不缴或者少缴应纳或者应解缴的税款,经税务机关责令限期缴纳,逾期仍未缴纳的,税务机关除依照本法第四十条的规定采取强制执行措施追缴其不缴或者少缴的税款外,可以处不缴或者少缴的税款百分之五十以上五倍以下的罚款。"首先,该条规定的扣缴义务人在规定期限内不缴或者少缴应解缴的税款,是指扣缴义务人已经代扣代缴了的税款没有按规定的期限进行解缴,并不是指少代扣代缴的税款。其次,该条规定税务机关可以依照该法第 40 条的规定对扣缴义务人采取强制执行措施,追缴其不缴或者少缴的税款。这里所指的扣缴义务人应当是从事生产经营的扣缴义务人,因为依照《税收征税管理法》第 40 条的规定,从事生产、经营的纳税人、扣缴义务人未按照规定的期限缴纳或者解缴税款,由税务机关责令限期缴纳,逾期仍未缴纳的,经县以上税务局(分局)局长批准,税务机关可以采取强制执行措施。这意味着,强制执行措施的对象应是从事生产经营的纳税人、扣缴义务人。因此,地税稽查局对一个非从事生产经营的扣缴义务人采取税收强制执行措施是违法的。

同时,地税稽查局对该中学采取的税收强制执行措施中的以下行为是违法的:首先,由稽查局局长批准采取税收强制执行措施属于越权审批,属于违法采取税收强制执行措施。根据《税收征收管理法》第 40 条的规定,税收强制执行措施应当由"县以上税务局(分局)局长批准"。这里所说的税务局(分局)局长并不包括稽查局的局长。《国家税务总局关于稽查局有关执法权限的批复》(国税函[2003]561 号)对此问题予以明确:"《中华人民共和国税收征收管理法》及其实施细则中规定应当经县以上税务局(分局)局长批准后实施的各项权力,各级税务局所属的稽查局局长无权批准。"因此,经地税稽查局局长批准采取税收强制执行措施本身是违反法定程序的,是违法的。

其次,根据《税收征收管理法》第 88 条第 3 款的规定,当事人对税务机关的处罚决定逾期不申请行政复议也不向人民法院起诉、又不履行的,作出处罚决定的税务机关可以采取该法第 40 条规定的强制执行措施,或者申请人民法院强制执行。而该市地税稽查局在扣缴义务人的法定复议期和诉讼期内就对其罚款采取强制执行措施,显然也是违法的。

根据以上分析,地税稽查局在该案件的处理过程中,无论是适用法律依据方面,还是适用法律的程序方面,均有多处错误或违法的情形,因此市地税局撤销其处理决定和处罚决定,并责令其退还强制执行的税款和罚款是完全正确的。

(二)案例分析实训

案例一 奶片的生产与销售发生的若干业务

在奶片的生产、销售链条上各个企业之间发生了如下几笔业务:

(1)孙某个体承包经营的凯隆奶牛场向光明乳业出售了一批牛奶,出售价格为100万元。

(2)光明乳业利用购进的这批牛奶,制造了优质的奶粉,并向康利食品公司出售,其出售价格为200万元。

(3)康利食品公司利用购进的这批奶粉,制作了奶片销售给佳佳超市,销售价格为400万元。

(4)佳佳超市将购进的这批奶片全部售出,获利600万元。

请问:上述业务中所有的企业都是增值税的一般纳税人,所有的价格都是不含税价,请计算各企业的增值税纳税情况。

案例二 北京某大学教授应缴多少个人所得税?

北京某大学教授2019年1月取得工资所得5 000元(不包含养老保险金、医疗保险金、失业保险金以及住房公积金等准予税前扣除项目),政府特许津贴100元,加班费1 000元,个人先进奖2 000元。

请问:这位教授应当缴纳多少个人所得税?

案例三 亚光金银首饰厂应缴纳多少消费税?

2018年10月,亚光金银首饰厂为了保持和主要客户的良好关系,赠送给各主要客户一批金银首饰,该批首饰同类产品不含增值税总价为6万元;同在该月,亚光金银首饰厂为了奖励先进员工,将刚刚开发成功的新型项链发给员工10条,该类首饰尚未在市场销售,因此没有同类产品可作参考,亚光金银首饰厂将其成本定为4 000元每条,另外亚光金银首饰厂还在市场上零售了总价为20万(不含增值税)的各类金银首饰。已知新型项链的成本利润率为6%,消费税税率为5%。

请问:亚光金银首饰厂在10月份共应缴纳多少消费税?

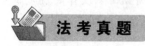

法考真题

真题1(2018年)

某公司经营过程取得的各项收入中,包括销售货物收入、国债利息、股息收益、财政拨款等各项收入,请问哪些属于企业所得税的免税项目?(多选)

A. 向另一家公司销售货物的收入

B. 购买国债的利息收入

C. 投资国内某互联网公司取得的股息收益

D. 从当地政府获得的财政拨款

真题解析：

根据《企业所得税法》第6条的规定，A选项不选。根据《企业所得税法》第26条的规定，B、C两项当选。根据《企业所得税法》第7条的规定，财政拨款属于不征税收入，并不属于免税收入，免税收入的含义是本身属于征税项目但给予优惠，因此D选项不符合规定，不选。

真题2（2008年）
我国《企业所得税法》不适用于下列哪一种企业？（单选）
A. 内资企业
B. 外国企业
C. 合伙企业
D. 外商投资企业

真题解析：

《企业所得税法》第1条第2款规定，个人独资企业、合伙企业不适用本法。据此，C项正确。需要注意的是，企业分为居民企业和非居民企业，外国公司可以作为非居民企业而纳税，因此B项不选。

真题3（2017年）
某教师在税务师培训班上就我国财税法制有下列说法，其中哪些是正确的？（多选）
A. 当税法有漏洞时，依据税收法定原则，不允许以类推适用方法来弥补税法漏洞
B. 增值税的纳税人分为一般纳税人和小规模纳税人，小规模纳税人的适用税率统一为3%
C. 消费税的征税对象为应税消费品，包括一次性竹制筷子和复合地板等
D. 车船税纳税义务发生时间为取得车船使用权或管理权的当年，并按年申报缴纳

真题解析：

本题属于对税法的综合考查。

税收法定原则是指由立法者决定全部税收问题的税法基本原则，即如果没有相应法律作前提，则政府不能征税，公民也没有纳税的义务。税收主体必须且仅依法律的规定征税；纳税主体必须且仅依法律的规定纳税。税收法定原则的具体内容包括以下三个部分：(1)税种法定。(2)税收要素法定。(3)程序法定。故A项正确。

按照经营规模的大小和会计核算健全与否等标准，增值税纳税人可分为一般纳税人和小规模纳税人。《增值税暂行条例》第12条规定，小规模纳税人增值税征收率为3%。B项说法正确。

根据《税目税率表》的规定，消费税的征税对象为木制一次性筷子、实木地板，而不是一次性竹制筷子和复合地板，故C项错误。

根据《车船税法》第8条的规定，车船税纳税义务发生时间为取得车船所有权或者管

理权的当月,而非当年。故 D 项错误。综上所述,本题正确答案为 A、B。

真题 4(2016 年)

关于税收优惠制度,根据我国税法,下列哪些说法是正确的?(多选)
A. 个人进口大量化妆品,免征消费税
B. 武警部队专用的巡逻车,免征车船税
C. 企业从事渔业项目的所得,可免征、减征企业所得税
D. 农民张某网上销售从其他农户处收购的山核桃,免征增值税

真题解析:

本题考查税收优惠制度。

根据《消费税暂行条例》第 1 条和第 12 条的规定,A 项说法错误。

根据《车船税法》第 3 条的规定,B 正确。

根据《企业所得税法》第 27 条的规定,C 项说法正确。

根据《增值税暂行条例》第 15 条第 1 款的规定 D 项说法错误。

第十章
金融法律制度

 本章概要

金融体系是整个国民经济的神经中枢,具有牵一发而动全身的地位,兼具公共性与社会性的特点。同时由于金融业本身存在高风险和内在的不确定性,客观上需要金融监管,以保护存款人、投资者和其他社会公众的利益。中央银行法是国家金融法律制度的基础部分,对该国的金融调控以及金融监管的法治化具有重要意义。在我国,中国人民银行是特殊的国家机关,在国务院领导下,制定和执行货币政策,防范和化解金融风险,维护金融稳定。中国人民银行也在法律授权下,对人民币和外汇进行管理。在金融机构的体系中,商业银行具有举足轻重的地位。商业银行不仅对央行货币政策职能的贯彻与实现具有承上启下的意义,而且其业务特点也决定了在整个金融风险系统控制与防范中的重要性。

 学习目标

通过本章的学习,应当掌握金融法的调整对象、金融监管的必要性和监管模式等基本的金融法理论。在中央银行法律制度中,需要掌握的基本知识有中央银行的性质与法律地位、具体职责与权限等,重点掌握中央银行的金融稳定职能和金融宏观调控的职能、管理人民币和外汇的职能。在商业银行法律制度中,需要掌握的基本知识有商业银行的特征、设立、变更、接管和终止,商业银行的业务范围,存贷款的基本制度等。关于宏观审慎监管和微观审慎监管的概念与具体内容,也需要认真理解掌握。

第一节　金融法律制度概述

一、金融、金融市场与金融法

(一) 金融与金融市场

金融是指货币资金的融通和信用活动。与货币流通和银行信贷有关的活动或者业务都可以称为金融。金融的内容主要包括：货币的发行、流通与回笼；现金管理；信贷、信托、结算、票据、外汇；证券发行与交易；黄金及贵金属；保险等。其中货币是金融活动的基本载体，它作为一般等价物，是表现一切商品价值的手段，也是可以直接与任何商品交换的手段。作为沟通整个经济生活的媒介和命脉，货币成为经济社会不可或缺的基本要素。信用是现代金融运作的基础条件和形式。经济学上的信用是指商品经济条件下借贷行为，从本质上反映着以还本付息为条件的让渡财物或货币的经济利益关系。法律通过对货币资金运动中形成的权利义务关系进行确认和维护，推动金融的有序发展。

金融市场是商品经济发展的产物，泛指所有资金供给与需求进行交易的场所。作为金融商品交易的金融市场有三大构成要素，即金融市场主体、金融商品和市场场所。金融市场主体包括中央银行、投资人(资金供给者)、筹资人(资金需求者)、金融中介人。金融市场上，资金总供应与总需求的平衡由中央银行掌握，从而金融市场的最终操纵权握在中央银行手中。金融中介是筹资人和投资人进行金融交易的桥梁，间接融资市场通过银行来进行，直接融资市场也需通过证券公司的证券经纪人作中介来实现。金融和金融市场虽涉及银行、票据、证券、保险等各个方面，但由于所有的金融活动都必然直接或间接与银行有关，而且往往是通过银行为中心来进行的，因而银行就成为金融最重要的组成部分，成为金融的中心。金融市场的客体是金融商品，即货币与货币资金及其他金融工具，如金银、外汇、商业票据、银行票据、政府证券、公司债券、股票、可转让大额定期存单，等等。

按照不同的标准，可以对金融市场作不同的分类。按交易中介划分，包括直接金融市场与间接金融市场。其中融资供求双方当事人即筹资人和投资人之间直接(或通过金融中介机构代理)进行货币资金有偿借贷或投资，产生法律上的债权债务关系或投资收益关系，称为直接金融。融资双方当事人通过银行机构作为媒介而分别发生两个资金借贷行为，产生法律上的两个债权债务关系，称为间接金融。按交易程度划分，包括发行市场(又称一级市场)、流通市场(又称二级市场)。按交易对象划分，包括货币市场、资本市场、黄金市场、外汇市场、保险市场。货币市场是指交易期限在1年以内的短期金融交易市场，包括同业拆借市场、票据贴现市场、短期政府债券市场、证券回购市场、大额可转让定期存单等。其功能在于借助各种短期资金融通工具将资金需求者和资金供应者联系起来，满足资金需求者的资金流动性需要。资本市场是交易期限在1年以上的长期金融市场，主要满足企业的中长期投资需要。按金融商品交割时间划分，包括现货市场与期货市场。现货市场是指在金融交易后的1—3日内立即付款交割的市场；期货市场是指在金融交易成交日后合约所规定的日期如几周、几个月之后进行交割的市场。

(二) 金融法的概念和调整对象

金融法是调整金融关系的法律规范的总称。金融法的调整对象是金融关系,金融关系是指在金融活动中金融法各主体之间发生的社会关系。金融关系包括金融调控、金融监管以及金融业务经营中产生的各种经济关系,具体包括:(1) 金融交易关系,是金融机构与客户之间在诸如存款、贷款、同业拆借、票据贴现、银行结算、外汇买卖、证券发行与交易、保险信托业务等经营活动中产生的各种金融关系;(2) 金融监管关系,包括金融监管机构对金融机构的准入与退出,对金融业、金融业市场主体的行为以及交易活动实施监管而发生的关系;(3) 金融调控关系,是为稳定金融市场,实现货币政策目标,中央银行对相关金融变量实行调节和控制而产生的社会关系,其实质是货币政策的制定和实施所产生的各种关系。

党的十八大以来,特别是十八届四中全会以来,以习近平同志为核心的党中央将全面依法治国纳入"四个全面"战略布局。金融法治工作的重要性日益凸显,并呈现以下趋势:一是不断加强金融立法,完善法律规则体系;二是完善权力运行制约机制,使监管职责、检查权、处罚权适度分离;三是健全行政裁量权基准,规范自由裁量权;四是加大对金融违法行为处罚力度,切实严肃市场纪律。

(三) 中国的金融法渊源

法理学一般认为,法律渊源是指那些具有法的效力作用和意义的法的外在表现形式,因此,法的渊源也叫法的形式。

按照法的渊源,中国金融法可以分为国际层次与金融业有关的国际金融条约、国际金融惯例等,国内层次的宪法与金融领域的基本法、金融行政法规、金融部门规章和司法解释。当前由全国人大常委会进行立法的基本金融法有《中国人民银行法》《商业银行法》《银行业监督管理法》《证券法》《保险法》《证券投资基金法》《信托法》等,这些金融基本法奠定了我国金融法律的基本框架。在此基础上,国务院制定了大量的金融行政法规,金融监管部门则制定了大量金融部门规章。最高人民法院则根据金融审判实践制定了一系列的司法解释。本章主要介绍金融基本法中的基本制度,但是并不意味着金融行政法规和部门规章以及司法解释不重要。我国的金融发展与改革十分迅速,全国人大常委会由于严格的立法程序,无法及时应对金融发展中的新问题,因此金融基本法的立法较为简略,只规定了一些基本制度。大量的问题留待金融行政法规、部门规章和司法解释加以解决,因此要对某一金融法律问题进行深入学习和研究,还需查阅上述这些法律文件。

二、金融监管

(一) 金融监管的概念与基本原则

金融监管是指金融监管机构对金融机构及其活动是否符合法律法规的要求所进行的监督、检查、处罚等一系列行为的总称。金融业需要国家的监管,原因在于:(1) 金融市场是市场经济体系的动脉,是市场配置的高级形式。金融体系安全、高效、稳健运行,对经济全局的稳定和发展至关重要。由于金融业渗透到社会经济生活的各个领域,又是一个特殊的高风险行业,一旦金融机构出现危机很容易在整个金融体系中引起连锁反应,引发全局性、系统性的金融风波,从而导致经济秩序的混乱,甚至引发严重的政治经济危机。可见加强金融监管,防范金融风险的重要性。(2) 金融交易存在十分突出的信息不对称。

存款人、被保险人、投资者等金融服务的消费者没有实力和技能对有关信息进行分析,因此如果缺少政府监管,金融服务提供者就可能在垄断信息的基础上进行交易,从而损害金融消费者的利益。政府必须对金融机构进行持续性的监督,保护消费者利益,维护公众对于金融的信心。

为了实现预期的金融监管目标以及保证金融监管的有效性、合理性,金融监管必须遵循一定的原则。

(1) 金融监管合法原则。金融监管权力实为行政权力,其存在的正当性在于市场缺陷或失灵。虽然在理论上,金融监管服务于秩序、安全、效率、正义等价值取向,但如果金融监管权力的行使偏离了法律的轨道,也会产生监管过剩、监管伤害等问题。

(2) 审慎监管原则。审慎监管是指为了防范与化解金融机构的风险,金融监管机构通过制定被监管的金融机构必须遵守的周密和谨慎的经营规则,客观地评价被监管机构的风险情况,并及时进行风险监测、预警和控制的金融监管理念。该理念源于巴塞尔银行监管委员会1997年推出的《有效银行监管核心原则》,该文件将审慎监管作为其中一项最重要的核心原则确定下来。而根据这一原则分出的两个概念也至关重要,即宏观审慎监管和微观审慎监管。两者的区别在于前者的目标是防范系统性金融风险,保障金融体系的整体稳定可控,而后者的重点在于防范与控制单个金融机构或行业的风险,保护投资者的权益。

(3) 监管适度原则。金融监管是国家权力对金融市场的强力干预,不适度的国家干预会扰乱和破坏金融市场的内在秩序,抑制金融创新,危及金融机构的生存与发展。为防止监管权力对金融业的伤害,金融监管必须保持松紧有度,应当遵循适度原则。①

(二) 金融监管模式

从金融业发展来看,混业经营代表金融业发展趋势,但是一个国家采取何种金融经营模式应当立足本国经济和金融发展的具体情况。由于我国金融业发展处于初级阶段,金融市场发育并不完善,因此我国采取了分业经营的模式,《商业银行法》《证券法》和《保险法》等金融法规都以法律形式确立了这一金融经营模式。在分业经营的模式下,金融监管采取分业监管的模式,成立不同的金融监管机构,分别对银行业、证券业和保险业进行监管。但是随着金融业务混业经营的转变,金融监管模式也日益朝着混业监管的方向转变,许多国家成立了单一的金融监管机构。

基于金融业态高度复杂性、交叉性,以及外部性,即使是在金融体系相对完善的成熟经济体中,金融混业与分业的尺度拿捏也既没有统一尺度,更没有恒定尺度。中国在可控前提下的混业变革,主要有几点动因驱动:首先,混业经营受效率因素驱动。混业能够更为有效地整合市场、产品、技术、信息、资金等资源,有利于形成规模效益与损益互补机制。尤其是在金融创新突飞猛进的新经济时代,由于层出不穷的新型金融产品越来越难以被严格归类到任何一种传统金融门类中去,因此,继续固守分业经营日渐暴露削足适履之弊。其次,混业经营受竞争压力倒逼。中国的金融开放系大势所趋,而全球配置的外资"全能型"金融机构,则已经通过各种形式预先布局中国市场,因此,如果中国依然对本土机构限制混业,终究难免自缚手脚。最后,基于资本的逐利本性,不同市场间资金流动以期套利有其内在合理性乃至必然性,混业经营有利于堵疏结合提升监管有效性。

---

① 朱崇实、刘志云主编:《金融法教程》(第四版),法律出版社2017年版,第84页。

2017年以来,我国金融监管体制进行了重大改革,"一委一行两会一局"是当前中国金融监管框架最直接的表现。设立国务院金融稳定发展委员会,统筹协调金融稳定和改革发展重大问题的议事协调,其职责包括强化宏观审慎管理,强化功能监管、综合监管和行为监管,实现金融监管全覆盖。其办公室设在央行,在一定程度上表明央行将在新的金融监管框架中起到更重要的作用。央行除承担货币政策职能外,更多地担负起宏观审慎管理、系统重要性机构、金融基础设施建设、基础法律法规体系及全口径统计分析和预警等工作。同时,银监会和保监会合并组建为中国银行保险监督管理委员会,负责统一监管银行业和保险业;将拟定银行业、保险业重要法律法规草案和审慎监管基本制度职责划入人民银行。贯彻落实金融监管体制改革精神,需要在立法层面加快推动修改《中国人民银行法》,落实人民银行统筹监管系统重要金融机构和金融控股公司,统筹监管重要金融基础设施,统筹负责金融业综合统计的"三个统筹"职责,落实拟定金融业重大法律法规草案和制定审慎监管基本制度的职责。同时,结合金融体制改革的方向,统筹修订和完善《商业银行法》《银行业监督管理法》《保险法》等金融领域重要法律,突出金融回归服务实体经济本源,全面建立功能监管和行为监管框架,强化综合监管和穿透式监管,遏制监管套利。[①]

第二节 中央银行法律制度

一、中央银行概述

(一) 中央银行的概念

中央银行是一国最为重要的宏观经济机构。它是发行的银行,垄断了纸币发行权;它是政府的银行,一般由政府出资或受政府控制,同时为政府提供金融服务;它是银行的银行,其主要业务对象是普通银行,它主持清算,为普通银行保管准备金,充当银行业的最后贷款人;它是管理金融的银行,依法对金融业实施监督和管理。[②]

现代中央银行在一国金融体系中,其核心角色不是"显化"的制定和执行货币政策者,而是金融系统的最后贷款人、金融稳定和安全维护者。货币政策功能、金融监管功能和中央银行独立性的要求则是现代中央银行最后贷款人制度变迁过程的发展与延续;制定和执行货币政策是实现中央银行最后贷款人职能、保障金融稳定和安全的具体手段;中央银行监管职能以及中央银行独立性的要求,是防范商业银行与政府道德风险,促进中央银行维护金融稳定职能得以顺利履行的保障。[③]

(二) 中央银行的性质

中国人民银行是一个特殊的国家机关。首先它具有国家机关的特性。从其资本来源看,中国人民银行的全部资本由国家出资,属于国家所有;从其职能看,中国人民银行在国务院领导下,制定和实施货币政策,对金融业实施监督管理。但是中国人民银行又不同于一般国家行政机关,其特殊性体现在对金融业进行管理时主要采用经济手段,如调节存、

[①] 央行条法司司长:《加快推动修改〈中国人民银行法〉》,《证券时报》,2018年8月7日。
[②] 陈晓:《中央银行法律制度研究》,法律出版社1997年版,第135页。
[③] 常健著:《金融稳定视阈下中央银行法律制度研究》,法律出版社2019年版。

贷款利率,在公开市场上买卖国债和其他政府债券,以实现其货币金融政策。中国人民银行拥有资本和资产,可以依法从事经营活动且在一定程度上可以营利,这也是一般国家机关所不具备的特征。

(三) 中央银行的法律地位

中央银行的法律地位是指通过法律形式规定中央银行在整个国家机构体系中的地位,核心就是中央银行在制定和执行货币政策时享有多大的权利,或者说相对于政府它具有多大的政策独立性。经济学家已达成的一个共识是,货币政策的制订与执行与本国政治相对分离,即由独立的机构(中央银行)来制订与实施货币政策,更有利于提高社会整体福利和保持经济长期稳健运行,货币政策直接受到政府控制可能导致过度通货膨胀。[①]

货币政策独立性包括两个方面的内容:一是目标独立性,即中央银行可以自主选择货币政策的最终目标;二是指工具独立性,即中央银行在明确货币政策目标之后,可以自主选择和运用货币政策工具。为了能实现政策独立性,必须建立相应的保障机制,其中有组织独立性、人事独立性和财政独立性。从各国的实践来看,政策独立性主要是指工具独立性,很少有国家赞成目标独立性,即允许中央的权限仅在于通过自身的判断来制定自己的业务操作工具,但不能自主制定货币政策目标。从各国中央银行立法来看,各国中央银行的法律地位是与各国的政治体制、经济发展水平等因素密切相关。有的国家中央银行独立性很强,中央银行不受政府的干涉,可以独立地制定和执行货币政策,并直接对国会负责。有的国家中央银行独立性较弱,中央银行接受政府的指令,货币政策的制定和实施要经政府的批准。

中国人民银行属于独立性较弱的中央银行,它隶属于国务院。《中国人民银行法》第2条第2款规定:"在国务院领导下,制定和执行货币政策,防范和化解金融风险,维护金融稳定。"中国人民银行就年度货币供应量、利率、汇率和国务院规定的其他重要事项作出的决定,报国务院批准后执行。中国人民银行就前款规定以外的其他有关货币政策事项作出决定后,即予执行,并报国务院备案。由于中国人民银行是重要的经济宏观调控部门,因此法律规定它"应当向全国人民代表大会常务委员会提出有关货币政策情况和金融业运行情况的工作报告"。

自中央银行成立以来,关于中央银行独立性的讨论就从未停止,但从未得到统一、被普遍接受的定义。中央银行的独立性并不涵盖中央银行的所有职能领域,有关中央银行独立性核心的关注点仍是中央银行制定和执行货币政策能否不受外界干扰,即中央银行在履行制定与实施货币政策职能时的自主性。从历史上看,中央银行的独立性经历了高度独立、基本不独立到相对独立的发展历程。[②] 中国人民银行就是在国务院的领导下,具有相对独立性的。这体现在"中国人民银行在国务院领导下依法独立执行货币政策,履行职责,开展业务,不受地方政府、各级政府部门、社会团体和个人的干涉"。

(四) 中央银行的组织机构

1. 中国人民银行的领导机构

《中国人民银行法》第9条明确规定了中国人民银行的领导机构——行长、副行长的

---

① 伏军:《中央银行货币政策独立性及其法律制度研究》,载《上海财经大学学报》2006年第5期。
② 郭庆平主编:《中央银行法的理论与实践》,中国金融出版社2016年版。

设置以及任免:"中国人民银行设行长一人,副行长若干人。""中国人民银行行长的人选,根据国务院总理的提名,由全国人民代表大会决定;全国人民代表大会闭会期间,由全国人民代表大会常务委员会决定,由中华人民共和国主席任免。中国人民银行副行长由国务院总理任免。"

《中国人民银行法》第11条还规定了中国人民银行的领导体制,即行长负责制:"中国人民银行实行行长负责制。行长领导中国人民银行的工作,副行长协助行长工作。"

2. 货币政策委员会

中国人民银行设立货币政策委员会,为中国人民银行制定货币政策的咨询议事机构。货币政策委员会的职责、组成和工作程序,由国务院规定,报全国人民代表大会常务委员会备案。中国人民银行货币政策委员会应当在国家宏观调控、货币政策制定和调整中,发挥重要作用。

3. 中国人民银行的派出机构

中国人民银行可以根据履行职责的需要设立分支机构,作为中国人民银行的派出机构。中国人民银行对分支机构实行集中统一领导和管理。中国人民银行的分支机构根据中国人民银行的授权,负责本辖区的金融监督管理,承办有关业务。

4. 从业规范

中国人民银行的行长、副行长及其他工作人员应当恪尽职守,不得滥用职权、徇私舞弊,不得在任何金融机构、企业、基金会兼职。

中国人民银行的行长、副行长及其他工作人员,应当依法保守国家秘密,并有责任为其监督管理的金融机构及有关当事人保守秘密。

(五)中央银行的职能

中国人民银行的基本职责是制定和实施货币政策,对金融业实施监督和管理。根据《中国人民银行法》第4条的规定,具体职责是:发布与履行其职责有关的命令和规章;依法制定和执行货币政策;发行人民币,管理人民币流通;监督管理银行间同业拆借市场和银行间债券市场;实施外汇管理,监督管理银行间外汇市场;监督管理黄金市场;持有、管理、经营国家外汇储备、黄金储备;经理国库;维护支付、清算系统的正常运行;指导、部署金融业反洗钱工作,负责反洗钱的资金监测;负责金融业的统计、调查、分析和预测;作为国家的中央银行,从事有关的国际金融活动;国务院规定的其他职责。

归纳下来,中央银行有以下四大职能。

第一是宏观调控功能,主要体现为执法制定和实施货币政策,发行人民币并管理人民币流通。中国人民银行依法监测金融市场的运行情况,对金融市场实施宏观调控,促进其协调发展。

第二是金融服务职能,包括持有、管理、经营国家外汇储备、黄金储备;经理国库;维护支付、清算系统的正常运行;负责金融业的统计、调查、分析和预测;作为国家的中央银行,从事有关的国际金融活动。这里需要注意的是为了防止中央银行向政府直接融资导致中央银行无法控制货币发行量,导致通货膨胀,《中国人民银行法》严禁中国人民银行向政府直接融资。中国人民银行不得对政府财政透支,不得直接认购、包销国债和其他政府债券。中国人民银行不得向地方政府、各级政府部门提供贷款,不得向非银行金融机构以及其他单位和个人提供贷款,但国务院决定中国人民银行可以向特定的非银行金融机构提供贷款的除外。

第三是一般金融监管职能。随着银行监管职能被转移给银监会,修改后的《中国人民银行》没有提到"监管"两个字,但是中国人民银行作为金融业的核心,对于整个金融业当然进行着宏观上的监督管理。"防范和化解金融风险,维护金融稳定"是中国人民银行的一般金融职能。为了能使中国人民银行更好地发挥金融监管职能,法律也赋予了其一定的金融监管职权:(1)直接监督检查权。中国人民银行有权对金融机构以及其他单位和个人的下列行为进行检查监督:① 执行有关存款准备金管理规定的行为;② 与中国人民银行特种贷款有关的行为;③ 执行有关人民币管理规定的行为;④ 执行有关银行间同业拆借市场、银行间债券市场管理规定的行为;⑤ 执行有关外汇管理规定的行为;⑥ 执行有关黄金管理规定的行为;⑦ 代理中国人民银行经理国库的行为;⑧ 执行有关清算管理规定的行为;⑨ 执行有关反洗钱规定的行为。(2)建议监督检查权。中国人民银行根据执行货币政策和维护金融稳定的需要,可以建议国务院银行业监督管理机构对银行业金融机构进行检查监督。国务院银行业监督管理机构应当自收到建议之日起 30 日内予以回复。(3)全面监督检查权。当银行业金融机构出现支付困难,可能引发金融风险时,为了维护金融稳定,中国人民银行经国务院批准,有权对银行业金融机构进行检查监督。(4)信息收集权。中国人民银行根据履行职责的需要,有权要求银行业金融机构报送必要的资产负债表、利润表以及其他财务会计、统计报表和资料。

第四是金融稳定职能。世界各国(地区)中央银行法律制度呈现出新的发展趋势,即维护金融稳定职能呈现出法定化和日益强化的趋势。2007 年美国爆发次贷危机并引发席卷全球的金融危机,危机之后为保障金融稳定,很多国家修改中央银行法律制度,大大强化了中央银行在维护金融稳定中的核心地位。2010 年,美国根据《多德-弗兰克华尔街改革与消费者保护法》规定成立了金融稳定监管委员会,明确了美联储在金融稳定中的法定职责及其核心地位,赋予美联储"系统风险监管者"的正式职责,同时也赋予其维护金融稳定的广泛权力。扩权后的美联储将全面负责系统性风险的评估和监测,对金融机构的监管权限也从商业银行延伸至所有具有系统重要性的机构,包括规模较大、关联较深的商业银行,投资银行业务为主的金融控股公司,大型保险公司等一切可能对金融稳定构成威胁的金融企业。[①]

重归理论与实践视野的宏观审慎政策旨在防控系统性风险并实现金融稳定,减少金融动荡对实体经济产生的不良影响,也弥补传统宏观经济政策和微观审慎政策的不足。包括我国在内的主要国家都先后进行了旨在加强宏观审慎政策的金融监管体制改革。2017 年,党的十九大报告中正式提出"健全货币政策和宏观审慎政策双支柱调控框架"。同年,为进一步提高监管协调的效率和权威性,增强统筹防范系统性金融风险能力,在原有的监管协调机制上成立了国务院金融稳定发展委员会。2018 年 3 月,中国银监会和保监会合并成立中国银行保险监督管理委员会,形成"一委一行两会"的监管格局。2019 年 2 月,中国人民银行新设宏观审慎管理局,标志着"货币政策+宏观审慎政策"双支柱监管模式初步建立。[②]

[①] 刘迎霜:《论我国中央银行金融监管职能的法制化——以宏观审慎监管为视角》,《当代法学》2014 年第 3 期。
[②] 宋科、李振:《宏观审慎政策、杠杆率与银行风险承担》,《金融监管研究》2019 年第 10 期。

二、中央银行的宏观调控与货币政策

（一）货币政策的概念与目标

货币政策是指中央银行为实现一定的经济目标而运用各种货币政策工具控制和调节货币供应量与货币流向，从而实现国家宏观调控目标的方针和措施。货币政策是宏观经济政策的重要组成部分，是中央银行履行宏观调控职能的最重要手段。

货币政策的目标是指制定和执行一定货币政策所要实现的价值取向。国际上有单目标和多目标两种类型。美国联邦储备系统就把稳定币值、充分就业、经济增长和平衡国际收支作为政策目标。而英国、德国等国家则仅仅把维护币值稳定作为货币政策目标。国际货币基金组织也强调了单目标的稳定币值。我国《中国人民银行法》第3条规定我国的货币政策目标是"保持货币币值的稳定，并以此促进经济的增长"。可见我国的货币政策目标是将货币币值稳定放在第一位，即在货币币值稳定的基础上促进经济增长。

（二）货币政策工具

货币政策工具是指中央银行在执行货币政策时能够作用或影响货币供应量的措施或手段。根据《中国人民银行法》的规定，中国人民银行为执行货币政策而可以运用的货币政策工具有：要求金融机构按照规定的比例交存存款准备金；确定中央银行基准利率；为在中国人民银行开立账户的金融机构办理再贴现；向商业银行提供贷款；在公开市场上买卖国债和其他政府债券及外汇；国务院确定的其他货币政策工具。中国人民银行为执行货币政策，运用前款所列货币政策工具时，可以规定具体的条件和程序。其中的存款准备金、再贴现和公开市场业务是最典型、最重要的货币政策工具。

1. 存款准备金政策

存款准备金是指金融机构为保证客户提取存款和资金清算需要而准备的资金，金融机构按规定向中央银行缴纳的存款准备金占其存款总额的比例就是存款准备金率。存款准备金制度是在中央银行体制下建立起来的，世界上美国最早以法律形式规定商业银行向中央银行缴存存款准备金。存款准备金制度的初始作用是保证存款的支付和清算，之后才逐渐演变成为货币政策工具，中央银行通过调整存款准备金率，影响金融机构的信贷资金供应能力，从而间接调控货币供应量。

2. 再贴现与再贷款政策

贴现是指票据持有人将未到期的票据向银行兑取现金、银行买进未到期的票据以获取票据期间利息，待票据到期后由银行兑取现金的活动。再贴现是指银行或其他金融机构为了取得现金将其贴现获得的未到期票据转让给中央银行的活动。这时中央银行就成为所谓的最后贷款者。再贴现政策是指中央银行依法规定可以申请再贴现的票据类型和额度、规定和调整再贴现利率，从而调节货币供应量的货币政策。如中央银行提高再贴现率，就会增加商业银行的再贴现成本，使商业银行减少贴现和再贴现以收缩贷款和投资，市场的货币供应量也会随之缩减，货币供应量缩减导致市场利率上升，而利率上升又会降低市场的货币需求。反之，如果中央银行降低再贴现率，就会增加市场的货币供应量，降低市场利率，刺激社会的货币需求。因此，为了刺激经济增长，应该实施降低再贴现率的政策。为了控制通货膨胀、稳定物价，应该实施提高再贴现率的政策。

中央银行贷款指中央银行对金融机构的贷款,简称再贷款,是中央银行调控基础货币的渠道之一。中央银行通过适时调整再贷款的总量及利率,吞吐基础货币,促进实现货币信贷总量调控目标,合理引导资金流向和信贷投向。自1984年人民银行专门行使中央银行职能以来,再贷款一直是我国中央银行的重要货币政策工具。近年来,适应金融宏观调控方式由直接调控转向间接调控,再贷款所占基础货币的比重逐步下降,结构和投向发生重要变化。新增再贷款主要用于促进信贷结构调整,引导扩大县域和"三农"信贷投放。

3. 公开市场业务政策

我国的公开市场业务是指中央银行通过在公开市场上买卖国债、其他政府债券和外汇等来调节货币供应量的货币政策工具。当金融市场资金缺乏时,中央银行可以通过买进有价证券,引起市场货币供应量的增加和利率的下降;反之,中央银行则可以通过卖出有价证券,收回基础货币,引起市场货币供应量的减少和利率的上升。

除了上述三个最主要的货币政策工具以外,中国人民银行对金融机构存款基准利率以及汇率的管理也是符合我国国情的特定货币政策工具。我国利率市场化改革的逐步推进,作为货币政策主要手段之一的利率政策逐步从对利率的直接调控向间接调控转化。

(三) 信贷政策

信贷政策也是宏观经济政策的重要组成部分,是中国人民银行根据国家宏观调控和产业政策要求,对金融机构信贷总量和投向实施引导、调控和监督,促使信贷投向不断优化,实现信贷资金优化配置并促进经济结构调整的重要手段。信贷政策和货币政策相辅相成,相互促进。两者既有区别,又有联系。通常认为,货币政策主要着眼于调控总量,通过运用利率、汇率、公开市场操作等工具借助市场平台调节货币供应量和信贷总规模,促进社会总供求大体平衡,从而保持币值稳定。信贷政策主要着眼于解决经济结构问题,通过引导信贷投向,调整信贷结构,促进产业结构调整和区域经济协调发展。从调控手段看,货币政策调控工具更市场化一些;而信贷政策的有效贯彻实施,不仅要依靠经济手段和法律手段,必要时还须借助行政性手段和调控措施。

制定和实施信贷政策是中国人民银行的重要职责。目前的信贷政策大致包含四方面内容:一是与货币信贷总量扩张有关,政策措施影响货币乘数和货币流动性。比如,规定汽车和住房消费信贷的首付款比例、证券质押贷款比例等。二是配合国家产业政策,通过贷款贴息等多种手段,引导信贷资金向国家政策需要鼓励和扶持的地区及行业流动,以扶持这些地区和行业的经济发展。三是限制性的信贷政策。通过"窗口指导"或引导商业银行通过调整授信额度、调整信贷风险评级和风险溢价等方式,限制信贷资金向某些产业、行业及地区过度投放,体现扶优限劣原则。四是制定信贷法律法规,引导、规范和促进金融创新,防范信贷风险。

三、货币发行和管理制度

(一) 人民币发行法律制度

《中国人民银行法》《人民币管理条例》规定了人民币发行制度。人民币的发行权属于中国人民银行。人民币由中国人民银行统一印制、发行。这从法律上确定了中国人民银行作为唯一货币发行机关的地位。中央银行垄断货币发行权是其最基本最重要的标志，也是中央银行发挥其全部职能的基础。[①]

(二) 人民币管理法律制度

《中国人民银行法》《人民币管理条例》是最主要的人民币管理法律规范。它们确定了人民币在我国的法定货币地位：人民币是中华人民共和国的法定货币；以人民币支付中华人民共和国境内的一切公共的和私人的债务，任何单位和个人不得拒收。

为了维护人民币的法定地位，稳定金融秩序，必须对人民币提供法律保护。禁止故意毁损人民币。禁止在宣传品、出版物或者其他商品上非法使用人民币图样。任何单位和个人不得印制、发售代币票券，以代替人民币在市场上流通。中国公民出入境、外国人出入境携带人民币实行限额管理制度，具体限额由中国人民银行规定。法律禁止伪造、变造人民币。禁止出售、购买伪造、变造的人民币。禁止运输、持有、使用伪造、变造的人民币。办理人民币存取款业务的金融机构发现伪造、变造的人民币，数量较多、有新版的伪造人民币或者有其他制造贩卖伪造、变造的人民币线索的，应当立即报告公安机关；数量较少的，由该金融机构两名以上工作人员当面予以收缴，加盖"假币"字样的戳记，登记造册，向持有人出具中国人民银行统一印制的收缴凭证，并告知持有人可以向中国人民银行或者向中国人民银行授权的国有独资商业银行的业务机构申请鉴定。对伪造、变造的人民币收缴及鉴定的具体办法，由中国人民银行制定。办理人民币存取款业务的金融机构应当将收缴的伪造、变造的人民币解缴当地中国人民银行。

四、外汇管理法律制度

(一) 外汇和外汇管制

外汇是指以外币表示的可以用作国际清偿的支付手段和资产，它包括：(1) 外币现钞，包括纸币、铸币；(2) 外币支付凭证或者支付工具，包括票据、银行存款凭证、银行卡等；(3) 外币有价证券，包括债券、股票等；(4) 特别提款权；(5) 其他外汇资产。

外汇管制也可以称为外汇管理，是一国政府为维护国际收支平衡和汇价水平的稳定，稳定本国货币的比价，采用各种政策、法令、规定和措施，对外汇买卖和国际结算实行限制的政策。由于各国的经济、政治条件不同，外汇管制的方法和措施也各不相同。一个国家随着不同时期经济、贸易、金融、国际收支状况等条件的变化，对外汇管制所采取的方法和措施也各不相同。我国曾经实行全面的、严格的外汇管制。1993年年底，党中央提出"改革外汇管理体制，建立市场为基础的有管理的浮动汇率制度和统一规范的外汇市场，逐步使人民币成为可兑换的货币"的改革方向和目标，外汇管制逐渐松动，1996年年底，人民币经常项目可兑换已经实现。1996年公布的《中华人民共和国外汇管理条例》(以下简称《外汇管理条例》)体现了这一阶段我国外汇管理制度改革的成果。随着中国经济的快速发展和国际经济形式的变化，2008年8月国务院公布了新修订的《中华人民共和国外汇管理条例》，对原来的外汇管理制度作了大幅度的修改。按照条例的规定，国务院外汇管理部门及其分支机构，依法履行外汇管理职责，负责该条例的实施。境内机构、境内个人的外汇收支或者外汇经营活动，以及境外机构、境外个人在境内的外汇收支或者外汇经营

[①] 唐波主编：《新编金融法学》，北京大学出版社2006年版。

活动,适用该条例。

(二) 我国的外汇管理

1. 外汇管理的基本制度

(1) 外汇管理机构。我国的外汇管理机关是国务院外汇管理部门及其分支机构,它依法履行外汇管理职责。同时我国实行国际收支统计申报制度,国务院外汇管理部门也有义务对国际收支进行统计、监测,定期公布国际收支状况。国务院外汇管理部门依法持有、管理、经营国家外汇储备,遵循安全、流动、增值的原则。

(2) 经营外汇的金融机构。经营外汇业务的金融机构应当按照国务院外汇管理部门的规定为客户开立外汇账户,并通过外汇账户办理外汇业务。经营外汇业务的金融机构应当依法向外汇管理机关报送客户的外汇收支及账户变动情况。经营外汇业务的金融机构发现客户有外汇违法行为的,应当及时向外汇管理机关报告。这意味着经营外汇业务的金融机构有义务配合外汇管理机关对外汇进行管理。

(3) 对经常外汇项目不作限制,对资本项目外汇有比较严格的限制。为了便利国际贸易,我国对经常性国际支付和转移不予限制。由于我国金融市场发育并不完善,为了防止国际资本流动对我国国际收支平衡和对国家经济的冲击,目前我国对资本项目外汇有比较严格的限制。经常项目是指国际收支中涉及货物、服务、收益及经常转移的交易项目等。资本项目是指国际收支中引起对外资产和负债水平发生变化的交易项目,包括资本转移、直接投资、证券投资、衍生产品及贷款等。

(4) 外币禁止在境内流通。中华人民共和国境内禁止外币流通,并不得以外币计价结算,但国家另有规定的除外。

(5) 境内机构、境内个人的外汇收入。修改后的《外汇管理条例》不再要求外汇收入强制调回国内。境内机构、境内个人的外汇收入可以调回境内或者存放境外;调回境内或者存放境外的条件、期限等,由国务院外汇管理部门根据国际收支状况和外汇管理的需要作出规定。

(6) 国际收支严重失衡下的保障措施。国际收支出现或者可能出现严重失衡,以及国民经济出现或者可能出现严重危机时,国家可以对国际收支采取必要的保障、控制等措施。

2. 经常项目外汇

企业和个人经常项目下用汇不再进行审批,但是经常项目外汇收支应当具有真实、合法的交易基础。经营结汇、售汇业务的金融机构应当按照国务院外汇管理部门的规定,对交易单证的真实性及其与外汇收支的一致性进行合理审查。外汇管理机关有权对前款规定事项进行监督检查。目的是为了防止无交易背景的逃骗汇及洗钱等违法犯罪活动。

经常项目外汇收入,可以按照国家有关规定保留或者卖给经营结汇、售汇业务的金融机构。这表明修改后的《外汇管理条例》不再要求经常项目外汇收入强制结汇。经常项目外汇支出,应当按照国务院外汇管理部门关于付汇与购汇的管理规定,凭有效单证以自有外汇支付或者向经营结汇、售汇业务的金融机构购汇支付。

携带、申报外币现钞出入境的限额,由国务院外汇管理部门规定。

3. 资本项目外汇管理

（1）境外资本在境内投资。境外机构、境外个人在境内直接投资，经有关主管部门批准后，应当到外汇管理机关办理登记。境外机构、境外个人在境内从事有价证券或者衍生产品发行、交易，应当遵守国家关于市场准入的规定，并按照国务院外汇管理部门的规定办理登记。①

（2）境内资本在境外投资。境内机构、境内个人向境外直接投资或者从事境外有价证券、衍生产品发行、交易，应当按照国务院外汇管理部门的规定办理登记。国家规定需要事先经有关主管部门批准或者备案的，应当在外汇登记前办理批准或者备案手续。②

（3）外债管理和对外担保管理。国家对外债实行规模管理。借用外债应当按照国家有关规定办理，并到外汇管理机关办理外债登记。国务院外汇管理部门负责全国的外债统计与监测，并定期公布外债情况。对外担保属于或有负债，因此国家就对外担保的管理参照外债管理。《外汇管理条例》规定了对外担保业务的准入制度和对外担保合同登记制度。"提供对外担保，应当向外汇管理机关提出申请，由外汇管理机关根据申请人的资产负债等情况作出批准或者不批准的决定；国家规定其经营范围需经有关主管部门批准的，应当在向外汇管理机关提出申请前办理批准手续。申请人签订对外担保合同后，应当到外汇管理机关办理对外担保登记。经国务院批准为使用外国政府或者国际金融组织贷款进行转贷提供对外担保的，不适用前款规定。"

（4）对外贷款管理。银行业金融机构在经批准的经营范围内可以直接向境外提供商业贷款。其他境内机构向境外提供商业贷款，应当向外汇管理机关提出申请，外汇管理机关根据申请人的资产负债等情况作出批准或者不批准的决定；国家规定其经营范围需经有关主管部门批准的，应当在向外汇管理机关提出申请前办理批准手续。向境外提供商业贷款，应当按照国务院外汇管理部门的规定办理登记。

（5）资本项目的外汇收入和外汇支出。修改后的《外汇管理条例》改革了资本项目外汇管理方式，除国家规定无须批准的以外，经外汇管理机关批准，资本项目外汇收入可以保留或者卖给经营结汇、售汇业务的金融机构。

资本项目外汇支出，应当按照国务院外汇管理部门关于付汇与购汇的管理规定，凭有效单证以自有外汇支付或者向经营结汇、售汇业务的金融机构购汇支付。国家规定应当经外汇管理机关批准的，应当在外汇支付前办理批准手续。依法终止的外商投资企业，按照国家有关规定进行清算、纳税后，属于外方投资者所有的人民币，可以向经营结汇、售汇业务的金融机构购汇汇出。

（6）流入资本的用途管理。为了防止热钱涌入资本市场和房地产市场对我国经济造

---

① QFII(Qualified Foreign Institutional Investors)是合格的境外机构投资者的简称，QFII机制是指外国专业投资机构到境内投资的资格认定制度，是一国在货币没有实现完全可自由兑换、资本项目尚未开放的情况下，有限度地引进外资、开放资本市场的一项过渡性的制度。这种制度要求外国投资者若要进入一国证券市场，必须符合一定的条件，得到该国有关部门的审批通过后汇入一定额度的外汇资金，并转换为当地货币，通过严格监管的专门账户投资当地证券市场。
② QDII(合格境内机构投资者)是Qualified Domestic Institutional Investors的英文首个字母缩写。QDII机制是指在人民币资本项下不可兑换、资本市场未开放条件下，在一国境内设立，经该国有关部门批准，有控制地，允许境内机构投资境外资本市场的股票、债券等有价证券投资业务的一项制度安排。

成冲击,《外汇管理条例》对流入资本进行用途管理,规定:"资本项目外汇及结汇资金,应当按照有关主管部门及外汇管理机关批准的用途使用。外汇管理机关有权对资本项目外汇及结汇资金使用和账户变动情况进行监督检查。"

4. 金融机构的外汇管理

金融机构外汇经营往往在短期内形成大量外汇收支,可能会影响国家的国际收支,造成国家经济的不稳定,因此各国都不同程度地对本国金融机构的外汇业务进行管理。具体规则是:金融机构经营或者终止经营结汇、售汇业务,应当经外汇管理机关批准;经营或者终止经营其他外汇业务,应当按照职责分工经外汇管理机关或者金融业监督管理机构批准。外汇管理机关对金融机构外汇业务实行综合头寸管理,具体办法由国务院外汇管理部门制定。金融机构的资本金、利润以及因本外币资产不匹配需要进行人民币与外币间转换的,应当经外汇管理机关批准。

5. 人民币汇率和外汇市场管理

我国现在的人民币汇率实行以市场供求为基础的、有管理的浮动汇率制度。其形成机制是通过外汇市场以供求关系作为决定汇率的主要依据,并主要运用经济手段调节外汇供求以保持其相对稳定。自 2005 年 7 月 21 日起,我国开始实行以市场供求为基础、参考一篮子货币进行调节、有管理的浮动汇率制度。人民币汇率不再盯住单一美元,而形成更富弹性的人民币汇率机制。

我国的外汇市场是银行间的外汇市场。银行间外汇市场是指经国家外汇管理局批准可以经营外汇业务的境内金融机构(包括银行、非银行金融机构和外资金融机构)之间通过中国外汇交易中心进行人民币与外币之间的交易市场。任何境内金融机构之间不得在交易中心之外进行人民币与外币之间的交易。外汇市场交易的币种和形式由国务院外汇管理部门规定和调整。外汇市场交易遵循公开、公平、公正和诚实信用的原则进行运作。国务院外汇管理部门依法监督管理全国的外汇市场。中国人民银行根据货币政策的要求和外汇市场的变化,依法对外汇市场进行调控。

6. 违反外汇管理法的法律责任

外汇违法行为是指违反国家外汇管理法规、规定的违法犯罪行为,主要可以分为逃汇、套汇和其他违法扰乱金融行为三大类。

(1) 逃汇。有违反规定将境内外汇转移境外,或者以欺骗手段将境内资本转移境外等逃汇行为的,由外汇管理机关责令限期调回外汇,处逃汇金额 30% 以下的罚款;情节严重的,处逃汇金额 30% 以上等值以下的罚款;构成犯罪的,依法追究刑事责任。

(2) 套汇。有违反规定以外汇收付应当以人民币收付的款项,或者以虚假、无效的交易单证等向经营结汇、售汇业务的金融机构骗购外汇等非法套汇行为的,由外汇管理机关责令对非法套汇资金予以回兑,处非法套汇金额 30% 以下的罚款;情节严重的,处非法套汇金额 30% 以上等值以下的罚款;构成犯罪的,依法追究刑事责任。

(3) 其他违法扰乱金融行为。其他违法扰乱金融行为包括:违反规定将外汇汇入境内的;违反规定携带外汇出入境的;有擅自对外借款、在境外发行债券或者提供对外担保等违反外债管理行为的;违反规定,擅自改变外汇或者结汇资金用途的;私自买卖外汇、变相买卖外汇、倒买倒卖外汇或者非法介绍买卖外汇数额较大的;未经批准擅自经营结汇、售汇业务的。法律也对这些违法扰乱金融行为规定了法律责任。

第三节　商业银行法律制度

一、商业银行法概述

（一）商业银行的产生和发展

商业银行是商品经济发展到一定阶段的产物。在中世纪，威尼斯就出现了商业银行的萌芽，为了便利威尼斯的国际贸易，商人中出现了专门提供货币保管、汇兑等业务的货币经营商人。随着经营规模的扩大，这些货币经营商开始吸收存款，发放贷款。1694年苏格兰银行问世，标志着现代商业银行的出现。商业银行是现代金融体系的核心，一方面国家通过商业银行来实现货币政策，商业银行被称为国家货币政策的传送带；另一方面商业银行提供的存款、贷款和支付清算业务构成了金融业的基础。

（二）商业银行的概念和特征

商业银行区别于中央银行、投资银行，是以营利为目的，以多种金融负债筹集资金，以多种金融资产为经营对象，并具有信用创造功能的金融机构。[①] 商业银行具有以下几个特点：(1) 商业银行是依法设立的企业法人。这里的依法不仅是指《中华人民共和国商业银行法》，而且还指《中华人民共和国公司法》。这是由它的特殊经营范围和经营对象所决定的。(2) 商业银行是以营利为目的的自主经营、自担风险、自负盈亏、自我约束的企业法人。商业银行依法开展业务，不受任何单位和个人的干涉。商业银行以其全部法人财产独立承担民事责任。(3) 商业银行是以经营货币业务为主的企业法人。它与一般企业最大的区别就是它直接经营货币这种特殊商品，其中吸收公众存款业务是界定商业银行实质的核心要素。[②]

（三）商业银行的组织结构

1. 商业银行的外部组织结构

单一银行制，又称单元银行制，根据相关法律规定，商业银行只能成立一家独立的银行机构，不设分支机构。单一银行制在美国比较典型。为了适应经济均衡发展的需求，特别是适应中小企业发展的需要，防止金融集中，美国各州都通过银行法，禁止或限制银行开设分支行。21世纪以来，这一限制有所放松。

分支银行体制，又称总分行制，是指依法可以在国内外设立分支机构的商业银行体制。除总行外，一般可在国内或国外开设分支机构。大部分总行设于首都或经济比较发达的大城市。多数国家采取的是分支银行体制。我国《商业银行法》第19条规定："商业银行根据业务需要可以在中华人民共和国境内外设立分支机构。设立分支机构必须经国务院银行业监督管理机构审查批准。在中华人民共和国境内的分支机构，不按行政区划设立。商业银行在中华人民共和国境内设立分支机构，应当按照规定拨付与其经营规模相适应的营运资金额。拨付各分支机构营运资金额的总和，不得超过总行资本金总额的

---

① 朱崇实、刘志云：《金融法教程》，法律出版社2017年版。
② 彭冰：《商业银行的定义》，载《北京大学学报（社会科学版）》2007年第1期。

百分之六十。"

银行集团制,又称银行持股公司制,是由某一集团成立一持股公司,再由该公司控制或收购两家以上银行机构。银行持股公司有两种形式:一种是单一银行持股公司,即持股公司控制一家商业银行的股权。这种形式便于设立各种附属机构,开展多种非银行的金融业务,一般以大银行为主;另一种是持股多家公司,即持股公司控制两家以上商业银行的股权,这种形式便于银行扩展和进行隐蔽性的合并。该模式20世纪初出现于美国,随后在其他国家得到广泛发展。1956年美国《银行持股公司法》规定,凡直接、间接控制两家以上银行,而每家银行有表决权的股票在25%以上的,为持股公司。1970年美国对《银行持股公司法》又作了如下修改:只控制一家银行25%以上股权的持股公司,也要进行登记。因持股公司控制一定比例的银行股权,就能决定银行重要人事、营业政策,所以持股公司可以是大银行控制小银行的工具。主要原因在于:持股公司可以逃避州立法中不允许银行跨州设立分支机构的限制;持股公司可避开银行法对商业银行经营业务上的限制,扩大经营范围,使银行涉足非银行的业务领域;持股公司能够规避对银行融资的限制性规定,为银行筹集资金,如发行商业票据等。

连锁银行制,是由某个人或某集团通过收购若干银行的多数股票达到控制程度而形成银行集团。在该体制下,这些银行的法律地位仍然是独立的,但实际上其业务和经营政策等因控股而被他人所控制。连锁银行制的作用与集团银行制的一样,都是为了在连锁的范围内发挥分行的作用,弥补单一银行制的不足,并规避现行法律对设置分支机构的限制。①

2. 商业银行的内部组织结构

《商业银行法》第17条规定:"商业银行的组织形式、组织机构适用《中华人民共和国公司法》的规定。本法施行前设立的商业银行,其组织形式、组织机构不完全符合《中华人民共和国公司法》规定的,可以继续沿用原有的规定,适用前款规定的日期由国务院规定。"

(四)商业银行的设立、变更、接管和终止

1. 设立

由于商业银行的特殊性,各国对商业银行的设立采用核准制,对商业银行的市场准入进行严格的监管。设立商业银行,应当经国务院银行业监督管理机构审查批准。未经国务院银行业监督管理机构批准,任何单位和个人不得从事吸收公众存款等商业银行业务,任何单位不得在名称中使用"银行"字样。

(1)设立的条件。设立商业银行,应当具备下列条件:① 有符合《商业银行法》和《中华人民共和国公司法》规定的章程;② 有符合《商业银行法》规定的注册资本最低限额;② ③ 有具备任职专业知识和业务工作经验的董事、高级管理人员;③ ④ 有健全的组织机构

---

① 朱崇实、刘志云:《金融法教程》,法律出版社2017年版。
② 《商业银行法》第13条规定:"设立全国性商业银行的注册资本最低限额为十亿元人民币。设立城市商业银行的注册资本最低限额为一亿元人民币,设立农村商业银行的注册资本最低限额为五千万元人民币。注册资本应当是实缴资本。国务院银行业监督管理机构根据审慎监管的要求可以调整注册资本最低限额,但不得少于前款规定的限额。"
③ 《商业银行法》第27条规定了董事、高级管理人员资格的消极条件:"有下列情形之一的,不得担任商业银行的董事、高级管理人员:(一)因犯有贪污、贿赂、侵占财产、挪用财产罪或者破坏社会经济秩序罪,被判处刑罚,或者因犯罪被剥夺政治权利的;(二)担任因经营不善破产清算的公司、企业的董事或者厂长、经理,并对该公司、企业的破产负有个人责任的;(三)担任因违法被吊销营业执照的公司、企业的法定代表人,并负有个人责任的;(四)个人所负数额较大的债务到期未清偿的。"

和管理制度;⑤ 有符合要求的营业场所、安全防范措施和与业务有关的其他设施。设立商业银行,还应当符合其他审慎性条件。

(2) 设立的程序。设立商业银行,申请人应当向国务院银行业监督管理机构提交相关文件、资料,获得批准后由国务院银行业监督管理机构颁发经营许可证,并凭该许可证向工商行政管理部门办理登记,领取营业执照。①

(3) 分支机构的设立。商业银行根据业务需要可以在中华人民共和国境内外设立分支机构。设立分支机构必须经国务院银行业监督管理机构审查批准。在中华人民共和国境内的分支机构,不按行政区划设立。商业银行在中华人民共和国境内设立分支机构,应当按照规定拨付与其经营规模相适应的营运资金额。拨付各分支机构营运资金额的总和,不得超过总行资本金总额的60%。经批准设立的商业银行分支机构,由国务院银行业监督管理机构颁发经营许可证,并凭该许可证向工商行政管理部门办理登记,领取营业执照。

2. 变更

(1) 事项变更。商业银行有下列变更事项之一的,应当经国务院银行业监督管理机构批准:① 变更名称;② 变更注册资本;③ 变更总行或者分支行所在地;④ 调整业务范围;⑤ 变更持有资本总额或者股份总额5%以上的股东;⑥ 修改章程;⑦ 国务院银行业监督管理机构规定的其他变更事项。更换董事、高级管理人员时,应当报经国务院银行业监督管理机构审查其任职资格。这里需要注意的是,任何单位和个人购买商业银行股份总额5%以上的,应当事先经国务院银行业监督管理机构批准。

(2) 主体变更。商业银行的分立、合并,适用《中华人民共和国公司法》的规定。商业银行的分立、合并,应当经国务院银行业监督管理机构审查批准。

3. 商业银行的接管

商业银行已经或者可能发生信用危机,严重影响存款人的利益时,国务院银行业监督管理机构可以对该银行实行接管。接管的目的是对被接管的商业银行采取必要措施,以保护存款人的利益,恢复商业银行的正常经营能力。被接管的商业银行的债权债务关系不因接管而变化。

接管由国务院银行业监督管理机构决定,并组织实施。国务院银行业监督管理机构的接管决定应当载明下列内容:(1) 被接管的商业银行名称;(2) 接管理由;(3) 接管组织;(4) 接管期限。接管决定由国务院银行业监督管理机构予以公告。接管自接管决定实施之日起开始。自接管开始之日起,由接管组织行使商业银行的经营管理权力。

接管期限届满,国务院银行业监督管理机构可以决定延期,但接管期限最长不得超过2年。有下列情形之一的,接管终止:(1) 接管决定规定的期限届满或者国务院银行业监督管理机构决定的接管延期届满;(2) 接管期限届满前,该商业银行已恢复正常经营能力;(3) 接管期限届满前,该商业银行被合并或者被依法宣告破产。

4. 商业银行的终止

商业银行的终止是指商业银行出现了法律规定的或章程约定的情形,其主体资格归于消灭的法律行为。商业银行终止的情形有三种,"商业银行因解散、被撤销和被宣告破产而终止"。

---

① 《商业银行法》第14、15条规定了设立商业银行申请所要提交的文件和材料。

(1) 因解散而终止。商业银行因分立、合并或者出现公司章程规定的解散事由需要解散的,应当向国务院银行业监督管理机构提出申请,并附解散的理由和支付存款的本金和利息等债务清偿计划。经国务院银行业监督管理机构批准后解散。商业银行解散的,应当依法成立清算组,进行清算,按照清偿计划及时偿还存款本金和利息等债务。国务院银行业监督管理机构监督清算过程。

(2) 因被撤销而终止。商业银行因吊销经营许可证被撤销的,国务院银行业监督管理机构应当依法及时组织成立清算组,进行清算,按照清偿计划及时偿还存款本金和利息等债务。

(3) 因破产而终止。商业银行不能支付到期债务,经国务院银行业监督管理机构同意,由人民法院依法宣告其破产。商业银行被宣告破产的,由人民法院组织国务院银行业监督管理机构等有关部门和有关人员成立清算组,进行清算。商业银行破产清算时,在支付清算费用、所欠职工工资和劳动保险费用后,应当优先支付个人储蓄存款的本金和利息。

(五) 商业银行的业务范围与经营原则

1. 业务范围

各国的金融体制决定了商业银行的业务范围。《商业银行法》第3条规定商业银行可以经营下列部分或者全部业务:吸收公众存款;发放短期、中期和长期贷款;办理国内外结算;办理票据承兑与贴现;发行金融债券;代理发行、代理兑付、承销政府债券;买卖政府债券、金融债券;从事同业拆借;买卖、代理买卖外汇;从事银行卡业务;提供信用证服务及担保;代理收付款项及代理保险业务;提供保管箱服务;经国务院银行业监督管理机构批准的其他业务。经营范围由商业银行章程规定,报国务院银行业监督管理机构批准。商业银行经中国人民银行批准,可以经营结汇、售汇业务。

《商业银行法》第43条规定了禁止商业银行经营的业务,即"商业银行在中华人民共和国境内不得从事信托投资和证券经营业务,不得向非自用不动产投资或者向非银行金融机构和企业投资,但国家另有规定的除外。"对第43条的理解,必须注意以下两点:第一,商业银行禁止经营的业务只限于在中华人民共和国境内。第二,禁止经营业务的范围一直是在变化的。第43条最后规定"国家另有规定的除外"给未来的混业经营留下了口子。

2. 经营原则

商业银行以安全性、流动性、效益性为经营原则,实行自主经营,自担风险,自负盈亏,自我约束。安全性是指银行资产免遭风险,安全收回资产本息的可靠性程度。流动性是指商业银行能够随时付出资金和收回资金的能力。效益性是指商业银行是以利润最大化为经营目标。商业银行的三大经营原则是矛盾的统一,其中流动性是安全性保障,安全性是效益性的前提,而效益性是商业银行经营的最终目的。商业银行作为负债经营行业所固有的脆弱性、金融风险的系统危害性以及金融在经济体系中的重要性决定了商业银行的经营是把安全性放在第一位的。

二、存款和贷款法律制度

(一) 存款法律制度

1. 存款的概念和分类

存款是指存款人在其开设的金融机构存款账户上存入货币资金的行为,或者指依法具有吸收存款资格的金融机构接受存款人存入货币资金的行为。在我国,根据不同的标准,习惯上将存款分为以下几类:单位存款和个人储蓄存款;活期存款、定期存款和定活两便存款;人民币存款和外币存款。单位存款,也称机构存款,是指个人储蓄存款以外的所有存款,具体是指企业、事业、机关、部队和社会团体在金融机构办理的人民币存款。我国一般称其为"对公存款"。《商业银行法》《支付结算办法》《银行账户管理办法》《现金管理暂行条例》等构成了我国单位存款法律制度的渊源,其立法目的是对单位存款的严格管理,监督使用。储蓄是指个人将其所有的人民币或外币存入储蓄机构的活动。《商业银行法》规定了储蓄存款的基本原则是:"存款自愿、取款自由、存款有息,为存款人保密。"《商业银行法》《储蓄管理条例》等构成了我国储蓄存款法律制度的渊源。

2. 存款业务的基本规则

存款法律制度的基本规则体现为对存款人的保护。《商业银行法》规定:"商业银行办理个人储蓄存款业务,应当遵循存款自愿、取款自由、存款有息、为存款人保密的原则。对个人储蓄存款,商业银行有权拒绝任何单位或者个人查询、冻结、扣划,但法律另有规定的除外。对单位存款,商业银行有权拒绝任何单位或者个人查询,但法律、行政法规另有规定的除外;有权拒绝任何单位或者个人冻结、扣划,但法律另有规定的除外。商业银行应当按照中国人民银行规定的存款利率的上下限,确定存款利率,并予以公告。商业银行应当按照中国人民银行的规定,向中国人民银行交存存款准备金,留足备付金。商业银行应当保证存款本金和利息的支付,不得拖延、拒绝支付存款本金和利息。"

(二)贷款法律制度

1. 贷款法律制度的渊源

贷款是商业银行最重要的资产业务,构成了我国商业银行收入的主要来源。《中国人民银行法》《商业银行法》《银行业监督管理法》《合同法》《担保法》等法律构成了我国贷款法律制度的渊源。① 《贷款通则》是 1996 年 6 月人民银行依法发布的有关贷款业务的专门性金融规章,是中资金融机构开展贷款业务的基本依据。《贷款通则》包括 12 章共 80 条,自 1996 年 8 月 21 日起施行。②

2. 贷款业务的基本规则

(1) 贷款的评估、调查和审批。商业银行贷款,应当对借款人的借款用途、偿还能力、还款方式等情况进行严格审查。商业银行贷款,应当实行审贷分离、分级审批的制度。

(2) 贷款担保。商业银行贷款,借款人应当提供担保。商业银行应当对保证人的偿还能力,抵押物、质物的权属和价值以及实现抵押权、质权的可行性进行严格审查。经商业银行审查、评估,确认借款人资信良好,确能偿还贷款的,可以不提供担保。

(3) 贷款合同签订。商业银行贷款,应当与借款人订立书面合同。合同应当约定贷款种类、借款用途、金额、利率、还款期限、还款方式、违约责任和双方认为需要约定的其他

---

① 《商业银行法》第四章就贷款的基本规则作了规定,《合同法》第十二章就借款合同作了原则规定。
② 需要注意的是《贷款通则》已经落后于我国的金融发展实践,有关部门正在着手修改,2010 年由央行牵头的《贷款通则》已报到国务院法制办,进入更广范围内的意见征求阶段。除了《贷款通则》以外,银监会也出台了大量行政规章,如《固定资产贷款管理暂行办法》《项目融资业务指引》《流动资金贷款管理暂行办法》《单位定期存单质押贷款管理规定》《个人定期存单质押贷款办法》《商业银行并购贷款风险管理指引》《商业银行助学贷款管理办法》《银团贷款业务指引》《汽车贷款管理办法》《商业银行房地产贷款风险管理指引》等,规范了商业银行从事的具体种类的贷款业务。

事项。

(4) 关系人贷款。商业银行不得向关系人发放信用贷款；向关系人发放担保贷款的条件不得优于其他借款人同类贷款的条件。前款所称关系人是指：① 商业银行的董事、监事、管理人员、信贷业务人员及其近亲属；② 前项所列人员投资或者担任高级管理职务的公司、企业和其他经济组织。

(5) 贷款归还。借款人应当按期归还贷款的本金和利息。借款人到期不归还担保贷款的，商业银行依法享有要求保证人归还贷款本金和利息或者就该担保物优先受偿的权利。商业银行因行使抵押权、质权而取得的不动产或者股权，应当自取得之日起二年内予以处理。借款人到期不归还信用贷款的，应当按照合同约定承担责任。

第四节 银行监管法律制度

一、银行监管概述

(一) 银行监管的必要性

在现代金融体系中，金融机构尤其是银行机构的特殊性决定了该类机构必须受到严格的规范性关注、监督与管理。首先银行业容易出现市场失灵，主要表现在外部性和信息不对称。外部性体现为银行的系统风险。银行在经营过程中严重依赖存款和少量准备金，负债期限短，但是资产期限较长，资产与负债期限失配，银行是否出现挤兑，完全取决社会公众的信息。同时银行的杠杆率也远远高于其他企业，所谓杠杆率就是资产负债表中负债部分与股权的比率。高杠杆率说明股本这个用于弥补亏损的防护垫十分薄弱，银行倒闭风险增加。因此银行业具有高风险性和公众信心维持性。一旦单个银行发生风险，风险会转移到其他银行，形成所谓的多米诺骨牌效应。其次，商业银行对于市场经济具有至关重要的作用。商业银行发生风险将对整个市场经济产生重大的冲击。

(二) 现代银行监管理念

现代银行监管出现了一些新的理念，巴塞尔委员会在 2004 年颁布的《新巴塞尔协议》给世界各国的银行业监管提供了指导性的文件。它提出良好的公司治理结构和内控制度是防范风险的第一道防线，市场约束机制、社会公众和专业机构的监督是第二道防线，政府监管是第三道防线。监管当局要做的，是充分调动银行企业管理的积极性，发挥市场防范风险的激励与约束作用，将损失和风险控制在最低。《新巴塞尔协议》将最低资本要求、监管机制和市场约束并列为银行监管的三大支柱。其中信息披露是市场约束的重要方式，通过银行进行及时、全面和准确的信息披露，使市场了解银行的风险及资本充足率，更好地约束银行管理和控制风险。

二、我国银行业监管机构的职责和措施

(一) 职责

中国银行业监督管理委员会负责对全国银行业金融机构及其业务活动监督管理的工作，监管的对象有在中华人民共和国境内设立的商业银行、城市信用合作社、农村信用合

作社等吸收公众存款的金融机构以及政策性银行,金融资产管理公司、信托投资公司、财务公司、金融租赁公司以及经国务院银行业监督管理机构批准设立的其他金融机构。其职责如下:

(1) 依照法律、行政法规制定并发布对银行业金融机构及其业务活动监督管理的规章、规则。

(2) 依照法律、行政法规规定的条件和程序,审查批准银行业金融机构的设立、变更、终止以及业务范围。未经国务院银行业监督管理机构批准,任何单位或者个人不得设立银行业金融机构或者从事银行业金融机构的业务活动。

(3) 申请设立银行业金融机构,或者银行业金融机构变更持有资本总额或者股份总额达到规定比例以上的股东的,国务院银行业监督管理机构应当对股东的资金来源、财务状况、资本补充能力和诚信状况进行审查。

(4) 银行业金融机构业务范围内的业务品种,应当按照规定经国务院银行业监督管理机构审查批准或者备案。需要审查批准或者备案的业务品种,由国务院银行业监督管理机构依照法律、行政法规作出规定并公布。

(5) 对银行业金融机构的董事和高级管理人员实行任职资格管理。具体办法由国务院银行业监督管理机构制定。

(6) 对银行业金融机构的审慎监管。审慎监管是指监管部门以防范和化解银行业风险为目的,通过制定一系列金融机构必须遵守的周密而谨慎的审慎经营规则,客观评价金融机构的风险状况,并及时进行风险监测、预警和控制的监管模式。审慎经营规则包括风险管理、内部控制、资本充足率、资产质量、损失准备金、风险集中、关联交易、资产流动性等内容。这些规则可以由法律、行政法规规定,也可以由国务院银行业监督管理机构依照法律、行政法规制定。

(7) 国务院银行业监督管理机构应当建立银行业突发事件的发现、报告岗位责任制度。银行业监督管理机构发现可能引发系统性银行业风险、严重影响社会稳定的突发事件的,应当立即向国务院银行业监督管理机构负责人报告;国务院银行业监督管理机构负责人认为需要向国务院报告的,应当立即向国务院报告,并告知中国人民银行、国务院财政部门等有关部门。

(二) 监管措施

为了保证银监会监管职权的行使,《银行业监督管理法》赋予了其相应的监督管理措施。

1. 要求银行业金融机构报送资料

银行业监督管理机构根据履行职责的需要,有权要求银行业金融机构按照规定报送资产负债表、利润表和其他财务会计、统计报表、经营管理资料以及注册会计师出具的审计报告。

2. 现场检查

银行业监督管理机构根据审慎监管的要求,可以采取下列措施进行现场检查:① 进入银行业金融机构进行检查;② 询问银行业金融机构的工作人员,要求其对有关检查事项作出说明;③ 查阅、复制银行业金融机构与检查事项有关的文件、资料,对可能被转移、隐匿或者毁损的文件、资料予以封存;④ 检查银行业金融机构运用电子计算机管理业务数据的系统。进行现场检查,应当经银行业监督管理机构负责人批准。现场检查时,检查人员不得少于二人,并应当出示合法证件和检查通知书;检查人员少于二人或者未出示合法证件和检查通知书的,银行业金融机构有权拒绝检查。

3. 谈话

银行业监督管理机构根据履行职责的需要,可以与银行业金融机构董事、高级管理人员进行监督管理谈话,要求银行业金融机构董事、高级管理人员就银行业金融机构的业务活动和风险管理的重大事项作出说明。

4. 责令信息披露

银行业监督管理机构应当责令银行业金融机构按照规定,如实向社会公众披露财务会计报告、风险管理状况、董事和高级管理人员变更以及其他重大事项等信息。

5. 对违反审慎经营规则的处理

银行业金融机构违反审慎经营规则的,国务院银行业监督管理机构或者其省一级派出机构应当责令限期改正;逾期未改正的,或者其行为严重危及该银行业金融机构的稳健运行、损害存款人和其他客户合法权益的,经国务院银行业监督管理机构或者其省一级派出机构负责人批准,可以区别情形,采取下列措施:① 责令暂停部分业务、停止批准开办新业务;② 限制分配红利和其他收入;③ 限制资产转让;④ 责令控股股东转让股权或者限制有关股东的权利;⑤ 责令调整董事、高级管理人员或者限制其权利;⑥ 停止批准增设分支机构。银行业金融机构整改后,应当向国务院银行业监督管理机构或者其省一级派出机构提交报告。国务院银行业监督管理机构或者其省一级派出机构经验收,符合有关审慎经营规则的,应当自验收完毕之日起三日内解除对其采取的前款规定的有关措施。

6. 接管

银行业金融机构已经或者可能发生信用危机,严重影响存款人和其他客户合法权益的,国务院银行业监督管理机构可以依法对该银行业金融机构实行接管或者促成机构重组,接管和机构重组依照有关法律和国务院的规定执行。

7. 撤销金融机构

银行业金融机构有违法经营、经营管理不善等情形,不予撤销将严重危害金融秩序、损害公众利益的,国务院银行业监督管理机构有权予以撤销。

三、对商业银行的审慎监管

审慎监管是指监管部门以防范和化解银行业风险为目的,通过制定一系列金融机构必须遵守的周密而谨慎的经营规则,客观评价金融机构的风险状况,并及时进行风险监测、预警和控制的监管模式。银行业的审慎监管是通过两方面内容实现的:一是通过银行等金融机构执行监管当局制定的审慎经营规则,加强内部风险管理;二是通过监管当局检查金融机构的审慎经营规则的执行情况,进行审慎评估并及时进行风险预警和控制。

由此可见,确定审慎经营规则是审慎监管的基础。根据《银行业监督管理法》第21条的规定,银行业金融机构的审慎经营规则由法律、行政法规规定,也可以由中国银监会依照法律、行政法规制定。银行业金融机构应当严格遵守审慎经营规则。目前,中国银监会及其他有关部门已制定了一系列审慎经营规则,包括风险管理、内部控制、资本充足率、资产质量、损失准备金、风险集中、关联交易、资产流动性等方面的内容。

1. 资本充足率监管

资本充足率是银行审慎监管的核心,它贯穿于商业银行设立、经营和市场退出的全过程,对商业银行的影响是全方位的。资本充足率是指银行资本总额与加权资产总额的比率,反映商业银行在存款人和债权人的资产遭到损失之前,银行能以自有资本承担损失的程度。银行经营所造成的各种损失最终需要通过银行资本来缓冲和吸收、消化。银行资本通常被看作银行的最后一道防线,当银行出现风险管理不善而造成亏损的情况下,资本可以吸收损失从而防范银行倒闭。因此资本充足率是衡量银行承担风险的综合指标,同时也能抑制风险资产的过度膨胀,保护存款人和其他债权人的利益。

2. 资产流动性监管

流动性是指银行在一定时间内以合理的成本筹集一定数量的资金来满足客户当前或未来的资金需求。商业银行保持流动性具有重要意义,因为商业银行短钱长用的经营模式会导致资金缺口,形成流动性压力。商业银行只有保持流动性才能确保存款人资金能按时偿付,树立存款人对商业银行的信心。《商业银行法》第39条第3款规定商业银行流动性资产余额与流动性负债余额的比例不得低于25%。

3. 信用风险监管

信用风险是指在以信用为中介的交易中,交易一方因各种原因不愿或无力履行合同条件而构成违约,致使一方造成损失。对信用风险的监管包括资产质量监管、风险集中监管和关联交易监管等。《商业银行法》第39条第4款规定商业银行对同一借款人的贷款余额与商业银行资本余额的比例不得超过10%。

 附:相关理论探讨

中国的金融法律制度的完善是与中国市场经济的改革进程密切相关的。在这一过程中,大量的金融法律问题需要理论对此作出回应。下面列举学术界近年讨论较多的两个重要问题,以供同学们进一步思考。

一、中央银行的宏观调控创新

由于我国的经济金融体制还处在深刻的改革和变动之中,经济运行中的总量和结构矛盾十分突出,加大了金融宏观调控的复杂性和艰巨性。因此,中国人民银行加强和改善金融宏观调控应立足国情,创新与借鉴国际经验相结合,发挥好传统货币政策工具的作用,并根据经济金融发展水平和现实需要,因时因势、因地制宜地创新工具,不断提高调控的科学性和预见性,增强针对性和灵活性。

常规借贷便利是一种创新的货币政策工具。从国际经验看,中央银行通常综合运用常规借贷便利和公开市场操作两大类货币政策工具管理流动性。常备借贷便利的主要特点:一是由金融机构主动发起,金融机构可根据自身流动性需求申请常备借贷便利;二是常备借贷便利是中央银行与金融机构一对一交易,针对性强。三是常备借贷便利的交易对手覆盖面广,通常覆盖存款金融机构。

全球大多数中央银行具备借贷便利类的货币政策工具,但名称各异,如美联储的贴现窗口(discount window),欧洲中央银行的边际贷款便利(marginal lending facility),英格兰银行的操作性常备便利(operational standing facility),日本银行的补充贷款便利(complimentary lending facility),加拿大中央银行的常备流动性便利(standing liquidity facility),新加坡金管局的常备贷款便利(standing loan facility)以及新兴市场经济体中俄罗斯中央银行的担保贷款(secured loans),印度储备银行的边际常备便利(marginal standing facility),韩国中央银行的流动性调整贷款(liquidity adjustment loans),马来西亚中央银行的抵押贷款(collateralized lending)等。

借鉴国际经验,中国人民银行于2013年年初创设了常备借贷便利(standing lending facility,SLF)。常备借贷便利是中国人民银行正常的流动性供给渠道,主要功能是满足金融机构期限较长的大额流动性需求。对象主要为政策性银行和全国性商业银行。期限为1—3个月。利率水平根据货币政策调控、引导市场利率的需要等综合确定。常备借贷便利以抵押方式发放,合格抵押品包括高信用评级的债权类资产及优质信贷资产等。①

二、金融消费者保护

金融消费者保护是消费者保护在金融监管领域的延伸,从20世纪60年代开始,陆续有西方学者开展了研究。自2000年英国《金融服务和市场法案》(Financial Service and Markets Act 2000)首次以立法形式确定了"金融消费者"的概念后,金融消费者也进入各国立法、监管、司法等部门的视野并引起关注。美国金融危机暴露出的重大问题之一,即在于对消费者的金融欺诈和权益侵害行为所导致的社会公众对金融体系的信心受损。如何正确看待金融消费者的权利,其权利内容有哪些,这些问题是学界在研究金融消费者权利及其保护中的核心问题。从大的方面看,它可以是保护社会弱势群体享有最基本的金融服务权;从小的方面看,则可以是保护金融消费者在接受金融服务和购买金融产品时所享有的公平交易权、知情权、选择权、投诉权、隐私权、受教育权等一系列权利。在这一问题上,学者们纷纷提出了自己的看法,从而对深化该问题的研究起到了积极作用,同时也有利于不同监管部门把保护金融消费者的权利真正落到实处。②

思考题

一、名词解释

金融监管　货币政策　外汇管制　经常项目　套汇　资本项目　商业银行　审慎监管　资本充足率

---

① 郭庆平主编:《中央银行法的理论与实践》,中国金融出版社2016年版。
② 席月民主编:《金融法学的新发展》,中国社会科学出版社2013年版。

二、简述题

1. 简述对金融法渊源的认识与理解。
2. 简述中央银行制度的货币政策工具及其调控原理。
3. 如何理解我国《商业银行法》第 43 条的规定？
4. 《商业银行法》中保护存款人的制度有哪些？
5. 《商业银行法》中贷款的基本制度有哪些？

三、论述题

1. 结合我国近期经济形势，分析中央人民银行采取的宏观调控手段。
2. 如何理解中国人民银行维护金融稳定的职能？
3. 如何理解金融监管部门在危机商业银行处理中的作用？
4. 如何理解银行监管的必要性？
5. 审慎监管的内涵有哪些？

 实务应用

（一）案例分析示范

案例一　甲商业银行新增业务案

甲商业银行为了扩大盈利，在银行内部设立了信托部和证券部，分别从事信托业务和证券投资业务，同时将银行资金投入到证券投资部在证券二级市场进行证券投资。由于国内房地产市场火爆，甲银行也投资 1 亿元入股某房地产公司，成为该房地产公司的大股东。

请问：甲银行的行为违反了《商业银行法》的哪些规定，应当承担何种法律责任？

案例评析：按照《商业银行法》第 43 条的规定，商业银行在中华人民共和国境内不得从事信托投资和证券经营业务，不得向非自用不动产投资或者非银行金融机构和企业投资，但国家规定的除外。甲银行违反规定，从事信托业务和证券经营业务，并将资金违规投入股票二级市场和参股房地产企业。依照《商业银行法》第 74 条承担相应的行政法律责任，构成犯罪的，依法追究刑事责任。

案例二　违反商业银行资产负债比例管理规定的借款合同是否有效？

甲银行与 A 公司签订借款合同，如该借款合同履行，甲银行则违反了《商业银行法》第 39 条关于商业银行资产负债比例管理方面的规定。

请问：该借款合同是否有效？理由何在？

案例评析：该借款合同有效。金融法的调整对象是由金融调控和监管关系和金融业务关系构成。私人自治原则贯穿金融业务关系，是银行法的原则。银行监管是私人自治原则的补充。《商业银行法》关于法律行为的规范体现了私人自治原则，具有私法规范属性。因此，对该法中的包含"不得""应当"等表示方式的法律规范的解释，就应当注意坚持私人自治的要求，不应一概解释为属于强制性规范。如果当事人违反上列规范，不应认为

其行为属于合同法规定的违反法律、行政法规的强制性规定的行为而认定其为无效。因为这些强制性规定旨在规范商业银行本身的行为而不是商业银行的行为相对人的行为。否则,作为商业银行的客户因无法得知无效的原因将受到无法预知的损失,商业银行也将因合同无效招致损失,比如利息损失、担保利益的丧失等。

案例三　甲厂预收货款案

甲厂是一家内资企业,从事稀土金属的冶炼和提纯。2005年到2006年期间,甲厂收到从日本汇入的5笔预收货款,累计金额85万美元,而收到款项的1年多时间内,该厂没有申领出口收汇核销单,收汇情况与海关出口实绩明显不符。经查,甲厂没有出口稀土的资格,85万美元的款项实际是该厂向日本客户的借款。

请问:甲厂的行为是否合法?应当承担何种法律责任?

案例评析:对外借款属于资本项目下的外汇,在我国属于受管制的外汇类型。《外汇管理条例》第18条规定:"国家对外汇实施规模管理,借用外债应当按照国家有关规定办理,并到外汇管理机构办理登记。"《境内机构借用国际商业贷款管理办法》第4条规定:"境内机构借用国际商业贷款应当经外汇局批准。"甲厂从日本收到的85万美元属于对外借款,应当报外汇局批准。但是甲厂通过虚构交易,将该款项伪装为预收货款。甲厂的行为属于违法行为。按照《外汇管理条例》的规定,外汇管理局可以对该行为实施行政处罚。

(二) 案例分析实训

案例一　自2015年以来,中国人民银行通过多次普降,同时辅以定向降准的方式逐步下调银行类金融机构人民币存款准备金率。截至2015年10月,先后四次普降金融机构存款准备金率累计2.5个百分点,大型和中小型金融机构的存款准备金率分别下调至15.5%和17.5%。同时,为加强金融机构支持经济结构调整的能力,加大金融支持"三农"和小微企业的正向激励,先后5次对符合条件的金融机构进行定向降准。

请问:怎样理解存款准备金制度?其传导机制如何?在2015年,中国人民银行频繁调整存款准备金率的目的是什么?其实施效果如何?为何由传统普降转变为辅以定向降准的方式?

案例二　2015年3月19日,境内居民个人吴某通过其在A银行某支行的借记卡划给在某银行管辖分行网点开户的李某700万元人民币。当日,李某以出境旅游的名义,通过12个人在该网点柜台分拆购汇60万美元。3月20日又通过8个人,在该行网点柜台分拆购汇40万美元,所购外汇100万美元全部汇往吴某在香港的账户。

请问:人民币国内市场与外汇市场之间的关系如何?对个人的影响如何?人民币国际化与外汇管制之间的关系如何协调?其发展趋势如何?

案例三　银行违法放贷案

王大柱,甲银行信贷部主任。李震为乙公司经理,其兄李壮为甲银行监事。2017年乙公司向甲银行申请贷款,李震让李壮找到王大柱打招呼,请求他利用手中的权力给乙公司优惠担保贷款。王大柱碍于李壮的面子,同时也考虑到乙公司有能力提供担保,估计还款没有问题,事后也没有多审查,就以比普通担保贷款低2%的优惠利率向乙公司提供200万元的担保贷款。乙公司由于经营不善,贷款到期后无法偿还。

请问：王大柱的行为违反了哪些贷款管理法律制度？应当承担何种法律责任？

案例四 村委会用代金券替代拖欠农民的土地款

四川宜宾喜捷镇红楼梦村村委会把多年来拖欠农民的400万元土地款印成精美的代金券,替代人民币发给了农民。这些代金券可以在本村内转让、赠与,还可以继承。该代金券印制精美,底色为白色,正面的橘黄色花纹和人民币的防伪花纹相似。与人民币一样,代金券上也印有编码,面值也分别用大写的汉字和小写的阿拉伯数字显示。人民币上印有"中国人民银行"的字样,这些代金券上印的则是"红楼梦村民委员会",券面上盖有村委会公章。代金券背面的"说明"里明确告知,此券可以在"本村村民之间转让、继承、赠与",但没有标注兑换的时间和有效期限。

请问：红楼梦村村委会的做法是否合法？应当承担何种法律责任？

法考真题

真题1（2017年）

某商业银行推出"校园贷"业务,旨在向在校大学生提供额度不等的消费贷款。对此,下列哪些说法是错误的？（多选）

A. 银行向在校大学生提供"校园贷"业务,须经国务院银监机构审批或备案
B. 在校大学生向银行申请"校园贷"业务,无论资信如何,都必须提供担保
C. 银行应对借款大学生的学习、恋爱经历、父母工作等情况进行严格审查
D. 银行为提高"校园贷"业务发放效率,审查人员和放贷人员可同为一人

真题解析：

本题考点为商业银行贷款、银行业监管。

A项考查"校园贷"的审查或批准。依据《银行业监督管理法》第18条规定,银行业金融机构业务范围内的业务品种,应当按照规定经国务院银行业监督管理机构审查批准或者备案。A项说法正确,不选。

B项考查贷款担保。《商业银行法》第36条规定："商业银行贷款,借款人应当提供担保。商业银行应当对保证人的偿还能力,抵押物、质物的权属和价值以及实现抵押权、质权的可行性进行严格审查。经商业银行审查、评估,确认借款人资信良好,确能偿还贷款的,可以不提供担保。"资信良好,确能偿还贷款的,可以不提供担保。故B项说法错误,应选。

C、D考查贷款审查。《商业银行法》第35条规定："商业银行贷款,应当对借款人的借款用途、偿还能力、还款方式等情况进行严格审查。"所以银行只能对贷款相关事宜进行核查,C项说法错误,应选。D项商业银行贷款,应当实行审贷分离、分级审批的制度。D项说法错误,应选。

真题 2(2016 年)

陈某在担任某信托公司总经理期间,该公司未按照金融企业会计制度和公司财务规则严格管理和审核资金使用,违法开展信托业务,造成公司重大损失。对此,陈某负有直接管理责任。关于此事,下列哪些说法是正确的?（多选）

A. 该公司严重违反审慎经营规则
B. 银监会可责令该公司停业整顿
C. 国家工商总局可吊销该公司的金融许可证
D. 银监会可取消陈某一定期限直至终身的任职资格

真题解析：

本题考点为银行业的审慎经营原则。

A 项考察金融机构的审慎经营规则。《银行业监督法》第 21 条规定："银行业金融机构的审慎经营规则,由法律、行政法规规定,也可以由国务院银行业监督管理机构依照法律、行政法规制定。前款规定的审慎经营规则,包括风险管理、内部控制、资本充足率、资产质量、损失准备金、风险集中、关联交易、资产流动性等内容。银行业金融机构应当严格遵守审慎经营规则。"信托公司是重要的金融机构,应审慎经营,A 项正确。

B、C 项考查银监会的处罚权。《银行业监督法》第 46 条规定："银行业金融机构有下列情形之一,由国务院银行业监督管理机构责令改正,并处二十万元以上五十万元以下罚款;情节特别严重或者逾期不改正的,可以责令停业整顿或者吊销其经营许可证;构成犯罪的,依法追究刑事责任：(1) 未经任职资格审查任命董事、高级管理人员的；(2) 拒绝或者阻碍非现场监管或者现场检查的；(3) 提供虚假的或者隐瞒重要事实的报表、报告等文件、资料的；(4) 未按照规定进行信息披露的；(5) 严重违反审慎经营规则的；(6) 拒绝执行本法第三十七条规定的措施的。"B 项正确,能吊销执照的是银监会不是工商总局,C 项错误。

D 项考查银监会的处罚权。《银行业监督法》第 48 条规定："银行业金融机构违反法律、行政法规以及国家有关银行业监督管理规定的,银行业监督管理机构除依照本法第 43 条至第 46 条规定处罚外,还可以区别不同情形,采取下列措施：(1) 责令银行业金融机构对直接负责的董事、高级管理人员和其他直接责任人员给予纪律处分；(2) 银行业金融机构的行为尚不构成犯罪的,对直接负责的董事、高级管理人员和其他直接责任人员给予警告,处五万元以上五十万元以下罚款；(3) 取消直接负责的董事、高级管理人员一定期限直至终身的任职资格,禁止直接负责的董事、高级管理人员和其他直接责任人员一定期限直至终身从事银行业工作。"D 项正确。

第十一章
证券法律制度

 本章概要

各国通常根据其特有的价值观念、经济、法律和文化传统,确定各国证券法的调整范围、调整原则和调整手段。但无论证券法的法律渊源如何,证券市场只有在法律调控下才能发挥积极作用。我国证券市场的各项法律制度仍处于不断完善的过程中。伴随证券发行与证券交易等基础制度的不断完善,我国多层次资本市场的构建初具规模。

 学习目标

本章学习,要重点掌握证券发行制度与证券交易制度。证券发行制度与证券交易制度是我国证券法规定的核心内容。证券发行是证券发行人以筹集资金为目的,依法将证券出售给投资者的法律行为,是其他证券活动开展的前提和基础。证券交易虽有场内交易与场外交易之分,但证券交易所交易始终是证券交易市场的核心。本章难点在于理解公开发行与非公开发行的区分、注册制的内涵、信息强制性披露的标准、信息披露不实的民事责任以及禁止的交易行为。

第一节 证券法概述

一、证券的概念和种类

我国证券法上所指的证券属于民法上的资本证券,是指对一定的资本金所带来的收益享有请求权的凭证。① 我国证券法并没有给证券下定义,而是采用了列举的方式规定了《证券法》调整的范围。

按照《证券法》第 2 条的规定,我国《证券法》调整的证券包括以下内容。

(1) 股票。股票是指公司签发给股东的,用于证明股东所持股份数量的证券。

(2) 公司债券。公司债券是指公司直接向投资者借债筹资,向投资者签发的,承诺按照一定利率定期支付利息并到期偿还本金的债权债务凭证。

(3) 存托凭证。存托凭证是指在一国证券市场流通的代表外国公司有价证券的可转让凭证,由存托人签发,以境外证券为基础在境内发行,代表境外基础证券权益的证券。

(4) 政府债券和投资基金份额。政府债券是指政府直接向投资者借债筹资,向投资者签发的,承诺按照一定利率定期支付利息并到期偿还本金的债权债务凭证。投资基金份额是指基金发起人向投资者公开发行的,表示持有人按其所持份额对基金财产享有收益分配权、清算后剩余财产取得权和其他相关权利,并承担相应义务的凭证。需要注意的是政府债券和投资者基金份额的上市交易适用证券法,它们的发行适用其他法律法规。

(5) 资产支持证券、资产管理产品。资产支持证券是指以特定资产或资产组合及其未来现金流为支持,在债券市场上发行的可交易证券。② 资产管理业务是指银行、信托、证券、基金、期货、保险资产管理机构等金融机构接受投资者委托,对受托的投资者财产进行投资和管理的金融服务。金融机构为委托人利益履行勤勉尽责义务并收取相应的管理费用,委托人自担投资风险并获得收益。资产管理产品包括但不限于银行非保本理财产品、资金信托计划,证券公司、证券公司子公司、基金管理公司、基金管理子公司、期货公司、期货公司子公司和保险资产管理机构发行的资产管理产品等。目前资产支持证券、资产管理产品由不同的金融监管机构监管,但是监管规则应当依照证券法原则制定,形成相对统一的标准。③

二、证券市场

(一) 证券市场概述

证券市场是指所有证券发行和交易的场所,可分为发行市场和交易市场。证券发行市场又称为"一级市场",是发行人以筹集资金为目的,按照一定的法律规定和发行程序,向投资者出售新证券所形成的市场。证券交易市场又称为"二级市场",是已发行证券通过买卖交易实现流通转让的市场。发行市场是流通市场的基础和前提。交易市场是证券得以持续扩大发行的必要条件。交易市场的交易价格制约和影响着证券的发行价格,是证券发行时需要考虑的重要因素。

我国目前已经初步形成了多层次资本市场。我国多层次资本市场可分为四个层次:第一个层次是主板市场。上海证券交易所和深圳证券交易所均有主板市场。主板市场对上市公司的营业期限、股权结构等条件以及审批、监管最为严格。第二层次是深圳证券交

---

① 在学理上,证券是投资者为了获取利润而取得的代表投资性权利的凭证或合同,投资者之间共同进行了投资者或者它允许投资者对外拆分转让该证券,它具有损失本金的风险且该风险未受其他专门法律的有效规制。见邢会强:《我国〈证券法〉上概念的扩大及其边界》,《中国法学》2019 年第 1 期。
② 资产支持证券是资产证券化的工具。关于资产证券化的法律逻辑可参见楼建波、刘燕:《论信托型资产证券化的基本法律逻辑》,《北京大学学报(哲学社会科学版)》2006 年第 4 期。
③ 季奎明:《论金融理财产品法律规范的统一适用》,《环球法律评论》2016 年第 6 期。

易所创业板市场和上海证券交易所科创板市场,它们是专为中小企业和新兴公司提供融资途径的证券交易市场。第三层次是全国股份转让系统,俗称"新三板"。全国股份转让系统的定位主要是为创新型、创业型、成长型中小微企业发展服务。第四层次是区域性股权交易市场,是为其所在省级行政区域内中小微企业证券非公开发行、转让及相关活动提供设施与服务的场所。

(二) 证券市场主体

证券市场的主体除了证券发行人(筹资者)和证券投资者以外,还有以下主体。

1. 证券交易所

证券交易所是为证券集中交易提供场所和设施,组织和监督证券交易,实行自律管理的法人。

2. 证券公司

证券公司是指经国务院证券监督管理机构审查批准的从事证券经营业务的有限责任公司或者股份有限公司。为了加强对证券公司的监管,设立证券公司,必须符合《证券法》第118条所规定的条件,并经国务院证券监督管理机构审查批准,未经国务院证券监督管理机构批准,不得经营证券业务。

经国务院证券监督管理机构批准,证券公司可以经营下列部分或者全部业务:(1) 证券经纪;(2) 证券投资咨询;(3) 与证券交易、证券投资活动有关的财务顾问;(4) 证券承销与保荐;(5) 证券融资融券;(6) 证券做市交易;(7) 证券自营;(8) 其他证券业务。除证券公司外,任何单位和个人不得从事证券承销、证券保荐、证券经纪和证券融资融券业务。

3. 证券登记结算机构

证券登记结算机构是为证券交易提供集中的登记、托管与结算服务,是不以营利为目的的法人。设立或者申请解散证券登记结算机构必须经国务院证券监督管理机构批准。证券登记结算机构的名称中应当标明证券登记结算字样。证券登记结算机构应当依法制定章程和业务规则,并须经国务院证券监督管理机构批准。证券登记结算采取全国集中统一的运营方式。

证券登记结算机构履行下列职能:(1) 证券账户、结算账户的设立;(2) 证券的托管和过户;(3) 证券持有人名册登记;(4) 证券交易的清算和交收;(5) 受发行人的委托派发证券权益;(6) 办理与上述业务有关的查询和信息服务;(7) 国务院证券监督管理机构批准的其他业务。

4. 证券服务机构

证券服务机构是指为证券交易提供投资咨询、资信评估等服务业务的专业机构。会计师事务所、律师事务所以及从事证券投资咨询、资产评估、资信评级、财务顾问、信息技术系统服务的机构,应当勤勉尽责、恪尽职守,按照相关业务规则为证券的交易及相关活动提供服务。从事证券投资咨询服务业务,应当经国务院证券监督管理机构核准;未经核准,不得为证券的交易及相关活动提供服务。从事其他证券服务业务,应当报国务院证券监督管理机构备案。

5. 证券业协会

证券业协会是证券业的自律性组织,是社会团体法人。证券公司都应当加入证券业协会。证券业协会履行下列职责：教育和组织会员及其从业人员遵守证券法律、行政法规，组织开展证券行业诚信建设，督促证券行业履行社会责任；依法维护会员的合法权益，向证券监督管理机构反映会员的建议和要求；督促会员开展投资者教育和保护活动，维护投资者合法权益；制定和实施证券行业自律规则，监督、检查会员及其从业人员行为，对违反法律、行政法规、自律规则或者协会章程的，按照规定给予纪律处分或者实施其他自律管理措施；制定证券行业业务规范，组织从业人员的业务培训；组织会员就证券行业的发展、运作及有关内容进行研究，收集整理、发布证券相关信息，提供会员服务，组织行业交流，引导行业创新发展；对会员之间、会员与客户之间发生的证券业务纠纷进行调解；证券业协会章程规定的其他职责。

三、证券监督管理机构

(一) 证券监督管理机构的概念

证券监督管理机构是指依法对证券市场实行监督管理的国务院证券监督管理机构。中国证券监督管理委员会依法对证券市场实行监督管理，维护证券市场公开、公平、公正，防范系统性风险，维护投资者合法权益，促进证券市场健康发展。

(二) 证券监督管理机构的职责

国务院证券监督管理机构在对证券市场实施监督管理中履行下列职责：依法制定有关证券市场监督管理的规章、规则，并依法进行审批、核准、注册，办理备案；依法对证券的发行、上市、交易、登记、存管、结算等行为，进行监督管理；依法对证券发行人、证券公司、证券服务机构、证券交易场所、证券登记结算机构的证券业务活动，进行监督管理；依法制定从事证券业务人员的行为准则，并监督实施；依法监督检查证券发行、上市、交易的信息披露；依法对证券业协会的自律管理活动进行指导和监督；依法监测并防范、处置证券市场风险；依法开展投资者教育；依法对证券违法行为进行查处；法律、行政法规规定的其他职责。

(三) 证券监督管理机构的履职措施

国务院证券监督管理机构依法履行职责，有权采取下列措施：对证券发行人、证券公司、证券服务机构、证券交易场所、证券登记结算机构进行现场检查；进入涉嫌违法行为发生场所调查取证；询问当事人和与被调查事件有关的单位和个人，要求其对与被调查事件有关的事项作出说明；或者要求其按照指定的方式报送与被调查事件有关的文件和资料；查阅、复制与被调查事件有关的财产权登记、通讯记录等文件和资料；查阅、复制当事人和与被调查事件有关的单位和个人的证券交易记录、登记过户记录、财务会计资料及其他相关文件和资料；对可能被转移、隐匿或者毁损的文件和资料，可以予以封存、扣押；查询当事人和与被调查事件有关的单位和个人的资金账户、证券账户、银行账户以及其他具有支付、托管、结算等功能的账户信息，可以对有关文件和资料进行复制；对有证据证明已经或者可能转移或者隐匿违法资金、证券等涉案财产或者隐匿、伪造、毁损重要证据的，经国务院证券监督管理机构主要负责人或者其授权的其他负责人批准，可以冻结或者查封，期限为六个月；因特殊原因需要延长的，每次延长期限不得超过三个月，冻结、查封期限最长不得超过二年；在调查操纵证券市场、内幕交易等重大证券违法行为时，经国务院证券监督管理机构主要负责人或者其授权的其他负责人批准，可以限制被调查事件当事人的证券买卖，但限制的期限不得超过三个月；案情复杂的，可以延长三个月；通知出境入境管理机关依法阻止涉嫌违法人员、涉嫌违法单位的主管人员和其他直接责任人员出境。为防范证券市场风险,维护市场秩序,国务院证券监督管理机构可以采取责令改正、监管谈话、出具警示函等措施。

四、证券法的概念及我国证券法律法规体系

(一) 证券法的概念和宗旨

证券法是调整证券关系的法律规范的总和。证券法的调整对象是证券发行、交易、服务和监管等行为以及由此引起的社会关系。我国证券法的宗旨是规范证券的发行和交易行为,保护投资者的合法权益,维护社会经济秩序和社会公共利益,促进社会主义市场经济的发展。

1. 规范证券发行与交易

证券是具有特殊功能的信息商品,证券价格容易波动,投资风险较高。而且证券行为涉及公众投资者利益,如果采用普通民事规则调整证券关系,必然影响到证券市场的整体运行效率。

2. 保护投资者的合法权益

证券市场是多方利益主体参与的市场结构,只有切实保护各方市场主体的合法利益,才能促进证券市场的健康发展。为平衡各方主体利益关系,各国证券法都将保护投资者利益列为证券法的基本宗旨。投资者是证券市场存续和发展的基础,是最缺乏证券市场信息的参与者,同时人数众多、力量分散。因此,我国《证券法》强调要保护投资者的合法权益。

3. 维护社会经济秩序和社会公共利益,促进社会主义市场经济的发展

证券市场是直接融资的市场,企业发行证券可以获得长期投资,奠定企业长期发展的基础。国家通过发行国债,可以获得建设资金,奠定国民经济发展的物质基础。投资者从事证券投资,可以分享国民经济发展带来的利益。证券法的制定对维护社会经济秩序和社会公共利益,促进社会主义市场经济的发展,发挥着积极作用。

(二) 我国证券法律法规体系

法治是资本市场健康发展的基础和保障。中国资本市场的健康稳步发展,与近年来国家高度重视市场基础性制度建设,尤其是建立健全法律制度体系密不可分。

中国证券法律法规体系分以下三个层次。

(1) 法律。法律由全国人民代表大会或其常务委员会制定,除《中华人民共和国宪法》外,在证券法律体系中,证券法律具有最高的法律效力。现行的证券法律包括《中华人民共和国证券法》《中华人民共和国公司法》《中华人民共和国证券投资基金法》。1998年12月29日第九届全国人民代表大会常务委员会第六次会议通过了《中华人民共和国证券法》(以下简称《证券法》),规定自1999年7月1日起施行。《证券法》的出台对于我国证券市场的发展具有重要的历史意义和现实意义,是我国证券市场发展过程中的重要里程碑。《证券法》经历了2004年、2013年、2014年和2019年四次修订。目前的《证券法》于2019年12月28日由第十三届全国人大常委会第十五次会议全体会议审议通过,2020年3月1日起施行。

(2) 行政法规。行政法规由国家最高行政机关国务院根据《宪法》和有关法律制定,法律效力次于法律。现行的证券行政法规、法规性文件有20多件,其中2007年3月6日发布的《期货交易管理条例》于2012年10月24日修订发布,旨在规范商品期货、金融期货的交易行为,保护期货交易各方的合法权益和社会公共利益。2008年4月23日发布

的《证券公司监督管理条例》《证券公司风险处置条例》贯彻保护投资者合法权益的理念，对证券公司的规范运行和监管提出了明确要求，为促进证券行业的规范发展提供了有力的法制保障。

(3) 部门规章和规范性文件。部门规章和规范性文件由中国证券监督管理机构根据法律和行政法规制定，其法律效力次于法律和行政法规。截至 2012 年年底，有效的部门规章有 71 件，如《首次公开发行股票并上市管理办法》《公司债券发行试点办法》《证券登记结算管理办法》《证券期货规章制定程序规定》等。现行有效的证券期货规范性文件合计 400 多件。

上述三个层次的规则体系相互联系，形成整体，每个居于较低层位的法规制度都是对上一层位法规制度的具体化和必要补充，形成了涵盖证券发行法律制度、证券期货交易法律制度、证券期货经营与服务机构法律制度、上市公司法律制度、信息披露法律制度、机构投资者法律制度、监督管理与法律责任制度等较健全的证券期货市场法律制度体系。

此外，《物权法》《刑法》《企业破产法》《反洗钱法》《企业国有资产法》等法律以及《最高人民法院关于审理证券市场因虚假陈述引发的民事赔偿案件的若干规定》《最高人民法院关于冻结、扣划证券交易结算资金有关问题的通知》《最高人民检察院、最高人民法院关于办理内幕交易、泄露内幕信息刑事案件具体应用法律若干问题的解释》等司法解释和司法政策性文件也与资本市场有着紧密的联系，它们共同为资本市场的健康稳定发展、高效安全运营提供了良好的外部法律环境。在对证券期货市场实施监督管理时，中国证监会还遵循《立法法》《行政许可法》《行政处罚法》《行政强制法》《行政复议法》《行政诉讼法》等法律的规定。

五、证券法的基本原则

正因为以上的证券市场交易机制，证券法的基本原则为"三公"原则。证券的发行、交易活动，必须实行公开、公平、公正的原则。其中公开原则是证券法的核心，这与证券交易制度的特殊性有着密切关系。与银行为主导的间接融资不同，证券融资是直接融资，其特点就是投资者直接暴露在市场风险之下。投资者与融资者之间严重的信息不对称，会阻碍有效率的证券市场的形成，也会导致欺诈横行，投资者权益受到严重损害。因此证券法需要强调公开，通过公开手段来达到投资者保护的目的。公开原则要求信息披露义务人作出真实、准确、完整的披露，使投资者在知情的情况下决定是否投资。如果信息披露义务人在信息披露时有虚假、误导和重大遗漏，需要负担刑事、行政或民事责任。公开是现代证券法的基本哲学和指导思想，是证券法的核心内容和灵魂所在。[1]

第二节 证券发行法律制度

一、证券发行的概念

证券发行是指证券发行人依照法定程序将自己的证券出售或交付给投资者的行为。

---

[1] 朱锦清：《证券法学》，北京大学出版社 2004 年版，第 80 页。

按照发行对象和发行方式的不同,我国证券法将证券发行分为公开发行和非公开发行。①

我国的公开发行包括两种情形:一是向不特定对象发行证券;不特定对象是指发行对象是不特定的,任何社会公众投资者均可认购。二是向特定对象发行证券累计超过二百人,但依法实施员工持股计划的员工人数不计算在内。② 非公开发行是指以非公开方式向累计二百人以下的特定对象发行证券的行为。特定对象是指具备风险识别能力和风险承受能力,能自我保护的投资者。

二、证券公开发行的注册制

《证券法》第9条规定,公开发行证券,必须符合法律、行政法规规定的条件,并依法报经国务院证券监督管理机构或者国务院授权的部门注册。注册制是指法律并不限定证券发行的实质条件,发行人只需依照规定申报并公开有关资料且证券监管机构在一定期间内未提出异议,发行人即可发行证券。注册制是市场化程度较高的成熟股票市场所普遍采用的一种发行制度,其优点是尊重市场、融资效率高。注册制的核心要素是信息披露监管,证券监管机构的职责是对申报文件的真实性、准确性、完整性和及时性做合规性的形式审查,而将发行公司的质量留给市场来判断和决定。

公司公开发行证券,必须依照法律规定报送相关发行申请文件。发行人报送的证券发行申请文件,应当充分披露投资者作出价值判断和投资决策所必需的信息,内容应当真实、准确、完整。为证券发行出具有关文件的证券服务机构和人员,必须严格履行法定职责,保证所出具文件的真实性、准确性和完整性。国务院证券监督管理机构或者国务院授权的部门依照法定条件负责证券发行申请的注册。按照国务院的规定,证券交易所等可以审核公开发行证券申请,判断发行人是否符合发行条件、信息披露要求,督促发行人完善信息披露内容。国务院证券监督管理机构或者国务院授权的部门应当自受理证券发行申请文件之日起三个月内,依照法定条件和法定程序作出予以注册或者不予注册的决定,发行人根据要求补充、修改发行申请文件的时间不计算在内。不予注册的,应当说明理由。

三、证券公开发行的条件

(一) 公开发行新股的条件

公司首次公开发行新股,应当符合下列条件:具备健全且运行良好的组织机构;具有持续经营能力;最近三年财务会计报告被出具无保留意见审计报告;发行人及其控股股东、实际控制人最近三年不存在贪污、贿赂、侵占财产、挪用财产或者破坏社会主义市场经济秩序的刑事犯罪;经国务院批准的国务院证券监督管理机构规定的其他条件。上市公司发行新股,应当符合经国务院批准的国务院证券监督管理机构规定的条件,具体管理办法由国务院证券监督管理机构规定。公开发行存托凭证的,应当符合首次公开发行新股的条件以及国务院证券监督管理机构规定的其他条件。

---

① 《证券法》第9条规定:"公开发行证券,必须符合法律、行政法规规定的条件,并依法报经国务院证券监督管理机构或者国务院授权的部门注册。未经依法注册,任何单位和个人不得公开发行证券。证券发行注册制的具体范围、实施步骤,由国务院规定。有下列情形之一的,为公开发行:(一)向不特定对象发行证券;(二)向特定对象发行证券累计超过二百人,但依法实施员工持股计划的员工人数不计算在内;(三)法律、行政法规规定的其他发行行为。非公开发行证券,不得采用广告、公开劝诱和变相公开方式。"
② 彭冰:《构建针对特定对象的公开发行制度》,《法学》2005年第5期。

(二) 公开发行公司债券的条件

公开发行公司债券,应当符合下列条件:具备健全且运行良好的组织机构;最近三年平均可分配利润足以支付公司债券一年的利息;国务院规定的其他条件。公开发行公司债券筹集的资金,必须按照公司债券募集办法所列资金用途使用;改变资金用途,必须经债券持有人会议作出决议。公开发行公司债券筹集的资金,不得用于弥补亏损和非生产性支出。

四、证券发行的保荐和承销

(一) 保荐制度

保荐制是指由保荐机构及其保荐代表人负责发行人证券发行上市的推荐和辅导,经尽职调查核实公司发行文件资料的真实性、准确性和完整性,督促发行人建立严格的信息披露制度。

(二) 承销制度

承销是指证券发行人委托具备承销资格的证券公司代为向社会公众发行证券的行为。承销的作用有:(1) 承销可以让发行人更精准地给证券定价和找到投资者,从而有助于证券的销售;(2) 承销可以防止证券的欺诈发行。证券公司承销证券,应当对公开发行募集文件的真实性、准确性、完整性进行核查;发现含有虚假记载、误导性陈述或者重大遗漏的,不得进行销售活动;已经销售的,必须立即停止销售活动,并采取纠正措施。

发行人向不特定对象发行的证券,法律、行政法规规定应当由证券公司承销的,发行人应当同证券公司签订承销协议。证券承销业务采取代销或者包销方式。证券代销是指证券公司代发行人发售证券,在承销期结束时,将未售出的证券全部退还给发行人的承销方式。证券包销是指证券公司将发行人的证券按照协议全部购入或者在承销期结束时将售后剩余证券全部自行购入的承销方式。公开发行证券的发行人有权依法自主选择承销的证券公司。证券公司不得以不正当竞争手段招揽证券承销业务。证券公司承销证券,应当同发行人签订代销或者包销协议。

第三节　证券交易法律制度

一、证券交易的一般规定

(1) 证券交易当事人依法买卖的证券,必须是依法发行并交付的证券。非依法发行的证券,不得买卖。

(2) 依法发行的证券,《公司法》和其他法律对其转让期限有限制性规定的,在限定的期限内不得转让。① 上市公司持有百分之五以上股份的股东、实际控制人、董事、监事、高

---

① 《公司法》第 141 条:发起人持有的本公司股份,自公司成立之日起一年内不得转让。公司公开发行股份前已发行的股份,自公司股票在证券交易所上市交易之日起一年内不得转让。公司董事、监事、高级管理人员应当向公司申报所持有的本公司的股份及其变动情况,在任职期间每年转让的股份不得超过其所持有本公司股份总数的25%;所持本公司股份自公司股票上市交易之日起一年内不得转让。上述人员离职后半年内,不得转让其所持有的本公司股份。公司章程可以对公司董事、监事、高级管理人员转让其所持有的本公司股份作出其他限制性规定。

级管理人员,以及其他持有发行人首次公开发行前发行的股份或者上市公司向特定对象发行的股份的股东,转让其持有的本公司股份的,不得违反法律、行政法规和国务院证券监督管理机构关于持有期限、卖出时间、卖出数量、卖出方式、信息披露等规定,并应当遵守证券交易所的业务规则。

(3) 公开发行的证券,应当在依法设立的证券交易所上市交易或者在国务院批准的其他全国性证券交易场所交易。非公开发行的证券,可以在证券交易所、国务院批准的其他全国性证券交易场所、按照国务院规定设立的区域性股权市场转让。

(4) 证券在证券交易所上市交易,应当采用公开的集中交易方式或者国务院证券监督管理机构批准的其他方式。集中竞价是指证券通过集中竞价成交的方式。集中竞价是指根据价格优先、时间优先的原则竞价成交。

(5) 禁止从事证券交易的人员。

一是证券交易场所、证券公司和证券登记结算机构的从业人员、证券监督管理机构的工作人员以及法律、行政法规规定禁止参与股票交易的其他人员,在任期或者法定限期内,不得直接或者以化名、借他人名义持有、买卖股票或者其他具有股权性质的证券,也不得收受他人赠送的股票或者其他具有股权性质的证券。任何人在成为前款所列人员时,其原已持有的股票或者其他具有股权性质的证券,必须依法转让。实施股权激励计划或者员工持股计划的证券公司的从业人员,可以按照国务院证券监督管理机构的规定持有、卖出本公司股票或者其他具有股权性质的证券。

二是为证券发行出具审计报告或者法律意见书等文件的证券服务机构和人员,在该证券承销期内和期满后六个月内,不得买卖该证券。除前款规定外,为发行人及其控股股东、实际控制人,或者收购人、重大资产交易方出具审计报告、资产评估报告或者法律意见书等文件的证券服务机构和人员,自接受委托之日起至上述文件公开后五日内,不得买卖该证券。实际开展上述有关工作之日早于接受委托之日的,自实际开展上述有关工作之日起至上述文件公开后五日内,不得买卖该证券。

(6) 短线交易规则。上市公司、股票在国务院批准的其他全国性证券交易场所交易的公司的董事、监事、高级管理人员、持有或者通过协议、其他安排与他人共同持有该公司股份百分之五以上的股东,将其持有的该公司的股票或者其他具有股权性质的证券在买入后六个月内卖出,或者在卖出后六个月内又买入,由此所得收益归该公司所有,公司董事会应当收回其所得收益。但是,证券公司因包销购入售后剩余股票而持有百分之五以上股份,以及有国务院证券监督管理机构规定的其他情形除外。前款所称董事、监事、高级管理人员、自然人股东持有的股票或者其他具有股权性质的证券,包括其配偶、父母、子女持有的及利用他人账户持有的股票或者其他具有股权性质的证券。公司董事会不按照前款规定执行的,股东有权要求董事会在 30 日内执行。公司董事会未在上述期限内执行的,股东有权为了公司的利益以自己的名义直接向人民法院提起诉讼。公司董事会不按照前款规定执行的,负有责任的董事依法承担连带责任。

二、证券上市

(一) 证券上市的概念

证券上市是指公开发行的证券满足证券交易所上市规则所规定的上市条件,其发行人提请证券交易所予以审查并同意该证券在证券交易所集中竞价买卖。

(二) 证券上市的条件

证券上市交易,应当符合证券交易所上市规则规定的上市条件。证券交易所上市规则规定的上市条件,应当对发行人的经营年限、财务状况、最低公开发行比例和公司治理、诚信记录等提出要求。

(三) 证券退市

退市机制有利于约束和激励上市公司,提高上市公司质量。上市交易的证券,不再符合上市条件的,或者有上市规则规定的其他情形的,由证券交易所按照业务规则终止其上市交易。证券交易所决定终止证券上市交易的,应当及时公告,并报国务院证券监督管理机构备案。对证券交易所作出的不予上市交易、终止上市交易决定不服的,可以向证券交易所设立的复核机构申请复核。

三、禁止的交易行为

(一) 内幕交易行为

1. 内幕交易的概念

内幕交易是指内幕信息的知悉人在内幕信息公开之前进行的自我买卖证券或建议他人买卖证券或泄露内幕信息的不正当行为。内幕交易是内幕信息知悉人利用信息优势谋取不正当利益的行为,会导致投资者丧失对证券市场公平性的信心,是对证券市场秩序的重大破坏。

内幕交易行为有买卖、建议和泄漏三种形态。证券法禁止证券交易内幕信息的知情人员或者非法获取内幕信息的其他人员利用内幕信息进行证券交易活动。知悉证券交易内幕信息的知情人员或者非法获取内幕信息的其他人员,不得买入或者卖出所持有的该公司的证券,或者泄露该信息或者建议他人买卖该证券。违反者要承担相应的法律责任。

2. 内幕交易主体

内幕交易主体包括内幕信息的知情人员和非法获取内幕信息的其他人员。

证券交易内幕信息的知情人包括:(1)发行人及其董事、监事、高级管理人员;(2)持有公司百分之五以上股份的股东及其董事、监事、高级管理人员,公司的实际控制人及其董事、监事、高级管理人员;(3)发行人控股或者实际控制的公司及其董事、监事、高级管理人员;(4)由于所任公司职务或者因与公司业务往来可以获取公司有关内幕信息的人员;(5)上市公司收购人或者重大资产交易方及其控股股东、实际控制人、董事、监事和高级管理的人员;(6)因职务、工作可以获取内幕信息的证券交易场所、证券登记结算机构、证券公司、证券服务机构的有关人员;(7)因职责、工作可以获取内幕信息的证券监督管理机构工作人员;(8)因法定职责对证券的发行、交易或者对上市公司及其收购、重大资产交易进行管理可以获取内幕信息的有关主管部门、监管机构的工作人员;(9)可以获取内幕信息的其他人员。

《最高人民法院、最高人民检察院关于办理内幕交易、泄露内幕信息刑事案件具体应用法律若干问题的解释》规定了非法获取内幕信息的人员:(1)利用窃取、骗取、套取、窃听、利诱、刺探或者私下交易等手段获取内幕信息的;(2)内幕信息知情人员的近亲属或者其他与内幕信息知情人员关系密切的人员,在内幕信息敏感期内,从事或者明示、暗示他人从事,或者泄露内幕信息导致他人从事与该内幕信息有关的证券、期货交易,相关交易行为明显异常,且无正当理由或者正当信息来源的;(3)在内幕信息敏感期内,与内幕信息知情人员联络、接触,从事或者明示、暗示他人从事,或者泄露内幕信息导致他人从事与该内幕信息有关的证券、期货交易,相关交易行为明显异常,且无正当理由或者正当信息来源的。

3. 内幕信息的概念和范围

我国对内幕消息的界定采用了概括和列举相结合的方式。证券交易活动中,涉及发行人的经营、财务或者对该发行人证券的市场价格有重大影响的尚未公开的信息,为内幕信息。《证券法》第80条第2款、第81条第2款所列重大事件属于内幕信息。界定内幕消息的要素有非公开性和重大性。非公开性是指信息披露义务人尚未按照法律规定将信息在指定的媒体上向公众公开。重大性是指信息一旦公开,会对证券的交易价格产生重大影响。

4. 内幕交易的民事责任和行政责任

内幕交易行为给投资者造成损失的,行为人应当依法承担赔偿责任。证券交易内幕信息的知情人或者非法获取内幕信息的人违反《证券法》第53条的规定从事内幕交易的,责令依法处理非法持有的证券,没收违法所得,并处以违法所得一倍以上十倍以下的罚款;没有违法所得或者违法所得不足50万元的,处以50万元以上500万元以下的罚款。单位从事内幕交易的,还应当对直接负责的主管人员和其他直接责任人员给予警告,并处以20万元以上200万元以下的罚款。国务院证券监督管理机构工作人员从事内幕交易的,从重处罚。

(二) 利用未公开信息的交易行为

禁止证券交易场所、证券公司、证券登记结算机构、证券服务机构和其他金融机构的从业人员、有关监管部门或者行业协会的工作人员,利用因职务便利获取的内幕信息以外的其他未公开的信息,违反规定,从事与该信息相关的证券交易活动,或者明示、暗示他人从事相关交易活动。

利用未公开信息进行交易给投资者造成损失的,应当依法承担赔偿责任。利用未公开信息进行交易的行政责任与内幕交易的行政责任一致。

(三) 操纵市场行为

1. 操纵市场行为的内涵

操纵市场是指为牟取证券市场利益,行为人故意通过不正当手段扭曲市场交易价格或者证券交易量,从而诱使他人对证券价值产生错误判断而实施交易的违法行为。操纵市场是一种证券欺诈行为,它严重扰乱了证券市场秩序,因此我国《证券法》严格禁止任何人以操纵市场的各种手段来获取不正当利益。

2. 操纵证券行为的主要模式

下列行为是操纵证券交易市场的行为:(1)单独或者通过合谋,集中资金优势、持股优势或者利用信息优势联合或者连续买卖;(2)与他人串通,以事先约定的时间、价格和方式相互进行证券交易;(3)在自己实际控制的账户之间进行证券交易;(4)不以成交为目的,频繁或者大量申报并撤销申报;(5)利用虚假或者不确定的重大信息,诱导投资者进行证券交易;(6)对证券、发行人公开作出评价、预测或者投资建议,并进行反向证券交易；(7)利用在其他相关市场的活动操纵证券市场；(8)操纵证券市场的其他手段。

3.操纵市场行为的民事责任和行政责任

操纵证券市场行为给投资者造成损失的，行为人应当依法承担赔偿责任。违反《证券法》第55条的规定，操纵证券市场的，责令依法处理其非法持有的证券，没收违法所得，并处以违法所得一倍以上十倍以下的罚款；没有违法所得或者违法所得不足100万元的，处以100万元以上1000万元以下的罚款。单位操纵证券市场的，还应当对直接负责的主管人员和其他直接责任人员给予警告，并处以50万元以上500万元以下的罚款。

第四节　信息披露制度

一、强制性信息披露制度的重要意义

证券是一种权利凭证，投资者判断其是否具有投资价值，主要依靠相关信息披露的内容。因此确保真实、准确和完整的信息披露是投资者保护的最重要手段，也是决定一国证券市场秩序的核心制度。为了能够顺利发行，发行人有动机自愿披露信息，但是对公开发行的证券，依靠发行主体自愿披露信息，不是一种有效率的方法。对披露内容和披露方式的强制性规制，有助于减少公众投资者获取信息和验证信息的成本。

二、证券发行和上市时的信息公开

证券发行申请经核准或者经审批，发行人应当依照法律、行政法规的规定，在证券公开发行前，公告公开发行募集文件，并将该文件置备于指定场所供公众查阅。发行证券的信息依法公开前，任何知情人不得公开或者泄露该信息。发行人不得在公告公开发行募集文件之前发行证券。

三、持续信息披露

1.定期报告

上市公司和公司债券上市交易的公司应当按照国务院证券监督管理机构和证券交易场所规定的内容和格式编制定期报告，并按照以下规定报送和公告：(1)在每一会计年度结束之日起四个月内，报送并公告年度报告，年度财务会计报告应当经符合《证券法》规定的会计师事务所审计；(2)在每一会计年度的上半年结束之日起二个月内，报送并公告中期报告。

2.股票的临时报告

发生可能对上市公司、股票在国务院批准的其他全国性证券交易场所交易的公司的股票交易价格产生较大影响的重大事件，投资者尚未得知时，公司应当立即将有关该重大事件的情况向国务院证券监督管理机构和证券交易场所报送临时报告，并予公告，说明事件的起因、目前的状态和可能产生的法律后果。前款所称重大事件包括：(1)公司的经营方针和经营范围的重大变化；(2)公司的重大投资行为，公司在一年内购买、出售重大资产超过公司资产总额30%，或者公司营业用主要资产的抵押、质押、出售或者报废一次超

过该资产的 30%；(3) 公司订立重要合同、提供重大担保或者从事关联交易,可能对公司的资产、负债、权益和经营成果产生重要影响；(4) 公司发生重大债务和未能清偿到期重大债务的违约情况；(5) 公司发生重大亏损或者重大损失；(6) 公司生产经营的外部条件发生的重大变化；(7) 公司的董事、1/3 以上监事或者经理发生变动,董事长或者经理无法履行职责；(8) 持有公司 5%以上股份的股东或者实际控制人,其持有股份或者控制公司的情况发生较大变化,公司的实际控制人及其控制的其他企业从事与公司相同或者相似业务的情况发生较大变化；(9) 公司分配股利、增资的计划,公司股权结构的重要变化,公司减资、合并、分立、解散及申请破产的决定,或者依法进入破产程序、被责令关闭；(10) 涉及公司的重大诉讼、仲裁,股东大会、董事会决议被依法撤销或者宣告无效；(11) 公司涉嫌犯罪被依法立案调查,公司的控股股东、实际控制人、董事、监事、高级管理人员涉嫌犯罪被依法采取强制措施；(12) 国务院证券监督管理机构规定的其他事项。公司的控股股东或者实际控制人对重大事件的发生、进展产生较大影响的,应当及时将其知悉的有关情况书面告知公司,并配合公司履行信息披露义务。

3. 债券的临时报告

发生可能对上市交易公司债券的交易价格产生较大影响的重大事件,投资者尚未得知时,公司应当立即将有关该重大事件的情况向国务院证券监督管理机构和证券交易场所报送临时报告,并予公告,说明事件的起因、目前的状态和可能产生的法律后果。前款所称重大事件包括：(1) 公司股权结构或者生产经营状况发生重大变化；(2) 公司债券信用评级发生变化；(3) 公司重大资产抵押、质押、出售、转让、报废；(4) 公司发生未能清偿到期债务的情况；(5) 公司新增借款或者对外提供担保超过上年末净资产的 20%；(6) 公司放弃债权或者财产超过上年末净资产的 10%；(7) 公司发生超过上年末净资产 10%的重大损失；(8) 公司分配股利,作出减资、合并、分立、解散、申请破产决定,或者依法进入破产程序、被责令关闭；(9) 涉及公司的重大诉讼、仲裁；(10) 公司涉嫌犯罪被依法立案调查,公司的控股股东、实际控制人、董事、监事、高级管理人员涉嫌犯罪被依法采取强制措施；(11) 国务院证券监督管理机构规定的其他事项。

四、信息披露的标准

(1) 信息披露义务人披露的信息,应当真实、准确、完整。真实就是披露的信息与事实相符,没有虚假记载；准确就是披露的信息恰当地描述了事实,不会引人误解；完整就是披露的信息能够反映事实的全貌,没有重大遗漏。

(2) 简明清晰,通俗易懂。不要用模糊的、复杂的语言来披露,使信息更容易为投资者所理解。

(3) 公平性。信息披露义务人披露的信息应当同时向所有投资者披露,不得提前向任何单位和个人泄露。但是,法律、行政法规另有规定的除外。任何单位和个人不得非法要求信息披露义务人提供依法需要披露但尚未披露的信息。任何单位和个人提前获知的前述信息,在依法披露前应当保密。

五、信息披露的方式

依法披露的信息,应当在证券交易场所的网站和符合国务院证券监督管理机构规定条件的媒体发布,同时将其置备于公司住所、证券交易场所,供社会公众查阅。

六、信息公开的监督

国务院证券监督管理机构对信息披露义务人的信息披露行为进行监督管理。证券交易场所应当对其组织交易的证券的信息披露义务人的信息披露行为进行监督,督促其依法及时、准确地披露信息。

七、信息披露不实的民事责任

信息披露义务人未按照规定披露信息,或者公告的证券发行文件、定期报告、临时报告及其他信息披露资料存在虚假记载、误导性陈述或者重大遗漏,致使投资者在证券交易中遭受损失的,信息披露义务人应当承担赔偿责任;发行人的控股股东、实际控制人、董事、监事、高级管理人员和其他直接责任人员以及保荐人、承销的证券公司及其直接责任人员,应当与发行人承担连带赔偿责任,但是能够证明自己没有过错的除外。证券服务机构为证券的发行、上市、交易等证券业务活动制作、出具审计报告、资产评估报告、财务顾问报告、资信评级报告或者法律意见书等文件,应当勤勉尽责,对所依据的文件资料内容的真实性、准确性、完整性进行核查和验证。其制作、出具的文件有虚假记载、误导性陈述或者重大遗漏,给他人造成损失的,应当与发行人、上市公司承担连带赔偿责任,但是能够证明自己没有过错的除外。

为了保障信息披露不实的民事责任的落实,我国《证券法》确立了先行赔付制度和代表人诉讼制度。先行赔付制度是指发行人因欺诈发行、虚假陈述或者其他重大违法行为给投资者造成损失的,发行人的控股股东、实际控制人、相关的证券公司可以委托投资者保护机构,就赔偿事宜与受到损失的投资者达成协议,予以先行赔付。先行赔付后,可以依法向发行人以及其他连带责任人追偿。代表人诉讼制度是指投资者提起虚假陈述等证券民事赔偿诉讼时,诉讼标的是同一种类,且当事人一方人数众多的,可以依法推选代表人进行诉讼。在代表人诉讼中,可能存在有相同诉讼请求的其他众多投资者的,人民法院可以发出公告,说明该诉讼请求的案件情况,通知投资者在一定期间向人民法院登记。人民法院作出的判决、裁定对参加登记的投资者发生效力。投资者保护机构受50名以上投资者委托,可以作为代表人参加诉讼,并为经证券登记结算机构确认的权利人依照前款规定向人民法院登记,但投资者明确表示不愿意参加该诉讼的除外。

八、信息披露不实的行政责任

发行人在其公告的证券发行文件中隐瞒重要事实或者编造重大虚假内容,尚未发行证券的,处以200万元以上2000万元以下的罚款;已经发行证券的,处以非法所募资金金额10%以上一倍以下的罚款。对直接负责的主管人员和其他直接责任人员,处以100万元以上1000万元以下的罚款。

发行人的控股股东、实际控制人组织指使从事前款违法行为的,没收违法所得,并处以违法所得10%以上一倍以下的罚款;没有违法所得或者违法所得不足2000万元的,处以200万元以上2000万元以下的罚款。对直接负责的主管人员和其他直接责任人员,处以100万元以上1000万元以下的罚款。

信息披露义务人未按照《证券法》规定报送有关报告或者履行信息披露义务的,责令改正,给予警告,并处以50万元以上500万元以下的罚款;对直接负责的主管人员和其他直接责任人员给予警告,并处以20万元以上200万元以下的罚款。发行人的控股股东、实际控制人组织、指使从事上述违法行为,或者隐瞒相关事项导致发生上述情形的,处以50万元以上500万元以下的罚款;对直接负责的主管人员和其他直接责任人员,处以20万元以上200万元以下的罚款。

信息披露义务人报送的报告或者披露的信息有虚假记载、误导性陈述或者重大遗漏的,责令改正,给予警告,并处以100万元以上1 000万元以下的罚款;对直接负责的主管人员和其他直接责任人员给予警告,并处以50万元以上500万元以下的罚款。发行人的控股股东、实际控制人组织、指使从事上述违法行为,或者隐瞒相关事项导致发生上述情形的,处以100万元以上1 000万元以下的罚款;对直接负责的主管人员和其他直接责任人员,处以50万元以上500万元以下的罚款。

附:相关理论探讨

一、关于证券的定义

证券的定义是证券法的前提性问题,也是争议最大的证券法问题。我国2019年新修订的《证券法》扩大了调整的证券范围,但是与美国1933年《证券法》相比,我国《证券法》的调整范围比较狭窄。近年来有不少学者对证券定义作了深入研究,有的对证券做了学理定义,并界定了构成要件,并对如何扩大我国《证券法》的调整范围提出了建议。① 有的则认为在我国当今语境下,我国《证券法》对证券定义的扩展仍然在于为社会提供创新的融资手段,而非为种类繁多、自由创新的任何证券产品提供兜底性的监管。因此,我国《证券法》上的证券定义不宜过宽,更不能扩展至"投资合同",而应循序渐进地处理好具体的股权类和债务类证券产品范围,审慎把握证券定义扩大进程。②

二、关于证券发行制度

证券发行制度是证券法的一个核心制度。2019年《证券法》修改的一个重大问题就是将我国证券公开发行制度从核准制转向注册制。有研究考察了美国法上的IPO注册制的三个核心要素,即多元化的审核主体和分离的审核程序、嵌入实质审核的信息披露监管以及与注册制相配套的其他制度系统。并建议我国转向多元化的分权监管,强化信息披露的有效性但慎用基于价值判断的否决权,同时适当运用自由裁量权,避免僵化执法。③ 我国在科创板先行先试了公开发行的注册制。有研究以资本市场政府与市场关系的视角,从注册审核、信息披露、中介机构归位尽责、

---

① 邢会强:《我国〈证券法〉上概念的扩大及其边界》,《中国法学》2019年第1期。
② 吕成龙:《我国〈证券法〉需要什么样的定义》,《政治与法律》2017年第2期。
③ 李燕、杨淦:《美国法上的IPO注册制:起源、构造和论争——兼论我国注册制改革的移植与创生》,《比较法研究》2014年第6期。

退市制度等几方面探讨科创板与注册制衔接的核心机制与实施路径,并针对科创板实施注册制的发行欺诈风险,从先行赔付制度的构建、投资者赔偿基金的功能转型、加重虚假陈述的责任力度等方面提出切实可行、科学有效的风险防范举措。①

三、关于内幕交易与操纵市场

禁止交易行为包括内幕交易和操纵市场,这两个问题属于比较复杂的理论问题。有研究比较了各国规制内幕交易的立法体系,认为我国不宜引进信义进路,市场进路更加适合我国资本市场实际。② 内幕交易主体的识别问题是难点问题,有研究认为我国《证券法》对内幕交易主体范围并未作清晰界定,并对如何完善提出了建议。③ 与内幕交易法律制度相比,操纵市场法律制度更加复杂。有研究认为现有规范的可操作性饱受诟病,给监管造成了诸多困难,需要借鉴域外立法经验,多方面完善我国操纵市场法律制度。④ 有学者通过实证研究,结合具体的行为类型进一步优化了操纵市场行为法律认定标准。⑤

四、注册制的配套实施法律制度

注册制的实施需要配套严厉打击虚假陈述的法律制度。信赖要件在虚假陈述侵权责任的成立中至为关键,有学者对此作了深入研究。⑥ 集团诉讼对证券市场侵权者威慑力极强,有研究表明我国目前已经具备了建立退出制证券集团诉讼制度的环境和技术条件。从现实情况来看,我国增设证券退出制集团诉讼的价值可能会远远大于美国等发达国家,其弊端则可能明显小于上述国家。⑦ 近年来,我国证券市场实践出现了虚假陈述先行赔付制度,这有利于及时高效地赔付虚假陈述的受害者。有学者对这一实践进行了法理检视。⑧

思考题

一、名词解释

证券公开发行　证券非公开发行　内幕交易　短线交易规则

二、简述题

1. 简述《证券法》调整的证券种类。
2. 简述信息披露标准。

---

① 陈洁:《科创板注册制实施机制和风险防范》,《法学》2019 年第 1 期。
② 傅穹、曹理:《内幕交易规制的立法体系进路:域外比较与中国选择》,《环球法律评论》2011 年第 5 期。
③ 曾洋:《内幕交易主体识别的理论基础及逻辑展开》,《中国法学》2014 年第 2 期。
④ 刘佩沛:《市场操纵法律规则的监管难题与制度完善》,《上海政法学院学报》2017 年第 5 期。
⑤ 郑佳宁:《操纵证券市场行为法律认定标准的实证研究与再审视》,《政法论丛》2016 年第 5 期。
⑥ 于莹、潘林:《证券虚假陈述侵权责任中信赖推定之证成——欺诈市场理论局限性的克服》,《法制与社会发展》2011 年第 2 期。
⑦ 章武生:《我国证券集团诉讼模式选择与制度重构》,《中国法学》2017 年第 2 期。
⑧ 汤欣、杨祥:《虚假陈述损害赔偿的最新实践及法理检视——以万福生科与海联讯补偿方案为例》,《证券市场导报》2015 年第 3 期。

3. 简述操纵证券行为的种类。
4. 简述我国证券公开发行注册制的内涵。

三、论述题
1. 论述证券法公开原则。
2. 论述我国证券法中信息披露不实的民事责任。

 实务应用

（一）案例分析示范

案例一 内幕交易案

A公司于2011年3月12日上市,总资本1200万元。2011年10月20日该公司与高利有限公司签订一份合同。A公司购买高利有限公司工业用锡锭一批,价值450万元。由于货源紧缺,资金紧张,高利有限公司希望A公司先把货款汇到高利有限公司账上。A公司未作调查,把货款汇到高利有限公司账上。高利有限公司已经严重亏损,资不抵债。这笔款刚到账,就被银行划走抵债。高利有限公司实际上已经丧失履约能力。萧某是A公司董事会秘书,知道这个信息以后,立即把手中3000股A公司股票抛出,又将这个消息通知好朋友胡某,胡某将手中A公司股票全部抛出。事后被告发。

请问：（1）存在450万元的呆账是否属于公司的内幕信息？（2）萧某和胡某是否是内幕信息知悉人？他们的行为是否构成内幕交易？

案例评析：（1）存在450万元的呆账,属于公司的内幕信息。《证券法》规定：证券交易活动中,涉及发行人的经营、财务或者对该发行人证券的市场价格有重大影响的尚未公开的信息,为内幕信息。《证券法》第80条第2款、第81条第2款所列重大事件属于内幕信息。存在450万元的呆账属于《证券法》第80条第2款第5项"公司发生重大亏损或者重大损失"。（2）萧某是公司董事会秘书,属于内幕信息知情人,胡某属于非法获取内幕信息的人员,他与内幕信息知情人员关系密切,在内幕信息敏感期内,从事或者明示、暗示他人从事,或者泄露内幕信息导致他人从事与该内幕信息有关的证券、期货交易,相关交易行为明显异常,且无正当理由或者正当信息来源。肖某在知悉内幕信息后,泄漏给他人；胡某在知悉内幕信息后,利用内幕信息进行交易,他们的行为均构成内幕交易行为。

案例二 朱某操纵证券市场案

2013年2月1日至2014年8月26日,被告人朱某在任国开证券营业部证券经纪人期间,先后多次在其担任特邀嘉宾的《谈股论金》电视节目播出前,使用实际控制的三个证券账户买入多只股票,于当日或次日在《谈股论金》节目播出中,以特邀嘉宾身份对其先期买入的股票进行公开评价、预测及推介,并于节目首播后一至二个交易日内抛售相关股票,人为地影响前述股票的交易量和交易价格,获取利益。其买入股票交易金额共计人民币2094.22万余元,卖出股票交易金额共计人民币2169.70万余元,获利75.48万余元。

请问：（1）朱某的行为违反了《证券法》的哪些规定？（2）朱某应当承担什么样的法

律责任?

案例评析：(1)朱某的行为违反《证券法》第 40 条，属于证券公司、证券咨询机构、专业中介机构及其工作人员违背从业禁止规定，买卖或者持有证券的行为。同时朱某违反《证券法》第 55 条第 6 项，属于在对相关证券作出公开评价、预测或者投资建议后，通过预期的市场波动反向操作，谋取利益的市场操纵行为。(2)情节严重的，以操纵证券市场罪追究其刑事责任。操纵市场对投资者造成损失的，应当赔偿损失。

(二) 案例分析实训

案例一 A、B、C 公司所涉新股发行案

B 上市公司近 3 年连续盈利，但一直未向股东支付股利。该公司为扩大生产经营规模拟增发新股。A 公司作为 B 公司增发新股的承销商负责发行工作。B 公司向 A 公司说明该公司 12 位董事中有 4 位董事对该新股发行决议持保留意见，以致辞职。但 A 公司为确保新股发行的顺利进行，决定暂不公布该情况，并与某报记者联系，为 B 公司新股发行大做文章，报道该次增发新股的目的是为了扩大经营范围，B 公司决定向高科技领域投资生产。B 公司新股发行工作如期成功进行，A 公司大量购进 B 公司股票。B 公司股票连续涨停，股价从新股发行时的 10 元一路走高至 80 元，股民情绪高涨，其中 C 公司购买了 B 公司 5 亿股流通股中的 500 万股。直至年报披露之时，B 公司预报亏损，原来向高科技领域投资的计划子虚乌有。此时，B 公司股票股价大跌。C 公司在年报预亏公告前得知该信息，将股票全部卖出，获利丰厚，但中小股民损失严重。

请问：A 公司购买 B 公司股票的行为是否合法？B 公司应披露的重大事件有哪些？B 公司和 A 公司应当承担何种法律责任？C 公司的行为是否合法？中小股民的损失如何处理？

案例二 徐翔操纵市场案

2009 年至 2015 年，被告人徐翔成立上海泽熙投资管理有限公司等多家公司（统称"泽熙公司"），由徐翔实际控制，发行多个产品（统称"泽熙产品"），进行证券投资。徐翔以亲友、泽熙公司员工、员工亲友等人名义开设大量证券账户并控制、使用。徐翔以自有资金注入上述账户，指令应莹等人具体操作。按照徐翔等人要求，由上市公司董事长或实际控制人，控制上市公司发布"高送转"等利好信息的披露时机和内容，徐翔等人进行相关股票的连续买卖，操纵上市公司股票交易。在股价高位时，抛售股票从中获利。

请问：(1)徐翔的行为构成哪一类市场操纵行为？(2)徐翔应当承担何种法律责任？

案例三 浙江杭萧钢构公司的信息披露

2007 年 1 月至 2 月初，浙江杭萧钢构股份有限公司与中国国际基金有限公司（以下简称中基公司）就安哥拉住宅建设项目进行了多次谈判。2 月 8 日，双方就安哥拉住宅建设项目合同的价格、数量、付款方式、工期等主要内容达成一致意见。2 月 10 日至 13 日，双方就合同细节进行谈判，并于 13 日签署合同草案，合同总金额折合人民币 313.4 亿元。2 月 12 日下午 3 点，正值杭萧钢构和中基公司的合同谈判处于收尾阶段，公司董事长在

2006年度表彰大会上首次提道:2007年对杭萧钢构来说是一个新的起点,如国外的大项目正式启动,公司在2008年的营业额争取达到120亿元,集团公司的目标是150亿元。

请问:(1)上市公司应采取何种方式披露公司信息?(2)结合我国《证券法》相关条款,具体分析杭萧钢构公司及董事长的法律责任。

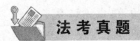

法考真题

真题 1(2012 年)

为扩大生产规模,筹集公司发展所需资金,鄂神股份有限公司拟发行总价值为 1 亿元的股票。下列哪一说法符合《证券法》的规定?(单选)

A. 根据需要可以向特定对象公开发行股票
B. 董事会决定后即可径自发行
C. 可采取溢价发行方式
D. 不必将股票发行情况上报证券监管机构备案

真题解析:

A 项考查针对特定对象发行股票是不是需采取公开发行方式。依据《证券法》第 9 条第 2 款规定,向特定对象公开发行证券,必须达到累计超过 200 人这一条件。A 项错误。

B 项考查董事会可否决定径自发行证券。依据《公司法》《证券法》有关规定,发行证券必须经股东会通过,并经国家有关主管机构的核准。B 项错误。

C 项考查发行价格问题。依据《证券法》第 32 条规定,发行价格可以超过票面金额(溢价发行)。C 项正确。

D 项考查公开发行股票的备案问题,依据《证券法》第 34 条规定,"公开发行股票,代销、包销期限届满,发行人应当在规定的期限内将股票发行情况报国务院证券监督管理机构备案"。D 项错误。

真题 2(2013 年)

依据我国《证券法》的相关规定,关于证券发行的表述,下列哪一选项是正确的?(单选)

A. 所有证券必须公开发行,而不得采用非公开发行的方式
B. 发行人可通过证券承销方式发行,也可由发行人直接向投资者发行
C. 只有依法成立的股份公司才可发行股票
D. 国有独资公司均可申请发行公司债券

真题解析:

A 项考查证券发行的方式。依据《证券法》第 9 条规定,证券发行既可以采取公开发行方式,也可以采取定向发行方式,A 项错误。

B 项考查证券发行是不是必须通过承销方式发行。《证券法》第 26 条规定:"发行人向不特定对象发行的证券,法律、行政法规规定应当由证券公司承销的,发行人应当同证券公司签订承销协议。证券承销业务采取代销或者包销方式。"B 项说法过于绝对,错误。

C项考查发行股票的主体。依据《证券法》第11条、《公司法》第77条规定,设立股份公司时也可募集股份。股份公司发行股票包括设立公司时的募集股份和公司成立后的发行新股。C项错误。

D项考查国有独资公司是否均可申请发行公司债券。依据《证券法》第15条规定,不管是股份公司还是有限公司,只要符合条件,均可申请发行债券。请注意是"申请",如果没有这两个字,则是错误的。D项正确。

参考文献

著作

［1］张守文：《经济法学》（第五版），北京大学出版社2012年版。
［2］漆多俊：《经济法学》，高等教育出版社2010年版。
［3］杨紫烜：《经济法学》（第四版），北京大学出版社、高等教育出版社2010年版。
［4］李昌麒：《经济法》，法律出版社2008年版。
［5］史际春：《经济法》，中国人民大学出版社2005年版。
［6］侯怀霞：《经济法学》，北京大学出版社2003年版。
［7］顾功耘：《经济法教程》，上海人民出版社2002年版。
［8］王全兴：《经济法基础理论专题研究》，中国检察出版社2002年版。
［9］吕忠梅、刘大洪：《经济法的法学与经济学分析》，中国检察出版社1998年版。
［10］李俊、许光红：《产品质量法案例评析》，对外经济贸易大学出版社2012年版。
［11］张云、徐楠轩：《产品质量法教程》，厦门大学出版社2011年版。
［12］董春华：《中美产品缺陷法律制度比较研究》，法律出版社2010年版。
［13］靳文静：《产品缺陷侵权责任例解与法律适用》，人民出版社2010年版。
［14］房绍坤：《侵权行为法案例教程》，北京大学出版社2004年版。
［15］孔慧：《案例导读：消费者权益保护法及配套规定适用与解析》，法律出版社2014年版。
［16］李适时：《中华人民共和国消费者权益保护法释义》，法律出版社2013年版。
［17］全国人大常委会法制工作委员会民法室编：《消费者权益保护法立法背景与观点全集》，法律出版社2013年版。
［18］温智、王桂霞：《广告道德与法规》，清华大学出版社2009年版。
［19］崔银河：《广告法规与职业道德》，中国传媒大学出版社2008年版。
［20］蒋恩铭：《广告法律制度》，南京大学出版社2007年版。
［21］孔祥俊：《反不正当竞争法的创新性适用》，中国法制出版社2014年版。
［22］倪振峰：《反不正当竞争法理解适用与修改完善》，复旦大学出版社2013年版。
［23］韩赤风、冷罗生、袁达松等：《中外反不正当竞争法经典案例》，知识产权出版社2010年版。
［24］王先林：《竞争法学》，中国人民大学出版社2009年版。
［25］徐士英：《竞争法论》，世界图书出版公司2007年版。

[26] 倪振峰:《竞争法案例教程》,复旦大学出版社2005年版。
[27] 倪振峰、丁茂中:《竞争法学》,复旦大学出版社2011年版。
[28] 王先林:《竞争法学》,中国人民大学出版社2009年版。
[29] 徐士英:《新编竞争法教程》,北京大学出版社2009年版。
[30] 时建中:《反垄断法——法典释评与学理探源》,中国人民大学出版社2008年版。
[31] 王晓晔:《中华人民共和国反垄断法详解》,知识产权出版社2008年版。
[32] 尚明:《主要国家(地区)反垄断法律汇编》,法律出版社2004年版。
[33] 黄勇、董灵:《反垄断法经典判例解析》,人民法院出版社2002年版。
[34] 陈治:《我国实施民生财政的法律保障机制研究》,法律出版社2014年版。
[35] 刘剑文:《强国之道——财税法治的破与立》,社会科学文献出版社2013年版。
[36] 胡兰玲:《政府采购中供应商权利保障研究》,中国法制出版社2013年版。
[37] 孟晔:《公共采购法律导论》,中国经济出版社2013年版。
[38] 熊伟:《财政法基本问题》,北京大学出版社2012年版。
[39] 熊伟:《政府间财政关系的法律调整》,法律出版社2010年版。
[40] 刘剑文:《财政法学》,北京大学出版社2009年版。
[41] 刘剑文、熊伟:《财政税收法》,法律出版社2009年版。
[42] 肖捷:《中华人民共和国政府采购法辅导读本》,经济科学出版社2002年版。
[43] 解学智、刘尚希主编:《公共收入》,中国财政经济出版社2000年版。
[44] 俞敏:《税收规避法律规制研究》,复旦大学出版社2012年版。
[45] 张守文:《财税法学》,中国人民大学出版社2011年版。
[46] 汤洁茵:《金融创新的税法规制》,法律出版社2010年版。
[47] 滕祥志:《税法实务与理论研究》,法律出版社2008年版。
[48] 孙健波:《税法解释研究:以利益平衡为中心》,法律出版社2007年版。
[49] 黄士洲:《税务诉讼的举证责任》,北京大学出版社2004年版。
[50] 刘剑文、熊伟:《税法基础理论》,北京大学出版社2004年版。
[51] 王卫国:《银行法学》,法律出版社2011年版。
[52] 倪振峰、俞敏、赵园园,等:《银行法学》,复旦大学出版社2010年版。
[53] 林华昌:《变革与反思:中国外汇管理法律制度研究》,法律出版社2010年版。
[54] 韩龙:《金融法》,清华大学出版社、北京交通大学出版社2008年版。
[55] 唐波:《新编金融法学》,北京大学出版社2006年版。
[56] 周仲飞、郑晖:《银行法原理》,中信出版社2004年版。
[57] 张忠军:《金融监管法论——以银行法为中心的研究》,法律出版社1998年版。
[58] 陈晓:《中央银行法律制度研究》,法律出版社1997年版。
[59] 中国人民银行金融稳定分析小组:《金融稳定报告(2013)》,中国金融出版社2013年版。
[60] 朱锦清:《证券法学》(第三版),北京大学出版社2011年版。
[61] 罗斌:《证券集团诉讼研究》,法律出版社2011年版。
[62] 岳彩申、盛学军:《金融法学》,中国人民大学出版社2010年版。
[63] 叶林:《证券法》(第三版),中国人民大学出版社2008年版。

[64] 王林清：《证券法理论与司法适用》，法律出版社2008年版。
[65] 郭锋、陈夏：《证券投资基金法导论》，法律出版社2008年版。
[66] 吴弘：《证券法教程》，北京大学出版社2007年版。
[67] 范健、王建文：《证券法》，法律出版社2007年版。
[68] 罗培新、卢文道：《最新证券法解读》，北京大学出版社2006年版。
[69] 胡光志：《内幕交易及其法律控制研究》，法律出版社2002年版。
[70] 徐杰：《证券法理论与实务》，首都经济贸易大学出版社2000年版。
[71] 孔祥俊：《反不正当竞争法新原理：总论》，法律出版社2019年版。
[72] 孔祥俊：《反不正当竞争法新原理：分论》，法律出版社2019年版。
[73] 王宏、高玉琢：《预算法治及其廉政功能》，北京大学出版社2015年版。
[74] 靳继东：《预算改革的政治分析：理论阐释与中国视角》，科学出版社2015年版。
[75] 廖添土：《国有资本经营预算：历史考察与制度建构》，社会科学文献出版社2015年版。
[76] 刘洲：《参与式预算法治化研究》，科学出版社2015年版。
[77] 朱大旗主编：《中华人民共和国预算法释义》，中国法制出版社2015年版。
[78] 吕侠：《中国预算公开制度研究》，湖南师范大学出版社2015年版。
[79] 刘剑文主编：《民主视野下的财政法治》，北京大学出版社2006年版。
[80] [美] 理查德·A.马斯格雷夫（Richard A. Musgrave）著：《比较财政分析》，董勤发译，上海人民出版社、上海三联书店1996年版。
[81] [美] 詹姆斯·M.布坎南、理查德·A.马斯格雷夫：《公共财政与公共选择》，中国财政经济出版社2000年版。
[82] [美] 罗伯特·考特、托马斯·尤伦：《法和经济学》（第六版），史晋川等译，格致出版社、上海三联书店、上海人民出版社2012年版。
[83] [美] 理查德·A.波斯纳：《法律的经济分析》（上、下册），蒋兆康译，法律出版社2012年版。
[84] [美] 丹尼尔·F.史普博：《管制与市场》，余晖等译，格致出版社、上海三联书店、上海人民出版社2008年版。
[85] [日] 金泽良雄：《经济法概论》，满达人译，中国法制出版社2005年版。
[86] [德] 罗尔夫·斯特博：《德国经济行政法》，苏颖霞、陈少康译，中国政法大学出版社1999年版。
[87] [德] 马克斯·韦伯：《论经济与社会中的法律》，张乃根译，中国大百科全书出版社1998年版。
[88] [法] 阿莱克西·雅克曼、居伊·施朗斯：《经济法》，宇泉译，商务印书馆1997年版。
[89] [苏] B.B.拉普捷夫：《经济法理论问题》，中国人民大学法律系民法室编译，中国人民大学出版社1981年版。
[90] [美] 瑟仁伊：《比较税法》，丁一译，北京大学出版社2006年版。

期刊论文

[1] 张新宝、任鸿雁：《我国产品责任制度：守成与创新》，《北方法学》2012年第3期。
[2] 李剑：《论销售者的产品缺陷责任——兼议〈产品质量法〉第42条与第43条的关

系〉,《当代法学》2011 年第 5 期。
[3] 王利明:《论产品责任中的损害概念》,《法学》2011 年第 2 期。
[4] 高圣平:《论产品责任的责任主体及归责事由——以〈侵权责任法〉"产品责任"章的解释论为视角》,《政治与法律》2010 年第 5 期。
[5] 杨立新:《非传统销售方式购买商品的消费者反悔权及其适用》,《法学》2014 年第 2 期。
[6] 刘俊海、徐海燕:《论消费者权益保护理念的升华与制度创新——以我国〈消费者权益保护法〉修改为中心》,《法学杂志》2013 年第 5 期。
[7] 陈志:《新改革背景下完善价格法之思考》,《法学》2014 年第 4 期。
[8] 韦大乐、王梅:《完善我国价格法律制度的若干思考》,《中国发展观察》2013 年第 7 期。
[9] 王学庆:《对目前价格改革的几点看法》,《价格理论与实践》2013 年第 6 期。
[10] 林国光:《价格法十周年回顾——兼议价格法的修改与完善》,《中国物价》2008 年第 6 期。
[11] 胡杰:《我国价格法实施十年之理论研究综述》,《长春工业大学学报(社会科学版)》2008 年第 3 期。
[12] 夏定、程兰、王叔良:《〈广告法〉修订需注意的几方面问题》,《中国广告》2013 年第 12 期。
[13] 李威娜:《〈广告法〉如何对植入式广告进行规范》,《政法论丛》2011 年第 3 期。
[14] 陈培爱、林升梁:《广告法十大问题及对策》,《广告大观》2006 年第 6 期。
[15] 杨松、闫海:《中国人民银行独立性:条文分析与规范重构》,《时代法学》2008 年第 3 期。
[16] 伏军:《中央银行货币政策独立性及其法律制度研究》,《上海财经大学学报》2006 年第 5 期。
[17] 蒋悟真:《中国预算法的政治性和法律性》,《法商研究》2015 年第 1 期。
[18] 熊伟:《预算管理制度改革的法治之轨》,《法商研究》2015 年第 1 期。
[19] 刘锐:《完善政府采购法律制度,应对 WTO〈政府采购协定〉》,《行政法学研究》2011 年第 2 期。

第三版后记

本书在第一、第二版的基础上作了两方面的修订：第一方面，根据新的法律和资料对相关内容作了修订，以保持与现行法的一致性和教材的科学性，特别是第八章"财政法律制度"和第九章"税收法律制度"的修订幅度很大。第二方面，为了进一步适应读者对于参加国家统一法律职业资格考试的需求，教材专门增加了"法考真题"栏目（第一、四章历年未出现考题，故不设该栏），选取了以往全国律师资格考试、国家司法考试、国家统一法律职业资格考试等的部分真题，并且作了真题解析。

本次修订工作由倪振峰教授统筹负责，具体参与修订人员及分工如下：

倪振峰：第一章

剧宇宏：第二章

杨彤丹：第三章

肖卫兵：第四章

卢　玮：第五章

丁茂中：第六章、第七章

俞　敏：第八章

孙　放：第九章

赵园园：第十章

陈颖健：第十一章

书中不足之处还望广大读者批评指正。

编　者

2020年2月

图书在版编目(CIP)数据

经济法学/倪振峰主编. —3 版. —上海：复旦大学出版社，2020.8(2022.1 重印)
政法院校应用型法学系列教材
ISBN 978-7-309-15052-0

Ⅰ.①经… Ⅱ.①倪… Ⅲ.①经济法-法的理论-中国-高等学校-教材 Ⅳ.①D922.290.1

中国版本图书馆 CIP 数据核字(2020)第 080597 号

经济法学(第三版)
倪振峰　主编
责任编辑/张　炼

复旦大学出版社有限公司出版发行
上海市国权路 579 号　邮编：200433
网址：fupnet@fudanpress.com　http://www.fudanpress.com
门市零售：86-21-65102580　团体订购：86-21-65104505
出版部电话：86-21-65642845
上海崇明裕安印刷厂

开本 787×1092　1/16　印张 18.75　字数 445 千
2022 年 1 月第 3 版第 2 次印刷

ISBN 978-7-309-15052-0/D・1033
定价：52.00 元

如有印装质量问题,请向复旦大学出版社有限公司出版部调换。
版权所有　侵权必究